Economie

Arnold Heertje

Economie

2015 Prometheus · Bert Bakker Amsterdam

Eerste druk 2014
Zesde druk 2015

© 2014 De Echte Kern BV
Omslagontwerp Marieke Oele
Foto auteur Bob Bronshoff
Zetwerk Elgraphic bv, Vlaardingen
www.prometheusbertbakker.nl
ISBN 978 90 351 4153 7

Inhoud

Woord vooraf 9

1 De economie als wetenschap en kunst 13
Welvaart • Schaarste • Humanisering • Private sector • Collectieve sector • Publieke sector • Micro-, meso- en macro-economie • Modellen, speltheorie en samenleving • Wetenschap en kunst

2 Economie als rollenspel 48
Restaurantbezoek • Burgers als consumenten • Werknemers • Werkgevers • Politici • Individuele en groepsbelangen • Onzichtbare hand van Adam Smith • Dilemma van de gevangenen • Speltheorie

3 Consumenten, ondernemingen en markten 64
De consument als koning • Consumentengedrag • Indexcijfers • De vraag • Marketing • Ondernemingen in beweging • Eigendom en aansprakelijkheid • Groei • Marketingmix • Marktvormen • Onvolkomen concurrentie • Monopolie • Overheidsbeleid • Netwerkeconomie

4 Arbeidsmarkt 109
Arbeid • Arbeid als consumptiegoed • Vraag en aanbod • Deelmarkten van arbeid • Werkgelegenheid • De compensatietheorie • Arbeidsmarktbeleid • Loononderhandelingen als rollenspel • Informatica

5 Geld, bankwezen en kredietcrisis   133
*Functies van het geld • Geschiedenis • Geldschepping
• Geldtheorie • Geldgroeiregel • Inflatie en deflatie • Inflatie als
smeermiddel • De kredietcrisis • Beleggen en de vermogensmarkt
• Europese Centrale Bank • Monetair beleid
• Toezicht op financiële instellingen • Betalingsverkeer*

6 Overheid   181
*Publieke welvaart • Functies van de overheid • Belastingen
• Uitgaven van de collectieve sector • Begroting
• Begrotingsbeleid en EMU-tekort • Officieuze circuit • De
keynesiaanse theorie • Vraagzijde • Keynes en de crisis*

7 Technische ontwikkeling, consumentenwelvaart en
mededingingspolitiek   211
*• Economische groei • Groeitheorie • Groeibeleid • Technische
ontwikkeling • Milieuvervuiling • Welvaartstheorie
• Duurzaamheid • Consumentenwelvaart • 24 uurseconomie en
economische dynamiek • Mededingingsbeleid*

8 Nederland in de wereld   264
*Open economie • Vrijhandel en protectie • Vrijhandelsgebied,
douane-unie en economische unie • Europese eenwording
• Europese instellingen • Mondiale samenwerking • De
wereldhandelsorganisatie WTO, UNCTAD en OESO • Arme landen
• Netwerkeconomie en globalisering*

9 Economen uit het verleden   293
*Karl Marx en het kapitalisme • Pieter Hennipman
• Jan Tinbergen*

10 Economie in de toekomst   318
*Mechanism design • Voorbeelden • Onderwijs als destructieve
architectuur • Inhumane jeugdzorg • Karakteristieken*

Literatuur   341
Namenregister   345
Zakenregister   347

'In the fields of intellectual endeavour no harvest is final, all fruit is perishable and only as good as the new seed it might contain.'
 – Wassily Leontief

'Von Büchern gibt es schliesslich Archivexemplare. Von Menschen nicht.'
 – Hans Keilson

Woord vooraf

De financiële crisis heeft het economisch leven in een depressie doen belanden en tevens veel economen depressief gemaakt. Zij menen dat de economische wetenschap heeft gefaald en op de schroothoop van de geschiedenis moet worden geworpen. Dit boek neemt afstand van deze denkbeelden door te laten zien dat de economische wetenschap springlevend is, belangrijke bijdragen levert aan het begrijpen van de economische aspecten van maatschappelijke verschijnselen en ook zwaarwegende vraagstukken oplost. Afstand wordt genomen van de misverstanden over het karakter van de economische wetenschap, zoals de mening dat de economie uitgaat van een verschraald en benard mensbeeld. Aangeknoopt wordt bij de wijsgeer Spinoza (1632-1677) door het inzicht dat de economische wetenschap uitgaat van de mens zoals deze is, een bont gedragspatroon van drijfveren, motieven, emoties en intenties. Afstand wordt genomen van de aanbeveling dat de economische wetenschap zich in dienst moet stellen van bespiegelingen over goed en kwaad in de wereld. Ingrijpende misverstanden die bij veel economen het spiegelbeeld zijn van het ontglippen van de kern van het vak door de toegenomen exactheid van analyse en de opkomst van de speltheorie als analytisch gereedschap. Dit boek legt de kern van de moderne economie bloot in eenvoudige bewoordingen, zonder een beroep te doen op een formele uitwerking. Zo beschouwd is *Economie* een optimistisch boek.

Onlangs beklaagde de Rotterdamse hoogleraar Peter van Bergeijk zich over het huidige niveau van het economieonderwijs bij het voortgezet onderwijs, havo en vwo. Hij heeft zijn dochters afgeraden het vak economie te volgen, hoewel zij uitmuntende economen hadden kunnen worden. Je hebt meer aan natuurkunde en geschiedenis, stelt hij vast. Van Bergeijk heeft gelijk, om allerlei redenen zijn veel lessen verworden tot borrelpraat en kenmerken de eindexamens zich door verwarrende opgaven, foutieve antwoorden en wordt vaker een beroep gedaan op tekst verklaren en rekenvaardigheid dan op economisch inzicht. Tegenover deze verloedering van het economisch onderwijs, stelt dit boek een solide en serieuze behandeling van economische vraagstukken, aanknopend bij de stand van de wetenschap, zoals deze ook tot uitdrukking komt in het niveau van de Nobelprijzen in de economie. Het laat zien dat deze stof op een verstaanbare en toegankelijke wijze voor een breed, belangstellend publiek kan worden uiteengezet. Wellicht heeft deze aanpak ook een positief effect op het economisch onderwijs in ons land, zowel bij het voortgezet onderwijs als bij hbo en universitair onderwijs, zodat scholen zoals het Cals College in Nieuwegein, het Hervormd Lyceum Zuid in Amsterdam, het Kamerlingh Onnes College in Groningen, ORS Lek en Linge in Culemborg, het Lorentz Lyceum in Arnhem, Maimonides in Amsterdam, het Meridiaan College het Nieuwe Eemland in Amersfoort, het Nuborgh College in Elburg, het Vellesan College in IJmuiden en in hun voetspoor vele andere scholen en lerarenopleidingen wat economie betreft ten behoeve van de leerlingen weer de weg omhoog vinden, zonder tussenkomst van de Inspectie voor het Onderwijs.

Behalve voor het onderwijs is er in dit boek aandacht voor de inhumane jeugdzorg. In deze sector van de samenleving gebeurt veel dat het daglicht niet kan velen. Al jaren is geen sprake van het beschermen van kinderen, doch veeleer van het geestelijk mishandelen van kwetsbare jongens en meisjes. De inhumane jeugdzorg onttrekt zich aan publieke waarneming. Ik besteed er aandacht aan, omdat perverse financiële prikkels misstanden in de hand werken, maar bovenal om aan de hand van de economische theorie van *mechanism design* suggesties te opperen voor een humane architectuur van de jeugdzorg. Contacten met de boegbeelden van de inhumane jeugdzorg, E. Gerritsen, directeur van Jeugdzorg Amsterdam, en P. Palsma, directeur Jeugdzorg & Reclassering van het Leger des Heils Utrecht, hebben mijn empirische kennis op dit terrein verbeterd en verdiept. Van de verhelderende brieven van mevrouw mr. E. Lam, advocaat van Jeugdzorg Amsterdam, heb ik dankbaar gebruikgemaakt.

Inmiddels is in de sfeer van de gezondheidszorg door de klokkenluider Arthur Gotlieb de complete wanorde blootgelegd bij de Nederlandse Zorgautoriteit. Na het inleveren van zijn uitvoerige verslag pleegde hij zelfmoord. Volgens de statuten behartigt de NZa de belangen van de patiënten. Deze belangen worden al jaren met voeten getreden. Medische gegevens van patiënten zijn toegankelijk voor alle medewerkers, het DBC-systeem bevordert op grote schaal fraude, door het autoritaire optreden van de NZa wordt de arbeidsvreugde van medische specialisten en verplegend personeel aangetast. In de geestelijke gezondheidszorg wordt gesold met het beroepsgeheim van psychiaters en de privacy van patiënten.

Nederland staat bol van corruptie, verspillingen en wanbeleid. Dit boek bevat voorstellen die op termijn verbetering inluiden, op weg naar humane architectuur.

In dit boek heb ik niet geaarzeld sommige formuleringen zoals 'Alle markten zijn tegenwoordig wereldmarkten' en 'Internet is de wereldwijde belichaming van de 24 uurseconomie' in een andere context te herhalen. Zo kom ik ook terug op bepaalde inzichten om deze later in een breder verband te verdiepen, zodat hun betekenis beter verankerd raakt. Soms grijp ik terug op eerdere publicaties van mij die met het oog op dit boek zijn bewerkt, geactualiseerd en, in een andere samenhang, beter worden belicht dan vroeger. De literatuurlijst verwijst naar geschriften van mijn hand, die ik met vrucht in een nieuw daglicht plaats.

Het hoofdstuk over geld, bankwezen en de kredietcrisis heb ik in concept voorgelegd aan Prof. Dr. L.H. Hoogduin, voormalig directeur van de Nederlandsche Bank en hoogleraar monetaire economie aan de Universiteit van Amsterdam. Hij heeft mij voorzien van tal van suggesties, waardoor de tekst van het hoofdstuk aanzienlijk is verbeterd en op de hoogte van de tijd is gebracht. Van zijn gedetailleerde kennis van de recente gebeurtenissen op het onderhavige terrein, heeft hij mij in ruime mate deelgenoot gemaakt. Daarvoor ben ik hem veel dank verschuldigd.

Naarden, april 2014

1
De economie als wetenschap en kunst

Welvaart

Er waart een misverstand door Europa. Het misverstand dat het in de economie uitsluitend gaat om geld. Tot het ontstaan en in stand houden van dit misverstand leveren economen zelf een belangrijke bijdrage. De gedachte dat economische gezichtspunten in geld moeten worden uitgedrukt, wordt door velen van hen onderschreven. En niet alleen door bedrijfseconomen, die van nature niet geneigd zijn over de grondslagen van hun vak na te denken, maar zich in dienst stellen van het streven naar winst en het opvoeren van de rendementen van de ondernemingen. Zij beseffen niet voldoende dat het maken van winst veeleer te danken is aan de creativiteit van technici dan aan economen. Bedrijfseconomen en accountants doen zelden meer dan achteraf registreren waarom het in het verleden verkeerd is gegaan. Maar ook de algemene economen vervallen in de fout de economische kant van de maatschappelijke verschijnselen te beperken tot een financiële calculatie. Zij menen buiten het terrein van de economie te treden, indien deze werkwijze niet meer mogelijk is. Als de economen zelf al moeite hebben met het uitgangspunt van hun wetenschap, dan neemt men buitenstaanders nauwelijks kwalijk dat zij menen dat de economie in onze samenleving beperkt is tot het meten der dingen in geld. Bovendien zijn buitenstaanders en ingewijden al zo lang gewend om te gaan met geld en in geldprijzen te rekenen dat het een tweede natuur is geworden. Dat deze gewoonte tot ingrijpende maatschappelijke misrekeningen leidt is een inzicht dat niet van de ene op de andere dag gemeengoed is. Laten wij daarom eerst een voorbeeld geven.

Stel dat de overheid op de gedachte komt het Naardermeer op te offeren ten behoeve van de vestiging van een grote onderneming. De opbrengsten van de onderneming worden in geld uitgedrukt. Er wordt uitgegaan van een bepaald verkoopresultaat, de kosten worden becijferd en hieruit spruit een winstverwachting voort. De opbrengsten van het opofferen van een belangrijk natuurgebied zijn in geld uitgedrukt. Geheel overeenkomstig de eenvoudige leerboekjes van de economie wordt de natuur als een productiefactor beschouwd die ondergeschikt wordt gemaakt aan het bereiken van een bepaald productieresultaat. Moet men nu de becijferingen op grond waarvan wordt besloten de onderneming te vestigen tot het domein van de economie rekenen en de beslommeringen omtrent het vernietigen van de natuur als voor de economie niet ter zake doende beschouwen? Hier is geen sprake van. Tegenover elkaar staan het nut dat wordt afgeworpen door het vestigen van een onderneming en het nut dat wordt ontleend aan het in stand houden van een belangrijk natuurgebied. De onderneming levert goederen die in een behoefte voorzien. Bovendien brengt het vestigen van de onderneming werkgelegenheid met zich mee. Er zijn nog andere voordelen, zoals de positieve invloed op de vraag naar culturele manifestaties en onderwijsvoorzieningen. Maar ook het in stand houden van de natuur voorziet rechtstreeks in behoeften. De natuur is niet alleen een productiefactor naast arbeid en kapitaal, maar ook een consumptiegoed dat de welvaart van de nu en straks levende mensen verhoogt. Het voorzien in deze behoefte wordt niet in geld uitgedrukt, daar de bevrediging van het genieten van de natuur uiterst persoonlijk en subjectief is, maar dit betekent niet dat deze behoeftebevrediging daarom van minder belang is. Trouwens, uiteindelijk wordt de betekenis van het vervaardigen van goederen alleen maar begrepen door te letten op het subjectieve nut dat de goederen voor de mensen afwerpen. Het is denkbaar dat burgers tot de conclusie komen dat zij liever het Naardermeer in stand houden dan opofferen aan het vestigen van een fabriek. Als deze beslissing wordt genomen, betekent het niet dat de economie het heeft verloren van de ecologie, of dat conservatieven het hebben verloren van progressieven. Het economische aspect van de genomen beslissing is dat wordt omgegaan met schaarse middelen. Deze omgang met schaarse middelen is gericht op het bevredigen van behoeften, die zowel van stoffelijke als van niet-stoffelijke aard zijn. Daarom heeft de economie het niet verloren van andere wetenschappen of andere gezichtspunten, indien de welvaart het meest gediend wordt geacht met het in stand houden van de natuur. De opmerking die de econoom maakt houdt in dat een offer wordt gebracht omdat in andere behoeften niet wordt voorzien.

De boodschap van de economie is zo eenvoudig dat men zich verbaast over de noodzaak deze te verspreiden. Het opschrijven van verlanglijstjes gaat de mensen makkelijker af dan het opsommen van de offers die worden gebracht. In het maatschappelijk leven gaat de sympathie uit naar hen die wensen uiten en niet naar de onhandige denkers, die ontmoedigend werken door op de beperkte mogelijkheden te wijzen. Ouders die tegen hun kinderen zeggen dat Sinterklaas niet bestaat, zijn nog nooit met gejuich ontvangen. Daarom laten de meeste ouders deze mededeling over aan andere kinderen. Economen hebben de droeve plicht de figuur van Sinterklaas elke dag te ontluisteren. Zij hebben echter ook de taak duidelijk te maken dat de grenzen van de economie niet uit bankbiljetten bestaan. Het verbeteren van de kwaliteit van het bestaan is een behoefte die niet of slechts gebrekkig in geld wordt vertaald, maar deze behoefte valt daarom niet buiten de economie. Economen die hun werkterrein bewust vernauwen tot de sfeer van de klinkende munt en het betalingsverkeer, spelen een valse partij daar zij niet in geld waardeerbare zaken bij voorbaat ongewogen laten. Zij maken het voor zichzelf gemakkelijker, maar de maatschappij is genoopt om aan hun uitspraken steeds minder betekenis te hechten. In onze samenleving neemt de betekenis van behoeften die in het geheel niet of alleen indirect in geld worden uitgedrukt elke dag toe. Een op de toekomst gerichte econoom houdt daarmee rekening en herhaalt zijn frustrerende boodschap dat de middelen beperkt zijn.

Uit het bovenstaande vloeit voort dat het begrip welvaart in de economie ruimer is dan meestal wordt verondersteld. Het gaat om de behoeftebevrediging. Dat wil zeggen, om de subjectieve gevoelens die van het voorzien in behoeften van de mensen het gevolg zijn. Het begrip welvaart is niet alleen subjectief maar ook formeel. Daarmee wordt bedoeld dat er alles onder valt wat geacht wordt eronder te vallen. Dit lijkt op het eerste gezicht een zuiver theoretische en zelfs wat lachwekkende uitspraak. Niettemin is de praktische betekenis in onze tijd erg groot. Als mensen een gezond milieu van belang vinden, valt het voorzien in de behoefte aan frisse lucht, schoon water en stilte onder het begrip welvaart, indien het voorzien in deze behoefte een beslag op schaarse middelen met zich meebrengt. Wil men meer frisse lucht, dan betekent het dat vervuilende productieprocessen achterwege blijven, of dat men bewust kiest om te zorgen dat de luchtvervuiling wordt teruggedrongen. Richtsnoer voor wat onder welvaart valt is niet een objectieve maatstaf die aan de economie wordt ontleend, maar is het gevoelen van de mensen. Als de mensen vinden dat hun welvaart nadelig wordt beïnvloed door de geluidshinder op Schiphol, is daarin het signaal gelegen dat onder het begrip welvaart ook dit aspect wordt begrepen.

Zodra wordt beseft dat het in de economie gaat om de behoeftebevrediging, zoals deze door mensen en groepen wordt aangevoeld, komt de vraag op in welk opzicht welvaart verschilt van menselijk geluk. Immers, ook bij geluk gaat het om allerlei gevoelens van strikt persoonlijke aard, die zich niet laten vangen in objectieve schema's of maatstaven. Is de economie dan misschien de wetenschap van het geluk in plaats van die van het geld? Het antwoord op deze vraag is betrekkelijk eenvoudig. Zodra het verwezenlijken van menselijk geluk met zich meebrengt dat op schaarse middelen beslag wordt gelegd, kijkt de economie om de hoek. Maar dit is zeker niet voor alle menselijk geluk het geval.

Nemen wij als voorbeeld huwelijksgeluk of ruimer relatiegeluk en erotiek. Hierbij gaat het om gevoelens die weinig of niets te maken hebben met het omgaan met schaarse middelen. Het economische aspect speelt hier geen rol. In deze zin omvat geluk meer dan welvaart. Bij welvaart gaat het om subjectieve gevoelens die afhankelijk zijn van het omgaan met schaarse middelen en bij geluk is dat ten dele niet het geval. Echte economen begrijpen onder welvaart minder dan geluk en meer dan geld.

Er wordt wel eens een tegenstelling geschapen tussen welvaart en welzijn. De term 'welvaart' wordt in een heel enge zin opgevat, zodat men denkt aan geld, stoffelijke productie, industrialisatie en duurzame consumptiegoederen. Het woord 'welzijn' wordt, tamelijk vaag, gebezigd voor allerlei verschijnselen die belangrijk worden geacht en waarvan men meent dat zij niet onder het woord welvaart zijn begrepen. Zien wij nu af van allerlei politieke tegenstellingen, dan blijkt bij welzijn meestal te worden gedacht aan een aantal zeer concrete wensen. Men wenst een gezond leefmilieu, humanisering van de arbeid, meer vrije tijd en zinvolle vrijetijdsbesteding en opheffing van allerlei vormen van discriminatie. Verwezenlijking van deze wensen betekent meestal dat beslag moet worden gelegd op schaarse middelen, of dat deze middelen anders dienen te worden aangewend dan tot zover gebruikelijk was. Blijkbaar gaat het bij welzijn dan ook om subjectieve behoeftebevrediging. Voor zover men daarbij wensen op één hoop gooit die zowel een beslag op schaarse middelen met zich meebrengen als waarvoor dit niet nodig is, valt de inhoud van de term welzijn samen met geluk. Voor zover onder welzijn alle vormen van behoeftebevrediging worden begrepen die nopen tot het aanwenden van schaarse middelen, valt de inhoud van de term volledig samen met welvaart. Er is geen aanleiding een tegenstelling te zien tussen welvaart en welzijn. Natuurlijk is het mogelijk dat in de praktijk beperkte uitgangspunten, zoals het opvoeren van de productie of het vergroten van de winst, de overhand hebben bij het nemen van beslissingen. Dit betekent echter niet dat dit onder de vlag van de economische wetenschap gebeurt. Indien door maatschappelijke pressie beslissingen in een andere richting worden gedreven, is dit niet in strijd met de economie. Het betekent slechts dat de burgers van mening zijn dat hun welvaart in de zin van subjectieve behoeftebevrediging gediend is met beslissingen waarbij wordt gelet op het humaniseren van de arbeid, het behoud van natuur en open ruimte en het in stand houden van een gezond milieu. De econoom is daarbij steeds een frustrerende figuur omdat hij wijst op de nadelen van het nemen van een beslissing in een bepaalde richting. Er is geen voordeel dat niet met een nadeel wordt gekocht; en als wij zeggen gekocht, dan geven wij slechts aan dat tegenover voordelen altijd nadelen staan, ook al kunnen deze niet in geld worden uitgedrukt. Kortom, het economische is meer dan het financiële.

Door geen onnodige tegenstelling te scheppen tussen welvaart en welzijn wordt bereikt dat de besluitvorming niet onnodig in stukken wordt geknipt. De besluitvorming over Schiphol of het Naardermeer wordt georganiseerd door alle aspecten onder één noemer te brengen. Een indeling in economische en niet-economische aspecten is wetenschappelijk niet houdbaar en leidt praktisch tot uiterst verwarrende discussies over het doel van economische activiteiten. Steeds opnieuw dient te worden beklemtoond dat het gaat om de behoeftebevrediging en dat de economische wetenschap daaraan geen concrete inhoud geeft. De maatschappelijke discussie, waarin de opvattingen van personen en groepen tot uitdrukking komt, leert op welke aspecten de nadruk wordt gelegd. De economische wetenschap vestigt er de aandacht op dat alle factoren waarvoor geldt dat meer van het een minder van het ander betekent, deel uitmaken van de besluitvorming. Stelt men het zo, dan is er geen verschil tussen factoren als de productie, de werkgelegenheid, de winst, de humanisering van de arbeid, een schoon milieu, het besparen van energie en het verbeteren van de kwaliteit van de goederen. In elke concrete situatie worden stellig nog meer aspecten vermeld, die alle worden gezien als een uitwerking van het subjectieve en formele welvaartsbegrip en die onderling onlosmakelijk met elkaar zijn verbonden, daar ze alle op de schaarste stoelen.

Herhaaldelijk wordt op economen een beroep gedaan dit ruime welvaartsbegrip in te vullen. Vindt u als econoom het behoud van het milieu belangrijker dan de groei van de productie, of niet? Op een dergelijke vraag geeft de economische wetenschap geen antwoord. *[niet moraliserend]* De economie schrijft niet voor, legt niet op, maar verklaart slechts. De economie geeft het antwoord niet omdat het afwegen van de voor- en nadelen van de uiteenlopende oogmerken een subjectieve beoordeling met zich brengt. Deze beoordeling wordt beheerst door strikt persoonlijke voorkeuren en waarderingen van politieke of godsdienstige aard. Een econoom die de indruk wekt dat oordelen van het onderhavige type voortvloeien uit zijn vakgebied, is geen echte econoom. Hij is een onechte politicus.

Schaarste

De schaarste kwam al enkele keren ter sprake. Hiermede wordt in de economie gedoeld op het feit dat de middelen altijd beperkt zijn ten opzichte van de behoeften. Sinds het denkbeeld van de zondeval in het paradijs is de schaarste een natuurverschijnsel. Het gaat niet om een uitvinding door economen, maar om een kant van de werkelijkheid waar de mensheid niet omheen kan. De schaarste is geen fictie, zoals wel eens wordt betoogd. Het is een fictie ervan uit te gaan dat de schaarste een fictie is. *[dat rustig man]* De eindigheid van het menselijk leven is een feit waarvoor ook in de informatie-economie het hoofd wordt gebogen. De tijd is schaarser dan u denkt, al was het maar door de eindigheid van het menselijk leven.

De opmerking ligt voor de hand dat het economisch leven van alledag wel erg afwijkt van het hier geschetste beeld. In de winkels verloopt de conversatie via prijzen. De ondernemingen staan bol van financiële calculaties. De vakbeweging heeft het over loonsverhogingen. De werkgevers hebben het bijna dagelijks over de noodzaak de winsten te verhogen. De overheid leren we vooral kennen door de belastingen en de sociale premies. Het is moeilijk door al deze financiële bomen het bos van de behoeftebevrediging te ontdekken. Wij zijn zo gewend geraakt aan de taal van lonen en prijzen dat wij hebben verleerd van gedachten te wisselen over de dingen die er werkelijk toe doen. Die gedachtewisseling is niet eenvoudig, omdat zij wordt bepaald door onze persoonlijke voorkeuren en gevoelens, maar toch worden wij genoodzaakt haar zowel in ons persoonlijk dagelijks leven als in de samenleving op gang te brengen. De geluidshinder op Schiphol, de stank in de Randstad, de verkeerschaos en het verdwijnen van vrije natuur zijn niet op geld waardeerbare nadelen die steeds zwaarder tellen. Uit het optreden van actiegroepen, via de media en uit de opinievorming in politieke partijen blijkt dat hier van nadelige welvaartseffecten sprake is. Deze komen niet tot uitdrukking wanneer men de ontwikkeling van de productie per hoofd als maatstaf voor de welvaart neemt. Hieruit blijkt opnieuw dat de welvaart niet wordt gemeten door uitsluitend te kijken naar de op geld waardeerbare ontwikkeling van de nationale productie, het bruto binnenlands product (bbp) of de economische groei. Dit wordt duidelijk wanneer niet alleen de natuur, maar ook de productiefactor arbeid in ogenschouw wordt genomen. Arbeid en natuur zijn vanouds beschouwd als oorspronkelijke productiefactoren die in het kader van de productie worden opgeofferd. In toenemende mate nemen wij waar dat burgers het hebben van werk, geheel los van de vraag of daarmede een doel in het kader van de productie wordt gediend, als een nuttige zaak zien. Dit betekent dat de welvaart van de mensen in de zin van hun subjectieve behoeftebevrediging mede afhankelijk is van de gelegenheid te werken. <u>Evenals de natuur is de arbeid niet alleen productiefactor, maar ook een consumptiegoed</u> dat rechtstreeks in behoeften voorziet. Werknemers ontwikkelen voorkeuren over de tijden gedurende welke ze willen werken, waar ze willen werken en met wie ze willen werken. Ze worden kopers van pakketjes arbeid. Door de knelpunten op de arbeidsmarkt wordt de betekenis hiervan alleen maar groter.

Hoeveel en wat wordt er geproduceerd, hoeveel en wat wordt er geconsumeerd, hoeveel en wat wordt langs individuele weg voortgebracht en wat doet de overheid? Deze kernvragen over de organisatie van ons economisch leven zijn een onmiddellijk gevolg van de toestand van schaarste zoals die na de big bang op deze wereld werd aangetroffen. De economie is als wetenschap niet bij machte op deze vragen in normatieve zin een antwoord te geven. Het gaat uiteindelijk om politieke afwegingen. Deze omstandigheid verhindert niet te analyseren hoe de mensen reageren op de noodzaak van afweging. En dat is wat de springlevende economische wetenschap doet. Velen denken dat het markt- en prijsmechanisme, dat berust op het in geld uitdrukken van voor- en nadelen, het antwoord van de economische wetenschap vormt op het geweldige organisatieprobleem. Dit misverstand wordt niet alleen door de economen zelf in de hand gewerkt, maar hangt ook samen met de belangrijke rol die het markt- en prijsmechanisme in onze samenleving speelt. Met dit mechanisme wordt een groot aantal van de organisatorische problemen opgelost, ook al is men met de oplossingen steeds minder tevreden. Wij zijn echter zo gewend aan het idee van de markteconomie, dat de gedachte dat de markt geen eindpunt, maar hoogstens een begin van alle economische wijsheid vormt, moeilijk wordt aanvaard. Emotionele weerstand ontstaat ook doordat de werking van de markt niet zelden in het belang is van sommige individuen of groepen. In alle nuchterheid wordt echter vastgesteld dat uit het oogpunt van de economische wetenschap de markt als beslissend criterium voor het aanwenden van schaarse middelen slechts een van de manieren is om het probleem dat door de spanning tussen behoeften en schaarse middelen ontstaat, op te lossen.

Volgens dit uitgangspunt houdt de economie zich bezig met het verklaren van alle verschijnselen die het gevolg zijn van de schaarste, de spanning tussen behoeften en middelen. Verwarring ontstaat als op het eerste gezicht willekeurige overwegingen het aanwenden van schaarse middelen bepalen. Het irrationele lijkt de plaats in te nemen van rationaliteit. En men ziet dagelijks beoefenaren van de economische wetenschap krampachtig vasthouden aan uitdrukkingen als rationeel of economisch handelen, zonder te beseffen dat aan deze aanduidingen geen concrete, objectieve inhoud kan worden gegeven. Iedereen handelt zoals hij of zij handelt. Het gedrag is subjectief altijd rationeel. Daarom houdt de economische wetenschap zich bezig met alle handelingen die een beslag vergen op schaarse middelen, onverschillig of deze tot een gezond of een ongezond leven leiden, instemming ontmoeten of afkeuring oproepen. Het waanidee van de rationaliteit is in de wetenschap het voertuig voor de verschraling, die zo kenmerkend is voor de huidige waan van de dag.

De wijze waarop met de schaarse middelen wordt omgegaan, wordt niet alleen gedicteerd door de markt. Ziet men het anders, dan wordt het hele optreden van de overheid als een incident opgevat, waarmee men eigenlijk niet goed raad weet. De economie houdt zich dan uitsluitend bezig met wat individuele producenten en individuele consumenten, wier gedrag op de markt blijkt, wensen. De economische wetenschap reikt echter verder en is daardoor ook rijker. De overheid brengt gezamenlijk gevoelde behoeften tot uitdrukking en heeft namens ons allen de bevoegdheid in deze behoeften te voorzien door op schaarse middelen beslag te leggen. Soms gaat het daarbij om het voortbrengen van goederen die via de markt niet worden gemaakt. Men spreekt van zuiver collectieve of publieke goederen. Zijn deze goederen eenmaal voortgebracht, dan kan niemand van de consumptie worden uitgesloten. Een goed voorbeeld hiervan zijn de Deltawerken. Maar het is ook denkbaar dat de overheid de behoeften van een toekomstige generatie in de beschouwing betrekt, zoals het geval is bij het behoud van de nog beschikbare natuur, open ruimte en het cultureel erfgoed. Het registreren van deze behoeften verloopt niet via de markt, daar de betrokken generatie nog niet in leven is. Niemand schuift echter op deze grond deze behoeften als onbelangrijk terzijde. Het rekening houden met deze behoeften betekent echter dat de overheid de aanwending van de schaarse middelen beïnvloedt met het oog op de toekomst. Het richtsnoer vormt niet het geld, het financiële rendement of de verwachte winst, maar uitsluitend de betekenis die men van het natuurbehoud voor een toekomstige generatie verwacht. De economie van de publieke sector is niet die van de marktsector, waarin ondernemingen en consumenten de boventoon voeren. Bovendien wordt de aanwending van de productiefactoren – de allocatie – beïnvloed door maatschappelijke organisaties en actiegroepen, die noch tot de overheid behoren, noch deel uitmaken van de markt. Echte economie registreert alle behoeften, onderkent hun onderlinge samenhang, laat zich niet om de tuin leiden door het invoeren van geld en blijft tot het einde der tijden de worsteling begeleiden om het antwoord te vinden op de chaos, die zonder ordening, door de schaarste ontstaat.

Humanisering

Veel populaire geschriften worden ontsierd door de karikatuur die economen schetsen van de economische theorie. Vaak begint het met de aanduiding homo economicus als beschrijving van een verondersteld mensbeeld in de economische theorie, een monetair calculerend subject dat voortdurend het overschot aan opbrengsten boven kosten maximeert. Dat in experimenten mensen zich anders gedragen dan het vermeende wangedrocht voorschrijft is voor veel onderzoekers een verrassing. Niet echter voor kenners van de economische wetenschap, die op de hoogte zijn van de verscheidenheid aan menselijk gedrag dat juist langs de weg van het subjectivisme gestalte krijgt. Op hetzelfde gebrekkige inzicht berust het misverstand dat het wangedrocht rationeel en de mens van vlees en bloed als deelnemer aan het experiment irrationeel handelt.

Een aardig voorbeeld van het verschralen van de economische discussie zijn studies over het rendement van het onderwijs. Met rendement wordt bedoeld de procentuele stijging van het loon door het volgen van één jaar extra onderwijs. Binnen dit beperkte kader zijn deze studies waardevol, omdat nuttige kwantitatieve inzichten worden verworven omtrent het rendement van onderwijs voor hoger versus lager opgeleiden en voor mannen en vrouwen. Belangrijke kwalitatieve aspecten van het onderwijs die begrepen zijn onder het ruime welvaartsbegrip, blijven echter buiten beschouwing. Kortom, de humane kant van het onderwijs, zoals het eenvoudige inzicht dat mensen onderwijs volgen om het onderwijs, studeren om het studeren, uit nieuwsgierigheid en belangstelling en daaraan vreugde ontlenen.

Sommigen menen ook de betekenis van de natuur voor de huidige en toekomstige generaties in euro's te kunnen vangen, zoals blijkt uit een kosten-batenanalyse van de ecologische hoofdstructuur. Het opsommen van uitgaven voor het aankopen van grond, de inrichtingskosten van particulier natuurbeheer, de waterschapslasten en de netto toegevoegde waarde van natuur is een nuttige bezigheid. In de opsomming verdwijnt echter de betekenis van de ecologische hoofdstructuur voor de mensen van nu en straks volledig uit beeld en daarmee de humane kant van het economisch handelen. Het verwaarlozen van essentiële kwalitatieve baten holt de kosten-batenanalyse uit. Het verabsoluteren van de uitsluitend monetaire calculatie brengt het gevaar met zich dat de natuur als welvaartscomponent voor de kwaliteit van het bestaan van de burgers buiten beschouwing blijft. Het bedreigde Groene Hart illustreert dat dit gevaar niet denkbeeldig is.

Pieter Hennipman (1911-1994), de even bescheiden als indrukwekkende econoom die Nederland in de vorige eeuw heeft gekend, rekent in 1940 al af met de homo economicus. Met de woorden dat de subjectieve theorie de homo economicus heeft overwonnen 'door zich geheel los te maken van de concrete motivering, die aan het handelen ten grondslag ligt, door een algemene theorie te construeren betreffende het handelen onder den invloed van rivaliseerende doelstellingen welke theorie van toepassing is ongeacht den aard deze doelstellingen' (Hennipman, 1945, p. 399). In het voetspoor van dit inzicht verdwijnen de rationaliteit van het economisch handelen en de beperking van het economische tot markttransacties en tot het in geld uitdrukken van economische activiteiten van het toneel. Het invoeren van het geld is een handig hulpmiddel om een deel van het economische proces te organiseren. De transactiekosten van de ruil worden er aanzienlijk door verlaagd. Maar de invoering van het geld blijft een abstractie. Bij het kopen van een modieuze japon van 500 euro gaat het om het subjectieve nut dat de japon oplevert. Over de prijs kan men twisten, niet over de smaak. De prijs is een instrumentele schijnobjectiviteit, die de transactie versoepelt, doch de aandacht afleidt van de subjectieve behoeftebevrediging. Ook het ontvangen van een geldinkomen is een rookgordijn waarachter vreugde en verdriet verbonden met het verrichten van arbeid schuilgaan. *[poetisch]*

Behalve op geld waardeerbare transacties behoren tot het domein van de economische wetenschap alle niet-calculeerbare oogmerken, die gepaard gaan met beslag op schaarse middelen. Er is geen kwantiteit zonder kwaliteit en er is kwaliteit zonder kwantiteit. Economische ontwikkeling gaat over de <u>dynamiek van de behoeftebevrediging</u> en is niet beperkt tot groeipercentages van het bbp. De doelstelling natuurgebieden te behouden voor toekomstige generaties is van kwalitatieve aard. Er ontbreken marktprijzen om dit oogmerk monetair te vertalen. Maar het behoud van natuur en milieu brengt ons niet buiten de economie. Het oogmerk valt onder de welvaart van huidige en toekomstige generaties en noopt tot een andere manier van omgaan met schaarse middelen. Zelfs als het alternatieve gebruik tot gederfde winststromen wordt herleid, ontbreekt de kwantificering om deze te vergelijken met het nut van de natuur voor nu en later, dat niet aan marktwerking kan worden ontleend.

Deze inzichten zijn eenvoudig. Toch heeft het misverstand postgevat dat economisch op één lijn staat met financieel. Dat in de achter ons liggende jaren in het economisch leven de nadruk heeft gelegen op geldstromen, financiële rendementen, beurskoersen, optieregelingen en kwantitatieve economische

economisch ≠ financieel

groei, betekent niet dat de theoretische economie evenzeer is ingesnoerd tot de analyse van financiële calculaties. Nu in de praktijk het getij geleidelijk keert en de kwaliteit van het bestaan hoger op de agenda staat, is de economische wetenschap gereed om de besluitvorming over de niet-calculeerbare doeleinden van individu en samenleving voor te bereiden en te begeleiden. Onverschillig of het nu gaat om de kwaliteit van het onderwijs, de medische zorg, de ruimtelijke ordening, de cultuur, het leefmilieu of het verdelen buiten de markt om van beschikbare nieren over mensen die een nier nodig hebben (Nobelprijs economie, Alvin Roth, 2012).

Het misverstand is ernstig omdat in de publieke sfeer beslissingen over de ruimte worden genomen op basis van wat men noemt rationele calculaties van de financiële opbrengsten van bedrijfsterreinen, havens, woningen en kantoorgebouwen. Daar de betekenis van niet-reproduceerbare goederen, zoals unieke natuurgebieden en historische gebouwen, boerderijen en monumenten niet calculeerbaar is, worden deze componenten van de welvaart als irrationeel terzijde geschoven. De kwaliteit van het bestaan van huidige en toekomstige generaties wordt hierdoor bedreigd.

Hennipman was de grootmeester van de beoefening van de welvaartstheorie in ons land. De welvaartstheorie houdt zich bezig met de samenhang van de welvaart en de aanwending van de schaarse middelen. Deze aanduiding heeft betrekking op de welvaart van een individu, de individuele welvaart, maar ook op die van een groep, de groepswelvaart of nog ruimer van de samenleving, de maatschappelijke welvaart. Opgevat als de theorie over de manier waarop de middelen worden aangewend met het oog op het bevredigen van behoeften, is de welvaartstheorie het hart van de economische wetenschap. De theorie legt de weg af van schaarste naar welvaart, van individuele naar collectieve welvaart, van eenvoudige inkleding van de allocatie naar gecompliceerde institutionele vormgevingen en van uitgangspunten omtrent de wensen van de burgers in het licht van de schaarste naar uitspraken over hun betekenis voor samenstelling en groei van de stroom van goederen en diensten, lokaal, regionaal en mondiaal.

De welvaartstheorie, die ook als allocatietheorie kan worden getypeerd, levert geen normen op voor het praktisch handelen van individuen of voor beleidsmakers. Het subjectieve karakter van de behoeftebevrediging alsmede de alternatieve aanwendbaarheid van de beperkte middelen blokkeren het doen van uitspraken over de beste organisatie van het economisch leven. De welvaartstheorie is niet het normatieve deel van de economische wetenschap, zoals veel economen menen. De finale beslissingen in de economisch-politieke sfeer worden door een theoretische analyse voorbereid door de welvaartseffecten van de uiteenlopende oogmerken en instrumenten en hun interacties te inventariseren, maar de beslissing vergt altijd een afweging van subjectieve aard, die mede wordt bepaald door waarderingsoordelen van maatschappelijke, ideologische of godsdienstige aard.

De illusie van veel economen die zich in de praktijk met kosten-batenanalyse bezighouden, dat de uitkomst daarvan ook bepalend is voor de beslissing, wordt niet alleen in de hand gewerkt door het verabsoluteren van financiële gezichtspunten onder verwaarlozing van de niet-materiële kwalitatieve kanten, maar verraadt ook een misplaatste, intellectuele arrogantie omtrent de uitgangspunten, het karakter en de grenzen van de economische wetenschap.

De economische wetenschap heeft een beschrijvend en analyserend karakter en levert geen normen of aanwijzingen op voor het praktisch handelen. Normen en waarden zijn de vrucht van godsdienstige en politieke opvattingen en deze liggen aan de basis van de afwegingen die dagelijks door bestuurders in de private en publieke sector van het economisch leven worden gemaakt. In hun rol van beoefenaren van wetenschap dienen economen zich bewust te zijn van hun bescheiden positie. Aan dit bewustzijn ontbreekt het van tijd tot tijd in de praktijk van alledag. Wanneer hierna enkele opmerkingen worden gemaakt over humanisering in het economisch leven, wordt daarmee niet gezegd dat humanisering goed of slecht is. Dat maakt elke burger, mondig of niet, zelf uit.

[margin note: toekomst gericht mondiaal]

De welvaartstheorie mondt uit in het inzicht dat het in het economisch leven uit het oogpunt van de burgers in hun rol van consumenten gaat om het voorzien in behoeften aan goederen en diensten van consumenten van nu, van straks en waar ook ter wereld. Omdat de arbeid niet alleen als een productiefactor wordt opgevat, maar ook als een consumptiegoed wordt beschouwd, valt ook de behoefte aan zinvolle arbeid voor burgers van nu, van straks en waar ook ter wereld onder deze integrale zienswijze. Tegen deze achtergrond wordt van humanisering gesproken indien in het economisch leven bij het nemen van beslissingen of door de natuur der dingen de mensen om wie het gaat in de zojuist omschreven zin in beeld zijn en blijven. Is daarvan in feite om allerlei redenen geen sprake, door fragmentatie, verkokering en bureaucratisering, dan is sprake van inhumaniserende transacties. Of de samenleving zich wil bewegen in de ene of de andere richting gaat de economische wetenschap niet aan. Deze speelt eerst weer een bescheiden rol indien een principiële keuze wordt gemaakt voor het een of het ander. De reden is dat het ontwerpen van een effectieve architectuur voor het een of het ander ingrijpend verschilt. Als het gaat om het dienstbetoon aan patiënten in ziekenhuizen, van studenten in het onderwijs en van huurders van corporaties, dan hoort bij het voorzien in hun behoeften een andere architectuur dan wanneer zij als numerieke producten in een productieproces worden opgevat. Deels betreft het allocatie, respectievelijk aanwending van productiemiddelen, die buiten de markt om verloopt en waarvan de institutionele uitwerking verschilt al naar gelang de mensen om wie het gaat uitgangspunt van de economische activiteiten zijn. Met de economische wetenschap kan men alle kanten op. De <u>mensheid bepaalt welke kant het</u> opgaat. De beschikbare analyse, zoals speltheorie en *mechanism design*, wordt ook benut voor een humaniserende route.

Private sector

Wanneer wij het karakter van de economische wetenschap tot op onze botten laten inwerken is de conclusie dat van een groot organisatieprobleem sprake is. Zelfs indien men alleen in Nederland een stemming houdt over de vraag wat er met de schaarse middelen moet gebeuren, ontstaat er al een geweldige wanorde. Er treden scherpe meningsverschillen aan het licht wanneer het gaat om de vraag wat er moet worden gemaakt. Maar verschillen van inzicht komen ook naar voren als wordt gevraagd hoeveel er van de diverse goederen moet worden voortgebracht. Wanneer iedereen zijn eigen wensen onbelemmerd opsomt ontstaat een bont patroon. En in Nederland heeft het verschijnsel van een groot aantal politieke partijen iets te maken met de neiging in de politieke discussie uitsluitend wensen uit te wisselen, zonder te letten op de offers die worden gebracht. Men overtroeft elkaar gemakkelijk in progressiviteit indien het criterium daarvoor het opschroeven van allerlei individuele en gezamenlijke wensen is.

Het organisatorische probleem wordt intussen iets eenvoudiger door de omstandigheid dat de middelen beperkt zijn. Dit betekent dat de speelruimte voor het uiten van allerlei wensen aan grenzen is gebonden. De discussie is niet van de baan, maar wel iets minder vrijblijvend. Nog steeds geldt dat de beschikbare middelen in verscheidene richtingen worden aangewend, zodat men niet aan een keuze ontkomt. Een natuurgebied blijft in stand, het wordt gebruikt om er een ziekenhuis op te bouwen, het wordt aangewend als landbouwgrond en het kan geschikt worden gemaakt voor de woningbouw. Wordt omtrent een dergelijke vraagstelling een publieke discussie georganiseerd, dan komen zeer verschillende opvattingen naar voren. Deze opvattingen verschillen van plaats tot plaats en in de loop van de tijd. Nog moeilijker wordt het indien ook rekening wordt gehouden met de belangen van toekomstige generaties. Aanstonds komt dan de dieperliggende vraag op of bij dit type problemen uitsluitend wordt afgegaan op de individuele voorkeuren van de mensen, waarbij elk individu één stem heeft, of dat ook gewicht wordt toegekend aan groepsoordelen. Een dergelijk groepsoordeel wordt vaak gevormd door de overheid. De centrale of lagere overheid wordt geacht in haar oordeelsvorming algemene gezichtspunten te betrekken. Wat het beste mengsel is van private en publieke overwegingen in de besluitvorming over de aanwending van schaarse middelen blijft een strijdpunt. Voor Nederland mag men ervan uitgaan dat extremen worden afgewezen. Noch het geval waarin uitsluitend op basis van individuele voorkeuren wordt beslist, noch de situatie waarin een beslissing op uitsluitend collectivistische wijze wordt bereikt, is karakteristiek voor de Nederlandse omstandigheden. In de publieke sector domineert de overheid vooral door het aanbieden van publieke of collectieve goederen. In de private sector zijn het overwegend de ondernemingen die de boventoon voeren, samen met de afnemers van hun goederen, de consumenten. In de private sector ontmoeten producenten en consumenten elkaar op markten. De markt is het samenhangend geheel van vraag naar en aanbod van goederen en diensten.

Op de markt spreken wij met elkaar in de taal van het geld. Als veel kopers een bepaald goed willen hebben, drukken zij de bereidheid uit daarvoor een bedrag op tafel te leggen. Is dit bedrag voldoende hoog, dan zijn producenten bereid het goed tegen deze prijs voort te brengen. Als op deze wijze veel vragers en veel aanbieders op een markt tegenover elkaar staan, zodat niemand enige macht uitoefent, wordt het spel van vraag en aanbod onbelemmerd gespeeld. Als kopers en verkopers op een dergelijke markt vrij kunnen toe- en uittreden, als de goederen door de consumenten als volkomen identiek worden opgevat en iedereen de hele markt overziet en kent, dan ontstaat op die markt ten slotte een prijs die gelijk is aan de kostprijs van het product. Deze prijs wordt wel de evenwichtsprijs genoemd. Het is een van de opmerkelijke resultaten van de economische wetenschap dat door de concurrentie de evenwichtsprijs zo hoog wordt dat alle winsten verdwijnen. Ondanks het feit dat alle producenten afzonderlijk proberen een zo groot mogelijke winst te bereiken, ontstaat uiteindelijk een toestand waarin van winst geen sprake is. De consumenten streven individueel naar een zo groot mogelijke behoeftebevrediging. In dit streven worden zij belemmerd door de prijzen van de goederen en hun inkomen. De producenten streven als machteloze, passief reagerende individuen allemaal naar een zo groot mogelijke winst. De consumenten komen gezamenlijk als vragers op de markt, de producenten staan als aanbieders op het markttoneel. De markt is een toonbeeld van rust als er een prijs ontstaat waarbij de totale gevraagde hoeveelheid gelijk is aan de totale aangeboden hoeveelheid. Deze evenwichtsprijs wijkt wel tijdelijk, maar niet blijvend af van de kostprijs van het product als de aanbieders volkomen vrij zijn tot de markt toe te treden en van die vrijheid, niet belemmerd door transactiekosten, gebruikmaken. *[liberalisme]*

Adam Smith, de grondlegger van de klassieke economie, die leefde van 1723 tot 1790, motiveerde op deze grond dat men het economisch leven aan zichzelf diende over te laten. Door een onzichtbare hand geleid ontstaat er ondanks het behartigen van individuele belangen door de mensen, een toestand die voor allen de beste is. De redenering is in de kern betrekkelijk eenvoudig. Zolang de vraag nog zo intens is dat de bestaande ondernemingen winst maken door in deze vraag te voorzien, komen er nieuwe ondernemers op de aantrekkelijke bedrijfstak af. De winst lokt hun toetreding uit. Door hun toetreding vergroten zij het aanbod, hetgeen bij dezelfde vraag tot een lagere prijs leidt. Dit gaat door totdat de prijs gelijk is aan de kostprijs. Treden in die situatie nog aanbieders toe, dan daalt de prijs beneden het niveau van de kostprijs, zodat verliezen ontstaan, hetgeen tot uittreden leidt. *[hiervoor is ook kennis en informatie nodig, toch?]*

Onder de genoemde veronderstellingen is de prijs een signaal voor de producenten. Er wordt hun aangegeven wat er moet worden geproduceerd en ook hoeveel er moet worden voortgebracht. Zodra de consumenten een bepaald product niet meer wensen, vervalt de vraag en zakt de prijs beneden het niveau dat voor de producenten nog aantrekkelijk is. Hun kosten worden niet meer gedekt. Ook is denkbaar dat de consumenten het betrokken product in mindere mate willen consumeren. Dan daalt de vraag, totdat op een nieuw niveau een evenwicht wordt bereikt. Op dit nieuwe niveau voorzien dan minder aanbieders in de nu lagere vraag. Het zojuist beschreven prijsmechanisme is in beginsel een methode om de schaarse productiemiddelen over de verschillende alternatieve aanwendingen te verdelen. Deze verdeling wordt beheerst door de consumenten. In deze gedachtegang is de klant koning. De consumenten zijn de baas en spelen een actieve rol, de producenten zijn passieve volgelingen. Het geweldige organisatieprobleem lijkt in een paar regels te zijn opgelost. Er ontstaat een spontane orde en van een chaos is geen sprake. Iedere consument doet op voet van gelijkheid mee. Hij of zij uit eigen voorkeuren, die op de markt op een strikt onpersoonlijke wijze worden verwerkt en geen onderwerp van publieke discussie uitmaken. Oordelen van derden over de private voorkeuren worden aangehoord en kunnen invloed uitoefenen, maar hebben nimmer een dwingend karakter. Op de markt is de wil van iedere consument wet. Men spreekt daarom van marktdemocratie. Iedereen is vrij te consumeren en te produceren, van dwang is in geen enkel opzicht sprake en het hele economisch proces is vanuit de basis opgebouwd. Een overheid is nodig om wat algemene zaken te regelen, zoals de defensie en de rechterlijke macht. Het is een voorbeeld van een ontwerp, een architectuur waarover wij eerder spraken.

Als het prijsmechanisme zo soepel werkt als het zojuist is voorgesteld, is het een indrukwekkend mechanisme. Het zorgt ervoor dat op de markten een evenwicht ontstaat, waarbij de koopkrachtige wensen van de consumenten precies worden bevredigd tegen prijzen die gelijk zijn aan de kostprijs van de goederen. De productiemiddelen zijn optimaal verdeeld over de verschillende aanwendingen op grond van de voorkeuren van de consumenten. De soevereiniteit van de consumenten is in deze visie richtsnoer voor de Pareto-optimale allocatie van de productiemiddelen (Pareto was een Italiaanse econoom, die leefde van 1848 tot 1923 en doceerde aan de Universiteit van Lausanne). Daarmede wordt bedoeld dat de productiemiddelen overeenkomstig de wensen van de consumenten worden verdeeld over de mogelijke aanwendingen. Er wordt niet mee bedoeld dat ook de inkomens zo goed mogelijk zijn verdeeld over de mensen. Ook wat de werkgelegenheid betreft komt het op den duur in orde. Er treden wel verschuivingen op de arbeidsmarkt op, maar geen duurzame inzinkingen. Als het ene product uit de gratie raakt, richt de vraag zich na enige tijd op een ander product. In de ene sector daalt dan de werkgelegenheid en in de andere stijgt deze. Tegenover de uitstoting staat inschakeling, ook al is enige aanpassing en wellicht herscholing nodig. Maar ook hier spelen de prijzen een keurige rol. Het arbeidsloon is immers ook op te vatten als de prijs van de arbeid. Als de ene soort arbeid niet meer wordt gevraagd, daalt daarvan de prijs, zodat het minder aantrekkelijk wordt die arbeid te gaan aanbieden. Wordt daarentegen een andere soort arbeid wel gevraagd, dan neemt het aanbod in die sector toe. Zo wordt de arbeid verdeeld over de mogelijke productieprocessen, in overeenstemming met de wensen van de consumenten.

Men behoeft zich er niet over te verbazen dat het zojuist ontworpen beeld van consumenten en producenten die in volle vrijheid beslissen over productie en consumptie, zonder individueel ook maar enige macht uit te oefenen, vaak tot norm is verheven. Er is niet zelden betoogd dat hiermee de beste economische orde is aangeduid en dat vrije concurrentie, particulier initiatief en consumentensoevereiniteit daarvoor de bouwstenen vormen.

Dat het tot norm verheffen van het vrije spel van vraag en aanbod op waarderingsoordelen berust van politieke en levensbeschouwelijke aard blijkt wanneer duidelijk wordt dat aan de vraagzijde van de markt níet de individuele mensen met hun behoeften optreden. Als vragers op de markt tellen alleen zij mee die over koopkracht beschikken. De term marktdemocratie is misleidend omdat de koopkracht beslissend is voor het deelnemen aan het spel. Zelfs indien het marktmechanisme de meest efficiënte verdeling oplevert van de schaarse productiemiddelen over de alternatieve aanwendingsmogelijkheden, dan nog onttrekt men zich niet aan het spanningsveld tussen gelijkwaardigheid en efficiëntie. In beginsel gelijkwaardige mensen lijken geen gelijkwaardige aanspraken op de productie te hebben. Hieraan kan door een herverdelende overheid iets worden gedaan, maar dat past niet in een gedachtegang waarbij het optreden van de overheid zo beperkt mogelijk is. Zolang niet-koopkrachtige vragers in het spel van vraag en aanbod buitenspel staan, berust de mening dat op die wijze een rechtvaardige prijs ontstaat op politieke en niet op wetenschappelijke gronden. Het geld is niet alleen de grootste abstractie die de mensen hebben ingevoerd, het is ook het beste rookgordijn dat zij hebben ontworpen.

Aan het marktmechanisme, de werking van de markt, gaat de rechtsorde vooraf. Zonder een goed stelsel van eigendomsrechten, die ook afdwingbaar zijn, worden goederen niet via een markt geproduceerd en geruild. Een producent draagt goederen over aan consumenten op basis van contracten. De anarchie in de voormalige Sovjet-Unie na de val van het communisme maakte duidelijk dat chaos ontstaat, zolang rechten niet duidelijk zijn omschreven en toebedeeld.

In Nederland is sprake van een ontwikkelde rechtsorde, waardoor markten werken en ook steeds nieuwe markten ontstaan. Daarbij gaat het uiteindelijk om de voorkeuren van de koopkrachtige consument, die in de particuliere sector voorop staan.

Collectieve sector

De overheid in ruime zin omvat behalve de centrale overheid ook de lagere overheden, zoals de provincies en de gemeenten. De collectieve sector omvat, behalve de overheid in ruime zin, ook de sector sociale zekerheid en de sector zorg. Hieronder vallen de uitvoeringsinstellingen van de sociale zekerheid. Deze instanties innen de sociale premies en beoordelen wie voor een uitkering in aanmerking komt. Ze zijn evenzeer verantwoordelijk voor het uitbetalen van de uitkeringen. De grootste zijn het Uitvoeringsinstituut Werknemersverzekeringen (UWV) en de Sociale Verzekeringsbank (SV).

Aan de sector sociale zekerheid worden grote bedragen uitgegeven. Deze worden besteed aan sociale voorzieningen en sociale uitkeringen. Nederland is een sociaal land. Het sociale zekerheidsstelsel zorgt ervoor dat mensen die door ziekte, ouderdom, werkloosheid of arbeidsongeschiktheid geen inkomen verwerven, een uitkering krijgen. Een klein deel van de sociale zekerheid wordt met belastinggeld betaald, via het ministerie van Sociale Zaken en Werkgelegenheid, zoals de bijstand en de kinderbijslag. Het overgrote deel wordt betaald uit de opbrengsten van premies volksverzekeringen en werknemersverzekeringen. Zowel de belastingen als deze premies worden afgedragen door de actieve werknemers. Net als bij de sociale zekerheid zijn de premieopbrengsten de grootste bron van inkomsten voor de zorgsector. Met de zorgsector zijn grote bedragen gemoeid. Daarmee worden de behandeling, de verpleging en de verzorging van mensen die deze zorg nodig hebben, betaald.

Men noemt de collectieve ook wel de publieke sector omdat deze sector het algemene of publieke belang geacht wordt te dienen. In de praktijk is het vaak anders.

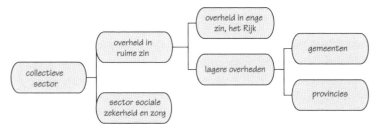

Publieke sector

Eigenlijk is ook de overheid een soort onderneming. De overheid verricht diensten en levert prestaties die voorzien in behoeften van de burgers. De activiteiten van de overheid dragen net als die van ondernemingen bij tot de welvaart. Toch zijn er enkele grote verschillen tussen de overheid en een onderneming in de particuliere sector. Allereerst hoeft de productie van de overheid niet kostendekkend te zijn. En verder beslist de overheid over het inzetten van de schaarse middelen met behulp van het budgetmechanisme. Niet de markt met de naar winst en groei strevende ondernemingen, maar de uitkomst van de discussie over de begrotingen van de overheden bepaalt wat wel en niet tot stand wordt gebracht.

In principe bepaalt het belang van de gemeenschap de doelstellingen van de overheid. Zo geeft de overheid hoge bedragen uit aan onderwijs of aan het openbaar vervoer, omdat deze zaken de burgers tot nut zijn. Er wordt niet geëist dat elke overheidsvoorziening winstgevend is. Een particuliere onderneming let op de winstgevendheid van de geproduceerde goederen of diensten. Zij beëindigt al snel een activiteit die niet minstens de kosten opbrengt. In de particuliere sector staat het prijsmechanisme centraal. Dit houdt in dat prijzen en prijsverhoudingen bepalen welke goederen de ondernemingen in welke hoeveelheden produceren. De consumenten oefenen via de vraag en de marktprijzen invloed uit op de productie in de particuliere sector. De prijzen zijn een kompas voor het wel of niet produceren van goederen en het al of niet inzetten van de productiemiddelen.

Ook de overheid kiest voortdurend hoe zij de schaarse middelen gebruikt. Die afweging vindt plaats in het parlement, bij Provinciale Staten, bij gemeenteraden en in vertegenwoordigende lichamen, zoals schoolbesturen. De ene partij of groep wil de gezondheidszorg versterken. De andere wil misschien meer uitgeven voor het onderwijs. Weer een andere groep wil liever bezuinigen dan de uitgaven verhogen. Doorslaggevend is welke partij of partijen een meerderheid voor hun standpunt krijgen. Jaarlijks wordt zo voor alle overheidsactiviteiten de hoogte van de toegestane uitgaven vastgesteld. Men noemt deze manier van besluitvorming het budgetmechanisme.

Bij het bestuderen van de collectieve sector wordt niet uit het oog verloren dat deze in feite bestaat uit groepen van personen die uiteenlopende belangen en doeleinden hebben. Voor politici – Kamerleden en ministers – is het verwerven van voldoende steun van de kiezers een belangrijke doelstelling. Bij de ene partij betekent dit dat zij streeft naar bezuiniging op de uitgaven. Een andere partij legt de nadruk op de uitbreiding van voorzieningen die de overheid aan de burgers biedt.

Het zijn niet uitsluitend politici die het beleid bepalen. Bij de uitvoering en de voorbereiding van het beleid spelen de ambtenaren een belangrijke rol. Hun doelstellingen wijken sterk af van die van de politici. Zij streven naar een sterkere positie van de afdeling of de sector waar zij werkzaam zijn, zoals op een ministerie, bij een gemeente of bij Rijkswaterstaat. Voorts houdt de overheid rekening met de invloed van pressiegroepen, vakbonden, organisaties van werkgevers en de milieubeweging. De besluitvorming in de publieke sector is hierdoor een ingewikkeld proces. Het omvat veel meer dan zo nu en dan een stemming in het parlement of de gemeenteraad.

De bijzondere plaats die de overheid in het economisch leven inneemt, blijkt vooral doordat zij voorziet in de behoefte aan <u>collectieve goederen</u>. De meeste goederen waarmee we in aanraking komen zijn zuiver individuele goederen: een fiets, een cd of een brood. Als de een een boterham eet, kan de ander niet diezelfde boterham eten. We zeggen dat de consumptie van de een wedijvert of rivaliseert met de consumptie van de ander. Bij deze zuiver individuele goederen is het mogelijk iemand van consumptie uit te sluiten. Als men niet wil betalen voor een nieuwe fiets, levert de fietsenhandel deze niet.

Bij zuiver collectieve goederen is dat anders. Zodra de Deltawerken waren aangelegd, beschermden zij iedere Nederlander tegen de zee, zonder uitzondering. Iedereen geniet de bescherming van de dijken en de dammen, zonder er een euro voor te betalen. Niemand zit elkaar daarbij in de weg. Van rivaliserende consumptie is geen sprake. Bovendien kan, wanneer een zuiver collectief goed eenmaal is voortgebracht, niemand van de con-

rivaliserende consumptie

sumptie ervan worden uitgesloten. Geen enkele onderneming in de private sector neemt het risico deze goederen te maken, want niemand wil ervoor betalen. Zolang de zuiver collectieve goederen er niet zijn, betaalt men er niet voor; als ze er wel zijn, hoeft men niet te betalen om er gebruik van te maken. Dit betekent niet dat de overheid deze goederen zelf produceert. Zij kan de productie uitbesteden aan private ondernemingen. De overheid regelt echter dat burgers voor deze goederen verplicht betalen via de belastingheffing. De belastingen dienen derhalve mede om deze zuiver collectieve goederen te bekostigen.

Bij quasicollectieve goederen kunnen mensen wel individueel betalen. Maar bij deze goederen is dit moeilijk uitvoerbaar of maatschappelijk ongewenst. Binnen zekere grenzen wedijvert de consumptie van de een niet met die van de ander. Goede voorbeelden zijn het onderwijs en het wegennet. Het onderwijs is niet alleen nuttig voor degenen die het volgen, maar ook voor de maatschappij. Door scholing neemt een land beter deel aan de internationale concurrentiestrijd en de technische ontwikkeling. Er is daardoor meer en vooral ook een kwalitatief betere productie mogelijk. De overheid biedt een deel van het onderwijs aan en draagt overwegend zorg voor de financiering. Er zijn echter particuliere instellingen die opleidingen aanbieden. Onderwijs kan als individueel goed worden geleverd. Op het gebied van het onderwijs tekenen zich in toenemende mate publiek-private constructies af.

Als men wegen overal als individueel goed levert, ontstaan chaotische situaties. Vandaar dat tolwegen een uitzondering zijn. Iemand die van Lille naar Parijs rijdt en geen tol betaalt, wordt van de consumptie van die weg uitgesloten. Maar de meeste wegen hebben het karakter van een quasicollectief goed. Door het toepassen van de informatietechnologie zijn onderdelen van de infrastructuur de laatste jaren in toenemende mate individueel leverbaar. Het is mogelijk om in de spitsuren elektronisch tol te heffen op snelwegen.

Ten slotte leverde de overheid, via diverse overheidsbedrijven, tot voor kort een groot aantal zuiver individuele goederen. De afnemers betalen deze goederen naar de mate waarin zij deze gebruiken. Voorbeelden zijn gas, water en elektriciteit. Vaak hadden de ondernemingen die deze goederen produceren een monopolie. Daarom verzorgde de overheid de levering liever zelf om te voorkomen dat die ondernemingen al te hoge prijzen vragen. De ontwikkelingen in Europa en de privatisering leiden tot actieve concurrentie en daardoor ook tot privatisering van traditionele overheidsondernemingen. In een aantal gevallen is de productie van individuele goederen van overheidswege niet kostendekkend. Een voorbeeld is het openbaar vervoer. De overheid past de tekorten bij uit de algemene middelen. Daardoor blijft de voorziening van deze belangrijke goederen verzekerd.

In de afgelopen jaren zijn in diverse landen overheidsactiviteiten overgeheveld naar de particuliere sector. We noemen dat privatiseren. In ons land zijn de staatsbedrijven DSM, PTT en de Staatsuitgeverij (Sdu) geprivatiseerd. Men hoopt dat de productie hierdoor efficiënter wordt en dat de kwaliteit van de dienstverlening verbetert. Niet zelden wordt de burger hierin teleurgesteld.

Micro-, meso- en macro-economie

De vraag, op welke wijze één consumptiehuishouding haar inkomen besteedt, is een micro-economisch probleem. Wij proberen dan inzicht te krijgen in de manier waarop één afzonderlijke consumptiehuishouding met het inkomen omgaat. Richten we onze aandacht op het gedrag van een afzonderlijke onderneming die videoapparatuur verkoopt, dan gaat het eveneens om een micro-economisch probleem. De micro-economie is de economie van het kleine. Deze tak van de economie probeert een verklaring te geven van de hoeveelheden goederen die op de markten worden verhandeld en van de prijzen die op de markten tot stand komen. Hierbij staat het gebruik of de allocatie van de productiemiddelen centraal, het inzetten van de productiemiddelen bij de verschillende productiemogelijkheden. Wij kijken naar het economisch leven door de bril van individuele ondernemingen, werknemers en consumenten. Daarnaast bekijken we de betrekkingen tussen deze afzonderlijke huishoudingen.

Als men een speciale studie maakt van bedrijfstakken, zoals de chemische industrie of de bouw, is er sprake van meso-economie. Ook als men bepaalde sectoren bekijkt, zoals de agrarische of de industriële sector, kiest men een meso-economische benadering. De meso-economische beschouwing zit tussen de micro- en de macro-economie in. Ze is een noodzakelijke aanvulling op het bestuderen van micro- en macro-economische verschijnselen, omdat anders de beschrijving van het economisch proces onvolledig blijft.

In de macro-economie let men op de consumptie van alle consumenten tezamen of op de bestedingen die de ondernemingen gezamenlijk doen voor het kopen van machines en materialen. Een belangrijke grootheid in de macro-economie is het bruto binnenlands product (bbp). Dit is de totale productie in een land in één jaar. In 2014 bedraagt de waarde van het bbp in Nederland ongeveer 600 miljard euro. Tegenover alle goederen die wij in een jaar samen officieel produceren, staat het bedrag dat alle Nederlanders samen in dat jaar officieel hebben verdiend. Dat noemen we het nationaal inkomen.

In de macro-economie zijn de economische grootheden voor een heel land bij elkaar opgeteld. In de micro-economie is er bijna niets opgeteld en in de meso-economie bekijken wij alleen de som van bepaalde delen van de nationale economie. Zo neemt men uitsluitend de productie van één onderneming in de metaalnijverheid in ogenschouw (micro). Men kan naar de productie van de hele metaalsector in het land kijken (meso). Ten slotte spreekt men over de totale industriële productie in Nederland (macro).

Een speciaal onderdeel van de micro-economie is de bedrijfseconomie. Bedrijfseconomie houdt zich vooral bezig met wat er gebeurt binnen de muren van een onderneming. Kostenberekeningen van producten, het verwerven van geld, de financiering en de organisatie van de onderneming zijn belangrijke onderwerpen in de bedrijfseconomie. De commerciële economie sluit aan bij de bedrijfseconomie. In dit vak let men vooral op de positie van de onderneming op inkoop- en verkoopmarkten. Het vaststellen van een reclamebudget voor de verkoop van een goed is een voorbeeld van een probleem uit de commerciële economie.

Modellen, speltheorie en samenleving

Het gebruik van modellen is uit de economische wetenschap niet meer weg te denken. Een model geeft een versimpelde weergave van de werkelijkheid. Door economische modellen te gebruiken krijgen we een beter inzicht in de verschijnselen die te maken hebben met de schaarste. Het denken in systemen is in andere wetenschappen, zoals de wiskunde, de natuurkunde en de scheikunde, al veel langer gemeengoed. In de wiskunde leidt men uit hoofdstellingen (zoals: 'twee evenwijdige lijnen snijden elkaar nergens') allerlei andere stellingen af. De natuurkunde geeft fysische verschijnselen in formules weer. In de scheikunde vertaalt men chemische reacties in reactievergelijkingen. Door het gebruik van modellen wordt het inzicht in de werkelijkheid verdiept. De computer heeft deze ontwikkeling verder bevorderd, doordat men de meest ingewikkelde berekeningen met behulp van computerprogramma's snel uitvoert.

Het begrip model komt men ook in de praktijk tegen. Zo spreekt men van een fotomodel; in dit geval worden bepaalde aspecten van de verschijning van een man of een vrouw beklemtoond en andere weggelaten. Ook bouwkundigen maken eerst een model voordat zij met de bouw van huizen, een kantoorgebouw of een fabriek beginnen.

In de economie is een model een samenhangend geheel van veronderstellingen en conclusies. Met het wijzigen van de uitgangspunten van een model veranderen de uitspraken.

Een model belicht altijd maar een beperkt aspect van de werkelijkheid; het beschrijft de werkelijkheid nooit volledig. Een model dat de omvang van de werkloosheid verklaart, gaat niet in op de psychische nadelen die de werkloosheid heeft voor de betrokkenen. Ten opzichte van de totale werkelijkheid heeft een model altijd een beperkte betekenis. Gebruikt men andere veronderstellingen, dan levert het model andere conclusies op. Daardoor zijn de uitspraken die men aan de hand van modellen doet, voorwaardelijk. Men probeert steeds betere modellen te ontwikkelen, om de geldigheid van de uitspraken te vergroten, maar de economische wetenschap maakt nooit modellen met onbeperkte geldigheid. Als men een model ontwerpt om de werkelijkheid nader te verklaren, is dat een analytisch model.

Het Centraal Planbureau baseert zijn prognoses op het beleid van de overheid zoals dat nu is. Vervolgens gaat het CPB na wat het effect is van wijzigingen in het beleid. Het CPB bestudeert bijvoorbeeld hoe door ander beleid het bruto binnenlands product verandert. Men spreekt van een beleidsmodel, omdat dit model is ontworpen met het oog op het beleid. De theoretische grondslag voor het Centraal Planbureau is gelegd door Jan Tinbergen, die in 1946 ook de eerste directeur van het CPB werd. Mijn leermeester Piet de Wolff heeft het CPB van 1958 tot 1968 geleid. De huidige directeur is Laura van Geest.

In de rij van directeuren van het CPB was Coen Teulings de eerste die geen macro-econoom is. Hij is een specialist op het terrein van de arbeidsmarkt. Breed georiënteerde economen worden niet meer opgeleid. Teulings meende dat de kern van de economie wordt gevormd door het bestuderen van de werking van markten. Hoewel het marktmechanisme in het economisch leven een belangrijke rol speelt, is hier toch sprake van een ernstig misverstand. De beperkte middelen worden niet alleen via de markten over de uiteenlopende aanwendingen verdeeld. Buiten de markt om beslist de overheid over tal van bestedingen. De blinde vlek van Teulings is des te opmerkelijker, omdat hij sociaaldemocratische opvattingen koestert. Actiegroepen, stichtingen, maatschappelijke organisaties en centrale bankiers oefenen grote invloed uit op de gang van zaken in het economisch leven. De nieuwe directeur van het CPB is in wetenschappelijk opzicht nog een onbeschreven blad.

Een belangrijk onderdeel van de economische wetenschap is tegenwoordig de speltheorie. Deze beschrijft het gedrag van de economische subjecten in de samenleving door hen in allerlei rollen te beschouwen als spelers die met en tegen elkaar een spel spelen. Men kan denken aan een werkgever en een werknemer, die een sollicitatiegesprek voeren. Werkgever en werknemer beschikken over uiteenlopende zetten, zoals bij een schaakspel. In de speltheorie spreekt men over strategieën. Zo kan de werknemer zich in het gesprek actief of passief gedragen. Hetzelfde geldt voor de werkgever. De uitkomsten van het spel hangen af van de combinatie van strategieën. Als werkgever en werknemer er beiden het zwijgen toe doen, komt over en weer geen informatie beschikbaar. Als beiden telkens het woord nemen, ontstaat wellicht een chaotische situatie waardoor eveneens weinig of geen informatie beschikbaar komt. Vermoedelijk kiezen beiden voor het afwisselen van spreken en zwijgen, waarna het echte spel met strategieën begint.

Het toepassen van speltheorie op economische en maatschappelijke verschijnselen komt neer op het ontwerpen van modellen, die de spelsituatie waarin de sprekers zich bevinden, beschrijven. Behalve aan werkgevers en werknemers denkt men aan ondernemer A die concurreert met ondernemer B, aan een bankbediende die spreekt met een cliënt, aan een arts die een gesprek heeft met een patiënt, aan een student die overlegt met een docent, aan landen die met elkaar in Europa overleggen, aan twee advocaten die in een rechtszaal tegenover elkaar staan, aan een verdachte die tegenover een rechter staat, aan een verkoopster die een paar schoenen verkoopt aan een klant en aan het gedrag in het verkeer. De opsomming leert dat spelsituaties in de samenleving schering en inslag zijn. Voor een goed begrip van de gang van zaken in het economisch leven is speltheorie onontbeerlijk. Het herkennen daarvan helpt bij het begrijpen van de acties die over en weer worden ondernomen en bij de uitkomsten. Veel spelsituaties hebben een vreedzaam karakter, maar speltheorie wordt ook toegepast op gewapende conflicten. Vanwege het grote praktische belang van speltheoretisch inzicht in de samenleving komen wij in dit boek herhaaldelijk op aspecten van de speltheorie terug. Zodoende nemen wij afstand van de economen die de economische wetenschap niet meer van belang achten omdat deze de financiële crisis die sinds 2008 de wereld teistert, niet in deze omvang zou hebben voorspeld.

Wetenschap en kunst

Tot zover hebben wij vooral de wetenschappelijke kanten van de economie in het licht gesteld. De economie kent echter ook minder strakke en exacte kanten, die men onder het hoofd 'kunst' kan scharen. Aan dat onderscheid wijden wij enige aandacht.

In de economische wetenschap is heden ten dage de wetenschappelijke component zeer voortgeschreden. Deze komt tot uitdrukking in het hanteren van geavanceerde wiskunde. De kern ervan is steeds het zorgvuldig invoeren van veronderstellingen of hypothesen omtrent het individuele of collectieve gedrag van de economische subjecten, consumenten, producenten, beleggers en overheden. Door logisch redeneren worden vervolgens conclusies afgeleid omtrent economische verschijnselen zoals prijzen, inkomens, investeringen en de macro-economische ontwikkeling. De werkwijze houdt in dat soms voorspellingen worden gedaan over de hoogte van economische grootheden. Indirect hebben deze voorspellingen het karakter van een toets op de gemaakte veronderstellingen en de gevolgde redenering. Anders dan bijvoorbeeld de natuurkunde is de economie lang niet altijd trefzeker. Onder invloed van de crisis zijn economen afgeknapt op hun eigen vak vanwege het niet voorzien van de diepgang van de financiële inzinking. Veel economen zijn zelf in een depressie terechtgekomen. Achter deze psychische toestand gaat het misverstand schuil dat aan voorspellingen die uit economische analyses voortvloeien absolute betekenis moet worden gehecht. De economische wetenschap is echter een aspectwetenschap, dat wil zeggen dat slechts licht wordt geworpen op een deel van de maatschappelijke verschijnselen. Zo komt een voorspelling in de economie niet uit omdat de politiek roet in het eten gooit of omdat bijvoorbeeld een toestand van vrede onverwacht en plotseling omslaat in oorlog en geweld. De betekenis van de economische wetenschap blijft dan onaangetast overeind omdat inzicht ontstaat in het effect van de niet-economische kanten van historische en sociale gebeurtenissen. Voorts draagt de economische wetenschap bij aan het oplossen van vraagstukken waarbij het niet gaat om voorspellen, maar bijvoorbeeld over het matchen van vraag en aanbod van werknemers, zonder een beroep te doen op het marktmechanisme. De economie is dan ook vitaler dan ooit, zoals blijkt uit de prachtige Nobelprijzen die elk jaar vooral aan Amerikanen toevallen.

Niettemin treft men in de economische wetenschap niet alleen aan het verklaren van economische verschijnselen door een model of deductief systeem, doch ook een intuïtieve, enigszins gevoelsmatige schildering van een facet dat enigszins losbandig wordt geschetst. Tegenover het volgens strenge regels afleiden van conclusies, staat de ruwe schets van enkele samenhangen op grond waarvan een uitspraak wordt gedaan. Laat ik deze tegenstelling met de termen wetenschap en kunst mogen aanduiden, omdat kunstwerken ook berusten op het langs intuïtieve weg opbouwen van een universele eenheid, die beoogt een soms anders verholen aspect van de werkelijkheid te vertolken. In de meeste economische verhandelingen zijn wetenschap en kunst in wisselende dosering herkenbaar.

Economische beschouwingen die overwegend het karakter van kunst hebben, ontmoeten het bezwaar dat het onderzoek naar de innerlijke consistentie lastig is door de versluierde wijze waarop de redenering naar voren wordt gebracht. Gebezigde begrippen zijn vaag en niet afgebakend, analytische vaardigheid ontbreekt, noodzakelijke veronderstellingen worden nauwelijks als zodanig onderkend. Daartegenover worden uitgangspunten die voor de beschrijving en verklaring niet essentieel zijn uitvoerig toegelicht. De vraag in hoeverre door het complex van beweringen een bepaalde economische ontwikkeling daadwerkelijk beter wordt begrepen, is moeilijk te beantwoorden omdat de in de teksten ingebouwde maatschappijvisie niet goed splitsbaar is in een subjectief bepaald vooroordeel en objectiveerbare kennis. De grens tussen analyse en normatieve gevolgtrekkingen wordt veelal niet in acht genomen. Het gedachtespel beweegt zich niet met duidelijke spelregels binnen de vier lijnen van een sportveld, maar volgt veeleer de onbestemde golfbewegingen van een eindeloze zee. Tegenover nadelen staan voordelen. Wanneer men de economie als kunst beoefent is de gevoeligheid voor impulsen uit de realiteit groter dan wanneer de weg van de strenge axiomatiek wordt gevolgd. Ook al zijn deze contacten met de werkelijkheid van descriptieve aard, ze zijn daarom niet minder waardevol. Zo berust het beoordelen van theorieën aan de hand van de voorspellende kracht op een deterministische wereldbeschouwing. Uitgesloten is echter niet dat ook in de economie een principiële grens is gesteld aan de beschrijving, doordat de wijze waarop de waarnemer de verschijnselen observeert invloed heeft op het waargenomene. De theorie van Karl Marx (1818-1883) over de dynamiek van het kapitalisme bevat een strikt wetenschappelijke argumentatie, maar levert ook een artistieke schets met een zodanige overtuigingskracht dat daardoor de loop van de geschiedenis is beïnvloed. De voor- en nadelen van de economie als wetenschap zijn het spiegelbeeld van de economie als kunst. Tegenover de innerlijke consistentie en het ontbreken van emoties staat het van de wereld afgeslotene van de deductie, wanneer deze eenmaal op gang is. Sinds de dagen van mijn oratie in 1964 over economie als wetenschap en kunst, is de mathematisering verder voortgeschreden, maar dat de economische wetenschap uitmondt in één allesomvattend axiomatisch systeem verwacht ik niet. De economie blijft wetenschap en kunst, zolang het ontwikkelen van een visie op het economisch maatschappelijk leven evenzeer een creatieve daad is die het inzicht vergroot als het projecteren van de werkelijkheid op het scherp omlijnde scherm van het deductieve systeem van de strakke betrekkingen tussen uitspraken en uitgangspunten.

2
Economie als rollenspel

Restaurantbezoek

Wie een restaurant bezoekt neemt het economisch leven in het klein waar. Meestal brengt iemand u naar uw plaats, samen met vrienden, vriendinnen of familie. Dat doet de eigenaar of eigenaresse van de eetgelegenheid of iemand van het personeel. U gaat niet alleen naar een restaurant om er te eten, maar ook voor de gezelligheid. Daarom is de bediening klantvriendelijk. Bestellingen worden opgeschreven, doorgegeven aan de keuken en uitgevoerd door een kok en zijn of haar medewerkers. In een goed restaurant heeft overleg plaats over het menu, de gerechten op de kaart. Is eenmaal een beslissing genomen, dan worden bestellingen vastgelegd in een computer. Bij een gezellige maaltijd hoort een rode of witte wijn. In de duurdere restaurants is er iemand die zich bezighoudt met de keuze en het serveren van de wijn, de sommelier. Deze adviseert, lettend op de keuze van de gerechten, de samenstelling van het gezelschap en de prijzen van de wijnen. Aan het eind van de avond helpt een lid van het personeel u in uw jas.

De mensen in deze beschrijving nemen allemaal een andere positie in. Er zijn klanten, er is bedienend personeel, achter de schermen speelt de kok een belangrijke rol en er zijn leidinggevenden die soms ook eigenaar zijn. Niet alleen de kok speelt in deze schets een rol, hoe belangrijk deze ook is. Alle deelnemers aan het schouwspel spelen een rol. Deze rollen verschillen van elkaar. Het bedienend personeel speelt een andere rol dan de leiding en de klanten. Maar binnen het bedienend personeel zijn er ook verschillende rollen. De een is chef, de ander specialist voor de wijn, er zijn kelners en er is iemand voor de garderobe. Als u met uw familie bent, speelt de hele familie de rol van klant, maar ook binnen deze groep zijn er uiteenlopende rollen. Ouderen nemen als klant een andere positie in dan jongeren, hetzelfde geldt voor mannen en vrouwen, meisjes en jongens. Zijn de kinderen vrij om te kiezen of krijgen zij aanwijzingen van hun ouders? Een eigenaar van een restaurant speelt een andere rol dan de manager die verantwoordelijk is voor de gang van zaken.

Het gedrag van alle betrokkenen in het restaurant vatten wij op als een rollenspel. Het spel lijkt op een schaakspel waarbij de spelers steeds allerlei zetten overwegen. De familie wordt bediend door het bedienend personeel. In het spel met de familie doet het personeel verscheidene zetten, zoals vriendelijk zijn, afstandelijk optreden en onvriendelijk zijn. De familie helemaal vrijlaten te kiezen of suggesties doen. De gerechten achter elkaar opdienen of het gezelschap enige rust gunnen. Daartegenover doet de familie ook zetten. Passief ondergaan wat de bediening doet of actief reageren. Jongeren houden hun mond of zeggen iets. De zetten die in aanmerking komen hangen af van de rol die men speelt. In de speltheorie die over deze situatie gaat, worden de mogelijke zetten strategieën genoemd. Het economisch leven is een groot rollenspel, waarin de burgers in allerlei rollen op het economisch toneel verschijnen. Wij brengen niet alle rollen voor het voetlicht, maar beperken ons tot enkele belangrijke rollen. Anders krijgt men een lange rij functies en beroepen. Mensen zijn consumenten, werknemers, ondernemers, ambtenaren, managers, grondbezitters, zangers, televisieproducenten en filmmakers. Op deze manier krijgt men gemakkelijk dubbelrollen en overlap. Dezelfde persoon speelt vaak verscheidene rollen. De burgers zijn allemaal consumenten en meestal ook werknemer, ambtenaar of ondernemer. Vandaar dat wij eenvoudigheidshalve de volgende rollen onderkennen. Consumenten, werknemers (waaronder ambtenaren), werkgevers (waaronder ondernemers) en politici.

Burgers als consumenten

Wij zijn allen consumenten. Van jongs af aan kopen wij goederen en diensten. Maar ook voordat wij goederen kopen, gebruiken wij goederen. Een baby die de fles krijgt, consumeert. Het CBS registreert de aankoop van de melk door de moeder, maar bij borstvoeding wordt deze consumptie niet geregistreerd. Door de consumptie wordt in de behoeften van de mensen voorzien. Het bezoek aan het restaurant is een voorbeeld van consumptie, waarvoor enige tijd wordt uitgetrokken. In het bedrijfsleven worden ontbijtlunches gehouden. Daarbij wordt van de nood een deugd gemaakt. Consumeren en werken gaan samen waardoor er minder tijd kwijt is. De rol van consument gaat samen met die van werknemer of werkgever. Hieruit valt af te leiden dat in het economisch leven de rollen die worden gespeeld in één persoon verenigd zijn. Soms voelen wij de botsing aan den lijve. In onze rol van consument is het prettig dat de winkels vaker 's avonds open zijn. In de rol van winkelpersoneel dat 's avonds aanwezig is, denkt iemand daar anders over. Als consumenten kiezen de burgers wanneer, waar en bij wie zij goederen kopen. Zij kunnen een winkel instappen, van plan zijn iets aan te schaffen en besluiten er toch vanaf te zien. Vanwege de bediening, vanwege de kwaliteit van het aangebodene of vanwege de prijs. De consument gaat vervolgens naar een andere winkel. Deze overwegingen zijn van belang voor een goed begrip van het rollenspel waaraan de consument in het economisch verkeer deelneemt. Wij zagen dit al in het restaurant. Als de vader in het gezelschap zelf een wijnkenner is, verloopt het gesprek met de wijnspecialist van het restaurant anders dan wanneer er geen kennis voorhanden is. Het spel verloopt op een andere manier en de uitkomst ervan, de keuze van de wijn, verschilt in beide gevallen.

Consumenten van tegenwoordig hebben veel meer kennis over de goederen en diensten die worden aangeboden dan vorige generaties. Internet is een onuitputtelijke bron van informatie over wat er in de wereld te koop is. Bovendien is deze informatie wereldwijd snel oproepbaar tegen kosten die vrijwel verwaarloosbaar zijn, omdat de transactiekosten van het verwerven van informatie sterk zijn gedaald. Ook jongeren brengen elkaar via allerlei sociale media razendsnel op de hoogte van consumptiegoederen, waarvoor zij speciale belangstelling hebben. Door de informatietechnologie is de rol van de consument in het economisch leven ingrijpend veranderd. De consument is beter op de hoogte van het assortiment aan consumptiegoederen dat mondiaal wordt aangeboden. Maar de kennis is ook preciezer en gedetailleerder dan vroeger. Zijn rol is verbreed en verdiept. Tegenover de andere spelers in het economisch leven, winkeliers, producenten, ambtenaren en werknemers in de bedrijven, maakt de consument een vuist. Consumenten die geen artikelen willen kopen die met kinderarbeid zijn vervaardigd, verenigen zich via een website en maken hun wensen aan de distributiekanalen kenbaar. Dergelijke goederen verdwijnen vervolgens uit de schappen van de supermarkten.

De mondige consument roert zich in zijn gedrag tegenover de overheid. Als gemeenten, provincies en Rijk woningen bouwen, bedrijfsterreinen of wegen aanleggen op plaatsen waardoor de natuur, het milieu of het leefklimaat wordt bedreigd, roeren de consumenten zich. Zij voelen zich in hun behoefte aan open ruimte, kwaliteit van de lucht en een gezonde leefomgeving bedreigd. Consumenten verenigen zich in actiegroepen en roepen stichtingen in het leven om hun belangen te behartigen. Deze rol in het economisch leven wordt steeds belangrijker nu overal de aandacht voor duurzaamheid toeneemt. De consumenten brengen hun voorkeuren voor goederen niet alleen via de markt tot uitdrukking, maar ook buiten de markt om. Dit laatste gebeurt door deel te nemen aan de politieke of publieke besluitvorming bij verkiezingen voor gemeenteraden, Provinciale Staten en het parlement, maar ook door acties buiten deze kanalen om. Denk in dit verband aan Milieudefensie en Greenpeace.

Consumenten consumeren individueel, maar zij treden soms op als groep. Stel eens dat er bij een feestelijke gelegenheid een koud buffet wordt geserveerd. Als het buffet wordt geopend, staan alle aanwezigen voor een lastige afweging. Ga ik direct naar het buffet of wacht ik nog even? Er zijn twee strategieën: wachten of niet wachten. Iedereen besluit direct naar het buffet te gaan omdat wordt geredeneerd: 'Als ik wacht en de anderen niet, dan blijft er voor mij niets over.' Alle aanwezigen lopen naar het buffet. Er ontstaan rijen, hier en daar dringt iemand voor en er ontstaat irritatie. Hoewel iedereen zelf heeft gekozen voor de beste strategie is de uitkomst voor geen van de aanwezigen optimaal. Voor iedereen ontstaat een betere oplossing als een van de aanwezigen, bijvoorbeeld de gastvrouw, zegt: 'Ik stel voor dat de tafels 1, 2 en 3 eerst naar het buffet gaan en daarna 4, 5, 6 en vervolgens 7, 8 en 9.' Door deze leiding of sturing met zachte hand is iedereen individueel beter af dan zonder deze coördinatie. Immers, er ontstaan geen rijen, de mensen blijven aardig tegen elkaar en er is geen irritatie. Uit dit voorbeeld blijkt dat wanneer mensen volledige vrijheid genieten en aan hun lot worden overgelaten zij beslissingen nemen die minder gunstig voor hen uitpakken dan bij coördinatie van hun gedrag. Deze situatie doet zich in het economisch leven veelvuldig voor.

Werknemers

Als werknemers spelen de burgers een heel andere rol in het economisch leven dan als consumenten. De meeste mensen werken voor hun dagelijks brood. Werken verschaft het inkomen dat zij als consumenten besteden. Als consumenten beschikken de burgers over meer vrijheid dan in hun rol van werknemer. Als werknemer hebben zij te maken met de tijden waarop zij op hun werk worden verwacht, met de globale indeling van het werk door de werkgever en met de opdrachten die zij ontvangen. De werknemers zijn geen eigen baas. De rol van de werknemer wordt in het economisch leven evenzeer beïnvloed door de informatietechnologie. Mensen worden vaker in de gelegenheid gesteld een deel van het werk thuis te doen, de arbeidstijden worden flexibeler, er komen meer deeltijdbanen en soms zijn twee mensen verantwoordelijk voor één baan. In het economisch leven spelen mannen en vrouwen de rol van werknemer. Vrouwen nemen steeds belangrijker posities in. Vaak hebben zij de leiding van een organisatie of maken zij daarvan deel uit. Als zij geen eigenaar van een onderneming zijn, combineren zij de rol van werkneemster met die van leidinggevende. Werknemers komen soms in conflict met andere werknemers binnen een organisatie. Het spelen van dezelfde rol sluit onderlinge conflicten niet uit. Over het werk, maar soms ook over persoonlijke irritaties. In het restaurant ontstaat achter de schermen een discussie over het bedienen van de ene of de andere tafel. Of deze discussies hoog oplopen of rustig worden afgewikkeld, hangt af van de geaardheid van de personen en het optreden van een chef die zich in het rollenspel mengt. Conflicten ontstaan ook met hoger geplaatsten of met de werkgever. Omdat de individuele werknemers tegenover de werkgevers in de samenleving een betrekkelijk zwakke positie innemen, hebben zij zich verenigd in vakbonden. Daardoor is hun rol in de samenleving sterker dan wanneer zij individueel optreden.

<u>Werknemers bij de overheid noemen wij ambtenaren.</u> Deels spelen zij de rol van een werknemer in het bedrijfsleven. De inhoud van hun rol verschilt echter. Ambtenaren zijn meer zeker van hun positie dan werknemers die bij ondernemingen werken. Ondernemingen lopen nu eenmaal de risico's van het ondernemen. Als uitvoerders van het beleid van de overheid hebben ambtenaren tegenover de burgers een machtspositie waarvan zij soms misbruik maken. Het rollenspel in de samenleving krijgt hierdoor een hard karakter.

Werkgevers

In onze samenleving spelen de meeste mensen de rol van werknemer. Niettemin treffen wij ook veel werkgevers aan. Soms als lid van een Raad van Bestuur van bijvoorbeeld Unilever of Philips. In die rol geven zij leiding aan de onderneming zonder zelf het risico van het ondernemen te dragen. Er zijn ook werkgevers met een eigen zaak of onderneming, waarbij zijzelf het risico van het wel en wee lopen. Deze werkgevers noemen wij ondernemers. Unilever en Philips zijn voorbeelden van grote, zelfs multinationale, ondernemingen.

In Nederland kennen wij duizenden kleinere ondernemingen, waarvoor de uitdrukking midden- en kleinbedrijf (MKB) wordt gebruikt. Vaak gaat het om echte ondernemers die leiding geven, maar men treft ook directeuren aan die zelf niet in de onderneming hebben geïnvesteerd. Een werkgever die geheel of gedeeltelijk eigenaar is van de onderneming en dan terecht ondernemer wordt genoemd, speelt een andere rol dan de werkgever die als manager van de aan hem toevertrouwde organisatie optreedt. Er is een zo grote verscheidenheid van productiebedrijven, handelsondernemingen, dienstverlenende ondernemingen, financiële instellingen en agrarische ondernemingen dat het ondoenlijk is de typische rol van de werkgever in al deze gevallen te beschrijven. Daarnaast treedt de overheid als werkgever op voor ambtenaren in dienst van een ministerie in Den Haag of van een provinciale of gemeentelijke overheid. Voorbeelden van situaties die tussen overheid en private sector in hangen zijn er ook. Denk aan de woningcorporaties die de maatschappelijke taak hebben zorg te dragen voor sociale woningbouw en tegelijk deelnemen aan de huisvesting door ten behoeve van de markt duurdere woningen te ontwikkelen, te verhuren en te verkopen. De woningcorporatie heeft moeite met deze rol omdat er spanningen ontstaan tussen de publieke taak en commerciële transacties. Raden van Toezicht van deze instellingen hebben moeite met hun taak omdat zij lang niet altijd op de hoogte zijn van de dagelijkse gang van zaken. Zij hebben een informatieachterstand ten opzichte van de directie van de woningcorporatie. Wij spreken dan van asymmetrische informatie.

Asymmetrische informatie beheerst ook het sollicitatiegesprek tussen een werknemer en een werkgever. Iemand die solliciteert kent zijn eigen sterke en zwakke punten. De werkgever is daarvan niet op de hoogte. Omgekeerd kent de werkgever de omgeving waarin de werknemer terechtkomt als deze wordt aangenomen. Denkbaar is dat de werkomgeving voor de werknemer verrassingen met zich brengt. Deze informatieproblemen hebben invloed op de wijze waarop werkgever en werknemer hun rol spelen. Zo probeert de werknemer zwakke kanten te verbergen door daar niet over te spreken en sterke punten naar voren te brengen door te wijzen op ervaring elders en op behaalde diploma's. Het vermelden van diploma's is een signaal dat de werkgever kan controleren en beoordelen. Met ervaring ligt dat veel moeilijker. Hiervoor is een oplossing het vermelden van referenties, personen die over de werknemer iets vertellen. Als de werkgever een werknemer graag in dienst neemt, heeft deze een belang bij het verhullen van omstandigheden die wellicht voor de werknemer minder aantrekkelijk zijn. Een sollicitatiegesprek is een voorbeeld van een karakteristiek spel tussen werkgever en werknemer, waarbij beide spelers over uiteenlopende strategieën beschikken.

Politici

Voor politici is in onze samenleving een belangrijke rol weggelegd. Zij behoren tot de bestuurders in de publieke sector. Meestal zijn de politici rechtstreeks gekozen door de burgers. Denk aan de verkiezingen voor gemeenteraad, Provinciale Staten en voor de Tweede Kamer. De leden van de Eerste Kamer van de Staten-Generaal worden gekozen door de gezamenlijke leden van Provinciale Staten. Er zijn ook politici die door de Kroon worden benoemd, zoals burgemeesters en commissarissen van de Koning.

De benoeming van ministers vloeit voort uit de uitslag van de verkiezing voor de leden van de Tweede Kamer, maar de keuze wordt bepaald door de fractievoorzitters van de partijen die een nieuw kabinet vormen. Deze dragen hun bewindslieden voor aan de formateur van een kabinet, meestal de beoogde minister-president. Het kabinet gaat van start na de beëdiging door koning Willem-Alexander.

De rol die politici in de samenleving spelen wordt tegenwoordig zichtbaar via de media. Pers, radio en televisie doen dagelijks verslag van handelingen, beslissingen en uitspraken van politici. Er is tussen media en politiek sprake van een stilzwijgend samenspel. Beide hebben elkaar nodig. De politici moeten hun boodschappen kwijt en de media zijn voortdurend op zoek naar informatie en nieuws. Er zijn bekende televisierubrieken waar politici regelmatig verschijnen, zoals *Buitenhof*, *De Wereld Draait Door* en *Pauw & Witteman*. Tegenwoordig houden politici zelf het publiek op de hoogte via eigen websites, Facebook of Twitter. Onder sommige omstandigheden maken de media een politicus of breken hem of haar. Een slecht mediaoptreden gaat soms samen met een goed inhoudelijk beleid. Omgekeerd wordt een slecht beleid vaak verhuld door een goede omgang met de media.

Er wordt van uitgegaan dat politici het algemeen belang dienen en behartigen. In feite is deze voorstelling van zaken te rooskleurig. In de eerste plaats zijn politici nooit onafhankelijk, maar gebonden aan een bepaalde politieke partij. Bij hun handelen letten zij op het belang van hun politieke groepering. Daarbij laten zij zich leiden door de kiezers die op hun eigen partij hebben gestemd. Op deze manier zijn in onze democratie de belangen van allerlei groepen in de samenleving vertegenwoordigd. Zo worden de wensen van mensen met een hoger inkomen vertegenwoordigd door politici van de VVD, terwijl linkse partijen worden gesteund door mensen met lagere inkomens. In de economie gaat men er als hypothese van uit dat politici hun handelingen en beslissingen afstemmen op het verwerven van zo veel mogelijk stemmen bij volgende verkiezingen.

In Nederland komt het bijna nooit voor dat één politieke partij de absolute meerderheid behaalt in een gemeenteraad, in de Provinciale Staten of in het parlement. Om te besturen moeten de politieke partijen samenwerken, coalities aangaan. Deze samenwerking, het smeden van een coalitie, is een heel spel. Vrijwel nooit nemen alle partijen deel aan een coalitie. De onderhandelingen tussen partijen monden uit in een coalitieakkoord, waaraan bepaalde partijen zich binden. De uitgesloten partijen gaan in de oppositie. Zo gaat het in de gemeenten, in de provincies en bij de regering in Den Haag.

Het tot stand komen van samenwerking of een coalitie is de uitkomst van onderhandelen tussen afzonderlijke partijen of hun vertegenwoordigers. Het is een spel van loven en bieden, van geven en nemen. Bij het begin van het spel bestaan er grote tegenstellingen tussen partijen, maar als er politieke wil is om eruit te komen, probeert men een compromis te sluiten. Een individueel belang wordt ondergeschikt gemaakt aan een gezamenlijk resultaat, een collectief belang. Wordt vastgehouden aan een individueel belang, dan breken onderhandelingen af en verlaat de brekende partij de coalitiebesprekingen. De dreiging dat dit gebeurt is soms voldoende om op het laatste moment tot een akkoord te komen.

Individuele en groepsbelangen

Als men naar een voetbalwedstrijd kijkt, ziet men situaties waarin individueel en groepsbelang niet samengaan. Een speler die vrij voor het doel van de tegenstander komt heeft de neiging zelf te schieten, ook al staat een andere speler er gunstiger voor. Speelt hij de bal wel af, dan gaat het belang van het elftal boven het individuele belang. Doet hij het niet, dan gaat het individuele belang boven het belang van het team. Als hij scoort, dan wordt hem dit vergeven. Scoort hij niet, dan neemt men hem zijn gedrag kwalijk. Wordt een individuele actie heel goed uitgevoerd en afgerond met een doelpunt, dan gaan individueel en groepsbelang samen. Het beoordelen van deze afwegingen is lang niet altijd eenvoudig.

Een consument die bij een glasbak scherven op de grond laat vallen en deze niet opruimt, handelt individualistisch. Er wordt niet beseft dat er schade wordt berokkend aan andere burgers die wel glasscherven, flessen en potten in de glasbak doen. Er is een spanning tussen een individueel en een groepsbelang, het belang van alle andere burgers. Een ondernemer die door zijn productie de kwaliteit van de lucht in de omgeving vervuilt, wentelt de nadelen van zijn productiewijze af op de samenleving. Individuele belangen botsen dan met groepsbelangen.

Als bewoners in een buurt samenwerken bij het bewaken van een wijk bereiken zij meer dan wanneer ieder van de bewoners alleen op de eigen veiligheid let. Als groep wisselen zij informatie uit en waarschuwen zij elkaar.

Werknemers die bij onderhandelingen over het loon gezamenlijk optreden tegenover de werkgever bereiken meer dan wanneer ieder alleen voor zichzelf opkomt.

Het onderscheiden van individuele en groepsbelangen wordt ook op andere situaties toegepast. In Europa werken veel landen met elkaar samen in de Europese Unie. Nederland neemt daaraan deel. Vergeleken met bijvoorbeeld Frankrijk stelt Nederland vaak het Europese belang voorop. Het belang van Europa gaat dan boven het nationale belang. Maar in sommige gevallen ziet men Nederland erg letten op het individuele belang, bijvoorbeeld als het gaat om het beschermen van de Nederlandse boeren. De onderhandelingen in Brussel, waar de Europese Unie zetelt, zijn over deze dossiers soms zeer tijdrovend. Als elk land de eigen landbouw en industrie beschermt, komt er van een vrij verkeer van goederen en diensten over de grenzen heen niets terecht. Om toch tot een resultaat te komen, is het sluiten van een compromis nodig, waarbij partijen geven en nemen.

Onzichtbare hand van Adam Smith

Adam Smith wordt als de grondlegger van de economische wetenschap beschouwd vanwege zijn boek *An Inquiry into the Nature and Causes of the Wealth of Nations*, gepubliceerd in 1776. Hij leefde van 1723 tot 1790. Adam Smith meende dat een onzichtbare hand het economisch leven stuurt zodat de burgers in hun rol van consumenten en producenten hun individuele belangen behartigen zonder het belang van anderen te schaden.

De vraag is waarop het vertrouwen van Adam Smith op een goede maatschappelijke afloop van individueel gedrag is gebaseerd. Neem aan dat er een producent A is die fietsen maakt. De producent wil de fietsen maken en graag met winst verkopen. Neem aan dat er een consument B is die graag over een fiets beschikt. In deze voorstelling speelt A de rol van producent en B die van consument. Zij spelen een spel met elkaar. Producent A heeft twee mogelijkheden, een fiets verkopen of niet verkopen. Consument B heeft ook twee mogelijkheden, een fiets kopen of daarvan afzien. In de speltheorie heten deze mogelijkheden strategieën. A en B hebben ieder twee strategieën. Het spelen van dit spel levert vier uitkomsten op die in het onderstaande schema van het Adam Smith-spel zijn weergegeven.

		consument B	
		wel kopen	niet kopen
producent A	wel verkopen	5 / 5	3 / 4
	niet verkopen	4 / 3	2 / 2

Linksboven geeft de combinatie weer dat producent A verkoopt en consument B de fiets van A koopt. A waardeert de winst die hij aan de verkooptransactie ontleent op 5. Consument B ontleent aan de koop van de fiets een behoeftebevrediging die ook op 5 wordt gewaardeerd. Als producent A niet verkoopt en consument B wil kopen, dan waardeert A die situatie op 3 en B deze op 4 eenheden. B had weliswaar liever een fiets gekocht, maar niet kopen betekent geld niet uitgeven, waaraan eveneens een zeker nut wordt toegekend. Zo kunnen de getallen worden toegelicht als consument B niet wil kopen en A de strategieën verkopen en niet verkopen speelt. Als B de fiets niet koopt en A speelt de strategie verkopen, waardeert A de uitkomst met 4 en B deze met 3 eenheden. En als A inzet op niet verkopen en B op niet kopen, dan waarderen A en B de uitkomst op 2 eenheden.

Producent A staat voor de keuze de fiets al dan niet te maken en te verkopen. Of B nu wel of niet koopt, in beide gevallen is A beter af door te kiezen voor verkopen. De strategie verkopen domineert de strategie niet verkopen. Voor B geldt dat kopen beter is dan niet kopen, onafhankelijk van wat A doet. Immers, 5 is groter dan 3 en 4 is groter dan 2. Beide spelers hebben een dominante strategie, namelijk A kiest verkopen en B kiest kopen. Deze combinatie van strategieën brengt verkoper en koper in de linkerbovenhoek van de figuur. Door ieder te letten op hun individuele belang komen ze samen vanzelf terecht in de situatie met de grootste opbrengst. De combinatie verkopen/kopen levert een evenwicht op want geen van beiden heeft aanleiding van strategie te veranderen. De eigenschap van dit zogenaamde Nash-evenwicht is dat geen van de spelers een prikkel heeft van zijn dominante strategie af te wijken, gegeven dat de andere speler ook niet van strategie verandert.

Dit Adam Smith-spel laat zien dat onder bepaalde omstandigheden producenten en consumenten door hun individuele belang te behartigen evenzeer gezamenlijk het hoogst denkbare resultaat bereiken. Om deze situatie te bereiken, wordt volledig vertrouwd op het individuele gedrag van producent en consument. Er is geen sturende hand van de overheid nodig.

Zonder ingrijpen wordt een maatschappelijk optimale situatie bereikt omdat de fiets die voor de verkoop wordt gemaakt ook daadwerkelijk wordt gekocht. Hierna zien wij dat het in de praktijk van het economisch leven vaak anders is.

Dilemma van de gevangenen

Hiervoor hebben wij gezien dat het behartigen van het individuele belang van een consument en een producent een zo groot mogelijk gezamenlijk resultaat oplevert. In de praktijk zijn er herhaaldelijk situaties waarin dat niet het geval is. Wij bespraken al de rol van de consumenten bij een koud buffet. Zij volgen hun individuele belang, maar komen terecht in een toestand die voor de hele groep niet aantrekkelijk is. Ook individueel zijn zij beter af indien door de zachte hand van een van de aanwezigen coördinatie van gedrag tot stand wordt gebracht. In het economisch en maatschappelijk leven komen wij dikwijls in aanraking met het dilemma van de gevangenen (prisoner's dilemma).

Twee mensen worden gearresteerd voor een misdaad. De politie heeft niet veel bewijs en wil de gevangenen laten bekennen. Van elkaar gescheiden worden zij ieder in een afzonderlijke kamer geplaatst. De politie biedt beide arrestanten het volgende aan. Als A bekent en B niet, gaat A vrijuit en krijgt B 20 jaar cel. Als B bekent en A niet, is dit precies andersom. Als zij allebei bekennen, gaan zij voor 5 jaar de cel in. Als zij beiden zwijgen, is dit slechts 1 jaar. Zij beslissen onafhankelijk van elkaar of zij bekennen en communiceren niet met elkaar. Dit dilemma wordt opgeschreven.

		gevangene B	
		zwijgen	bekennen
gevangene A	zwijgen	-1 / -1	0 / -20
	bekennen	-20 / 0	-5 / -5

Wij zien dat het zowel voor A als voor B altijd beter is om te bekennen. Dit noemen wij een <u>dominante strategie</u>. Neem gevangene A als voorbeeld. Als A ervan uitgaat dat B zwijgt, kan hij beter bekennen. Hij gaat dan immers vrijuit (0) en B krijgt 20 jaar gevangenisstraf (-20 voor B). Maar ook als A ervan uitgaat dat B bekent, is het voor hem beter om te bekennen, anders gaat hij voor 20 jaar de cel in. Precies dezelfde redenering geldt voor B; ongeacht wat A doet, is het voor B beter te bekennen. Beiden komen terecht in het vakje rechtsonder. Dit is echter voor beiden niet de beste uitkomst, want zij gaan alsnog 5 jaar de cel in. Als er communicatie mogelijk was geweest, hadden zij tevergeefs afgesproken om allebei te zwijgen. Tevergeefs, omdat de uitkomst (-1, -1) geen Nash-evenwicht is. Door het uitsluiten van communicatie is het een niet-coöperatief spel, waarbij de uitkomst (bekennen, bekennen) een Nash-evenwicht is. Er is geen coördinatie van gedrag.

In het economisch leven komen wij op allerlei momenten in een dilemma van de gevangenen terecht. Lang niet altijd is er sprake van een dominante strategie, vaak wordt een 'spel' herhaald en men communiceert in de praktijk soms wel.

Speltheorie

Het dilemma is een voorbeeld van een spel. De twee spelers zijn de dieven 1 en 2, die kiezen uit twee strategieën. De economische wetenschap schenkt tegenwoordig veel aandacht aan het beschrijven en analyseren van spelsituaties. Dit vloeit voort uit de grote betekenis die het spelen van een spel in het economisch leven heeft. Als men met een werkgever onderhandelt over arbeidsvoorwaarden, wordt dit opgevat als een spel, waarbij telkens een keuze wordt gemaakt over volgende stappen. Als de werkgever een voorstel doet, aanvaardt men het voorstel of doet een tegenvoorstel. Doet men een tegenvoorstel, dan staat de werkgever voor de vraag het te aanvaarden of af te wijzen.

Op een markt met een paar aanbieders verkeren de ondernemingen in een spelsituatie ten opzichte van elkaar. Zij maken al dan niet meer reclame, veranderen al dan niet hun prijzen en vernieuwen al dan niet hun producten. Afhankelijk van de keuze die zij maken is de gang van zaken op de markt anders. Bij een andere combinatie van strategieën behoort een andere uitkomst van het spel.

Ook de vraag of de spelers tegelijk aan zet zijn of na elkaar een keuze maken, heeft invloed op de afloop van het spel. Als de spelers tegelijk of simultaan hun keuze bepalen, hebben zij geen informatie over de strategie van de ander. Als zij na elkaar een keuze maken, kennen zij de gekozen strategie van hun tegenstander. Als de speler die wit speelt begint bij een schaakspel, kent de speler met zwart de eerste zet van de ander. Soms is het een voordeel als eerste aan zet te zijn, maar lang niet altijd. Als twee ondernemingen bijna tegelijk op de markt komen met een nieuw product, is het een voordeel voor de tweede onderneming om de prijsstelling van de eerste onderneming te kennen zodat net een iets lagere prijs wordt gevraagd.

In de speltheorie wordt ook aandacht besteed aan de vraag of een spel één keer dan wel herhaald wordt gespeeld. In dit boek komen wij herhaaldelijk terug op toepassingen van de speltheorie op de economie, al wordt de theorie ook toegepast op andere situaties, zoals het voetbalspel of een tenniswedstrijd.

3
Consumenten, ondernemingen en markten

De consument als koning

Consumeren is, in de economie, het kopen van goederen door consumenten. Consumenten, gezinnen en andere samenlevingsvormen noemen wij ook wel consumptiehuishoudingen. De goederen die consumenten kopen noemen we consumptiegoederen. Een fiets, een fles cola en een sweater zijn voorbeelden van stoffelijke consumptiegoederen, als deze gekocht zijn door de consumptiehuishoudingen. Een bezoekje aan de bioscoop of aan de tandarts en een ritje met een taxi zijn voorbeelden van onstoffelijke consumptiegoederen. Onstoffelijke consumptiegoederen noemen we diensten. Voedsel, kleding en huisvesting zijn voorbeelden van noodzakelijke of primaire consumptiegoederen.

Vakantiereizen en een laptop zijn voor de meeste mensen luxe consumptiegoederen. Als het gebruik van consumptiegoederen geen nadelige gevolgen heeft voor het milieu, noemt men deze goederen duurzame consumptiegoederen. De term duurzame consumptiegoederen wordt ook gebruikt voor goederen die geruime tijd worden gebruikt, zoals een auto. Aan dit voorbeeld ziet men dat beide betekenissen goed uit elkaar moeten worden gehouden.

Wij kunnen consumptiegoederen dus op drie manieren indelen: in stoffelijke en onstoffelijke goederen, in primaire goederen en luxegoederen en in duurzame en niet-duurzame goederen.

De onafgebroken stroom van nieuwe goederen en diensten

maakt de beslissingen van de consument er niet gemakkelijker op. Individuele consumenten nemen in het economisch leven nog steeds een zwakke positie in. Zij kunnen weliswaar naar de rechter stappen in geval van een geschil met een onderneming, maar gerechtelijke procedures zijn erg kostbaar. Daardoor houdt een onderneming de strijd meestal langer vol dan een consument. De ongelijke strijd tussen machtige ondernemingen en individuele kopers heeft ertoe geleid dat de consumenten zich organiseren. Dit streven van de consumenten noemt men consumentisme. In Nederland is in 1953 de Consumentenbond opgericht. De Consumentenbond, een vereniging met ruim 500.000 leden, geeft het maandblad *Consumentengids* uit.

Via het maandblad *Consumentengids* licht de Consumentenbond zijn leden voor over de kwaliteit en de prijzen van producten. Dit gebeurt door middel van vergelijkende warenonderzoeken. Voor een consument is het meestal onmogelijk om zelf precies de verschillen tussen de diverse merken te ontdekken. Bovendien is vaak niet bekend uit welke merken men kan kiezen en hoe hoog de diverse prijzen in de winkels zijn. Door vooraf de vergelijkende warenonderzoeken te raadplegen, neemt men een betere koopbeslissing. De consumentenorganisaties leveren diverse diensten aan individuele consumenten. Een voorbeeld is rechtsbijstand. Een consument heeft een geschil met een onderneming over garantiebepalingen. De juristen van de Consumentenbond geven advies en helpen bij een eventuele rechtszaak. Verder vragen de leden telefonisch advies over de aankoop of het gebruik van goederen of diensten.

Behalve op de consumenten richten de consumentenorganisaties hun aandacht op de ondernemingen. Zij proberen de ondernemers ertoe te brengen veilige producten te maken. Zij hebben als eerste de eis gesteld van duidelijke productinformatie. Ondernemingen die voedingsmiddelen maken, moeten de precieze samenstelling op de verpakking vermelden. Verder streven zij naar duidelijke leverings- en garantiebepalingen, zodat een consument bij geschillen precies weet waar hij aan toe is. De onderne-

consument ↔ producent: machtsspel

mingen zijn uit eigen beweging niet altijd bereid aan de wensen van de consumenten tegemoet te komen. Daarom probeert de Consumentenbond ook via de overheid de positie van de consumenten te versterken. Binnen de Sociaal-Economische Raad, die de overheid van advies dient, is er een aparte commissie consumentenzaken. In deze commissie hebben naast vertegenwoordigers van de consumenten ook vertegenwoordigers van de werkgevers en de werknemers zitting.

De overheid beschermt de belangen van de consument met verscheidene wettelijke regelingen. Zo zijn de algemene voorwaarden bij aankoop van goederen dwingend voorgeschreven. Ook is er een zwarte lijst, waarop staat welke voorwaarden niet zijn toegestaan. De regeling consumentenkoop regelt de rechten die een consument heeft als een product niet aan haar of zijn verwachtingen voldoet. Verder zorgt de productaansprakelijkheid ervoor dat consumenten die schade ondervinden van het gebruik van een product deze kunnen verhalen op de producent. De Warenwet regelt het toezicht op de kwaliteit van voedingsmiddelen. Regionale Keuringsdiensten van Waren zien toe op de naleving van deze wet. De Colportagewet beschermt de consumenten tegen al te opdringerige verkoopmethoden van ondernemingen. Colportage – dat is het verkopen van artikelen aan de deur, op feesten of op straat – is aan strenge bepalingen gebonden. De wet biedt de consumenten de mogelijkheid een gesloten koopovereenkomst binnen een bepaalde periode weer ongedaan te maken. Het Burgerlijk Wetboek verbiedt reclame die onjuiste informatie bevat over het geadverteerde product. Van misleiding is sprake als de kwaliteit slechter is dan de reclame vermeldt. Verder is de positie van de consument versterkt omdat consumenten collectief tegen een producent kunnen procederen. Een Europese richtlijn maakt vergelijkende reclame en refererend merkgebruik mogelijk.

De overheid is ook actief bij het stimuleren of afremmen van de consumptie van sommige goederen. Goederen waarvan de overheid het gebruik stimuleert, noemen wij bemoeigoederen of meritgoederen. Bij bemoeigoederen denkt men aan openbare bibliotheken, musea en natuurgebieden. Voor deze goederen geeft de overheid subsidies. Goederen waarvan de overheid het gebruik wil ontmoedigen, noemen we demeritgoederen. Sigaretten en alcohol zijn voorbeelden van demeritgoederen. De overheid heft op deze goederen hoge accijnzen, zodat de consument er een hoge prijs voor moet betalen.

Onder invloed van de consumentenorganisaties zijn onafhankelijke geschillen- en klachtencommissies ontstaan. Deze commissies doen bindende uitspraken over geschillen tussen een onderneming en een consument. Een voorbeeld is de Geschillencommissie Openbare Nutsbedrijven. Men kan daar terecht met klachten over de levering van gas, water of elektriciteit. Er zijn ook geschillencommissies advocatuur, reizen en wonen. Voor consumenten is het voordeliger een klacht aan een geschillencommissie voor te leggen dan aan de rechter. Als de consument gelijk krijgt, maar de producent is failliet, ontvangt de consument via de rechter geen schadevergoeding. Bij een geschillencommissie krijgt de consument toch een bedrag uit een garantiefonds.

De positie van de consument wordt thans in hoog tempo sterker door de technologie. Internet biedt de consument de mogelijkheid rechtstreeks wereldwijd goederen te kopen, waarbij traditionele distributiekanalen worden overgeslagen. Veel boeken worden tegenwoordig verkocht via Amazon.com en Bol.com. Door de enorme concurrentie in combinatie met informatietechnologie wordt de consument eindelijk koning.

Consumentengedrag

Als ondernemingen nieuwe producten op de markt brengen waarvoor consumenten nog geen voorkeur hebben, proberen zij bij de consumenten die voorkeur te ontwikkelen. Hiermee komen we in een grensgebied van de economie, omdat de psychologische inborst van de consumenten wordt aangeboord.

Meestal spelen bij het kopen naast psychologische ook sociale motieven een rol, die de consument zich niet bewust is. Een motivatieonderzoek levert inzichten op voor het commerciële beleid van de ondernemingen. Als men weet waarom een consument een bepaald goed koopt, haakt een onderneming daarop in met reclamecampagnes. Ook het waarnemings- en het leervermogen van de consument zijn van belang. Het waarnemingsvermogen is de mate waarin de consument gevoelig is voor een assortiment goederen. Meestal neemt een consument selectief waar. Dit betekent dat alleen informatie doordringt die ook betekenis heeft voor de consument. Uiteraard is deze waarneming subjectief, 'gekleurd'. Iemand die zelf net een Citroën heeft gekocht, ziet meer Citroëns op de weg dan iemand die in een Lancia of een Volvo rijdt.

Het leervermogen is de mate waarin de consument zich in zijn koopgedrag aanpast aan de stroom van nieuwe producten. Kent een consument een nieuw product nog niet, dan zoekt hij informatie om tot een keuze te komen. Kent de consument eenmaal een bepaald product, dan krijgt hij een voorkeur voor een bepaald merk en vertoont hij ten slotte wellicht een routinematig koopgedrag. Gewoontegoederen koopt een consument meestal routinematig, bijvoorbeeld altijd hetzelfde merk koffie.

Sommige consumenten is er iets aan gelegen om geheel nieuwe goederen als eerste aan te schaffen. Zij zijn consumptiepioniers. Ter wille van hun status zijn zij bereid een erg hoge prijs te betalen voor de nieuwigheden. Ook onder jongeren is er een groep die zich door dergelijke overwegingen laat leiden. Dat sommige goederen alleen een succes zijn in de markt als ze voorzien zijn van een speciaal merkteken, valt uitsluitend psychologisch te verklaren. In deze sfeer ligt ook het verkopen van allerlei goederen door middel van de combinatie met een stripfiguur, de zogenaamde *character merchandising*. De doelgroep bij uitstek voor deze goederen zijn kinderen. Zij zetten hun ouders onder druk om deze goederen te kopen.

Kopen op afbetaling kwam voor de financiële crisis veel voor. De ondernemingen maakten het de consumenten in dit opzicht gemakkelijk. Daarnaast stelden kleinere financiële instellingen kredieten of leningen ter beschikking. De consumenten maakten er veel gebruik van. Dat viel te verklaren doordat duurzame consumptiegoederen, zoals de auto, in het consumptiepatroon een grote plaats innemen. Bij het voorzien in hun behoeften aan die goederen lopen veel consumenten vooruit op toekomstige inkomsten. Daar kwam bij dat ook de grote banken bereid zijn duurzame consumptiegoederen te financieren en vakantiereizen 'op de pof' te leveren. Ook de persoonlijke leningen van de banken werden vaak gebruikt voor de financiering van duurzame consumptiegoederen.

Intussen is het afbetalingskrediet wel een erg dure kredietvorm. Dit komt doordat het risico voor de kredietgever groot is en de administratiekosten hoog zijn. De overheid bestrijdt misstanden bij de afbetaling op grond van de Wet op het Consumentenkrediet. Deze wet regelt het verlenen van krediet bij het kopen van roerende goederen of diensten. De wet schrijft voor dat winkeliers die op afbetaling verkopen, ingeschreven moeten zijn in een speciaal register bij de Kamer van Koophandel, waaruit zij bij misbruik worden verwijderd. Om te voorkomen dat iemand al te grote schulden maakt, eist de wet dat de koper ten minste 20 procent van de prijs voldoet als eerste storting, de kasstorting. Persoonlijke leningen worden geregeld in de Wet op het Consumentenkrediet. Deze wet eist dat de effectieve rente in de kredietovereenkomst staat.

De effectieve rente is de rente die men werkelijk moet betalen. Meestal is deze hoger dan uit de aanbieding van de verkoper blijkt. Jongeren hebben de neiging meer consumptief te besteden dan hun inkomen rechtvaardigt. Er is sprake van 'ontsparen'. Later in het leven compenseren mensen dit doordat zij minder consumeren, terwijl zij meer verdienen. Zij sparen dan juist weer meer.

Indexcijfers

Heel algemeen gezegd, zijn indexcijfers getallen waarmee de ontwikkeling van een grootheid in de loop van de tijd wordt weergegeven. In het economisch leven bestaat altijd grote belangstelling voor een bepaalde grootheid: de prijzen. Men gebruikt indexcijfers om de ontwikkeling van de prijzen in eenvoudige getallen uit te drukken. Stel, een fles cola kost in het jaar 2014 3,00 euro en in het jaar 2015 3,30 euro. Om het prijsindexcijfer voor cola in 2015 uit te rekenen, stelt men de prijs in 2014 op 100. Het jaar 2014 noemt men het basisjaar en 2015 de beschouwde periode. Het prijsindexcijfer voor cola in 2015 is dan 110.

Het prijsindexcijfer voor één goed, zoals cola in ons voorbeeld, is een enkelvoudig prijsindexcijfer. Lastiger wordt het als de ontwikkeling van een áántal prijzen in de loop van de tijd met één indexcijfer wordt weergegeven. Dat is dan een samengesteld prijsindexcijfer. Het gaat niet alleen om de colaprijs, maar ook om de prijzen van appelsap, spa en sinas. Het samengestelde indexcijfer geeft weer hoe de prijzen van deze frisdranken gemiddeld in een bepaalde periode zijn gestegen.

De consumentenprijsindex geeft de gemiddelde prijsontwikkeling weer van alle consumptiegoederen die in het huishoudboekje van de consument voorkomen. Om het juiste gemiddelde te bepalen wordt er gewogen. Dit betekent dat rekening wordt gehouden met de rol die een bepaald goed in het budget van de consument speelt. Als de consumenten naaktlopers zijn, laat het ze letterlijk en figuurlijk koud dat de kledingprijzen stijgen. Als de enkelvoudige prijsindex van de kleding stijgt van 100 naar 150, kennen zij aan kleding een gewicht van nul toe. Anders is het als de consumenten een kwart van hun inkomen besteden aan kleding. Dan krijgen de uitgaven aan kleding het gewicht 0,25.

De consumentenprijsindex is een samengesteld gewogen prijsindexcijfer. De berekening gaat als volgt. Van elke goederensoort berekent men het enkelvoudige prijsindexcijfer. Vervolgens wordt gekeken hoeveel procent van het inkomen de consumenten aan deze soort goederen uitgeven. Dit percentage is het gewicht of de wegingsfactor. Het gewicht vermenigvuldigt men met het prijsindexcijfer. De uitkomsten voor alle goederensoorten telt men bij elkaar op. Dat getal wordt gedeeld door de som van de afzonderlijke gewichten en dan heeft men het samengesteld gewogen prijsindexcijfer. Voor deze berekening is kennis nodig van het bestedingspatroon van de consumenten. Van tijd tot tijd houdt het Centraal Bureau voor de Statistiek daarom een onderzoek bij consumenten, om erachter te komen hoe zij hun inkomen besteden. Men noemt dit een budgetonderzoek. Uit het budgetonderzoek blijkt welk percentage van hun budget de consumenten uitgeven aan voeding, kleding, woning en ontspanning. Daar deze gewichten in de loop van de tijd veranderen, moet het CBS het budgetonderzoek om de paar jaar herhalen.

Bij loononderhandelingen tussen werkgevers en werknemers komt de consumentenprijsindex ter tafel als de werknemers de ontwikkeling van de prijzen in de loononderhandelingen betrekken. Het percentage prijsstijging wordt afgeleid uit de consumentenprijsindex. Verder wordt op de consumentenprijsindex gelet vanwege de inflatie. Een sterke toeneming van het cijfer betekent dat vrijwel alle prijzen aan het stijgen zijn. De koopkracht van de consumenten gaat achteruit, omdat zij voor hetzelfde nominale inkomen minder goederen kunnen kopen. De Europese Centrale Bank, die gevestigd is in Frankfurt en onder leiding staat van de Italiaan Mario Draghi, let in het eurogebied op de cijfers over de inflatie, omdat de inflatie niet te hoog mag worden.

De vraag

Bij de beschrijving van het micro-economische gedrag van consumenten komt altijd een ervaringsregel ter sprake die bekend staat als de Eerste Wet van Gossen. Gossen, een zonderlinge Duitse econoom uit de negentiende eeuw, betoogde in een zeldzaam boek uit 1854 dat het grensnut van een goed daalt naarmate men meer van een goed consumeert. Het grensnut is de extra behoeftebevrediging die de laatste eenheid van een goed oplevert. Als iemand dorst heeft en water gaat drinken, levert het eerste glas water de grootste extra behoeftebevrediging op. Het tweede glas levert een lager extra nut op. Door deze wet van het dalende grensnut gaat de voorkeur van een consument niet steeds naar hetzelfde goed uit. Telkens komt een ander goed op de eerste plaats.

De consumenten verschillen van elkaar in hun consumptieve gedrag. Er kunnen verscheidene oorzaken worden genoemd zoals status en inkomen, scholing, klimaat, reclame, reactie op nieuwe producten, gezinssamenstelling, mode, woonomgeving en vermogen.

Iemands status heeft betrekking op de positie die hij of zij in de samenleving bekleedt. Daar hoort een bepaald bestedingsgedrag bij. Het gebruik van een smartphone is een populair statussymbool. Het inkomen bepaalt voorts de status en de consumptiegewoonten. Ook de scholing is van invloed op het bestedingsgedrag. Mensen met een beperkte opleiding kopen andere boeken dan burgers met een hoog opleidingsniveau. Ook verschillen in culturele achtergrond spelen een rol. In een warm klimaat kopen we andere goederen dan in een koud klimaat. Er worden meer ijsjes en frisdranken verkocht als het warm is en meer luchtige kleren. Reclame stimuleert de vraag van de consumenten, maar niet iedereen reageert op dezelfde wijze. Soms geeft de reclame duidelijke informatie, soms is de reclame vooral suggestief, met erotische beelden en teksten. De gezinssamenstelling heeft sterke invloed op de consumptie. Een gezin met kinderen koopt andere goederen dan samenwonende tweeverdieners zonder kinderen. Sommige mensen willen graag de nieuwste mode volgen. Voor de een is Calvin Klein-ondergoed fantastisch, de ander loopt in een Australian-joggingpak. Mensen willen graag op gelijk niveau blijven met de mensen uit hun buurt of woonomgeving. Als de buurvrouw een nieuwe auto heeft aangeschaft, willen wij er ook een hebben. Dit verschijnsel noemen wij 'to keep up with the Joneses next door'. Zodra wij ook een nieuwe auto hebben is voor de buurvrouw de lol eraf, omdat haar relatieve positie in de groep weer dezelfde is als voorheen. Onder invloed van de financiële crisis zijn deze frivole aspecten in het gedrang gekomen.

Iemand kan zijn of haar vermogen aanspreken voor consumptie, zoals het kopen van een dure vakantiereis of voor het kopen van een nieuw huis.

De opkomst van nieuwe producten en diensten beïnvloedt in hoge mate het gedrag van de consument. Enkele jaren geleden wisten wij nog niet wat internet was, terwijl nu 'iedereen' een e-mailadres, smartphone, tablet en laptop heeft.

In het algemeen neemt de gevraagde hoeveelheid van een goed toe als de prijs van het goed lager is. De individuele vraagcurve naar fruit heeft een dalend verloop. Een consument koopt een grotere hoeveelheid van een goed bij een lagere prijs. Ook als wij de totale- of collectieve-vraagcurve van een groep consumenten bekijken, is er in het algemeen sprake van een dalend verloop. De groep consumenten koopt een grotere hoeveelheid van een goed bij een lagere prijs. De vraagcurve heeft niet altijd een dalend verloop. Onder bepaalde omstandigheden hoort bij een hogere prijs juist een grotere gevraagde hoeveelheid. Zo blijkt de totale vraag naar bontjassen hoger te zijn naarmate de prijs hoger is.

Marketing

Consumenten komen dagelijks in aanraking met marketing. Zonder marketing vaart niemand wel. In onze westerse wereld zet men geen stap zonder tegen uitingen van marketing aan te lopen. Alles wordt verkocht, van tandenborstels tot politici en van filmsterren tot gedragen kleding. Voor vrijwel alles wordt naar een markt gezocht. En als die wordt gevonden komt ook de marketing om de hoek kijken. Hoe verkopen we de goederen, de diensten, de politieke partijen, de filmsterren en de goede doelen? En welke verkoopinstrumenten zetten wij daartoe in? Welke mediatraining geven wij koning Willem-Alexander, Alexander Pechtold, Diederik Samsom en Mark Rutte?

De term marketing wordt vaak beperkt tot het verkoopbeleid van commerciële goederen. Al spoedig komen de commerciële diensten erbij, zoals verzekeringen en de activiteiten van reisbureaus en banken. Het is een hele stap geweest om de gedachtegang van de marketing ook toe te passen op niet-commerciële activiteiten en op niet op winst gerichte organisaties. Niemand heeft er nog een probleem mee dat bij verkiezingen alle registers van het marketingbeleid worden opengetrokken. Politici, zowel mannen als vrouwen, worden gemaakt en gebroken door de media, zodat zij zich steeds afvragen of het in hun marketingstrategie past wanneer en waar zij zich vertonen.

Een belangrijk begrip uit de algemene economie dat ook voor de marketing van belang is, wordt gevormd door de transactiekosten. Hieronder verstaat men alle offers, geldelijk en niet-geldelijk, nodig om een transactie tot stand te brengen en uit te voeren. Tal van arrangementen in de marketing staan onder invloed van het streven bepaalde doelen te bereiken tegen zo laag mogelijke transactiekosten. Door de moderne informatietechnologie zijn de transactiekosten enorm gedaald. Voor ondernemingen is het doen van marktonderzoek aanzienlijk eenvoudiger geworden, terwijl ook de informatie over de markt veel nauwkeuriger is. Zelfs het afrekenen bij de kassa van grote winkelketens levert een schat van gegevens op over het gedrag van de consument. Consumenten bereiken zelf gemakkelijker wereldwijd en vierentwintig uur per dag ondernemingen, waarbij zij traditionele distributiekanalen, zoals de boekhandel, overslaan. Zij verenigen zich via internet gemakkelijk in groepen.

Deze ontwikkeling zet de hele marketing op zijn kop. De traditionele keten van producenten, via handel tot consument, wordt omgekeerd. Er vindt een ketenomkering plaats, waardoor de consument eindelijk koning is.

Ondernemingen in beweging

In primitieve samenlevingen voorzien gezinnen zelf in hun behoefte aan goederen. Toch kon het voorkomen dat een gezin een tekort had aan het ene goed en een overschot van het andere goed. Het gezin probeerde dan het overschot te ruilen met andere gezinnen. Men hoopte dat anderen een overschot hadden van goederen waaraan het gezin zelf een tekort had. Dit ruilen was lastig. De gezinnen kenden elkaar lang niet allemaal en wisten niet van elkaar van welke goederen zij een overschot of tekort hadden. De uitvinding van de concrete markt maakte het gezoek naar ruilpartners overbodig. De markt werd de ontmoetingsplaats van gezinnen met overschotten en gezinnen met tekorten.

Het ontstaan van markten maakte ook specialisatie mogelijk. De gezinnen konden zich toeleggen op bepaalde goederen. Specialisatie levert voordelen op, omdat deze leidt tot verhoging van de arbeidsproductiviteit. Onder de arbeidsproductiviteit verstaan we de productie per werker in een periode, bijvoorbeeld een jaar. Hoe verder de specialisatie gaat, des te beter moet het ruilverkeer ontwikkeld zijn. Er werkt een kracht die de kosten van het ruilverkeer zo laag mogelijk houdt. De kosten van het ruilverkeer noemen we transactiekosten. Door de markten zijn de kosten van het zoeken naar een ruilpartner verlaagd, waardoor transacties makkelijker tot stand komen. Geleidelijk konden de gezinnen zich verder specialiseren. In het gezin splitst het op jacht gaan naar en het maken van goederen zich langzaam af van de consumptie van de goederen. Nog later ontstaan ambachtsbedrijven. Vooral sinds het midden van de negentiende eeuw komt met de voordelen van het produceren op grotere schaal ook het ontstaan van grotere ondernemingen op.

Het ontstaan van ondernemingen zoals wij deze kennen wordt toegelicht aan de hand van het begrip transactiekosten. Een ondernemer die verzekerd wil zijn van de arbeidsprestaties van zijn personeel, neemt mensen in vaste dienst en huurt niet voor elke nieuwe werkdag nieuw personeel. Hierdoor vermijdt hij de kosten van het telkens opnieuw moeten selecteren van mensen. Mensen in vaste dienst nemen leidt onder deze omstandigheden tot lagere transactiekosten voor de ondernemer.

Specialisatie kan op drie manieren plaatsvinden: extern, intern en geografisch. Specialisatie van ondernemingen onderling noemen we externe arbeidsverdeling. Eén onderneming legt zich toe op het vervaardigen van schoenen, de andere maakt elektronische apparatuur. Specialisatie binnen een onderneming heet interne arbeidsverdeling. De ene werknemer is directeur, de ander boekhouder, een derde bemant de postkamer. Geografische arbeidsverdeling is de arbeidsverdeling tussen landen of regio's. Men bedoelt daarmee dat er in Spanje sinaasappeltelers zijn en in Nederland bollenkwekers. Binnen Nederland zitten de bollenkwekers vooral in het gebied achter de duinen, terwijl de veehouders vanouds hun boerderijen in de weidegebieden hebben gevestigd.

Voordat een goed in de winkel ligt voor consumptie, moet er heel wat gebeuren. Laten we alle handelingen en bewerkingen eens volgen voor spijkerbroeken. Op katoenplantages in een land ver weg produceert men de grondstof. De verzamelende groothandel koopt van diverse plantages de ruwe katoen op. Na sortering op kwaliteit en soort verkoopt de groothandel de katoen aan de exporteur. In een ander land koopt een importeur de katoen vervolgens van deze exporteur. De importeur levert ze aan de stoffenfabrikanten. Deze bewerkt de ruwe katoen door spinnen, weven en verven tot jeansstof. Daarna gaan de balen stof naar naaiateliers, die er spijkerbroeken van maken. Via grossiers en winkels vinden de spijkerbroeken hun weg naar de consumenten.

Deze lange weg die een goed aflegt van oerproducent tot consument brengen wij in beeld door een schema. Een dergelijk schema noemt men een bedrijfskolom.

Elke regel van de bedrijfskolom noemt men een geleding of bedrijfstak. Voorbeelden van bedrijfstakken zijn de scheepsbouw, de landbouw en de detailhandel. Tussen elke twee geledingen zit een markt.

De bedrijfskolom is voortdurend aan verandering onderhevig. Zo proberen de stoffenfabrikanten rechtstreeks in te kopen bij buitenlandse exporteurs. De fabrikant, als eerste bewerkingsproducent, neemt dan de importeursfunctie over. Zo'n samenvoeging van twee opeenvolgende geledingen van de bedrijfskolom noemt men integratie. In dit geval is er sprake van achterwaartse integratie. De integratie gaat in de richting oerproducent. De bedrijfskolom wordt door integratie korter. Een bekende vorm van integratie is dat fabrikanten hun producten in eigen winkels verkopen. Schoenenfabrikant Bata is daar een voorbeeld van. In dat geval is er sprake van voorwaartse integratie in de richting van de consument.

De tegenovergestelde ontwikkeling heet differentiatie; dan komt er een geleding in de bedrijfskolom bij. Een voorbeeld is dat de stoffenfabrikanten besluiten alleen voorbewerkte katoen in te kopen. Er is nu een eerste bewerkingsproduct en een tweede bewerkingsproduct. Iets dergelijks komt veel voor bij de fabricage van vrachtwagens. Het afbouwen van de carrosserie laat men heel vaak over aan aparte ondernemingen, die beter in staat zijn met de sterk uiteenlopende wensen van de afnemers rekening te houden. Autofabrikanten kopen steeds vaker onderdelen kant-en-klaar bij aparte toeleveringsbedrijven.

Integratie en differentiatie zijn veranderingen in de lengte van de bedrijfskolom. Twee andere veranderingen die zich voordoen zijn parallellisatie en specialisatie. Ook dit zijn tegengestelde ontwikkelingen, maar nu in de breedte.

Bij parallellisatie gaat een onderneming aanverwante activiteiten uit een andere bedrijfskolom erbij doen. Dit verschijnsel komt in de detailhandel veel voor. Een kiosk verkoopt behalve kranten en tijdschriften ook snoepgoed en sigaretten. In warenhuizen is sprake van parallellisatie in een heel uitgebreide vorm. Wij spreken dan van branchevervaging.

Tegenover parallellisatie staat specialisatie. Een onderneming legt zich toe op het produceren van één of slechts enkele soorten goederen. Een softwareontwikkelaar beperkt zich tot de productie van alleen computerspelletjes. Er is dan bij specialisatie sprake van een verkleining van het assortiment.

Er zijn vier criteria volgens welke ondernemingen worden ingedeeld: het product of de producten die zij voortbrengen, de eigendom en aansprakelijkheid, particuliere of staatseigendom en de omvang.

Ingedeeld naar de producten worden de ondernemingen gerekend tot de primaire, de secundaire of de tertiaire sector. De primaire sector omvat de ondernemingen die hun producten vrijwel rechtstreeks van de natuur verkrijgen, zoals mijnbouw, landbouw en bosbouw. Tot de secundaire sector worden alle industriële ondernemingen gerekend. Het zijn ondernemingen die grondstoffen verwerken tot eindproducten of halffabricaten in de scheepsbouw, textiel, chemische industrie, voedingsmiddelenindustrie en de machine-industrie. Tot de tertiaire sector behoren de banken, de handel, het verzekeringswezen, de accountants en de vervoersmaatschappijen. Het gaat hier om commerciële dienstverlenende ondernemingen. Niet alle producten of diensten worden rechtstreeks aan de consument geleverd. Veel transportondernemingen leveren alleen aan andere ondernemingen, de meeste uitgeverijen alleen aan de boekhandel. Reisbureaus, banken, bioscopen en verzekeringsmaatschappijen zijn voorbeelden van ondernemingen in deze sector die wel rechtstreeks aan de consument leveren. De niet-commerciële dienstverlening valt onder de quartaire sector. Deze omvat de bejaardenzorg, ziekenhuizen en de geestelijke gezondheidszorg.

Eigendom en aansprakelijkheid

Onder de Nederlandse wetgeving worden ondernemingen op verscheidene manieren georganiseerd: als eenmanszaak, vennootschap onder firma, commanditaire vennootschap, besloten vennootschap, naamloze vennootschap en coöperatieve vereniging.

In de eenmanszaak zijn eigendom en leiding in handen van een en dezelfde persoon. De ondernemer/eigenaar is met zijn hele vermogen aansprakelijk voor de schulden van de onderneming. Als de onderneming haar schulden niet meer kan betalen, moet de eigenaar ook zijn privébezittingen aanspreken om zijn schuldeisers te betalen. Veel ondernemingen in het midden- en kleinbedrijf hebben deze ondernemingsvorm. Als twee of meer mensen gezamenlijk leiding en eigendom van een onderneming hebben, is er sprake van een vennootschap onder firma. De eigenaars worden firmanten genoemd. Iedere firmant is ook met zijn privévermogen aansprakelijk voor de schulden van de onderneming. Een commanditaire vennootschap kent twee soorten eigenaars, de beherende en de stille vennoten. De beherende vennoot heeft de leiding. Hij of zij deelt de eigendom van de onderneming met de stille vennoot of vennoten. De beherende vennoot is ook met zijn privévermogen aansprakelijk voor de schulden van de onderneming. De stille vennoot verschaft alleen geld aan de onderneming en is alleen voor dat bedrag aansprakelijk.

Zowel in de naamloze vennootschap (NV) als in de besloten vennootschap (BV) hoeven de leiders van de onderneming niet de eigenaars te zijn. De eigenaars of vennoten van een NV of BV zijn de aandeelhouders. Bij de NV zijn er meestal veel aandeelhouders. De aandelen van een NV zijn vrij verhandelbaar op de effectenbeurs. Een BV heeft meestal een kleine groep eigenaars; hun namen worden bijgehouden in een aandeelhoudersregister. De aandelen van een BV worden niet op de beurs verkocht. Omdat aandeelhouders zich meestal niet rechtstreeks met het beleid van de onderneming willen of kunnen bemoeien, stellen zij een Raad van Commissarissen aan om hun belangen te behartigen. Deze bekijkt namens de aandeelhouders of het beleid van de directie de onderneming gezond houdt en voldoende winst oplevert. Zowel een NV als een BV is wettelijk verplicht een jaarverslag te publiceren.

Een coöperatieve vereniging bestaat uit een groep ondernemers die gezamenlijk eigenaar zijn van de onderneming die hun producten bewerkt. Zo zijn veel veilingen en zuivelfabrieken eigendom van een aantal boeren die hun producten aan deze veilingen en fabrieken leveren. De leiding is in handen van het bestuur van de vereniging, terwijl de producenten/verenigingsleden de eigenaars zijn. Vaak zijn de leden van de vereniging alleen aansprakelijk voor het bedrag van hun deelneming in de vereniging. De coöperatieve vereniging is verplicht haar jaarverslag openbaar te maken.

Veruit de meeste Nederlandse ondernemingen zijn eigendom van particulieren. Er zijn er ruim 1,2 miljoen, waarvan een groot aantal eenmanszaken. Het doel van deze ondernemingen is het behalen van winst door het vervaardigen en verkopen van hun producten of door dienstverlening. Is de productie niet langer winstgevend, dan staakt een particuliere onderneming haar activiteiten op den duur.

Bij een indeling naar omvang leggen we verschillende maatstaven aan. Men meet een onderneming wel naar de omzet, het aantal werknemers, het aantal vestigingen, het balanstotaal of de omvang van het aandelenvermogen. De manier van meten hangt af van het type onderneming. Wil men de omvang van een supermarkt weten, dan kan de oppervlakte van de bedrijfsvloer een aanwijzing vormen. Bij een handelskantoor is het beter de omzet als maatstaf voor de bedrijfsomvang te nemen dan het aantal werknemers.

Hoewel het vaak de grote tot zeer grote ondernemingen zijn die in het nieuws komen, is voor de Nederlandse economie als geheel het midden- en kleinbedrijf zeker zo belangrijk.

Ondernemingen met meer dan 50 werknemers hebben verplicht een ondernemingsraad. Deze gekozen vertegenwoordiging van de werknemers heeft adviserende bevoegdheden. Directies moeten regelmatig overleg plegen met de ondernemingsraad.

Groei

De groei van een onderneming komt op twee manieren tot stand: intern en extern.

Interne groei betekent dat de onderneming van binnenuit een grotere productie bereikt. Wanneer een onderneming alle productiefactoren uitbreidt, bereikt zij zowel schaalvoordelen als schaalnadelen. Wij lichten dit toe aan de hand van een paar voorbeelden, waarbij wij beginnen met de voordelen verbonden aan de groei van een onderneming.

In een groeiende onderneming specialiseren de medewerkers

zich op de taken waarvoor ze het meest geschikt zijn. Een technisch voordeel is dat de onderneming grotere machines in gebruik neemt. Het gebruik van energie per eenheid product gaat omlaag als men productiemethoden toepast met een grotere capaciteit. Verder zijn er voordelen in de sfeer van het management van de onderneming. Deze voordelen betreffen verbetering van de planning, het verkrijgen van bijzondere kortingen bij inkopen en gemakkelijker toegang tot financieringsbronnen.

Aan de productie op grotere schaal zijn nadelen verbonden, die zwaarder wegen naarmate de onderneming verder groeit. De voordelen van specialisatie slaan om in nadelen. Dat gebeurt als door te vérgaande specialisatie het onderlinge contact tussen medewerkers verdwijnt en het werk erg eentonig wordt. Denk aan het werk aan de lopende band. De kwaliteit van de arbeid vermindert daardoor en het ziekteverzuim stijgt. Naarmate men modernere technieken gebruikt, neemt de kans op kleine technische storingen toe met grote gevolgen voor de voortgang van het productieproces. De grootste nadelen treden echter op in de sfeer van management en organisatie. Het wordt moeilijker de onderneming te overzien en alle werkzaamheden op elkaar af te stemmen. Ook vermindert contact met de markt. De onderneming wordt bureaucratischer. De besluitvorming is aan regels gebonden en men is minder geneigd risico's te nemen. De onderneming wordt minder vernieuwend, behoudender.

Een onderneming groeit extern, als het groeiproces tot stand komt door het overnemen van andere ondernemingen of door vérgaande vormen van samenwerking. In het algemeen zijn fusies gericht op het benutten van schaalvoordelen en synergie. Dat laatste betekent dat er voordelen ontstaan door een betere combinatie van middelen. In de praktijk blijkt één plus één dikwijls meer te zijn dan twee. Soms hebben fusies succes en leiden ze tot zeer omvangrijke ondernemingen. Soms gaan ze weer uit elkaar doordat te veel ongelijke eenheden moeilijk te leiden zijn.

De concentratie in een land of in een bedrijfstak meten we aan de hand van de omzet van de tien grootste ondernemingen ten opzichte van de totale omzet. Als tien ondernemingen voor 70 procent van de totale omzet zorgen, is er sprake van een grotere concentratie dan wanneer zij maar 20 procent voor hun rekening nemen. In Nederland zorgen vijf grote multinationals (Shell, Unilever, Philips, AKZO en DSM) voor een relatief groot deel van onze totale industriële omzet en werkgelegenheid.

De concentratie in een land of in een bedrijfstak kan met behulp van een Lorenz-curve worden weergegeven. Deze wordt afgebeeld in een rechthoekig coördinatiestelsel. Op de verticale as staat het marktaandeel in procenten van de totale omzet. Op de horizontale as staat het aantal ondernemingen in procenten van het totale aantal. In de figuur geeft men achtereenvolgens het marktaandeel aan van de groep ondernemingen met de grootste omzet tot en met dat van de groep met de laagste omzet.

Door de toenemende internationalisering van het bedrijfsleven volgen er in de toekomst nog veel overnames en fusies. Een deel van de Nederlandse kennis verdwijnt daardoor over de grenzen. In andere gevallen nemen Nederlandse ondernemingen buitenlandse ondernemingen over en komt nieuwe kennis ons land binnen. De gevolgen voor de werkgelegenheid zijn ingrijpend en vooral van kwalitatieve aard.

Een bezwaar van sterke concentratie is dat enkele grote ondernemingen een machtspositie op de markt innemen. Hierdoor wordt de werking van de markt belemmerd. De ondernemers houden de prijzen star en hoger dan wanneer er flinke concurrentie is. Toch is concurrentie in zekere mate altijd aanwezig, omdat er potentiële concurrentie is. Nieuwkomers, aangetrokken door hoge winsten, bedreigen altijd de positie van de aanwezige ondernemingen. Nu de meeste markten wereldmarkten worden, komt de dreiging van potentiële concurrentie vanuit de hele wereld. Bovendien wordt zowel in Europees als in nationaal verband een steeds actiever mededingingsbeleid gevoerd. Enige jaren geleden trad de Nederlandse Europese Commissaris voor de Mededinging, mevrouw Neelie Kroes, zeer krachtdadig op tegen kartels en misbruik van machtsposities.

Externe groei leidt tot het ontstaan van grote concerns. Een concern is een groep ondernemingen bestaande uit een moedermaatschappij en een aantal dochtermaatschappijen. De moedermaatschappij of holdingcompany bezit de aandelen van de dochtermaatschappijen. De dochtermaatschappijen verzorgen de productie en de verkoop van goederen of diensten. Deze dochtermaatschappijen noemen we ook wel werkmaatschappijen. Meestal houdt elke werkmaatschappij zich bezig met een aantal activiteiten die dicht bij elkaar staan. Veel werkmaatschappijen van een groot concern zijn vroeger zelfstandige ondernemingen geweest.

Soms maken concerns gebruik van franchising. De McDonald's-restaurants zijn stuk voor stuk eigendom van de restauranthouders. Zij mogen de naam McDonald's gebruiken en profiteren van de reclame en naamsbekendheid van McDonald's. Daar staat echter tegenover dat zij al hun producten moeten inkopen bij McDonald's en zich precies moeten houden aan de bereidingsvoorschriften van McDonald's. Ook de HEMA maakt gebruik van franchising.

Er bestaan voor een fusie of overname verscheidene argumenten. Naast de algemene voordelen van het produceren op grote schaal speelt ook een rol dat de activiteiten van twee ondernemingen goed bij elkaar aansluiten. Denk bijvoorbeeld aan de fusie van een avondblad met een ochtendblad, waardoor men de drukpersen veel intensiever benut. Verder worden, door verbreding van activiteiten, risico's beter gespreid. Als het in een bepaalde sector eens wat slechter gaat, treft dat de nieuwe onderneming als geheel niet zo zwaar. De vorming van één gemeenschappelijke Europese markt is vaak een motief voor schaalvergroting. Door het wegvallen van de binnengrenzen hebben de ondernemingen met een sterk toegenomen concurrentie te maken. Door fusie en overname hoopt men deze concurrentie beter het hoofd te bieden. Verder worden transactiekosten verlaagd. Door te fuseren of elkaar over te nemen, vermijden de ondernemingen de transactiekosten van een markt.

De minister van Economische Zaken houdt alle fusies en overnames nauwkeurig in de gaten, maar laat de uitvoering van het beleid over aan een zelfstandig optredend bestuursorgaan. Volgens de Mededingingswet moeten fusies en overnames eerst worden goedgekeurd door de Autoriteit Consument en Markt voordat men deze mag uitvoeren. In de sfeer van de telecommunicatie is in de Autoriteit ook de OPTA actief. Economische machtsposities, blijkend uit een overheersend marktaandeel, zijn verboden. Zij staan een gezonde concurrentie in de weg. Ook kartels zijn verboden. Kartels zijn afspraken tussen ondernemingen uit eenzelfde bedrijfstak met het doel de concurrentie te beperken. In het algemeen leidt gezonde concurrentie tot lagere prijzen en een betere kwaliteit, waardoor de consument beter af is.

Een fusie raakt de belangen van de werknemers en de aandeelhouders van de betrokken ondernemingen. Niet voor niets hebben ook de ondernemingsraden over een fusie iets te zeggen. Er vallen ontslagen als door een fusie dubbelfuncties ontstaan.

In de Nederlandse economie zijn enkele zeer grote ondernemingen van belang, die vrijwel dagelijks de aandacht trekken. Deze zeer grote ondernemingen zijn de multinationals. Multinationals, of, in het Nederlands, multinationale ondernemingen, hebben zowel hun productie als hun afzet over veel landen verspreid. Grote Nederlandse of Nederlands-Engelse multinationals zijn Shell (Koninklijke Olie), Unilever, AKZO, Ahold en Philips. Nederland beschikt over enkele grote multinationals, die ook als magneet fungeren voor veel kleinere ondernemingen. In die zin bevorderen de multinationals groei en werkgelegenheid. Multinationals verschillen van nationaal gerichte ondernemingen doordat zijzelf rechtstreeks in het buitenland investeren. Behalve van 'multinationale onderneming' spreekt men ook wel van 'transnationale onderneming' of van *global corporation*. Multinationals beschikken door hun internationale oriëntatie over mogelijkheden die andere ondernemingen niet hebben. Omdat zij in verschillende landen produceren, schakelen zij hun productiemiddelen efficiënter in. Zij produceren dáár waar de arbeid of de grondstoffen goedkoop zijn, of waar de markt het aantrekkelijkst is. Multinationals hebben gemakkelijk toegang tot de internationale financiële markten en trekken dáár kapitaal aan waar dat het voordeligst is. De opbrengsten worden daardoor gelijkmatiger, zodat de voortgang en de groei van de onderneming beter zijn gewaarborgd. Wanneer verschillende, niet in hetzelfde land gevestigde bedrijven van een multinational elkaar goederen leveren, hanteren zij meestal een interne verrekenprijs, de transferprijs. Soms behalen zij daarmee fiscale voordelen door de winsten te laten ontstaan in die landen waar de belastingen het minst drukken. Bij veel multinationals zijn onderzoek en ontwikkeling vaak geconcentreerd bij het hoofdkwartier in het land van vestiging, terwijl de productie overwegend in het buitenland plaatsvindt.

Inmiddels zijn er ook meer middelgrote ondernemingen die we tot de multinationals rekenen. Toch spreken de echte giganten, veelal van Amerikaanse oorsprong, het meest tot de verbeelding. Bekende ondernemingen zijn Exxon, General Motors, Microsoft en IBM. De allergrootste ondernemingen ter wereld – in geld gemeten – zijn echter enkele Japanse handelshuizen.

Marketingmix

Ondernemingen proberen op de markten hun positie te handhaven en te verstevigen door het gebruik van verscheidene verkoopinstrumenten. De verzamelnaam voor deze onderdelen van het commerciële beleid is marketingmix. De marketingmix bestaat uit vier onderdelen: het productbeleid, het distributiebeleid, het reclamebeleid en het prijsbeleid.

Over deze onderdelen van het commerciële beleid neemt de onderneming beslissingen, die niet los van elkaar staan. De keuze van een bepaald product hangt samen met de prijs die men op de markt kan vragen. Wij laten de afzonderlijke onderdelen van de marketingmix kort de revue passeren.

Het productbeleid omvat de keuze van het aantal producten dat de onderneming maakt en de eigenschappen van de producten. Heel belangrijk is de vraag hoe men de producten onderscheidt van die van de concurrenten door productdifferentiatie. Een onderneming die chocoladerepen vervaardigt, staat voor de vraag of zij smaak en lengte van de reep moet veranderen. Ook de verpakking komt in dit verband aan de orde. Een belangrijk onderdeel van het productbeleid is het ontwikkelen van nieuwe producten. Op de markt concurreren de ondernemingen juist op dit gebied met elkaar. Men spreekt van innovatieconcurrentie. De meeste ondernemingen hebben een assortiment van producten dat zij geregeld veranderen.

Het distributiebeleid houdt zich bezig met de wijze waarop men de goederen verkoopt. Er zijn verscheidene afzetkanalen. De onderneming levert rechtstreeks aan de detaillist, die de goederen verder distribueert over de consumenten. Het is ook mogelijk dat de onderneming grossiers inschakelt die voor de levering aan de detailhandelaar zorg dragen.

Tot het distributiebeleid behoort verder de fysieke distributie of logistiek van de goederen. De onderneming zorgt ervoor dat de goederen op het juiste moment op de goede plaats zijn. Door het toepassen van informatietechnologie zijn de transactiekosten van het distributiebeleid aanzienlijk gedaald.

Met het reclamebeleid van de ondernemingen komt men vrijwel dagelijks in aanraking. Wij worden er allemaal mee overspoeld in dag- en weekbladen, op de radio, de televisie en het voetbalveld, op stations, in de brievenbus, op trams en in de bioscoop. Het doel van een reclameboodschap is bekendheid te geven aan een product. En goodwill te 'kweken', zodat afnemers dít product kopen en niet dat van de concurrent. De reclame is erop gericht de voorkeur van de consumenten te beïnvloeden. Reclame is een concurrentiemiddel dat beoogt de eigen deelmarkt uit te breiden. Het is zelfs een zeer geliefd concurrentiemiddel. De kosten voor reclame veroorlooft de onderneming zich het ene jaar makkelijker dan het andere jaar. Andere concurrentiemiddelen, zoals het prijsbeleid, zijn minder flexibel. Een onderneming draait een eenmaal aangekondigde prijsverlaging moeilijk terug.

De originaliteit van een reclamecampagne is belangrijk, maar niet doorslaggevend. Beslissend zijn wel de omvang en de mate van herhaling. Vooral dit laatste element geeft vaak de doorslag. Het valt nauwelijks te becijferen hoeveel geld de Coca-Cola-fabrieken in de loop van de jaren hebben besteed aan hun geweldige reclamecampagnes in bijna alle landen ter wereld. Evenmin weten wij hoe het jaarlijkse reclamebudget van Coca-Cola zich precies verhoudt tot de productiekosten. In ieder geval staat vast dat de Coca-Cola Company een enorme goodwill voor zijn product heeft opgebouwd door de grootscheepse investeringen in het corporate image van de onderneming.

Ondernemingen zijn altijd bezig met zoeken naar nieuwe markten of met het uitbreiden van bestaande markten. Daarbij speelt ook het prijsbeleid een rol. Wij bespreken de penetratiepolitiek en de afroompolitiek. Om een nieuw of verbeterd product op de markt te brengen, past een onderneming penetratiepolitiek toe. De prijs van het nieuwe product wordt eerst betrekkelijk laag gehouden. Daardoor bereikt men snel een grote afzet en wellicht een belangrijk marktaandeel. De distributiekanalen van de onderneming moeten dan wel perfect werken. Als eenmaal de gewenste marktpositie is veroverd, verhoogt de onderneming geleidelijk de prijs van het product. Dan worden de verkopen winstgevend. Een strategie van penetratie is alleen mogelijk als de onderneming over voldoende productiemiddelen beschikt om aan een plotselinge vraag te voldoen. De maximale hoeveelheid productiemiddelen die een onderneming inzet, noemen wij de productiecapaciteit van de onderneming. Bij een penetratiestrategie moet de onderneming haar productiecapaciteit zo nodig snel uitbreiden. Penetratie heeft alleen effect als de afzet erg prijsgevoelig is en als vernieuwing goed in de markt ligt. Concurrenten komen door een agressieve penetratiepolitiek in moeilijkheden.

Als een goed aanvankelijk een exclusief karakter heeft, maken ondernemers wel eens gebruik van afroompolitiek. Voor het nieuwe product stellen ze een betrekkelijk hoge prijs vast. Alleen een kleine groep consumptiepioniers betaalt die hoge prijs. Pas na verloop van tijd wordt de prijs geleidelijk lager, zodat ook andere groepen consumenten het product kopen. De afroompolitiek gebruikt men als de productiecapaciteit nog beperkt is. De productiekosten per eenheid worden dan nog niet verlaagd door een grote productieomvang. Veel producten in de sfeer van de informatica hebben langs de weg van de afroompolitiek de markten veroverd.

Onder invloed van de moderne informatietechnologie is sprake van een netwerkeconomie, die vooral tot uitdrukking komt door internet. Deze ontwikkeling laat ook de marketing niet onberoerd. De consument is tegenwoordig veel beter geïnformeerd over goederen, distributiekanalen en productiemethoden dan vroeger. De consument is minder afhankelijk van de informatie die de producent ter beschikking stelt. Consumenten kopen goederen rechtstreeks via internet, waardoor zij schakels in de distributie overslaan.

Marktvormen

Een eenvoudige voorstelling van de gang van zaken in het economisch leven knoopt aan bij de prijsvorming op markten. Vraag en aanbod ontmoeten elkaar op de markt. Een markt is het samenhangende geheel van de vraag naar en het aanbod van een goed. De prijzen op markten weerspiegelen de schaarste. Prijzen zijn voor consumenten, ondernemers en aanbieders van productiefactoren de informatiebron voor de beslissingen. De consumenten kiezen de goederen en bepalen de voor hen optimale hoeveelheden. Beperkt door hun inkomen laten zij zich leiden door de prijsverhoudingen. Ook ondernemers laten zich leiden door de prijzen. Zij nemen hun beslissingen op grond van de prijsverschillen tussen de inkoopmarkten en de verkoopmarkten. De aanbieders van de productiefactoren stellen de inzet van de productiemiddelen afhankelijk van de prijzen, zoals de beloning voor arbeid. Door een verandering in de schaarsteverhoudingen veranderen de prijsverhoudingen. Op prijsveranderingen volgen reacties van consumenten en producenten. Stijgt bijvoorbeeld de prijs van roomboter, dan kopen sommige consumenten substitutiegoederen (margarine) en sommige producenten produceren meer roomboter. Omgekeerde reacties volgen bij een prijsdaling van roomboter. Een verandering in de prijsverhoudingen door een wijziging in de schaarsteverhoudingen, en de reacties van consumenten, ondernemers en aanbieders van productiefactoren daarop, maakt deel uit van de werking van het prijsmechanisme. Zo stemt het prijsmechanisme de consumptie en de productie op elkaar af. Wij noemen dit de allocatiefunctie van het prijsmechanisme. Allocatie is de aanwending van de productiefactoren met het oog op uiteenlopende mogelijkheden van gebruik. Het prijsmechanisme werkt niet altijd soepel en perfect. Er zijn marktsituaties waarbij de prijzen star zijn, zoals bij monopolievorming.

Soms ontbreken er markten, ook al is er wel behoefte aan de goederen en diensten. Het niet bestaan van markten is meestal te verklaren uit de te hoge transactiekosten. Al eerder werd vastgesteld dat zuiver collectieve goederen niet via de markt worden voortgebracht. Bij collectieve goederen zijn de transactiekosten van het mogelijk maken van individuele levering oneindig hoog. Externe effecten van de productie, zoals fijnstof in de lucht, zijn alleen verhandelbaar als daar rechten aan zijn verbonden en als de transactiekosten nul zijn. Verder ontstaan transacties niet omdat consumenten niet over de juiste informatie beschikken. Als zij niet weten dat er een paar straten verderop een winkel is die precies de pet verkoopt die zij willen hebben, kopen zij die pet niet. Er ontstaat dan geen transactie.

Informatiekosten maken deel uit van de transactiekosten. Een voorbeeld van een transactie die afstuit op te hoge transactiekosten is het kopen van een paraplu indien het op 4 mei 2020 regent.

De omstandigheden op de markt die bepalen hoe het prijsmechanisme werkt, noemen wij de marktvorm. Als het prijsmechanisme volkomen soepel en perfect werkt, spreken wij van de marktvorm van volkomen concurrentie. Is dat niet het geval, dan wordt gesproken van onvolkomen concurrentie.

Bij de marktvorm van volkomen concurrentie spelen vraag en aanbod in de prijsvorming een gelijkwaardige rol. In het geval van volkomen concurrentie zijn er veel vragers en aanbieders en is de markt volkomen. Er is sprake van een volkomen markt als deze volledig doorzichtig is en het verhandelde goed homogeen. Van een homogeen goed is sprake indien de aangeboden goederen op de markt in de ogen van de consument identiek zijn. Voor volkomen concurrentie is verder nodig dat de toetreding onbelemmerd is. De transactiekosten van de toetreding zijn dan nihil.

'Veel vragers en veel aanbieders' heeft tot gevolg dat een individuele aanbieder of vrager te klein is om invloed uit te oefenen op de prijsvorming. Wij noemen hen daarom hoeveelheidsaanpassers. Dat betekent dat zij de hoeveelheden die zij kopen of verkopen aanpassen aan de marktprijs die onder invloed van het geheel van vraag en aanbod op de markt ontstaat. Zij doen dat zó dat er voor hen een zo goed mogelijke of optimale situatie ontstaat. De aanbieders streven naar maximale winst, de vragers naar maximale behoeftebevrediging. Bij elke mogelijke marktprijs bepalen zij hun optimale hoeveelheid; de aanbieders het aanbod, de vragers de vraag. De volledige doorzichtigheid van de markt betekent dat alle vragers en aanbieders de hele markt overzien. Iedereen weet alles en bovendien weet iedereen dat iedereen dat weet. De vragers hebben door de homogeniteit geen andere voorkeur dan de prijsvoorkeur. Het gaat om het subjectieve oordeel, niet om de vraag of een goed technisch identiek is. Daarom is het verhelderend een consumptiegoed op te vatten als een bundel karakteristieken die voor de behoeftebevrediging van de consument van belang zijn. De kreet 'Stop een tijger in uw tank' maakt de benzinemarkt en de benzine heterogeen, ook al is de benzine die benzinemaatschappijen verkopen chemisch beschouwd identiek. Parfum in een bolvormige flacon verschilt van parfum in een hoekig flesje, eenvoudig omdat de gebruikers een voorkeur hebben voor het een of het ander. Afhankelijk van deze voorkeur willen zij voor het één een andere prijs betalen dan voor het ander.

'Vrije toe- en uittreding', of het ontbreken van toetredings- (of uittredings)belemmeringen, betekent dat aanbieders en vragers zonder transactiekosten op de markt komen en gaan. De aanbieders blijven toetreden tot de markt zolang zij nog winsten maken. Als er verliezen ontstaan, treden aanbieders uit.

Op een volkomen markt ontstaat op een bepaald moment maar één prijs omdat iedereen de markt overziet en omdat de goederen homogeen zijn. Deze prijs maakt in het geval van volkomen concurrentie de totale gevraagde hoeveelheid gelijk aan de totale aangeboden hoeveelheid. Wij noemen deze prijs de evenwichtsprijs en de daarbij behorende hoeveelheid de evenwichtshoeveelheid.

Hoewel alle producenten naar maximale winst streven en nieuwe producenten op de winstmogelijkheden afkomen, is het karakteristiek voor volkomen concurrentie dat op den duur alle winsten door de vrije toetreding verdwijnen. Als er namelijk meer aanbieders – aangelokt door de winst – toetreden, valt de winst per aanbieder lager uit. De prijs is dan zó hoog dat de aanbieder net de productiekosten terugverdient. Een vergoeding voor de ondernemersactiviteit wordt tot de productiekosten gerekend.

Onvolkomen concurrentie

In het geval van onvolkomen concurrentie onderscheiden wij de marktvormen van monopolistische concurrentie, oligopolie en monopolie.

Bij monopolistische concurrentie is het aantal ondernemingen groot, maar de consumenten zien een onderscheid in de producten. Zij zien een zekere mate van heterogeniteit, ook wel productiedifferentiatie genoemd. Er is concurrentie, want het aantal aanbieders is groot. Maar er is ook een monopolie-element bij deze marktvorm, want elke onderneming biedt een eigen variant aan, die aantrekkelijk is voor een bepaalde groep afnemers. De productdifferentiatie brengt met zich mee dat de ondernemingen binnen de totale markt een deelmarkt hebben met een eigen klantenkring. Op deze deelmarkt is de onderneming monopolist. Zij is de enige die van het goed een bepaald merk en een bepaalde kwaliteit aanbiedt, die een deel van de afnemers graag koopt. Drijft de onderneming de prijs echter te sterk op, dan gaan de kopers naar de concurrentie. Er is dus sprake van een verstrengeling van monopolie- en concurrentie-elementen; vandaar de naam monopolistische concurrentie. Bovendien is de toetreding vrij. Hierdoor verschuift de dalende afzetfunctie naar links en verdwijnen op de lange duur de winsten, net als bij volkomen concurrentie. Echter, anders dan bij volkomen concurrentie is de allocatie niet Pareto-optimaal omdat vanwege het monopoloïde karakter van de situatie uit een oogpunt van de consumenten eenheden niet worden voortgebracht, waarvoor zij een prijs over hebben hoger dan de extra kosten die de ondernemer voor die eenheden maakt.

De productdifferentiatie en de daarmee gepaard gaande voorkeur van de consumenten wordt ruim opgevat. Het is mogelijk dat de producten inderdaad in kwaliteit verschillen, evenzeer is mogelijk dat die verschillen maar betrekkelijk zijn. Speciale benamingen, het voeren van een eigen merk en verpakking dragen bij aan productdifferentiatie, zelfs als de goederen technisch identiek zijn. Zolang de consumenten verschillen beleven, zijn de goederen heterogeen. Belangrijk bij deze marktvorm is de reclame. Met reclame dragen de producenten feitelijke informatie over, maar roepen zij ook de suggestie van onderscheid op. En dat is beslissend voor de heterogeniteit.

Een eigen klantenkring ontstaat verder door goede service, speciale verpakking van producten, gemakkelijke betalingscondities, een ruim assortiment (de supermarkt), parkeermogelijkheden, afstandsverschillen en zelfs door de aardige dame of heer die achter de toonbank staat. Bij monopolistische concurrentie ontstaat in de praktijk vaak overcapaciteit. Als er in een bepaalde buurt tien kappers zijn, dan zijn deze niet steeds volledig bezet. Misschien benutten ze elk gemiddeld 60 procent van hun capaciteit. Zo op het eerste gezicht treedt er voor de consumenten een verbetering op als uit de buurt vier kappers verdwijnen. De overige zes benutten immers hun capaciteit precies volledig, waardoor de prijzen omlaag gaan, omdat de gemiddelde totale kosten door de efficiëntere productiewijze dalen.

Maar welke nadelen ontstaan er voor de consumenten door het verdwijnen van de vier kappers? In de eerste plaats moeten zij voortaan grotere afstanden afleggen om naar de kapper te gaan. Bovendien moeten ze gemiddeld langer op hun beurt wachten. Het belangrijkste is echter – en daar gaat het bij monopolistische concurrentie om – dat er minder keuzemogelijkheden zijn. De ene kapper levert een heel andere kwaliteit dan de andere, terwijl ook het dienstbetoon verschilt. In dit opzicht treedt een enorme verschraling op. Tegenover de welvaartswinst door de lagere prijs staat een welvaartsverlies in andere opzichten.

In het geval van monopolistische concurrentie spelen de kosten voor reclame en promotie, in het algemeen de verkoopkosten, een belangrijke rol. De ondernemers bij monopolistische concurrentie onderstrepen op deze wijze de verschillen tussen de producten, waardoor ze proberen een groter deel van de markt te veroveren. Bovendien proberen ze door reclame te maken de prijsgevoeligheid van hun afzet te verminderen. Volgens deze redenering kost het maken van reclame geld, dat uiteindelijk wordt opgebracht door de consumenten, terwijl die in eerste aanleg geen voordeel krijgen. Maar het is nog maar de vraag of het maken van reclame een verspilling van productiemiddelen is. Door het maken van reclame verschaffen de ondernemers informatie over hun producten en de voorwaarden waaronder ze deze aanbieden. Daardoor zijn de consumenten in staat een meer verantwoorde keuze te doen. De verscheidenheid van het aanbod van goederen is een aspect van de welvaart. Door de reclame wordt de productdifferentiatie onder de aandacht gebracht. Velen zien bovendien in sommige vormen van reclame een artistieke uiting.

Zodra het aantal aanbieders gering is, spreken wij van oligopolie. Bij oligopolie weet elke aanbieder dat als een prijs verandert of als hij tot een intensieve reclamecampagne overgaat, dit een sterke invloed uitoefent op zijn concurrenten. Daarom houdt de oligopolist rekening met tegenacties van concurrenten, waarvan hijzelf weer de terugslag zal ondervinden. Deze reacties scheppen onzekerheid voor de oligopolisten. De vrees voor reacties leidt tot matiging in de concurrentiestrijd en zelfs tot afspraken tussen oligopolisten om elkaar op bepaalde terreinen te ontzien. Voor zover de afnemers van de oligopolisten alleen een prijsvoorkeur hebben, spreekt men van homogeen oligopolie. Is er productdifferentiatie, zodat de afnemers ook andere voorkeuren dan prijsvoorkeuren hebben, dan is sprake van een heterogeen oligopolie.

In de werkelijkheid is vooral heterogeen oligopolie van belang. Het aantal aanbieders en de mate van productdifferentiatie bepalen het karakter van de marktvorm. Toetreden tot de markt is meestal moeilijk. Mede daardoor blijven bij deze marktvorm op de lange duur winsten bestaan. Bij vrije toetreding gaat heterogeen oligopolie uiteindelijk over in monopolistische concurrentie.

In de praktijk is heterogeen oligopolie een belangrijke marktvorm. De consumenten zien verschillen tussen de oligopolisten, die hetzij berusten op echte kwaliteitsverschillen tussen de producten, hetzij op een vermeend onderscheid. De prijsvorming bij oligopolie is een lastig vraagstuk. Men weet nooit hoe de oligopolisten op elkaars acties reageren. Men verwacht dat er op een oligopolistische markt sprake is van heftige prijsbewegingen. Maar in de praktijk is er juist een zekere rust op het prijzenfront. Een enkele keer breekt er een prijzenoorlog uit. Beurtelings verlagen de oligopolisten hun prijzen, zodat de winstmarges verschralen. De oligopolisten benadelen elkaar met een prijzenoorlog. Oligopolisten hebben de neiging elkaar min of meer met rust te laten wat betreft de prijzen en elkaar met andere instrumenten van de marketingmix te beconcurreren, zoals met het reclamewapen. Soms is sprake van vérgaande samenwerking en in enkele gevallen ontstaan op bepaalde terreinen kartels, door een afspraak over de geografische verdeling van de markt of over de prijzen. In Nederland en de EU zijn dergelijke kartels niet langer toegestaan. Samenwerking op het gebied van research is meestal wel toegestaan. In de moderne economie gaat men de lastige oligopolistische situatie te lijf met de speltheorie. Deze theorie beschouwt de individuen als spelers die op grond van uiteenlopende belangen individuele strategieën volgen. Aan elke strategie zijn kosten en opbrengsten verbonden. De spelers proberen een optimale strategie te spelen, die onder de gegeven omstandigheden de grootste opbrengst belooft. De uitkomst van het spel wordt bepaald door de combinatie van deze beste strategieën.

Monopolie

Wij spreken van monopolie als één aanbieder de markt beheerst. Bekende voorbeelden waren de water-, gas- en elektriciteitsbedrijven, maar zoals reeds eerder ter sprake kwam zijn deze geprivatiseerd. Als er sprake is van een monopolie, dan is de toetreding geblokkeerd. Mede hierdoor blijven monopoliewinsten bestaan. Monopolies ontstaan op uiteenlopende manieren. Zo kan de overheid monopolies bij de wet instellen. Door het in particuliere handen brengen van aandelen van staatsmonopolies verandert het monopoliekarakter van de onderneming in eerste instantie niet. Traditioneel zijn bij wet ingestelde monopolies niet gewend zich sterk te richten op de voorkeuren van de consumenten. Pas als concurrentie wordt toegestaan, richten deze ondernemingen zich meer naar de klanten. Verder zijn er natuurlijke monopolies. Deze berusten op natuurlijke omstandigheden. Zo heeft Zweden jarenlang het monopolie van ijzererts gehad. Voorts is er sprake van een feitelijk monopolie als één onderneming een markt vrijwel geheel beheerst. Een zuiver monopolie komt in de werkelijkheid niet voor. Er zijn altijd wel substituten. Water koopt men ook in een fles, of in plaats van met de trein gaat men met de auto. Monopolisten houden altijd rekening met potentiële concurrenten, die substituten op de markt brengen. Tegenwoordig komen deze overal vandaan. Alle markten zijn wereldmarkten geworden. Monopolies worden soms beschermd door octrooien. De monopolist brengt een nieuw product op de markt en gedurende de looptijd van het octrooi mag niemand anders de uitvinding exploiteren. Enerzijds is dit een stimulans voor innovaties, anderzijds wordt een monopolist met een octrooi afwachtend. En daar zit niemand op te wachten.

Wij spreken van prijsdiscriminatie als een ondernemer voor hetzelfde product twee of meer prijzen berekent. De mogelijkheid daartoe bestaat alleen als er sprake is van gescheiden deelmarkten waarop een onderneming onder condities van onvolkomen concurrentie haar product aanbiedt. Bovendien moeten de omstandigheden op deze markten verschillend zijn. Voorbeelden hiervan zijn het dag- en nachttarief van elektriciteitsmaatschappijen, ongelijke prijzen voor dezelfde producten in meer en minder welvarende gebieden en prijsverschillen in binnen- en buitenland.

Wij staan nog even stil bij de toetredingsbelemmeringen die zich bij de marktvormen van onvolkomen concurrentie voordoen. De belemmeringen die de toetreding tot de markt beperken, verdelen wij in formele en materiële toetredingsbarrières.

Formele belemmeringen hebben betrekking op wettelijke bepalingen, zoals vestigingseisen. De overheid legt de concurrentie op de markt door regelgeving aan banden.

De materiële belemmeringen zijn van grotere betekenis. De productdifferentiatie brengt met zich mee dat de consumenten een voorkeur hebben voor de producten van de gevestigde ondernemingen. Mogelijke nieuwe concurrenten, potentiële concurrenten, hebben deze binding nog niet. Daarvoor zijn grote investeringen nodig. Verder hebben gevestigde ondernemingen meestal een bepaalde bedrijfsomvang bereikt, waardoor hun kosten lager zijn dan die van de potentiële concurrenten. Voorts is de toetreding beperkt doordat een nieuwe onderneming investeringen vergt in gebouwen en kapitaalinstallaties, een geschikt personeelsbestand nodig maakt en een technologische achterstand moet overbruggen. Afhankelijk van de hoogte van dit soort toetredingsbarrières gaat van de dreiging met potentiële concurrentie toch een matigende invloed uit op de concurrentie van de gevestigde ondernemingen.

De machtspositie op de markt stelt de monopolist in staat de voor hem optimale prijs op de markt vast te stellen. De monopolist is prijszetter. Als de monopolist maximale winst beoogt, wordt op de dalende afzetfunctie de combinatie van prijs en hoeveelheid gekozen die de winst maximeert. Met het oog hierop moeten ook de kosten van de monopolist in beeld worden gebracht. Elke eenheid die wordt geproduceerd en verkocht waarvan de extra opbrengst op de markt groter is dan de extra kosten om de eenheid te maken, levert een bijdrage aan de totale winst. De totale winst is maximaal bij de combinatie van prijs en hoeveelheid, waarbij de extra opbrengst van een eenheid juist gelijk is aan de extra kosten van die eenheid. Na dit punt gaat de totale winst weer omlaag omdat de extra kosten van een eenheid de extra opbrengst overtreffen. In de economie noemt men de extra opbrengst de marginale opbrengst en de extra kosten de marginale kosten. Bij de hoeveelheid, waarbij de marginale opbrengst gelijk is aan de marginale kosten is de winst maximaal. Uit een oogpunt van de consument is dit monopolie-evenwicht niet Pareto-optimaal, omdat er eenheden zijn waarvoor de consumenten een hogere prijs willen betalen dan de marginale kosten bedragen om deze eenheden te produceren. Anders dan bij volkomen concurrentie is bij monopolie de marginale opbrengst niet gelijk aan de prijs voor de producent, maar lager. De reden is dat bij monopolie door het dalen van de afzetfunctie de verkoop van een grotere hoeveelheid een lagere prijs vergt, zodat de extra totale opbrengst (= marginale opbrengst) kleiner is dan de prijs. De marginale opbrengst bestaat uit de extra opbrengst door het verkopen van een eenheid meer en uit het verminderen van de opbrengst door de hogere prijs voor alle voorafgaande eenheden.

Overheidsbeleid

De overheid grijpt op verscheidene manieren in in het prijsmechanisme, ook als dit perfect werkt. Zij kan maximum- of minimumprijzen instellen, verschuivingen van de vraagcurven en aanbodcurven veroorzaken, milieuheffingen opleggen, kostprijsverhogende belastingen invoeren en consumenten- en producentensubsidies verschaffen.

Soms is de overheid niet tevreden met de uitkomst van het prijsmechanisme. Als zij de evenwichtsprijs van een brood op de markt van vier euro te hoog vindt stelt de overheid een maximumprijs in. Boven die maximumprijs mag niet worden verkocht. Hierdoor oefent de overheid invloed uit op de markt.

Naarmate het vraagoverschot bij de gestelde maximumprijs groter is en deze situatie zich bij meer goederen voordoet, bestaat de neiging de prijsvoorschriften te ontduiken. Sommige kopers halen de verkoper over toch aan hen te leveren, maar dan tegen hogere prijzen dan de officieel toelaatbare. Wanneer de schaarstetoestand ernstige vormen aanneemt, is de overheid gedwongen door middel van een rantsoeneringssysteem op de verschillende markten de vraag aan het aanbod aan te passen. In het voorbeeld van de broodprijs betekent dit dat toewijzingen in de vorm van bonnen of vergunningen aan de afnemers worden verleend, zodat het vraagoverschot niet meer aan bod komt.

Door deze distributiemaatregelen komt er een kunstmatig evenwicht tussen vraag en aanbod op de verschillende goederenmarkten tot stand. Het is niet verwonderlijk dat de consumenten van wie de koopkrachtige vraag is 'weggerantsoeneerd' op middelen zinnen om hun beperkte rantsoenen aan te vullen. Zij beschikken over overtollige – men spreekt ook wel van zwevende – koopkracht, waarvoor zij aanwending zoeken in de zwarte handel. Dat is de handel, zowel in distributiebonnen als in goederen, buiten de rantsoenerings- en prijsvoorschriften om. Door deze handel wordt aanbod aan de officiële markten onttrokken. Naast maximumprijzen kennen we ook minimumprijzen, die niet door de overheid maar door de betrokken aanbieders zelf gezamenlijk worden vastgesteld. Dit gebeurt op tuinbouwveilingen, waar de aanbieders de aangeboden hoeveelheden groenten en fruit beneden een bepaalde prijs uit de markt nemen. Het bij de minimumprijs overblijvende aanbodoverschot wordt voor veevoer gebruikt of vernietigd. Met minimumprijzen willen de aanbieders prijsbederf in de toekomst voorkomen.

Dit komt voor in het geval van een te groot aanbod van landbouwproducten. Het aanbod van agrarische producten is vrij inelastisch. De voortbrenging ervan is niet snel aan veranderende omstandigheden aan te passen. Dit betekent dat schommelingen van de vraag bij dit soort producten tot hevige schommelingen in het prijspeil leiden. Dit wordt versterkt doordat agrarische producenten dikwijls de veranderingen in de marktcondities niet zien aankomen. Zij produceren maar een klein gedeelte van het totale aanbod en hebben daarom gebrekkig inzicht in de marktontwikkeling. Een en ander heeft tot gevolg dat er, wanneer door het wegvallen van een bepaald afzetgebied of door een bijzonder overvloedige oogst de productie de behoeften gaat overtreffen, een belangrijke prijsdaling optreedt. In deze gevallen beperkt de overheid het aanbod op de markt door het opleggen van marktregelingen.

Is er sprake van een tijdelijke afwijking tussen vraag en aanbod, dan geeft valorisatie de meeste kans op succes. Bij dit systeem vermindert men tijdelijk het aanbod door een gedeelte van de productie op te slaan. Door hoeveelheden uit de markt te nemen, verschuift de aanbodcurve naar links. De prijs komt daardoor weer op een wat hoger peil. Zijn de tijden gunstiger, dan biedt men de opgeslagen hoeveelheid weer op de markt aan. Een goed voorbeeld hiervan was de boterberg in de Europese Unie.

Is het aanbod voortdurend groter dan de vraag, doordat er bijvoorbeeld elk jaar sprake is van overproductie, dan biedt valorisatie geen oplossing voor de moeilijkheden. De voorraden nemen van jaar tot jaar toe, zonder enig uitzicht dat zij ooit tegen een redelijke prijs zijn te verkopen. Behalve dat dit een belangrijk financieringsprobleem schept, oefenen de opgeslagen voorraden een sterk prijsdrukkende werking uit. De afnemers stellen hun aankopen zoveel mogelijk uit, in de verwachting dat de aanbieders de voorraden op den duur tegen een voordelige prijs uitverkopen. Een blijvend verschil tussen productie en vraag eist daarom een drastischer ingrijpen dan valorisatie alleen. In dat geval moet men overgaan tot restrictie, dat wil zeggen beperking van productie. Men bewerkstelligt deze productiebeperking door aan alle producenten de verplichting op te leggen – zo nodig bevestigd door de overheid – de productiecapaciteit met een zeker percentage te verminderen.

Soms stelt de overheid een milieuheffing in. Het doel ervan is het verminderen van milieubelastende productie. De gevolgen van het instellen van een milieuheffing zijn vergelijkbaar met die van het instellen van een kostprijsverhogende belasting. Door de milieuheffing wordt de productie van het desbetreffende goed verminderd en stijgt de prijs van het goed. De mate waarin dit gebeurt, is afhankelijk van de prijselasticiteiten van vraag en aanbod. Bij een volkomen inelastische vraag heeft het instellen van een milieuheffing uit een oogpunt van het beschermen van het milieu geen betekenis. Hoewel de prijs door de heffing omhooggaat en volledig is af te wentelen op de consumenten, blijft de gevraagde hoeveelheid en dus ook de geproduceerde hoeveelheid ongewijzigd, zodat de milieuvervuiling niet wordt teruggedrongen.

Neem aan dat de overheid besluit op een tot dusver belastingvrij product met een prijs van € 5,- een belasting te heffen van € 1,- per eenheid. Op het eerste gezicht denkt men dat de evenwichtsprijs van dit product stijgt tot € 6,-. In werkelijkheid hoeft dit allerminst het geval te zijn. Het is heel goed mogelijk dat de prijs met minder dan € 1,- stijgt. Hoe valt dit te verklaren? De kostprijsverhogende belasting van € 1,- wordt slechts gedeeltelijk afgewenteld op de consumenten.

De vraag is waarvan de mate van prijsstijging afhangt die optreedt wanneer op een artikel een vaste belasting per eenheid wordt gelegd, of wanneer deze belasting wordt verhoogd. Het

verschillende elasticiteiten   *prijssubsidies: consument producent*

blijkt dat dit afhankelijk is van de elasticiteit van vraag en aanbod. Is de vraag zeer inelastisch – dus de vraagcurve erg steil – dan stijgt de prijs met bijna het gehele belastingbedrag, terwijl de verkochte hoeveelheid maar weinig afneemt. Is daarentegen de vraag zeer elastisch, dan is de vraagcurve vlak en loopt de prijs nauwelijks op, terwijl de verkochte hoeveelheid drastisch vermindert. We concluderen dat een belasting op luxeartikelen, waarvan de vraagcurve elastisch verloopt, vooral ten laste van de producenten komt, omdat deze nauwelijks de kans krijgen de kostprijsverhoging op de kopers af te wentelen. Daarentegen zijn bij een belasting op eerste levensbehoeften de afnemers de dupe, omdat de steile vraagcurve voor de verkopers de mogelijkheid schept de kostprijsverhogende belasting bijna geheel op hen af te wentelen.

Nu nog iets over de prijssubsidie, die het omgekeerde is van een kostprijsverhogende belasting. De overheid geeft twee soorten prijssubsidies, namelijk om steun te verlenen aan de consument of ter ondersteuning van de producent. Men onderscheidt daarom consumentensubsidies en producentensubsidies. Consumentensubsidies komen voor bij de huren. Met individuele huursubsidies komt de overheid de gebruikers tegemoet in de hoge lasten die het huren van vooral nieuwbouwwoningen tegen kostprijs met zich meebrengt. Producentensubsidies kennen we in de agrarische sector. De marktprijs voor verschillende landbouwproducten is zo laag dat vele boeren zonder steun van de overheid hun bedrijf opgeven. Mede in samenhang met regelingen in Europees verband geeft de staat subsidies aan de landbouw, die tot doel hebben de Nederlandse landbouwer een redelijk inkomen te verschaffen. Een moeilijkheid hierbij is dat daardoor ook de omvang van de landbouwproductie wordt gestimuleerd, wat nieuwe afzetproblemen oproept. Ter vermijding hiervan is bij de melkproductie een superheffing ingesteld, als de geproduceerde melk een bepaalde hoeveelheid overschrijdt. Dit is niet het geval als de overheid een inkomenssubsidie geeft, dat wil zeggen een bijdrage aan het inkomen los van de geproduceerde hoeveelheid. De agrarische bevolking ervaart dit echter als een soort 'steun'.

Tot zover hebben wij gekeken naar het optreden van de overheid in gevallen waarin het prijsmechanisme perfect werkt. Nu letten we op situaties van onvolkomen concurrentie. Juist wanneer er sprake is van onvolkomen concurrentie, hebben de aanbieders een economische machtspositie. De economische machtspositie houdt in dat een ondernemer de markt voor een deel beheerst. Bij monopolistische concurrentie heeft een aanbieder een bescheiden economische machtspositie. Maar zodra wordt gedacht aan oligopolie zijn economische machtsposities in het spel. Monopolie is bij uitstek de marktvorm waarbij zich een economische machtspositie voordoet. De economische machtspositie blijkt uit het feit dat de aanbieder de keuzehandelingen van de consumenten geheel of gedeeltelijk bepaalt. Als oligopolisten samenwerken in een prijskartel, wordt de markt monopolistischer en is de consument de dupe.

Het is dan ook niet verwonderlijk dat de overheid met het mededingingsbeleid probeert de concurrentie in goede banen te leiden. Economische machtsposities en dreigende economische machtsposities houdt de Autoriteit Consument en Markt tegen het licht. Uitgangspunt bij dit beleid is de positie van de consument. Zonder concurrentie op markten vallen de prijzen van de goederen hoger uit. Dit is niet in het belang van de burgers. Concurrentie heeft een drukkende werking op de prijzen. Gedreven door de concurrentie zetten ondernemingen zich in voor innovaties en richten zij zich beter op de wensen van de consumenten. Zonder bemoeienis van de overheid delft de individuele consument met een zwakke economische machtspositie het onderspit. De consumenten worden verder beschermd door verscheidene wettelijke regelingen, zoals de zwarte lijst die voorschrijft wat een ondernemer niet mag als de consument goederen koopt.

Niet altijd doet het prijsmechanisme zijn werk. Wij zagen al dat er situaties zijn waarin geen markten ontstaan. De transactiekosten die we moeten overwinnen om op de markt te komen zijn zo hoog, dat het niemand lukt daadwerkelijk een markt te betreden. Vroeger was het niet mogelijk om iemand met een ontvangstinstallatie uit te sluiten van het kijken naar een televisieuitzending. Mede daarom werd de omroepbijdrage als een soort belasting geïnd. Nu zendt men televisie-uitzendingen gecodeerd uit. Hierdoor is individuele levering van een televisieprogramma mogelijk geworden. Met een decoder kijk je, zonder decoder niet.

Wat externe effecten betreft heeft Coase aangetoond dat als de transactiekosten nul zijn en als er duidelijk omschreven rechten met negatieve externe effecten zijn verbonden, de rechten en daarmee ook de externe effecten verhandelbaar zijn. Als het in een ruimte verboden is te roken gaat een fervente roker onderhandelen met andere aanwezigen om van het recht geen gebruik te maken. Toch zien wij dat in geval van negatieve externe effecten de overheid optreedt. De overheid is een institutie die namens de burgers tegen lagere transactiekosten voorkeuren weerspiegelt. Soms verbiedt zij productie die met een negatief extern effect gepaard gaat, soms legt zij een milieuheffing op. <u>Door een milieuheffing internaliseren we het negatieve externe effect in het prijsmechanisme.</u>

Een speciaal geval van het ontbreken van de markt doet zich voor bij negatieve selectie. De koper van het product mist informatie over de kwaliteit ervan. Hierdoor onderscheidt hij producten van goede kwaliteit niet van producten van slechte kwaliteit. De hoogte van de prijs vertelt hem of haar niets over de kwaliteit. De aanbieders van producten van goede kwaliteit onderscheiden zich niet van de anderen. Zij trekken zich daarom terug uit de markt. In de groep aanbieders die is overgebleven, onderscheidt vervolgens de groep die dan de beste kwaliteit heeft zich niet van de anderen. Ook deze groep trekt zich terug. Dit gaat door totdat er niemand is overgebleven. Deze kosten om informatie te verwerven maken deel uit van de transactiekosten. De hoogte van deze transactiekosten belemmert ook hier de werking of het ontstaan van de markt. Zodra aanbieders de mogelijkheid hebben om garantie te geven op hun product, is het informatieprobleem over de kwaliteit van het product opgeheven. Want een koper redeneert dat alleen een aanbieder met een product van goede kwaliteit zich een goede garantieregeling veroorlooft.

Netwerkeconomie

Onder invloed van de informatietechnologie ontwikkelt de mondiale economie zich steeds meer tot een netwerkeconomie. Voor deze ontwikkeling bezigt men wel eens de aanduiding 'nieuwe economie'. Nieuw is dat traditionele grenzen niet meer bestaan. Met behulp van internet zijn de transactiekosten van wereldwijde communicatie ingrijpend gedaald. Sommigen denken dat de netwerkeconomie heeft afgerekend met de schaarste, zodat we een tijdperk van overvloed zijn binnengetreden. Deze zienswijze miskent het fundamentele karakter van de schaarste, zoals blijkt uit het beslag dat op de tijd wordt gelegd. De schaarste blijft, in die zin is er niets nieuws onder de zon, maar we voorzien makkelijker in onze behoeften, die ook een steeds bonter patroon vertonen.

De begrippen markt, bedrijfstak en bedrijfskolom verliezen hun betekenis in de netwerkeconomie, daar elke afbakening haaks staat op de wereldwijde transacties die vierentwintig uur per dag in de netwerkeconomie worden afgewikkeld. In de netwerkeconomie kopen consumenten via internet goederen, zoals boeken en cd's, overal ter wereld, waardoor zij bestaande distributiekanalen overslaan. Hierin schuilt een dreiging voor het bestaan van boekhandelaren, apothekers en andere detaillisten. Consumenten gaan zelfs gezamenlijk inkopen door eerst andere consumenten via internet op te zoeken die eenzelfde goed willen aankopen. Hierdoor worden gemakkelijker kortingen bereikt en wordt zelfs het gebruik van geld overgeslagen. In natura worden duizend boeken geruild tegen een bromfiets. Achtergrond van deze ontwikkeling is dat door internet de transactiekosten van ruil in natura dalen. Consumenten gaan in de netwerkeconomie nieuwe transacties aan die in de oude economie niet eens in de verbeelding opkomen, zoals het op donderdag overwegen van een reis naar New York in het aansluitende weekend om een show op Broadway te bezoeken. De daartoe noodzakelijke informatie is in enkele minuten vergaard, tickets voor shows en vliegtuig zijn eveneens in enkele minuten gekocht.

Wat voor consumenten geldt, is uiteraard ook van toepassing op ondernemingen. Zij zijn veel beter en tegen veel lagere kosten geïnformeerd over prijzen en kwaliteiten van grondstoffen die zij voor hun bedrijvigheid nodig hebben. Door de moderne communicatiemiddelen is fysieke verplaatsing veel minder nodig. Met een laptop wordt vanaf elke plaats een transactie tot stand gebracht. Het komt steeds minder aan op het maken van tastbare goederen en steeds meer op het ontwikkelen en uitvoeren van ideeën, die op een steeds fijnzinniger wijze in de behoeften van mensen voorzien.

De in de oude economie werkende ondernemingen kunnen zich aan deze informatie- en communicatierevolutie niet onttrekken. Hun omgeving verandert in een zo snel tempo dat informatie over wat elders gebeurt cruciaal is voor het voortbestaan van de onderneming. Men moet weten waar bedreigingen vandaan komen, maar ook welke nieuwe kansen er blijkens successen elders hier liggen. Alle markten zijn wereldmarkten geworden. Ondernemers die lokaal blijven denken zijn ten dode opgeschreven.

De netwerkeconomie brengt niet alleen verandering met zich mee voor bestaande ondernemingen, maar heeft ook talloze nieuwe ondernemingen voortgebracht, zoals Microsoft, Yahoo! en Cisco. Wat deze ondernemingen verenigt, is dat informatiegoederen een belangrijke rol spelen in hun productieproces.

Onder informatiegoederen worden alle goederen verstaan die digitaal worden opgeslagen. Dit zijn boeken, muziek, films, aandelenkoersen en webpagina's. Informatiegoederen onderscheiden zich van 'gewone' goederen doordat de waarde voor de consument ervan pas te bepalen is nadat de informatie is geconsumeerd. Ze worden daarom ook wel ervaringsgoederen genoemd. Daarnaast onderscheiden informatiegoederen zich van gewone goederen door hun kostenstructuur. Het produceren van het eerste exemplaar van een informatiegoed is zeer kostbaar, terwijl reproductie juist erg goedkoop is. Zo is het produceren van het eerste exemplaar van het besturingsprogramma Windows erg duur; het maken van een kopie van Windows kost vrijwel niets. Daarbij komt nog dat de distributie van goederen door de informatietechnologie steeds goedkoper wordt. De kosten van het produceren van het eerste exemplaar van een informatiegoed maken hierdoor een nog groter deel uit van de totale kosten. Er is sprake van toenemende schaalvoordelen. Hoe groter de schaal waarop een bedrijf produceert, hoe lager de gemiddelde kosten. Aan het bestaan van deze schaalvoordelen zijn twee belangrijke gevolgen verbonden.

Het eerste gevolg is dat als reproductie voor ondernemingen goedkoop is, dit voor consumenten in sommige gevallen ook zo is. Kenmerkend in dit opzicht zijn de ontwikkelingen in de muziekindustrie. Platenmaatschappijen hebben hun cd-verkopen door de opkomst van internet drastisch zien dalen. MP3-bestanden hebben hier een grote rol bij gespeeld. Met behulp van dit programma wordt muziek veel compacter opgeslagen dan op de manier die voor conventionele cd's gebruikelijk is, zonder dat de kwaliteit achteruitgaat. Ter vergelijking: past op een gewone muziek-cd ruim één uur muziek, met behulp van MP3 kan op een cd ongeveer tien uur muziek worden weggeschreven. Het grote voordeel hiervan is dat het downloaden van muziek van internet veel sneller gaat. Hierdoor zijn internetgebruikers massaal muziek gaan uitwisselen, met als gevolg het ontstaan van talloze MP3-websites. Platenmaatschappijen maken zich grote zorgen over deze ontwikkeling en proberen dit met behulp van rechtszaken tegen te gaan. Of artiesten evenzeer te lijden hebben van het vele gebruik van MP3, is echter de vraag. De lage reproductiekosten van informatiegoederen hebben namelijk ook een belangrijk voordeel: ze bieden ruime mogelijkheden voor marketing. Net zoals een wasmiddelenproducent gratis proefverpakkingen weggeeft, geeft een artiest stukjes muziek weg als reclame voor een cd of een optreden.

De marketingstrategie belichaamt ook dat informatiegoederen ervaringsgoederen zijn. Door consumenten de muziek te laten beluisteren, wordt hun de mogelijkheid geboden de muziek te ervaren. Het ligt in de verwachting dat deze strategieën in de toekomst steeds meer gebruikt worden, omdat dit een manier is aandacht van consumenten te trekken. Veel ondernemingen die software produceren, gebruiken dit soort strategieën al. Zij geven gratis eenvoudige versies van hun programma's weg om de aandacht van consumenten te trekken en ze over te halen geavanceerdere versies van hun programma's te kopen. Economen spreken in dit verband wel van de 'economie van de aandacht'. Daar internet een heel vluchtig medium is waarop een overvloed aan informatie wordt geboden, is het voor ondernemingen van groot belang de aandacht te trekken van consumenten.

Er is nog een tweede belangrijk gevolg verbonden aan de kostenstructuur van informatiegoederen. Als er sprake is van toenemende schaalvoordelen, is het voor een onderneming voordelig om zo groot mogelijk te worden. Bij ondernemingen in meer traditionele sectoren van de economie is er ook sprake van schaalvoordelen, maar als een onderneming te groot wordt, slaan deze schaalvoordelen om in schaalnadelen. De kosten per eenheid product stijgen dan. Dit komt doordat de onderneming trager wordt in haar besluitvorming, doordat er niet goed wordt gecommuniceerd tussen de verschillende afdelingen, of doordat de lokale markt verzadigd is en transportkosten voor andere potentiële markten te hoog zijn. Bij ondernemingen die formatiegoederen produceren, ontbreekt een dergelijk omslagpunt. Als Microsoft eenmaal de investering heeft gedaan om Windows te produceren, heeft het bedrijf er belang bij zo veel mogelijk kopieën van Windows te verkopen. Hierdoor dalen de gemiddelde kosten en wordt de winstmarge groter. Er is een natuurlijke tendens voor Microsoft om een dominante marktpartij te worden.

Deze tendens wordt versterkt door wat economen 'netwerkef-

netwerkeffecten.

fecten' noemen. Alle gebruikers van Windows vormen samen een 'virtueel netwerk'. Om uit te leggen waarom dit zo is, bekijken we eerst een ander, niet-virtueel netwerk, het vaste telefonienetwerk. Als men als consument een aansluiting heeft op dit netwerk, neemt de waarde van de aansluiting toe naarmate er meer andere consumenten op dat netwerk zijn aangesloten. Men bereikt immers meer mensen met de telefoonaansluiting. Dit werkt precies zo in het geval van Windows. Naarmate meer andere mensen Windows gebruiken, is het aantrekkelijk om ook Windows te gebruiken. De reden hiervoor is dat softwareprogramma's vaak maar onder één besturingssysteem werken. Omdat de meerderheid van de computergebruikers Windows op zijn computer heeft geïnstalleerd, kiezen schrijvers van softwareprogramma's dit besturingsprogramma als uitgangspunt. Dit geeft ze de grootste potentiële markt. Als computergebruiker doet men er verstandig aan Windows te kiezen. Dit verstevigt de positie van Microsoft en maakt het voor Macintosh moeilijk om te overleven.

In markten waar informatiegoederen worden geproduceerd, is er een neiging voor ondernemingen een dominante partij te worden. Veel economen verwachten dat van alle nieuwe internetondernemingen die worden opgestart slechts een klein deel op termijn overleeft. Als een onderneming eenmaal een dominante positie heeft, wordt er veel winst gemaakt waarmee eventuele verliezen in de beginfase worden gecompenseerd. In die zin is het niet vreemd dat beleggers bereid zijn te investeren in internetondernemingen die nu verlies maken.

4
Arbeidsmarkt

Arbeid

De meeste mensen werken voor hun dagelijks brood. Met het inkomen dat zij hiermee verdienen, kopen zij consumptiegoederen. Er wordt gewerkt bij ondernemingen in het bedrijfsleven en bij de overheid. De burgers ontvangen voor hun arbeid loon of salaris. De arbeid die mensen verrichten bij de overheid en bij het bedrijfsleven wordt geregistreerd door het Centraal Bureau voor de Statistiek (CBS). Alles wat het CBS registreert, rekenen we tot de formele sector van de economie. Maar het CBS registreert lang niet alles.

Er zijn ook mensen die niet-geregistreerd werk verrichten. Voorbeelden daarvan zijn het werk in de huishouding of vrijwilligerswerk, zoals het voorzitterschap van een sportvereniging. Alle economische activiteit in een land die het CBS niet registreert, rekenen we tot de informele sector van de economie. Ook zwarte arbeid behoort tot de informele sector van de economie. Zwarte arbeid is werk dat wordt beloond, maar waarover de ontvanger geen loonbelasting en geen sociale premies afdraagt. In Nederland wordt veel arbeid zwart verricht. De werkgevers die hieraan meewerken betalen hierdoor lagere loonkosten, terwijl de werknemers een hoger nettoloon in handen krijgen. Zij ontlopen zo de wig die in de formele economie bestaat. De wig is het verschil tussen de brutoloonkosten voor de werkgever en het nettoloon. Tot de informele economie worden verder alle criminele handelingen gerekend in de sfeer van inbraken en drugshandel. De informele sector van de economie is een complex van legale en illegale economische processen die buiten de officiële registratie vallen. Het zwartegeldcircuit maakt er derhalve deel van uit.

Arbeid verdelen we in geschoolde en ongeschoolde arbeid. In onze samenleving worden scholing en onderwijs steeds belangrijker, zodat de kwaliteit van de arbeid omhooggaat. De meeste arbeid vergt een zekere mate van scholing. Ongeschoolde arbeid is steeds minder gevraagd. Er wordt veel geïnvesteerd in het vergroten van kennis en vaardigheid van mensen. Mede onder invloed van de revolutie op het terrein van de informatica neemt de aandacht voor kennis in de samenleving toe. Niet voor niets spreken we over een kenniseconomie.

Arbeid onderscheidt men in hoofdarbeid en handarbeid. Dit onderscheid is eigenlijk moeilijk te maken, omdat mensen die met hun handen werken door de ingewikkelde apparatuur en de digitalisering ook hun hoofd erbij moeten houden. Anderzijds moeten mensen die vooral hun hoofd gebruiken, ook met hun handen werken, zoals een piloot van een Boeing 747. Typische hoofdarbeiders zijn ontwerpers van een reclamecampagne, secretaresses van een directie en docenten in het onderwijs. Typische handarbeiders zijn naaisters in een atelier, diamantbewerkers en automonteurs.

De meeste arbeid is uitvoerend, dat wil zeggen, de werknemers voeren de opdrachten uit die de leiding geeft. Degenen die de opdrachten geven, verrichten leidinggevende arbeid. Ook dit onderscheid verandert in onze moderne samenleving. De topmensen bij overheid en bedrijfsleven delegeren; zij laten taken over aan lager geplaatsten in de organisatie. Deze mensen geven op hun beurt ook weer opdrachten door. Vaak gaan leidinggevende en uitvoerende arbeid samen binnen één functie.

Het onderscheid tussen mannen en vrouwen op de arbeidsmarkt vervaagt langzamerhand. Steeds meer verrichten vrouwen arbeid in de formele sector, nadat zij eeuwenlang vooral in de informele sector actief waren. Bovendien nemen geleidelijk meer vrouwen belangrijke leidinggevende posities in. Men spreekt in dit verband van emancipatie van vrouwen. Daarbij komt het aan op de gelijkwaardigheid van vrouwen en mannen in de samenleving en in het arbeidsproces. Aan deze gelijkwaardigheid is nog lang niet in alle opzichten voldaan. Slechts moeizaam bereiken vrouwen de hogere posities in de samenleving, terwijl er ook nog steeds salarisachterstand is.

Hoewel vrouwen potentieel een belangrijke bijdrage kunnen leveren aan beter management van en in de samenleving hebben zij nog steeds een achterstand bij het bezetten van leidinggevende posities. Aansluitend bij de hoofdlijn van dit boek om meer nadruk te leggen op de kwaliteit van economische en sociale processen, transacties en ontwikkelingen, spelen vrouwen een constructieve rol door niet alleen cijfers, maar ook niet-calculeerbare zaken in de besluitvorming te wegen. Daarom is het voortschrijden van hun participatie van belang. Voorbeelden van de rol van topvrouwen zijn Christine Lagarde, president van het IMF, Janet Yellen, voorzitster van de FED, Angela Merkel, Bundespresident van Duitsland, en Laura van Geest, directeur van het CPB.

Bij het aanvaarden van een baan letten de mensen niet alleen op het loon of salaris dat zij ontvangen, maar ook op het plezier in het werk. Werk hebben voorziet op zichzelf al in een behoefte. Maar het gaat er ook om of het werk arbeidsvreugde oplevert. Arbeidsvreugde hangt af van allerlei factoren, zoals de omgang met anderen op de werkplek, de apparatuur waarmee wordt gewerkt en de werktijden. Niemand vindt het prettig om te werken in een omgeving waar mensen telkens ruzie met elkaar maken. Door gebruiksvriendelijke computers, machines die weinig lawaai maken en schone gebouwen wordt de arbeidsvreugde vergroot.

Voor de arbeidsvreugde zijn tegenwoordig flexibele werktijden van groot belang. De een werkt graag 's morgens, de ander liever 's nachts. Als in deze behoefte aan flexibiliteit wordt voorzien, is sprake van grotere arbeidsvreugde. Ook de mogelijkheid van parttimewerk draagt daartoe bij. Iemand werkt dan niet de hele week, maar slechts een deel van de week. Verder is het voor de arbeidsvreugde van sommigen belangrijk of een baan als duobaan kan worden uitgeoefend, zodat twee personen samen één arbeidsplaats bezetten.

Steeds vaker doet iemand een deel van het werk thuis. Met behulp van computers, modems en faxapparatuur zet men netwerken op, die werkplek en woonhuis met elkaar verbinden. In deze netwerken is het kantoor een elektronisch knooppunt. Het ontvangt informatie, verwerkt deze en zendt deze weer door en zorgt zodoende voor communicatie. Zowel bij de overheid als in delen van het bedrijfsleven behoren deze netwerken tot de dagelijkse praktijk. Internet is de wereldwijde belichaming van de 24 uurseconomie. In korte tijd is het gebruik van e-mailadressen gepopulariseerd. De emancipatie van vrouwen in het arbeidsproces wordt bevorderd door de moderne technologie, die flexibele arbeidstijden, duobanen en thuiswerken mogelijk maakt.

Al deze ontwikkelingen dragen bij tot de arbeidsvreugde, ook al heeft het toepassen van nieuwe technieken ook schaduwzijden. Soms verliezen mensen daardoor hun baan of wordt de aard van hun werk ingrijpend veranderd. In het laatste geval passen de mensen zich aan, volgen cursussen en scholen zij zich bij of herscholen zij zich.

Het verrichten van zinvol werk is voor de meeste mensen van groot belang voor de kwaliteit van hun bestaan. Het maakt niet uit of het om betaalde arbeid in de formele sector gaat of om onbetaald werk in de informele sector. Belangrijk is dat zowel de werknemer zelf als de samenleving het werk nuttig vindt, zodat het arbeidsvreugde oplevert. Uitgeschakeld te zijn door de economische omstandigheden of door ziekte, is voor de meeste mensen een trieste zaak. Werkloosheid zet een grote domper op hun leven. In de samenleving proberen we werkloosheid te voorkomen en te bestrijden en mensen die om een andere reden niet actief zijn te steunen. Sinds de financiële crisis uit 2008 kampt Nederland met toenemende werkloosheid. In enkele sectoren van de economie is niettemin sprake van toenemende tekorten aan hoogwaardige arbeid.

Arbeid als consumptiegoed

De betekenis die mensen aan werkgelegenheid hechten wordt onder het bereik van de paretiaanse welvaartstheorie gebracht door arbeid ook als consumptiegoed op te vatten. De arbeid is enerzijds productiefactor en anderzijds consumptiegoed. Arbeid als productiefactor is de traditionele zienswijze. De inzet van arbeid is nodig voor de voortbrenging van goederen en diensten, zowel in de private als de publieke sector. De aanbieder van arbeid ontvangt in zijn rol van werknemer een financiële vergoeding, het inkomen, voor de geleverde arbeidsprestatie. Op deze wijze komt de cijfermatige kant van de arbeid tot uitdrukking. De arbeid belichaamt een markttransactie.

De kwalitatieve kant van de arbeid wordt belicht door de arbeid als een consumptiegoed op te vatten. De burgers, in hun rol van werknemer, uiten voorkeuren omtrent allerlei aspecten van de arbeid. In hun werksituatie zoeken zij een vervulling van hun wensen. In het economisch leven is deze zienswijze tegenwoordig vooral actueel voor vrouwen. Voor hen is erg belangrijk het voorzien in hun behoefte aan tijden waarop zij willen werken, de omgeving waar zij willen werken en de mensen met wie zij willen werken. Het voorzien in deze behoeften is wederom subjectief, dus afhankelijk van het persoonlijke oordeel en ligt buiten de sfeer van een financiële calculatie. Zij zijn consument van bepaalde pakketten arbeid. De allocatie van de productiemiddelen reageert op deze consumptieve wensen met betrekking tot de arbeid van burgers. De paretiaanse welvaartstheorie laat zich aan de hand van deze redenering uitbreiden met het nut dat de burgers als consumenten aan een bepaalde vormgeving van de arbeid hechten. De paretiaanse werkwijze de allocatie te beschouwen uit het oogpunt van de consumenten blijft zodoende intact.

Vraag en aanbod

Na het volgen en afronden van een opleiding wordt een baan gezocht. Men is aanbieder van arbeid op een markt waarop arbeid wordt gevraagd, door de overheid en het bedrijfsleven. Deze markt is de arbeidsmarkt. Zonder opleiding is het een stuk moeilijker talenten te ontwikkelen en het aanbieden van arbeid voor te bereiden. Door onderwijs krijgt men een indruk van wat men leuk vindt en goed kan. Bovendien worden aanleg en belangstelling toegespitst op de eisen die de samenleving stelt. Sommigen hebben hoge ambities, anderen nemen met een bescheiden plaats genoegen. De een wil in loondienst werken, de ander richt zelf een onderneming op. Ook is belangrijk of men een algemene functie wil, of dat men zich als superspecialist op de arbeidsmarkt aanbiedt. Het uitoefenen van een functie vergt aanvullende scholing. Zeker als men promotie wil maken, zijn extra kennis en ontwikkeling nodig. Soms volgt men daarvoor cursussen buiten de onderneming, maar vele ondernemingen organiseren zelf aanvullende opleidingen.

De werknemer specialiseert zich tijdens zijn loopbaan nog. Verder komt het voor dat men juist op de hoogte blijft van een groot aantal uiteenlopende zaken. Daardoor is de werknemer in het arbeidsproces op vele plekken inzetbaar en soms ook geschikt om leiding te geven. Er zijn nu eenmaal voetballers die op vrijwel elke plaats in het elftal spelen en anderen die voor doelman in de wieg zijn gelegd.

Het aanbod van arbeid is enorm gevarieerd. De meeste mensen die aan de slag gaan, doen dat als werknemer in het bedrijfsleven of bij de overheid. Werknemers bij de overheid zijn ambtenaren. Werknemers genieten bescherming door de sociale wetgeving. Zij zijn verzekerd van inkomen tijdens ziekte en werkloosheid. Daarentegen nemen ondernemers grote risico's. Zij moeten de premie voor een arbeidsongeschiktheidsverzekering zelf betalen. Bovendien steken zij vaak een deel van hun privébezit in hun onderneming. Toch wagen tegenwoordig veel jongeren een poging om op kleinschalige basis een onderneming te beginnen. Men spreekt van startende ondernemers, die vorm en inhoud geven aan de netwerkeconomie. Zelfs leerlingen uit de derde klas van het voortgezet onderwijs hebben een internetonderneming met succes opgezet. De nog steeds jeugdige Ben Woldring uit Usquert is directeur van Bencom bv en geeft nu leiding aan een grote onderneming.

Leerlingen hebben naast hun schoolwerk een baan. Zij bezorgen de ochtendkrant of helpen op zaterdag in de supermarkt. Toch behoort men daardoor niet zomaar tot de beroepsbevolking. Daarvoor moet men meer dan twaalf uur per week werken. Scholieren die nog geen vijftien zijn, zijn volgens de Leerplichtwet volledig leerplichtig. Dat betekent dat men fulltime naar school moet. Mensen die recht hebben op pensioen zijn meestal 65 jaar of ouder en behoren niet meer tot de beroepsbevolking. De beroepsbevolking bestaat uit mensen tussen 15 en 64 jaar die kunnen of willen werken. Mensen die geen baan hebben, maar er een zoeken, worden tot de beroepsbevolking gerekend. De officiële werkloosheid is inmiddels gestegen tot ruim 800.000 mensen.

Hoeveel mensen tot de beroepsbevolking behoren, hangt af van de grootte van de totale bevolking in ons land. Nederland telt ongeveer 16 miljoen inwoners. Dat getal groeit elk jaar. Er komen mensen bij door migratie en doordat er meer mensen worden geboren dan er sterven, het geboorteoverschot. Het migratieoverschot en het geboorteoverschot samen noemen wij de bevolkingsaanwas.

De groep mensen van 15 tot en met 64 jaar vormt de potentiële beroepsbevolking. Allen die twaalf uur of langer per week betaald werk kunnen of willen doen, behoren tot de feitelijke beroepsbevolking. De beroepsbevolking bestaat uit de afhankelijke beroepsbevolking, de werknemers en de werklozen en de niet-afhankelijke beroepsbevolking, de zelfstandige ondernemers, zoals kleine winkeliers, eigenaren van eenmansbedrijfjes in de dienstverlening, boeren en loodgieters met een eigen bedrijf.

De overige personen van 15 tot en met 64 jaar zijn allen mensen die een fulltime-opleiding volgen, mensen die arbeidsongeschikt zijn en huisvrouwen of -mannen. De beroepsbevolking uitgedrukt als een percentage van de potentiële beroepsbevolking noemen we de participatiegraad. Dit getal zegt iets over de mate waarin de bevolking is ingeschakeld in het arbeidsproces. We spreken van het deelnemingspercentage.

De vraag naar arbeid staat tegenover het aanbod van arbeid. De vraag naar arbeid is even gevarieerd als het aanbod. De vraag naar arbeid komt van ondernemingen, internationale instellingen, scholen, universiteiten, gemeenten, departementen en toneelgezelschappen. Bij ondernemingen valt te denken aan grote en kleine ondernemingen, aan reclamebureaus, metaalbedrijven, bouwondernemingen, supermarkten, chemische fabrieken en schoenfabrieken, maar ook aan dienstverlenende instellingen als advocatenkantoren, accountantsorganisaties en banken.

Er is enorm veel en gevarieerd werk. De vraag naar arbeid uit zich zowel in de formele als in de informele sector van de economie. In de informele sector gaat het om huishoudelijk werk, verenigingswerk en allerlei vormen van zorg. Tot de informele sector hoort ook de vraag naar zwart werk.

De vraag naar arbeid wordt op verscheidene manieren zichtbaar. Personeelsadvertenties staan in dag- en weekbladen. Zowel de overheid als het bedrijfsleven nodigt mensen uit om te solliciteren naar allerlei functies. In de advertenties wordt een beeld gegeven van wat de sollicitant te wachten staat en hoe hij de sollicitatie moet aanpakken.

Ondernemingen kunnen zich ook bij de arbeidsbureaus inschrijven en zo hun vraag naar arbeid tot uitdrukking brengen. De arbeidsbureaus spelen een bemiddelende rol tussen vraag en aanbod. Steeds vaker gaat het bij overheid en bedrijfsleven om een vraag naar tijdelijke arbeidskrachten. Dan spelen uitzendbureaus een belangrijke rol. De ondernemingen stellen zich in verbinding met uitzendbureaus, zoals Randstad en Start, en maken hun wensen kenbaar. Bij de uitzendbureaus zijn veel mensen ingeschreven die tijdelijk werk zoeken. Zo worden vraag en aanbod bij elkaar gebracht. Soms leidt een tijdelijke aanstelling tot een vaste baan. Daarnaast komen overheid en bedrijfsleven aan mensen door het inschakelen van zogenaamde headhunters, dienstverlenende ondernemers die er hun beroep van maken om vooral managers te plaatsen. Voorts wordt internet steeds vaker benut om werkgevers en werknemers bij elkaar te brengen. Ten slotte komen mensen aan de slag doordat overheid en bedrijfsleven langs informele weg kenbaar maken dat ze mensen zoeken door mondelinge mededelingen.

Deelmarkten van arbeid

Op de arbeidsmarkt zijn de personen die betaald werk kunnen en willen verrichten de aanbieders. De werkgevers zijn de vragers. De prijs van de productiefactor arbeid is het loon. De hoogte van de lonen in het algemeen is niet een zaak van één werkgever en één werknemer.

Over de arbeidsvoorwaarden, waaronder de lonen, worden per bedrijfstak of per grote onderneming collectieve arbeidsovereenkomsten (CAO's) gesloten. We onderscheiden primaire arbeidsvoorwaarden, zoals het loon en de arbeidstijd, en secundaire arbeidsvoorwaarden, vakantie- en pensioenregelingen.

Een CAO kan door de minister van Sociale Zaken algemeen verbindend worden verklaard. Dan geldt deze voor die werknemers of werkgevers in de bedrijfstak die geen lid zijn van de organisaties die de CAO hebben gesloten.

Van werknemerskant zijn de vakbonden bij de onderhandelingen over de CAO's betrokken. In vakbonden hebben de werknemers van één of meer bedrijfstakken of beroepsgroepen zich georganiseerd. Voorbeelden van vakbonden zijn de Industrie-, de Ambtenaren- en de Vervoersbonden van de FNV.

Voor de werkgevers voert de directie van een grote onderneming of de werkgeversvereniging in een bedrijfstak de onderhandelingen. De belangrijkste onderwerpen waarover men het eens moet worden, zijn de loonstijging, de arbeidstijd per week en de werkgelegenheid. De vakbonden hebben diverse instrumenten om hun doeleinden te verwezenlijken. In het uiterste geval wordt tot een staking besloten, maar doorgaans wordt zonder gebruik van dat middel een akkoord met de werkgevers bereikt.

Tot zover hebben wij over de arbeidsmarkt gesproken alsof dat één geheel is. In feite valt de arbeidsmarkt uiteen in een groot aantal deelmarkten. Men spreekt van een arbeidsmarkt voor vrouwen, voor jongeren, voor accountants, voor gehandicapten, voor allochtone Nederlanders, voor academici, voor politici en voor ambtenaren. Sommige van deze groepen, in het bijzonder jongeren en allochtonen, hebben op de arbeidsmarkt een zwakke positie. Dat blijkt uit het feit dat de werkloosheid onder hen hoger is dan gemiddeld. Ook zijn er minder jongeren of allochtonen in hoger betaalde en leidinggevende functies werkzaam.

De regering probeert deze achterstand door een gericht beleid te verminderen. Met betrekking tot allochtonen ligt het accent vooral op scholing en het tegengaan van discriminatie. Voor werkloze jongeren is er de Jeugdwerkgarantiewet (JWG). Deze wet garandeert een tijdelijke baan aan jongeren tussen de 16 en 21 jaar die ten minste zes maanden werkloos zijn. Het is de bedoeling dat zij werkervaring opdoen, om vervolgens, eventueel na bijscholing, makkelijker een andere baan te vinden.

Om de achterstand van vrouwen op de arbeidsmarkt te verminderen bestaat er een Wet Gelijke Behandeling. Deze wet verbiedt werkgevers onderscheid te maken tussen mannen en vrouwen bij onder andere werving, selectie, beloning, promotie of ontslag van werknemers. Alleen wanneer de aard van het beroep dat nodig maakt, is dit verbod niet van toepassing. Een koor mag voor een basstem wel de keuze beperken tot mannen. Er is een speciale commissie ingesteld die op de strikte naleving van de wet toeziet. Toch is de feitelijke achterstand van vrouwen op de arbeidsmarkt nog lang niet weggewerkt. Daarom wordt ook wel gepleit voor positieve discriminatie, waarbij aan een vrouw de voorkeur wordt gegeven wanneer zij voor een functie een geschikte kandidaat is. Andere maatregelen zijn de zorg voor voldoende betaalbare kinderopvang en het verruimen van de mogelijkheid tot deeltijdwerk.

Werkgelegenheid

Bijna nooit zijn vraag en aanbod op de arbeidsmarkt precies op elkaar afgestemd. Als het aanbod van arbeid groter is dan de vraag, is er sprake van onvrijwillige werkloosheid.

In Nederland heerst sinds 2008 een toestand van hardnekkige werkloosheid. Dit betekent overigens niet dat in alle beroepsgroepen het aanbod de vraag overtreft. Werkloosheid in het algemeen kan samengaan met een gebrek aan arbeidskrachten op bepaalde deelmarkten. Zo zijn er vacatures voor timmerlieden in de bouw, terwijl er toch veel werkloze bouwvakarbeiders zijn. Volgens de gegevens van het ministerie van Sociale Zaken en Werkgelegenheid staan er in ons land thans meer dan 800.000 personen als werkloos geregistreerd. Deze geregistreerde werklozen zijn ingeschreven bij de arbeidsbureaus. Het aantal openstaande arbeidsplaatsen schommelt rond de 100.000.

Naast geregistreerde werkloosheid is er ook niet-geregistreerde of verborgen werkloosheid. Er zijn gehuwde vrouwen die een baan willen hebben, maar die ervan afzien zich als werkzoekende te laten inschrijven, omdat er toch geen werk is te vinden. Er zijn jongeren die om dezelfde reden maar wat langer een schoolopleiding volgen. Zij blijven echter buiten de werkloosheidscijfers. Een heel andere vorm van verborgen werkloosheid komt in ontwikkelingslanden voor. Bekend is dat het werk daar vaak wordt gedaan door meer mensen dan eigenlijk noodzakelijk is.

Tegenover verborgen werkloosheid staat verborgen werkgelegenheid. Overwerk rekent men hiertoe en in ieder geval het 'zwart' werken. Niet bij een arbeidsbureau aangemelde vacatures vallen onder de verborgen werkgelegenheid.

Voor de mensen die erdoor worden getroffen, is werkloosheid een groot leed. Mensen voelen zich uitgeschakeld en onnuttig.

De werkloosheidsuitkering neemt dit gevoel niet weg. Vooral de langdurig werklozen zitten met een groot probleem. Als iemand lang werkloos is, veroudert de werkervaring. Het wordt daardoor steeds lastiger om weer aan de slag te komen. Dit verschijnsel wordt wel hysterese genoemd.

Werkloosheid heeft verscheidene oorzaken. Allereerst gebeurt het dat de vraag van de consumenten naar goederen en diensten in het algemeen vermindert. In dat geval hebben de ondernemingen minder te doen; hun machines worden voor een deel niet benut en sommige werknemers raken overbodig. De werkloosheid die ontstaat noemen we conjuncturele werkloosheid.

Het woord conjunctuur heeft betrekking op de vraag naar goederen en diensten in de hele economie. Een gebrek aan vraag van de consumenten leidt tot onderbezetting bij de ondernemingen. Onderbezetting betekent dat niet alle productiecapaciteit wordt gebruikt. Het gevolg is dat de ondernemingen mensen ontslaan.

De onderbezetting wordt versterkt doordat ondernemingen minder investeren. Een derde oorzaak van onderbezetting is dat de vraag naar onze goederen vanuit het buitenland, de export, kleiner wordt. Het inzakken van de conjunctuur betekent dat in het economisch leven de bedrijvigheid vermindert. Er is minder activiteit, de prijzen dalen en er ontstaan voorraden van goederen. De productie loopt terug.

Werkloosheid ontstaat ook doordat er aan de aanbodkant of in de structuur van de economie iets misgaat. We noemen dat structurele werkloosheid. Er zijn te weinig arbeidsplaatsen ten opzichte van de beroepsbevolking. Dat komt door te weinig investeringen van ondernemingen en de overheid in fabrieken, dienstverlening en infrastructuur. Als de beroepsbevolking sterk groeit, door de toevloed van jongeren, vrouwen en immigranten, gebeurt het dat het niveau van de investeringen achterblijft bij de uitbreiding van de beroepsbevolking. Als ondernemingen definitief verdwijnen, door lagere loonkosten in het buitenland, gaan ook arbeidsplaatsen verloren. Hetzelfde gebeurt als ondernemingen gaan samenwerken of fuseren. Door fusie gaan meestal banen verloren. De fusie van de banken ABN en Amro Bank heeft onder meer geleid tot het sluiten van vele bijkantoren, waardoor arbeidsplaatsen zijn verdwenen. ABN AMRO is inmiddels in handen van de overheid. Ook door ingrijpende reorganisaties gaan arbeidsplaatsen verloren. In al deze gevallen is sprake van kwantitatieve structurele werkloosheid. Het aantal arbeidsplaatsen is te klein ten opzichte van de beroepsbevolking.

Een andere belangrijke vorm van structurele werkloosheid hangt samen met de technische ontwikkeling. Door het invoeren van nieuwe productiemethoden gebeurt het dat arbeidsplaatsen verdwijnen. Dit is het geval als de nieuwe techniek met minder arbeid ten minste dezelfde hoeveelheid productie oplevert. In dat geval stijgt de arbeidsproductiviteit. Dit noemen we kwalitatieve structurele werkloosheid.

Het verdwijnen van hun arbeidsplaats door toepassing van een nieuwe techniek is voor de meeste mensen een bittere pil. Zij moeten zich herscholen of bijscholen en proberen elders aan de slag te komen. Overigens verdwijnen door de technische ontwikkeling of innovatie niet alleen arbeidsplaatsen. Er komen ook nieuwe arbeidsplaatsen bij. Als de administratie van een onderneming wordt geautomatiseerd, verdwijnen er boekhouders. Tegelijkertijd ontstaat er een vraag naar programmeurs. Onder invloed van het brede spectrum van toepassingen van de informatietechnologie ontstaat veel en soms geheel nieuwe werkgelegenheid.

Werkloosheid ontstaat ook doordat beschikbare nieuwe technieken met vertraging of helemaal niet worden ingevoerd. Het bedrijfsleven veroudert, werkt met te hoge kosten en doet te weinig aan het vernieuwen van producten. Als productinnovatie achterwege blijft, schrompelen bestaande markten ineen en ontstaan geen nieuwe markten. Onder die omstandigheden gaat ook in snel tempo werkgelegenheid verloren. Omgekeerd betekent dit dat het vernieuwen van productiemethoden en producten bijdraagt tot het scheppen van werk en derhalve een methode is om werkloosheid te bestrijden.

De compensatietheorie

In onze tijd is een belangrijk vraagstuk in hoeverre werknemers, die onder invloed van het voortschrijden van de techniek worden uitgeschakeld, na verloop van tijd elders weer aan de slag kunnen. Is dit niet het geval dan is van een groot maatschappelijk drama sprake. Het voortschrijden van de techniek is onverbiddelijk en gaat gepaard met uitstoot van werknemers. Denkbaar is echter dat ingrijpende verschuivingen op de arbeidsmarkt optreden doordat in andere sectoren de vraag naar arbeid juist toeneemt. Men spreekt dan van compenserende werkgelegenheid. In de economische theorie is veel aandacht besteed aan dit vraagstuk.

De aanhangers van de compensatietheorie leggen de nadruk op de factoren die de inschakeling bewerkstelligen van werknemers, die onder invloed van de ontwikkeling van de techniek zijn uitgesloten. De auteurs die oog hebben voor de uitstoting van werknemers en menen dat aan de voorwaarden voor compenserende werkgelegenheid niet of nauwelijks is voldaan, worden tot de verdedigers van de uitstotingstheorie gerekend. De argumenten van de aanhangers van de compensatietheorie werpen tevens licht op de overwegingen van de aanhangers van de uitstotingstheorie. Als de compenserende krachten zwak zijn en zeer vertraagd hun invloed doen gelden, heeft de technologische werkloosheid die ontstaat een langdurig karakter en wint de uitstotingstheorie aan betekenis.

Compenserende werkgelegenheid wordt geschapen door endogene en exogene factoren. De endogene factoren zijn inherent aan de invoering van de nieuwe technieken. Van compensatie in strikte zin is sprake indien de door de mechanisering uitgestoten werknemers als gevolg van endogene factoren weer in het productieproces worden ingeschakeld. Wordt slechts een deel van de uitgestoten werknemers ingeschakeld, dan wordt gesproken van partiële compensatie in strikte zin. Vindt de compensatie mede plaats onder invloed van factoren die buiten het invoeren van de nieuwe techniek staan, dan spreken wij van compensatie in ruime zin. Schiet de compensatie in strikte zin tekort om alle uitgestoten werknemers weer in te schakelen, dan is mogelijk dat als gevolg van kapitaalvorming een volledige compensatie in ruime zin optreedt.

Voor een globale aanduiding van het karakter van de compensatiefactoren is van belang het onderscheid in een onmiddellijke en een geleidelijke compensatie. Door deze onderscheiding wordt een dynamisch element in de analyse gebracht, omdat wordt onderkend dat sommige compenserende factoren eerst met een zekere vertraging hun invloed doen gelden.

Als eerste compensatiefactor wordt de omstandigheid genoemd dat de uitgestoten werknemers betrokken worden bij de productie van de nieuwe machines, zodat partiële compensatie optreedt. Als bezwaar tegen deze opvatting is naar voren gebracht dat de uitgestoten werknemers niet voldoende geschoold zijn om de geavanceerde machines te maken, waardoor een onmiddellijke compensatie vrijwel is uitgesloten. Belangrijker is echter het tegenargument dat voor zover van een compensatiefactor sprake is, deze van exogene aard is, daar additionele kapitaalvorming nodig is. Ziet men van nieuwe kapitaalvorming op methodologische gronden af, dan staat tegenover de nieuwe werkgelegenheid in de machine-industrie een vermindering van werkgelegenheid elders, wegens de verplaatsing van het kapitaal. Dit compensatieargument is derhalve ondeugdelijk.

Een compensatiefactor van endogene aard knoopt aan bij het model van de prijsvorming bij zuivere mededinging. Door de invoering van nieuwe machines verschuift de collectieve aanbodcurve naar rechts, zodat de nieuwe evenwichtsprijs lager is dan de oude; de evenwichtshoeveelheid wordt groter. De aanhangers van deze variant van de compensatietheorie gaan ervan uit dat de voortbrenging van deze grotere hoeveelheid extra menskracht vereist, zodat van gedeeltelijke compensatie van de door de technische ontwikkeling teloorgegane werkgelegenheid sprake is. Geïmpliceerd wordt dan dat geen additioneel kapitaal vereist is of dat het benodigde kapitaal wordt gevormd door de winsten die uit het invoeren van de nieuwe techniek voortvloeien.

Overwogen kan worden dat door de prijsdaling van een goed het reële inkomen van de consumenten stijgt, waardoor een grotere vraag naar andere goederen wordt uitgeoefend; de collectieve vraagcurven van andere goederen verschuiven naar rechts. Dit betekent dat andere goederen in prijs stijgen, terwijl de evenwichtshoeveelheden toenemen. Neemt men weer aan dat een grotere productie ook een grotere menskracht vereist, dan wordt aan deze door de technische ontwikkeling uitgelokte aanpassingen een argument ontleend voor de compensatietheorie, indien door het invoeren van de nieuwe machines ook voldoende kapitaal wordt gevormd.

Wanneer men de analyse beperkt tot de compensatiefactoren van endogene aard, maar ook wanneer men de compensatie door exogene kapitaalaccumulatie in de beschouwing betrekt, is voor de mate van compensatie nog van belang of in de uiteenlopende bedrijfstakken wordt uitgegaan van standvastige verhoudingen in de productie of dat substitutie van kapitaal door arbeid wordt verondersteld. In het eerste geval bepaalt de accumulatiegraad de vraag naar arbeidskrachten, in het tweede geval hangt het van de prijsverhouding van arbeid en kapitaal af, hoeveel arbeid in de evenwichtssituatie wordt ingeschakeld. Bij de specificatie van de productiefunctie in dynamische richting is in het bijzonder van belang welk type technische ontwikkeling men voor ogen heeft.

De mate van substitutie tussen de productiefactoren is verder van betekenis voor de vraag in hoeverre een loondaling een compensatiefactor is. De verminderde vraag naar arbeidskrachten door de mechanisatie kan tot een loondaling leiden. Wanneer kapitaal door arbeid wordt vervangen, worden de uitgestoten werknemers weer in het productieproces ingeschakeld en uit zich het nadeel van de technische ontwikkeling voor de werknemers niet in de werkloosheid, doch in een lager inkomen. Is geen substitutie mogelijk, dan wordt alleen compensatie van endogene aard verwacht indien kapitaal wordt gevormd uit gestegen winsten. Evenals met betrekking tot de productiefunctie is ook in dit geval een nadere precisering vereist van de invloed van de technische ontwikkeling op de categoriale inkomensverdeling.

Neemt men aan dat het loon naar beneden star is, bijvoorbeeld wegens de machtspositie van de werknemers op de arbeidsmarkt, dan wordt de hypothese van de zuivere mededinging verlaten, hetgeen de geldigheid van de compensatiefactoren niet onberoerd laat.

Van groot belang voor de uitkomst van de analyse is het onderscheid in nieuwe werkgelegenheid waarvoor geen her- en bijscholing is vereist en werkgelegenheid waarvoor herscholing noodzakelijk is. De eerste veronderstelling past in een harmonische afloop van het economisch proces, waarin rimpelingen als een technologische schok moeiteloos worden verwerkt. Bij een wereld met permanente technische ontwikkeling horen permanente uitstoot en permanent leren. Zonder voortdurende her- en bijscholing is het perspectief het ontstaan van een steeds armere verpauperde massa. Permanent onderwijs is derhalve het alfa en omega van een humane ontwikkeling van de wereldeconomie. Onder die omstandigheden is op de arbeidsmarkt sprake van permanente verschuivingen, maar niet van toenemende massale werkloosheid.

Arbeidsmarktbeleid

Wij hebben gezien dat werkloosheid door heel uiteenlopende oorzaken ontstaat. De aanpak van de werkloosheid vergt een batterij aan maatregelen. De bestrijding van werkloosheid varieert van het verbeteren van de economische aantrekkelijkheid van een land tot het geven van extra onderwijs aan jongeren in de bouw. Niet alle maatregelen zijn in elke situatie nuttig. Als de werkloosheid is ontstaan door het invoeren van nieuwe technieken, heeft het geen zin de bestedingen te vergroten.

Bij conjuncturele werkloosheid draait het om een algemeen tekort aan vraag. We noemen dit onderbesteding. Onderbesteding leidt tot onderbezetting. Als de overheid daar iets aan wil doen, moeten de bestedingen worden opgevoerd. De overheid besteedt allereerst zelf meer door allerlei grote werken te laten uitvoeren, zoals de aanleg van wegen. Ook kan zij de belastingtarieven verlagen, waardoor de consumenten meer consumeren en de ondernemers meer investeren. Langs deze wegen wordt iets aan het conjuncturele deel van de totale werkloosheid gedaan.

Structurele werkloosheid wordt bestreden door te bevorderen dat er meer arbeidsplaatsen komen of dat er een herverdeling plaatsvindt van de beschikbare arbeidsplaatsen. Bij het scheppen van arbeidsplaatsen is het bevorderen van de investeringen van belang, omdat daardoor de productiecapaciteit groter wordt. Daartoe is nodig dat de ondernemingen voldoende winst maken. De regering kan de vennootschapsbelasting of het werkgeversaandeel in de sociale premies verlagen. Door de kwaliteit van het onderwijs te verhogen en voor vakbekwaamheid te zorgen, bereikt zij ook dat meer mensen in aanmerking komen voor arbeidsplaatsen. Erg belangrijk voor de werkgelegenheid in Nederland is een matiging van de loonstijging. De concurrentiepositie van de Nederlandse ondernemingen op de internationale markten wordt er sterker door. Verder stijgen door de lagere loonkosten de winsten van de ondernemingen. Hierdoor zijn de ondernemingen geneigd meer te gaan investeren. De kans op het ontwikkelen en toepassen van nieuwe technieken neemt toe. Per saldo levert het bijhouden van de technische ontwikkeling een land meer arbeidsplaatsen op. Het bevorderen van de techniek draagt bij tot de werkgelegenheid, doordat nieuwe productieprocessen en nieuwe afzetmogelijkheden ontstaan. De nu reeds jaren in Nederland volgehouden loonmatiging in het kader van het poldermodel heeft gedurende lange tijd tot een belangrijke vermindering van de werkloosheid geleid. Tegenover de loonmatiging van de zijde van de vakbeweging stelden de werkgevers bij het Akkoord van Wassenaar in 1982 de bereidheid zich in te spannen voor behoud en herstel van de werkgelegenheid. De hevige financiële crisis sinds 2008 heeft in feite het matigen van de lonen een impuls gegeven, mede onder druk van de hoge werkloosheid.

Sinds 1 januari 2014 zijn enkele ingrijpende maatregelen ingevoerd, die de arbeidsmarkt een ander aanzien geven. De AOW-leeftijd stijgt stapsgewijs naar 67 jaar. De pensioenleeftijd stijgt in één keer naar 67 jaar. Deze maatregelen passen bij de noodzaak van versobering als gevolg van de economische crisis, maar sluiten ook aan bij het stijgen van de gemiddelde leeftijd van de burgers. Wij leven langer dan vijftig jaar geleden en de kwaliteit van het leven is mede door de vooruitgang van de medische wetenschap verbeterd.

Het Nederlandse arbeidsmarktbeleid staat verder onder druk van het per 1 januari 2014 verder openstellen van de grenzen in Europa voor buitenlandse werknemers. Zo kunnen per 1 januari 2014 Bulgaren en Roemenen toetreden tot de Nederlandse arbeidsmarkt, nadat al eerder Polen zijn toegetreden. Onder de huidige omstandigheden op de arbeidsmarkt komt deze uitbreiding van de gemeenschappelijke markt niet goed uit. Ministers van Sociale Zaken en Europa proberen onder de snelle invoering van het openstellen van de grenzen uit te komen.

Onder invloed van al deze ingrijpende ontwikkelingen en veranderingen zien wij de flexibilisering op de arbeidsmarkt verder toenemen. Het is steeds vaker een uitzondering indien iemand van jongs af aan tot zijn of haar pensioen bij dezelfde werkgever werkt. De drang naar flexibilisering komt niet alleen van de kant van de werkgevers, maar ook van de werknemers die nieuwe uitdagingen aangaan.

Vooral in het geval van structurele werkloosheid is het bevorderen van de aansluiting van vraag en aanbod op de arbeidsmarkt een zware opgave. Speciaal als mensen verhuizen of programma's van her- en bijscholing volgen, gaat het allemaal niet zo soepel.

Toch worden langzaam maar zeker vorderingen geboekt. Jongeren passen zich wat dat betreft makkelijker aan de eisen van de arbeidsmarkt aan dan ouderen.

Enige werkloosheid is er altijd, omdat mensen voor het zoeken van een nieuwe baan tijd nodig hebben. Deze frictiewerkloosheid wordt kleiner door de werking van de arbeidsbureaus te verbeteren. Verder bestaat er werkloosheid die samenhangt met het seizoen. Deze seizoenswerkloosheid is tegenwoordig kleiner dan vroeger. In de bouwnijverheid tracht men te bevorderen dat doorgewerkt wordt gedurende vorstperioden. De overheid stimuleert binnenschilderwerk 's winters door subsidies. In de recreatiesector heeft men goede resultaten bereikt met bungalowparken, die het gehele jaar geopend zijn.

Steeds sterker tekent zich in onze samenleving de vergrijzing van de beroepsbevolking af. Hierdoor ontstaan op onderdelen van de arbeidsmarkt grote tekorten. Wij zien werkloosheid samengaan met gebrek aan arbeidskrachten. De overheid ontmoedigt het gebruikmaken van de VUT en bevordert flexibele pensionering. Nadruk wordt steeds meer gelegd op onderwijs en kennis met het oog op de kwaliteit van de arbeid. Onze samenleving wordt steeds kennisintensiever. Daarbij speelt vooral de informatietechnologie een belangrijke rol.

Loononderhandelingen als rollenspel

Zonder vakbonden en CAO's komt er van loonmatiging niets terecht omdat de werknemers in een gevangenendilemma terechtkomen als zij individueel onderhandelen met hun werkgever. Hieronder wordt dit toegelicht.

Stel u voor dat er geen CAO's of vakbonden zijn. Werknemers overleggen niet en maken geen bindende afspraken. Als werknemer hebt u dan de keuze mee te doen aan de loonmatiging of niet. Dit houdt in dat u een lager loon wel of niet accepteert. Als er twee werknemers zijn die deze keuze moeten maken, krijgt men de volgende mogelijkheden.

	werknemer 2 wel meedoen aan loonmatiging	werknemer 2 niet meedoen aan loonmatiging
werknemer 1 wel meedoen aan loonmatiging	5 5	6 1
werknemer 1 niet meedoen aan loonmatiging	1 6	3 3

Beide werknemers hebben een dominante strategie: niet meedoen aan loonmatiging. Kijk maar naar werknemer 1. Ongeacht wat werknemer 2 doet, is het voor werknemer 1 beter om niet mee te doen. In dit geval krijgt hij of zij namelijk 6 of 3, tegenover 5 of 1 bij wel meedoen. Voor werknemer 2 geldt precies hetzelfde. Ongeacht wat werknemer 1 doet, is het voor werknemer 2 beter om niet mee te doen. Beide werknemers komen in het vakje rechts onderin terecht (3,3), terwijl het voor beiden beter is om in het vakje links bovenin (5,5) te eindigen. Vakje 3,3 is het Nash-evenwicht.

In de praktijk gaat het natuurlijk om veel meer dan twee werknemers. Toch zal iedereen de keuze maken om niet mee te doen omdat hij of zij daarmee beter af lijkt te zijn. Het is immers voor iedere werknemer de dominante strategie. Er is dan een coördinatiemechanisme nodig om te zorgen dat de werknemers toch in het vakje linksboven terechtkomen. Dit coördinatiemechanisme is een vorm van collectieve dwang. De werknemers hebben hun macht afgestaan aan een groter orgaan, de vakbond. De werkgevers staan macht af aan de werkgeversorganisaties. Dit hebben zij gedaan omdat men met een grote groep meer bereikt dan in je eentje. Er is hierbij sprake van zelfbinding. Omdat er macht is afgestaan, legt men zich neer bij de uitkomst van het overleg, ook als men het hier niet mee eens is. Als de partijen er na het overleg toch niet uitkomen, probeert de overheid invloed uit te oefenen.

Werkgevers en werknemers spelen een schimmenspel als het gaat om arbeidsklimaat aan de zijde van de werkgevers en om bekwaamheden en inzet aan de kant van de werknemers. Over en weer worden screening en signalering gehanteerd. Screening is een strategie van de speler met een informatieachterstand, bijvoorbeeld de werknemer, om geloofwaardige informatie van de wederpartij, de werkgever, over het aantal werkneemsters uit te lokken. Signalering is de strategie van de speler met de informatievoorsprong, de werknemer, om informatie over diploma's op een geloofwaardige wijze over te dragen aan de werkgever.

Informatica

Het invoeren van machines wordt aangeduid met de term mechanisatie. Bij mechanisatie speelt de mens nog een belangrijke rol, omdat hij de machines en apparaten bedient en bestuurt. Daarom is ook de productie per tijdseenheid nog in zekere mate afhankelijk van het arbeidstempo.

Tussen mens en machine brengt de informatica een fundamentele wijziging. Door de ontwikkeling van computers is het mogelijk geworden de bediening en besturing van machines automatisch te laten plaatsvinden. Daardoor is het productieresultaat veel minder afhankelijk van de inbreng van de mens. Door automatisering stemt men de onderdelen van het productieproces beter op elkaar af. Vanuit een centraal punt wordt de gang van zaken gevolgd op televisieschermen. Storingen worden automatisch doorgegeven aan deze controlekamer, zodat maatregelen worden genomen. Op die manier zijn er bij de productie steeds minder mensen nodig.

De informatica neemt zowel in de industrie als in de administratie sterk toe. Zo zijn de administraties van de banken en verzekeringsmaatschappijen geautomatiseerd. Vrijwel alle ondernemingen maken gebruik van computers bij de productie, de administratie en het beheer van de voorraden. Door de sterke daling van de prijzen van computers zijn ook kleinere ondernemingen in groten getale op informatica gebaseerd.

De informatietechnologie is niet meer uit het economisch leven weg te denken. Er wordt enerzijds software ontwikkeld voor kleine kinderen, die op de computer allerlei spelletjes spelen. Maar er zijn ook softwarepakketten voor de administratie van een hele onderneming of voor de salarisadministratie van alle ambtenaren. Het lukt verder steeds beter om computerprogramma's te ontwikkelen voor het besturen van hele ondernemingen, waarbij inkoop, productie en verkoop beter op elkaar worden afgestemd. Het kantoor is niet langer gebonden aan een bepaalde plaats. Het is een informatiecentrum voor het ontvangen en verzenden van elektronische post, het houden van televisieconferenties en het interactief omgaan met beeld, geluid en tekst. De mensen komen in aanraking met steeds meer, steeds betere en steeds actuelere informatie. Het zoeken naar wat echt nodig is, wordt er door al deze ontwikkelingen niet eenvoudiger op.

De invoering van computers, de toepassing van chips en de ontwikkeling van software zorgen voor ingrijpende veranderingen, waarmee ook consumenten steeds vaker te maken krijgen. Voorbeelden zijn het gebruik van streepjescodes in winkels, het betalen via pinpas of chipknip en de programmeerbare chips in televisies, rekenmachines en auto's. In steeds meer huishoudens is de personal computer een vertrouwd apparaat, nu ook software tegen steeds lagere prijzen beschikbaar komt. Er zijn veel nieuwe mogelijkheden, vooral door internet. Winkelen in de Verenigde Staten via internet is de gewoonste zaak van de wereld, zelfs voor jonge kinderen.

Als gevolg van het benutten van de informatietechnologie is aan eenvoudige bedienende arbeid minder behoefte. Voor de ongeschoolde werknemers wordt het daarom moeilijker een baan te vinden. Een groeiend deel van de beroepsbevolking legt zich toe op hoger gekwalificeerde arbeid. Het is echter niet waarschijnlijk dat door de informatica de totale werkgelegenheid kleiner wordt. Er vervallen weliswaar banen, maar er ontstaat ook veel nieuwe werkgelegenheid. Wel wordt de totale arbeidstijd geleidelijk korter onder invloed van het voortschrijden van de techniek. De mensen kiezen voor meer vrije tijd in plaats van een hoger inkomen. Maar dat ziet iedereen als een toeneming van de welvaart in ruime zin.

Deze welvaart wordt nog verder vergroot doordat het kiezen van werktijd, werkdagen en werkmaanden steeds vrijer wordt. Mede dankzij internet krijgt de 24-uurseconomie, waarin iedereen werkt en consumeert op tijdstippen die men wenst, steeds meer vorm. Ook ziet men jongeren vaker wisselen van baan en hun arbeid in het buitenland aanbieden. Omgekeerd is onze eigen arbeidsmarkt steeds internationaler door de allochtone werknemers. Niet zozeer door het beleid van de overheid, maar veeleer door autonome micro-economische ontwikkelingen en het voortschrijden van de techniek verbetert de kwaliteit van het bestaan. Tegen deze achtergrond is het voorstel van de Tilburgse econoom Lans Bovenberg om alle jeugdige werknemers aan een levensloopregeling te onderwerpen, verworpen. Het berust op een verkeerde voorstelling van de belevingswereld van jongeren. Deze zijn niet gevoelig voor sparen met het oog op baaldagen of studieverlof in 2040, zelfs niet indien fiscale voordelen worden verstrekt. Jongeren in 2015 werken wellicht in het buitenland na een aantal jaren, waardoor zij niet stappen in een regeling met hoge transactiekosten.

5
Geld, bankwezen en kredietcrisis

Functies van het geld

Door de eeuwen heen hebben de mensen allerlei voorwerpen als geld gebruikt. Bomen, schelpen, kralen, zouttabletten, sigaretten, goud en zilver zijn enkele voorbeelden. In het spraakgebruik heeft geld soms een negatieve klank. Geld is de wortel van alle kwaad, geld maakt niet gelukkig. Maar positieve gedachten zijn ook mogelijk: geld moet rollen, 'money makes the world go round' en geld maakt mensen onafhankelijk. Naast bankbiljetten en munten, die we het chartale geld noemen, bestaat het girale geld. Dit is een bankrekening bij een bank, waarmee iemand betaalt door een bedrag over te schrijven op de rekening van iemand anders. Men noemt dergelijke bankrekeningen ook rekening-couranttegoeden. Ruim 70 procent van al het geld dat in omloop is, bestaat uit giraal geld.

We onderscheiden drie functies van het geld: die van ruilmiddel, rekeneenheid en oppotmiddel. Eerst de ruilmiddelfunctie. Geld zorgt voor een soepel verloop van het ruilverkeer in het economisch leven. Zonder geld ruilen we goederen in natura tegen elkaar. Dat maakt het boodschappen doen behoorlijk lastig. Stel maar eens dat journalisten de krant die ze hebben volgeschreven 's avonds zelf op straat verkopen. Ze hebben geluk als ze hun exemplaren ruilen tegen de biefstuk, groente en aardappelen voor het avondeten. De tweede functie van geld is die van rekeneenheid. We rekenen in geld. Als iemand zegt dat iets 'een euro' kost, gebruikt hij het geld in de functie van rekeneenheid. De functies 'ruilmiddel' en 'rekeneenheid' vallen vrijwel altijd samen. Een uitzondering vormt de cent. Deze is nog wel rekeneenheid want er zijn nog steeds artikelen in de winkel die € 4,99 kosten. Maar bij chartale betalingen gebruiken we de eurocent nauwelijks. Voor het artikel van € 4,99 betaalt men in feite vijf euro, tenzij er met een pinpas wordt betaald.

Het geld breekt de ruil in natura, van fietsen tegen schoenen, in twee stukken. Voor de fietsen krijgt men een geldbedrag en met dit geld kan men schoenen kopen. Men kan die schoenen kopen, maar men kan het ook laten. Als het geld eenmaal is ontvangen, staat men voor de keus het weer uit te geven of het geheel of gedeeltelijk opzij te leggen. In het laatste geval houdt men een kasvoorraad aan. Dit doet men met het oog op onvoorziene gebeurtenissen. Met geld houdt men voorraden koopkracht aan. Het geld wordt dan gebruikt als oppotmiddel. Dit is de derde functie van het geld.

Geschiedenis

In de prehistorie speelde geld geen rol. Er bestond hoogstens een primitieve ruilmaatschappij, waar uitsluitend in natura werd geruild en wellicht schoorvoetend werd gerekend in geld. In een ontwikkelde maatschappij zoals de onze veroorzaakt ruilen in natura veel problemen. De transactiekosten van ruil in natura zijn erg hoog. Met de ontwikkeling van de arbeidsverdeling en het ruilverkeer ontstond de behoefte aan een voorwerp dat algemeen wordt aanvaard in ruil tegen goederen. Die functie vervult het geld.

Geld is ongedifferentieerde koopkracht die algemeen, door iedereen, wordt aanvaard. 'Ongedifferentieerde koopkracht' betekent dat men met geld vraag naar alle goederen uitoefent en dat men er overal en altijd mee terecht kan. Voor geld is bijna alles te koop.

Dat men goud en zilver koos om als geld te dienen, ligt voor de hand. Het zijn allebei vrij zeldzame edele metalen, die niet zomaar voor het oprapen liggen. Ze worden niet gemakkelijk aangetast door water of weersinvloeden. Een kleine hoeveelheid goud of zilver vertegenwoordigt een grote waarde. Dat is een groot voordeel als men ermee op reis of naar de markt gaat. Aanvankelijk was het nodig de klompjes goud waarmee men betaalde, te wegen. Men drukte de prijzen van de goederen uit in grammen goud. Behalve wegen was het nodig om te controleren of geen andere metalen door het goud of zilver waren gemengd.

Aan de noodzaak het goud te wegen kwam een einde toen steden en staten munten gingen uitgeven waarvan de zuiverheid en het gewicht waren gewaarborgd. Die waarborg bleek uit het stempel op de munten. Het woord 'munt' is afkomstig van het Latijnse *moneta*. De tempel van de godin Juno Moneta in Rome was de plaats waar in het Romeinse Rijk de munten werden geslagen. Het materiaal voor deze munten werd door de burgers geleverd. De staat liet er munten van slaan, die de bezitter vervolgens als wettig betaalmiddel gebruikte. De waarde die op een munt staat vermeld, wordt de nominale waarde van de munt genoemd. De waarde aan goud of zilver die de munt bevat, heet de stoffelijke of intrinsieke waarde. Aanvankelijk waren de nominale en de intrinsieke waarde aan elkaar gelijk. Naast de gouden munten, die een heel hoge waarde vertegenwoordigden, was er behoefte aan munten met een lagere waarde om het ruilen verder te vergemakkelijken. Men maakte zilveren en koperen munten. Ook van deze munten kwam de nominale waarde in het begin overeen met de intrinsieke waarde.

In de loop van de geschiedenis is de nauwe band tussen de nominale en de intrinsieke waarde van het geld verbroken. Dat begon al met het 'snoeien' van de munten. Sommige slimmeriken schraapten van de rand van de munten een kleine hoeveelheid edel metaal af. Al deze beetjes samen waren genoeg om een nieuwe munt te slaan. De nominale waarde van de oude munten was niet meer gelijk aan de intrinsieke. Om dat illegale snoeien van de munten te voorkomen, ging men in de zijkant een kartelrand of een inscriptie aanbrengen. De woorden 'God zij met ons' op onze oude guldens, rijksdaalders en munten van vijf gulden herinnerden daar nog aan.

In de zeventiende eeuw waren er in Engeland goudsmeden bij wie de mensen goud, zilver en munten in bewaring gaven. Dat deden ze om veiligheidsredenen. De goudsmeden gaven voor het goud ontvangstbewijzen af. De mensen gingen deze ontvangstbewijzen gebruiken als geld. Het was veel praktischer zo'n ontvangstbewijs aan iemand te geven dan eerst goud of gouden munten op te halen bij de goudsmid. Iedereen vertrouwde de ontvangstbewijzen, omdat er op elk willekeurig moment goud of zilver voor te krijgen was.

Langzamerhand gingen de ontvangstbewijzen een eigen leven leiden, los van het goud. De goudsmeden ontdekten dat steeds een gering deel van de afgegeven schuldbekentenissen werd ingewisseld voor goud. Daardoor gaven zij een hoger bedrag aan ontvangstbewijzen uit dan er aan goud beschikbaar was. Zij waren daarom in staat krediet of leningen te verstrekken. Uit deze ontvangstbewijzen hebben zich later de bankbiljetten ontwikkeld.

Er is een tijd geweest dat gouden munten als betaalmiddel in omloop waren. Meer dan honderd jaar geleden was in ons land het gouden tientje de standaardmunt. Het bevatte iets meer dan zes gram zuiver goud. Door dit vaste goudgewicht van de standaardmunt was er tevens een vaste officiële prijs van het goud. Als goud de basis vormt van het geldstelsel, spreken we van een gouden standaard. De beschreven vorm waarin gouden munten als betaalmiddel in omloop zijn, heet een goudenmuntenstandaard. Deze bestond in Nederland en veel andere landen tot het begin van de Eerste Wereldoorlog in 1914.

Een andere vorm van de gouden standaard is de goudkernstandaard. Hierbij is de goudvoorraad grotendeels opgeslagen bij de circulatiebank. Er zijn bankbiljetten zonder intrinsieke waarde in omloop. De band met het goud blijft echter bestaan, want de bankbiljetten wisselt men bij de circulatiebank in tegen een vaste hoeveelheid goud. Daardoor is ook bij de goudkernstandaard sprake van een vaste goudprijs. Het is niet nodig dat de bankbiljetten die de circulatiebank uitgeeft, volledig door goud zijn gedekt. Dat was bij de goudsmeden in de zeventiende eeuw evenmin het geval.

Ons land had van 1914 tot 1936 een goudkernstandaard, waarbij de dekking 40 procent moest zijn. Dat betekent dat de Nederlandsche Bank goud in de kelders had ter waarde van 40 procent van alle bankbiljetten in omloop. De Nederlandsche Bank was bereid aangeboden goud voor een vaste prijs te kopen. Ook werd bij die bank goud voor de officiële prijs gekocht, bijvoorbeeld om aan het buitenland betalingen te doen. Goud speelde als internationaal betaalmiddel een belangrijke rol, omdat iedereen vertrouwen had in het goud.

In 1936 heeft Nederland de gouden standaard afgeschaft. We zijn toen overgegaan op een papieren standaard. De vaste verhouding tussen de gulden en een hoeveelheid goud werd verbroken. Sinds 1956 heeft het voorschrift bestaan dat de bankbiljetten en de bij de Nederlandsche Bank direct opvraagbare tegoeden voor 50 procent gedekt zijn door goud en deviezen. Deviezen zijn buitenlandse geldsoorten die gebruikt worden voor het doen van internationale betalingen. De feitelijke dekking is meestal ruim boven de honderd procent. We wisselen onze euro's niet meer in tegen goud, zoals bij de gouden standaard gebruikelijk was. Het dekkingsvoorschrift voor de bankbiljetten is inmiddels afgeschaft.

Van 1945 tot 1971 heeft er via een omweg weer een vaste band bestaan tussen de gulden en het goud. Dit vloeide voort uit het internationale geldstelsel. In Bretton Woods (vs) maakten de westerse landen daarover aan het eind van de Tweede Wereldoorlog in 1944 een aantal afspraken. Een van die afspraken was dat de munteenheden van de deelnemende landen in een vaste verhouding stonden tot de dollar. De dollar vertegenwoordigde een bepaald gewicht aan goud. In 1971 is de inwisselbaarheid van de dollar tegen goud opgeheven. Vanaf die tijd is de rol van het goud ook in het internationale betalingsverkeer sterk verminderd. Veel internationale transacties wikkelt men tegenwoordig af in dollars of euro's. De dollar is sleutelvaluta. De tweede plaats wordt tegenwoordig ingenomen door de euro. Ook de yen en de Chinese yuan fungeren als sleutelvaluta's, maar in mindere mate dan dollar en euro.

Dat bankbiljetten in omloop zijn als geld, komt doordat iedereen erop vertrouwt dat hij of zij de bankbiljetten als ruilmiddel kan gebruiken. We spreken wel van fiduciair geld (fiducie = vertrouwen). Op bankbiljetten staat de nominale waarde van 5, 10, 20, 50, 100, 200 of 500 euro. De nominale waarde van het bankbiljet is vele malen hoger dan de intrinsieke of stoffelijke waarde. De stoffelijke waarde van een briefje van vijfhonderd euro bedraagt niet meer dan de waarde van het stukje papier. Het algemene vertrouwen dat men voor een stukje papier waar '500 euro' op staat, goederen koopt ter waarde van vijfhonderd euro is noodzakelijk. Anders wordt dat briefje door niemand als geld aanvaard.

Om te zorgen dat het vertrouwen blijft, moeten we weten dat onze bankbiljetten echt zijn. Daarom had in ons land één bank het alleenrecht om bankbiljetten in omloop te brengen. Dat was de Nederlandsche Bank in Amsterdam. De Nederlandsche Bank werd daarom circulatiebank genoemd.

Op het terrein van de uitvoering van het betalingsverkeer hebben zich mede onder invloed van de voortschrijdende informatietechnologie (ICT) spectaculaire ontwikkelingen voorgedaan vanaf de jaren zestig van de vorige eeuw. Naast papieren betaalvormen, zoals cheques en acceptgiro's, komen credit- en debitcards en pinpassen in zwang, waarbij moderne elektronica een rol speelt. Men spreekt van 'elektronisch betalen' en 'pinnen'. Rekeninghouders volgen digitaal de stand van hun rekeningen en via draadloze en mobiele netwerken worden pc's, mobiele telefoons en laptops gebruikt voor het doen van girale betalingen.

Per 1 januari 2002 is de euro chartaal ingevoerd en is de formele rol van de Nederlandsche Bank als circulatiebank uitgespeeld. De Europese Centrale Bank in Frankfurt heeft deze rol overgenomen. Deze bank heeft het uitsluitende recht eurobankbiljetten in omloop te brengen, maar maakt wel van de nationale Centrale banken gebruik om de distributie van de euro te verzorgen. In Nederland worden euromunten geslagen en uitgegeven door de Rijksmunt in Utrecht.

Het girale geld bestaat uit de direct opvraagbare tegoeden bij de banken, waarmee men door middel van overschrijving betaalt. Bij een girale betaling verhuist een tegoed van de ene naar de andere rekening-courant of girorekening. Een nieuwe vorm van giraal betalen is met behulp van een plastic betaalkaart, die is voorzien van een magneetstrip of een chip. De bij de winkelier aanwezige aansluiting op de computer van de banken zorgt ervoor dat het te betalen bedrag direct wordt afgeschreven van de rekening van de klant. Uit een oogpunt van veiligheid van betalen is hier sprake van een grote vooruitgang vergeleken met chartale betalingen. De transactiekosten van het betalingsverkeer zijn gedaald.

Al het girale en chartale geld in handen van het publiek wordt aangeduid met het begrip maatschappelijke geldhoeveelheid. Onder het publiek verstaat men in dit verband de consumenten, de ondernemingen, waaronder pensioenfondsen en verzekeringsmaatschappijen, en de lagere overheid. De kas van de rijksoverheid telt niet mee in de berekening van de maatschappelijke geldhoeveelheid.

Geldschepping

In de tijd van de gouden munten, toen geld nog een en dezelfde nominale en intrinsieke waarde had, was er nooit meer geld in omloop dan de waarde van al het goud bij elkaar. Nu is dat anders. We hebben gelezen dat goudsmeden, en later de Centrale Bank, een grotere waarde aan bankbiljetten uitgaven dan er aan goud in de kluis lag. Dit kon omdat zij wisten dat een groot deel van de mensen hun biljetten niet kwamen inwisselen; er was vertrouwen in de waarde van het geld door de gouddekking.

Door financiële transacties kan de maatschappelijke geldhoeveelheid worden vergroot of verkleind. Als de maatschappelijke geldhoeveelheid groter wordt, spreken wij van geldschepping. Het tegenovergestelde heet geldvernietiging. Geldschepping vindt plaats als de rekening-couranttegoeden hoger worden, terwijl de kas van de bank gelijk blijft. De belangrijkste vorm van geldschepping is de kredietverlening door de geldscheppende banken. Als een ondernemer krediet nodig heeft, klopt hij daarvoor bij zijn bank aan. De bank stelt het benodigde bedrag, zeg € 500.000,-, in de vorm van een rekening-couranttegoed beschikbaar. Deze vorm van kredietverlening noemen wij wederzijdse schuldaanvaarding. De bankbalans verandert door deze kredietverlening. Omdat de rekening-couranttegoeden met € 500.000,- zijn gestegen, is ook de maatschappelijke geldhoeveelheid met dat bedrag toegenomen. De chartale geldhoeveelheid is ongewijzigd.

Een andere vorm van geldschepping vindt plaats als het publiek vreemde valuta's bij een bank omzet in euro's. Stel dat een exporteur een betaling ontvangt van $ 100.000,- voor geleverde goederen. Hij verzoekt zijn bank dit bedrag, omgezet in euro's, bij te schrijven op zijn rekening-courant. De wisselkoers is $ 1,- = € 0,80. De bankbalans verandert nu als volgt.

Transformatie

Activa			Passiva
Vreemde valuta's	+ € 80.000,-	Rekening-couranttegoeden	+ € 80.000,-

De maatschappelijke geldhoeveelheid is hierdoor (giraal) met € 80.000,- toegenomen. Vreemde valuta's in de kas van de bank behoren niet tot onze geldhoeveelheid; het rekening-couranttegoed wel. De maatschappelijke geldhoeveelheid is gegroeid door het omzetten van 'niet-geld' in geld. Dat noemen wij transformatie. Een ander voorbeeld van transformatie is dat iemand

€ 30.000,- voor twee jaar tegen rente vastzet bij een bank. Hij heeft dan een tegoed (een termijndeposito) waarmee hij geen betalingen kan verrichten. Dat tegoed behoort niet tot de maatschappelijke geldhoeveelheid. Na afloop van de twee jaar wil de cliënt weer over het bedrag beschikken voor het doen van aankopen. Hij laat het bedrag dan op zijn rekening-courant bijschrijven. In dat geval is sprake van transformatie, zoals blijkt uit de verandering van de bankbalans:

Transformatie

Activa		Passiva
	Rekening-couranttegoeden	+ € 30.000,-
	Termijndeposito's	− € 30.000,-

De girale geldhoeveelheid is met € 30.000,- toegenomen. De maatschappelijke geldhoeveelheid is toegenomen.

Geldscheppende instellingen zijn de Europese Centrale Bank, algemene banken zoals de ABN Amro Bank, de ING, de Rabobank en de rijksoverheid, die in staat zijn nieuw giraal geld uit te geven, en voorts effectenkredietinstellingen. Deze laatste leggen zich toe op het handelen in effecten in opdracht van particulieren en institutionele beleggers.

Stel dat u een rekening hebt bij een bank. U hebt zojuist € 200,- aan bankbiljetten ontvangen door te werken. U gaat naar uw bank om die € 200,- op uw bankrekening te storten. Hierdoor verandert de maatschappelijke geldhoeveelheid niet. Doordat de kas van de bank niet tot de maatschappelijke geldhoeveelheid behoort, is er nu € 200,- minder chartaal geld. Daar staat tegenover dat met hetzelfde bedrag de hoeveelheid giraal geld is toegenomen.

Deze omzetting van chartaal geld in giraal geld of andersom noemen wij substitutie. Substitutie vindt in de praktijk regelmatig plaats. Winkeliers brengen hun chartale ontvangsten naar de bank en consumenten nemen, voor chartale betalingen, geld op van hun bankrekening. Wij verduidelijken de gang van zaken bij substitutie door de balans van een bank te beschouwen. De belangrijkste activa en passiva van een bank blijken uit het volgende overzicht.

Bankbalans

Activa	Passiva
Kas	Rekening-couranttegoeden
Debiteuren (verleende kredieten)	Spaartegoeden
Vreemde valuta's (buitenlandse betaalmiddelen)	
Overige beleggingen	Overige passiva

Aan de passivakant staan de tegoeden die door rekeninghouders aan de bank ter beschikking zijn gesteld. Hier staan de bedragen die klanten van de bank op hun bankrekening of spaarrekeningen hebben gestort. Dit zijn eigenlijk leningen die consumenten, werknemers en ondernemers aan de bank verstrekken. De bank kan immers gebruikmaken van dit geld. Toch moeten de burgers te allen tijde hun geld kunnen opvragen. De bank is deze bedragen verschuldigd aan de klanten. Daarom staan deze tegoeden aan de passivakant. Rekening-couranttegoeden zijn tegoeden die direct opvraagbaar zijn.

Aan de activakant ziet men wat de bank met die tegoeden doet. Een deel van de tegoeden wordt (verplicht) in kas aangehouden. Ook wordt een deel gebruikt om kredieten te verstrekken. De rest wordt aangehouden in vreemde valuta's (dollars, yens, Britse ponden) en wordt gebruikt voor overige beleggingen.

Als een winkelier € 35.000,- aan bankbiljetten naar zijn bank brengt, dan vindt de volgende verandering plaats op de bankbalans.

Substitutie

Activa		Passiva	
Kas	+ € 35.000,-	Rekening-couranttegoeden	+€ 35.000,-

Dat de bank nu meer kasgeld heeft, betekent dat er minder chartaal geld in omloop is. Door de stijging van de rekening-couranttegoeden is er meer giraal geld. De totale (= chartale + girale) maatschappelijke geldhoeveelheid is gelijk gebleven.

Door transformatie vindt geldschepping plaats. In sommige gevallen, zoals bij kortlopende spaartegoeden, heeft deze transformatie op korte termijn en tegen relatief lage kosten plaats. Om de ontwikkeling van de maatschappelijke geldhoeveelheid bij te houden, is het van belang een beeld te hebben van tegoeden in handen van het publiek die op korte termijn en zonder hoge transactiekosten gemakkelijk in geld worden omgezet. Naast de basisgeldhoeveelheid M_0 die bestaat uit de som van de bankbiljettenomloop, de tegoeden van banken bij de ECB en de kasreserve bij de ECB, wordt een drietal monetaire aggregaten onderscheiden: M_1, M_2 en M_3. M_1 betreft de chartale geldomloop vermeerderd met de girale deposito's.

M_2 omvat daarnaast ook termijndeposito's met een vaste loop-

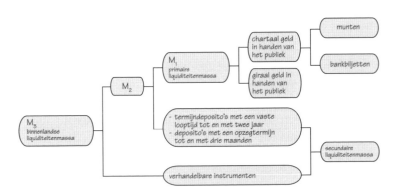

tijd tot en met twee jaar en deposito's met een opzegtermijn tot en met drie maanden. Voor M_3 komen er verhandelbare instrumenten bij zoals participatiebewijzen in geldmarktfondsen.

Tot zover wordt een conclusie getrokken die we inluiden met een uitspraak van dr. J.E. Vleeschhouwer (1896-1973) van wiens hand in 1949 het indrukwekkende boek *Economische Rekenvormen* verscheen. Tegenover mij liet hij zich eens ontvallen: 'De grootste abstractie die de mensheid heeft uitgevonden is de invoering van het geld.' Op het eerste gezicht een paradoxale ontboezeming. De neiging is groot het geld als een concrete grootheid op te vatten. Enig nadenken leert echter dat Vleeschhouwers uitspraak een diepe wijsheid bevat. Door transacties via geld te laten verlopen, zien wij in feite af van de subjectieve gevoelens die ons steeds beroeren en waarom het uiteindelijk gaat. Het geld roept de suggestie van objectiviteit op, doch versluiert al doende de subjectiviteit. Bij de aanschaf van goederen wordt door het hanteren van geld geabstraheerd van het nut van de goederen en bij het aanbieden van arbeid van de arbeidsvreugde die arbeid met zich brengt.

Daar blijft het echter niet bij. Het proces van geldschepping leert dat op een inventieve wijze de geldstroom de potentie heeft voortdurend te worden uitgebreid. Soms in de pas met een dynamische, wereldwijde economische ontwikkeling, maar zoals de recente kredietcrisis leert, niet altijd. De creatieve potentie uit zich ook in de kwalitatieve sfeer. Telkens zijn nieuwe verschijningsvormen van het geld ontstaan. Nu eens in nevelen gehuld, uit de natuur als vrucht van het voortschrijden van de tijd en dan weer door bewust doelgericht menselijk handelen. Hoofdlijn is het uitbreiden van het geldverkeer met nieuwe transacties en tegen steeds lagere transactiekosten. Het gaat om het verbreden en verdiepen van communicatieve processen, geënt op de informatica, die uiteindelijk in dienst staan van een onomkeerbare beweging in de richting van één wereld.

Geldtheorie

De maatschappelijke geldhoeveelheid is al het geld waarover het publiek direct beschikt. Het publiek heeft de maatschappelijke geldhoeveelheid 'in kas'. We onderscheiden nu twee soorten kassen: de actieve kas, ook transactiekas genoemd, en de inactieve kas.

Het grootste deel van de kasvoorraden en de banktegoeden waarover het publiek beschikt, is bestemd voor de betaling van transacties. We zeggen dat men geld in kas of op een rekening-courant heeft vanwege het transactiemotief. Dit deel van de geldhoeveelheid vormt de transactiekassen. Deze noemen we ook wel de actieve kassen. Met het geld in de actieve kassen oefenen de consumenten en de ondernemingen vraag uit. Het bedrag dat in de actieve kassen zit, hangt samen met de waarde van het bruto binnenlands product.

De rest van de geldhoeveelheid wordt niet voor de betaling van transacties gebruikt. Dit geld bevindt zich in de inactieve kassen. Men geeft het niet direct uit, men heeft het opgepot. Er zijn twee redenen om geld ongebruikt in kas of op een bankrekening te houden. In de eerste plaats is er het voorzorgsmotief. Consumenten en ondernemingen houden geld achter de hand met het oog op onvoorziene gebeurtenissen. In de tweede plaats houdt men geld dat men niet direct voor betalingen gebruikt in kas wegens het speculatiemotief. Het is denkbaar dat een stijging van de rente of een daling van de aandelenkoersen wordt verwacht. Dan kan het verstandig zijn om belegging van het beschikbare geld even uit te stellen.

De hoogte van de inactieve kassen is vooral afhankelijk van de rentestand en het vertrouwen in de toekomst. Naarmate de rente hoger is, houden consumenten en ondernemingen minder geld in de inactieve kassen. Geld in de kas of op een bankrekening brengt geen rente op. Als de rente hoog is, loopt men heel wat rente mis door het geld in de inactieve kas te houden. Men zal dan sneller besluiten het geld te beleggen.

Wanneer consumenten of ondernemers geld overhevelen van

de actieve naar de inactieve kas noemen wij dat oppotting. Als zij daarentegen geld uit de inactieve kas overbrengen naar de actieve kas, spreken we van ontpotting. Dit doet zich voor als het publiek opgepot geld weer gaat uitgeven of beleggen. Als van het ene op het andere jaar de oppotting toeneemt, dan neemt de tijd dat het geld in de inactieve kassen rust toe. De snelheid waarmee het geld omloopt, neemt in dat geval af. De omloopsnelheid van het geld geeft aan hoeveel keer een geldeenheid gemiddeld in een jaar in andere handen overgaat.

Als men de maatschappelijke geldhoeveelheid vermenigvuldigt met de omloopsnelheid van het geld, vindt men het bedrag van alle betalingen die in een jaar zijn gedaan. Dit bedrag noemen we de geldstroom. Tegenover de geldstroom staat een transactiestroom. Ook deze kunnen we berekenen. We nemen daarvoor de gemiddelde prijs van alle transacties en vermenigvuldigen deze met het volume van de transacties. De uitkomst is de waarde van de transactiestroom in een jaar.

In de economie schrijven we dit in symbolen op. De maatschappelijke geldhoeveelheid in een land noemen we M en de omloopsnelheid V. Het totale bedrag van alle betalingen in een jaar vindt men door M met V te vermenigvuldigen. De geldstroom geeft men weer met MV. Als M groter wordt, heeft er geldschepping plaatsgevonden. Wordt V groter, dan is er ontpotting. MV neemt toe door geldschepping of door ontpotting. In beide gevallen spreken we van monetaire inflatie. Geldschepping en ontpotting samen zijn bij monetaire inflatie groter dan geldvernietiging en oppotting. De tegenovergestelde situatie, een afnemende geldstroom, heet monetaire deflatie. Als de geldstroom MV in de tijd niet verandert, is er sprake van monetair evenwicht.

De geldstroom MV geeft de betalingen weer van alle transacties in een bepaalde periode. Tegenover de geldstroom staat de transactiestroom. Als wij het gemiddelde prijsniveau van de transacties P noemen en het volume van de transacties in een periode T, dan stelt PT de waarde van alle transacties voor.

Als wij aannemen dat alle transacties tegen geldbetaling plaatsvinden, moet de geldstroom MV gelijk zijn aan de waarde van de transacties PT. We krijgen de noodzakelijke gelijkheid (of identiteit):

$$M \times V = P \times T, \text{ kortweg } MV = PT$$

Deze gelijkheid staat bekend als de verkeersvergelijking van Fisher. Irving Fisher was een Amerikaans econoom, die leefde van 1867 tot 1947.

Als M door geldschepping stijgt, is het mogelijk dat V daalt. De vergroting van de geldhoeveelheid verzandt in de kleinere omloopsnelheid van het geld. Maar stel eens dat M stijgt, terwijl V gelijk blijft. De geldstroom MV neemt toe en PT moet dan eveneens stijgen. Dat volgt onherroepelijk uit de gelijkheid van MV en PT.

Wij hebben gezien dat een stijging van MV monetaire inflatie betekent. Meestal gaat monetaire inflatie gepaard met een groter aantal transacties van de economie. Dat betekent dus een stijging van T. Als het aantal transacties niet langer kan stijgen, omdat de productiecapaciteit volledig is bezet, neemt T niet meer toe. In dat geval gaat monetaire inflatie gepaard met hogere prijzen, prijsinflatie genoemd.

Bij monetaire deflatie neemt de geldstroom af door geldvernietiging en/of oppotting. De geldvernietiging is voornamelijk het gevolg van aflossingen op kredieten, terwijl er weinig nieuwe kredieten worden gevraagd. Zoiets verwacht men in een toestand van laagconjunctuur, als er onderbesteding is. Door de kredietvoorwaarden te vergemakkelijken, probeert men in die situatie het aantal transacties te stimuleren. De toeneming van de geldstroom leidt tot een hogere productie.

Tot nu toe zijn wij uitgegaan van de eenvoudige voorstelling dat in de economie alleen een goederenstroom en een geldstroom bestaan. Of het geld wordt als betaalmiddel aangehouden en opgepot, of er wordt vraag mee uitgeoefend. De werkelijkheid is ingewikkelder. Er is ook geld dat wordt belegd. Er worden aandelen en obligaties verhandeld, of men belegt geld in voorwerpen met antiquarische waarde, juwelen of postzegels. Iemand houdt zijn vermogen in liquide vorm (als geld) aan of belegt. Bij een belegging is men minder liquide, maar in geval van een belegging in waardepapieren staat er een financiële vergoeding tegenover. Wordt de vermogenssfeer eenmaal onderkend, dan staan de geldsfeer en de goederensfeer niet meer scherp tegenover elkaar.

Er is een groep economen die meent dat de aard en de omvang van de geldcirculatie een zelfstandige invloed heeft op het economisch proces. Men noemt deze groep de monetaristen. Verreweg de bekendste econoom onder de monetaristen was de Amerikaan Milton Friedman (1912-2006). In 1976 kreeg hij de Nobelprijs voor economie. De monetaristen gaan ervan uit dat het prijsmechanisme soepel werkt. Min of meer vanzelf ontstaat volgens hen volledige bezetting van de productiecapaciteit. Hun redenering is als volgt.

In de verkeersvergelijking van Fisher MV = PT is de productiecapaciteit maximaal bezet. V is constant verondersteld. Een stijging van M zal daarom leiden tot een stijging van P. Zo'n stijging noemt men een nominale stijging. Een reële verhoging van PT is alleen mogelijk als het aantal transacties (T) groter wordt. Dat betekent dat als de geldhoeveelheid toeneemt, ook de productiecapaciteit groter moet worden. Anders is er geen reëel hoger bruto binnenlands product. De monetaristen bezien het geldscheppend vermogen van de algemene banken met bezorgdheid. Zij vrezen dat de inflatie voortdurend wordt aangewakkerd doordat de banken vrij gemakkelijk de geldhoeveelheid vergroten. De particuliere banken breiden zonder al te veel problemen de girale geldhoeveelheid uit, als de vraag naar krediet van ondernemingen en consumenten daartoe aanleiding geeft. In sommige landen buiten de Europese Unie dwingt de overheid bovendien de Centrale Bank om de bankbiljettencirculatie te vergroten.

Friedman heeft erop gewezen dat aan een soepele geldvoorziening een groot nadeel kleeft. De uitbreiding van de geldhoeveelheid blijft lang niet altijd beperkt tot het financieren van de reële stijging van de productie en de inkomens. Volgens hem lopen we het gevaar dat een deel van de geldgroei alleen maar dient om een nominale verhoging van de waarde van de productie te financieren. Dit kan volgens de monetaristen leiden tot duurzame inflatie en een ontreddering van het economisch leven. Als prijzen blijven stijgen in een steeds hoger tempo, gaan achtereenvolgens de functies van het geld teloor. Als ruilmiddel verliest het geld vertrouwen. De bevolking valt op den duur terug op levering in goederen. Als oppotmiddel verdwijnt het geld als sneeuw voor de zon. En zelfs als rekeneenheid is het geld niet meer geschikt, omdat telkens na korte tijd aanpassingen nodig zijn. Consumptiehandelingen en investeringshandelingen komen tot stilstand. In het licht van deze visie is het begrijpelijk dat prijsstabiliteit als oogmerk van het monetaire beleid van de ECB is gekozen. Het 'drukken van geld' en de excessieve geldschepping door banken zijn uit den boze. Een onafhankelijke Centrale Bank is essentieel. De ontreddering leidt tot omvangrijke werkloosheid. Deze is volgens de monetaristen uiteindelijk het gevolg van overmatige geldschepping in het verleden.

Geldgroeiregel

De risico's van geldschepping voorkomt men volgens de monetaristen met een eenvoudige maatregel. Deze maatregel noemt men de geldgroeiregel. In elk land moet de Centrale Bank ervoor zorgen dat de geldhoeveelheid per jaar met niet meer dan een vast, laag percentage groeit. Dit percentage moet zo zijn bepaald, dat alleen een reële toename van het bruto binnenlands product wordt gefinancierd. Een reële productieverhoging dus, die wordt veroorzaakt door de groei van de productiecapaciteit. Er komt dan alleen geld in omloop dat de reële verhogingen financiert (de stijging van T). Friedman en andere monetaristen menen dat deze geldpolitiek voldoende is om de problemen van inflatie en werkloosheid tegen te gaan. Verder moet men volgens de monetaristen het economisch leven overlaten aan het vrije spel van de maatschappelijke krachten. Zij staan daarmee tegenover economen die pleiten voor een actief optreden van de overheid om de werkloosheid terug te dringen en de conjunctuur te stabiliseren.

In sommige landen buiten de Europese Unie doet de overheid te luchthartig uitgaven. Er is geen goede dekking in de vorm van belastingheffing. Hierdoor ontstaat volgens de monetaristen stagflatie. Stagflatie is een combinatie van inflatie en werkloosheid, die in de jaren zeventig veel voorkwam. Al te gemakkelijk doet de overheid een beroep op het geldscheppend vermogen van de Centrale Bank of de andere geldscheppende banken om tekorten op haar begroting te financieren. Er wordt daardoor geld in omloop gebracht dat door niemand is verdiend. Men spreekt in dat geval van monetaire financiering. In de Europese Unie is monetaire financiering via de ECB verboden. Via de andere geldscheppende banken is het toegestaan. Het verbod is tevens een reden de begrotingstekorten in de Europese Unie te normeren.

In de visie van de monetaristen spelen bovendien de verwachtingen over het inflatietempo een belangrijke rol. Een soepel monetair beleid lokt de verwachting uit dat de prijzen gaan stijgen. Ondernemers en werknemers lopen op deze verwachtingen vooruit en daardoor stijgen ook feitelijk de prijzen. Dit veroorzaakt loonsverhogingen die de productiviteit overtreffen. Daardoor ontstaat werkloosheid, zodat in hun redenering werkloosheid en inflatie – stagflatie – samengaan. Om de werkloosheid te bestrijden, zeggen de monetaristen, moet men de monetaire remmen aantrekken en de geldgroeiregel toepassen.

Het is nog maar de vraag of de prijsinflatie in de jaren zeventig en in het begin van de jaren tachtig uitsluitend op grond van de monetaristische gedachtegang is te verklaren. Ook de kosteninflatie is in die periode belangrijk geweest. De olieprijzen stegen, terwijl bovendien de loonstijgingen dikwijls hoger waren dan de productiviteitsstijging. Evenmin wordt het succesvol terugdringen van de prijsinflatie in de jaren tachtig uitsluitend door monetaire factoren verklaard. Ook de daling van de grondstofprijzen en het minder stijgen van de arbeidskosten hebben hiertoe bijgedragen. De stijging van de nominale lonen bleef veel meer in de pas met de arbeidsproductiviteit dan in de jaren daarvoor. Bij het uitvoeren van het gematigd monetaristische beleid hebben de presidenten van de Nederlandsche Bank, M.W. Holtrop (1922-1988) en J. Zijlstra (1918-2001), een belangrijke rol gespeeld. Holtrop en Zijlstra maakten duidelijk dat niet alleen kan worden vertrouwd op een strikte monetaire politiek à la Friedman, maar dat ook het begrotingsbeleid en het loonbeleid een bijdrage moeten leveren aan monetaire stabiliteit.

Inflatie en deflatie

Prijsinflatie ontstaat door monetaire inflatie en heeft nadelige gevolgen voor de economie. Inflatie ontstaat echter niet alleen door monetaire inflatie. Bij monetaire inflatie (MV groter) is het saldo van geldschepping en ontpotting groter dan dat van geldvernietiging en oppotting. Als T niet meer kan stijgen, omdat de volledige productiecapaciteit wordt gebruikt, leidt monetaire inflatie tot prijsinflatie. Indien de consumenten meer goederen willen kopen dan de producenten kunnen maken, stijgen de prijzen. We spreken dan van bestedingsinflatie omdat de bestedingen van de consumenten de oorzaak zijn van de prijsstijging. De overheid gaat bestedingsinflatie tegen door de belastingen te verhogen zodat mensen minder geld voor bestedingen overhouden. Zij kan ook besluiten haar eigen bestedingen te verminderen. Een derde maatregel is beperking van de geldschepping door de kredietverlening van de banken aan banden te leggen. Bij kosteninflatie stijgen de prijzen doordat de productiekosten omhooggaan. Dat gebeurt als de prijzen van grondstoffen en energie stijgen of als de loonstijging hoger is dan de groei van de arbeidsproductiviteit. Ondernemers berekenen de stijging van de kosten door in de prijzen die zij voor hun goederen en diensten vragen. Ook de overheid veroorzaakt kosteninflatie als zij hogere prijzen vraagt voor haar diensten. Een voorbeeld hiervan is het verhogen van de btw. Als de bron van de prijsstijgingen in het buitenland zit, doordat ingevoerde grondstoffen of eindproducten duurder zijn geworden, heet dit geïmporteerde inflatie.

Stel dat er wordt verwacht dat de inflatie toeneemt. Werknemers verwachten dat zij straks meer voor hun consumptiegoederen moeten betalen. Zij vragen daarom nu al hogere lonen. Ondernemingen verwachten dat hun kosten stijgen. Dit zijn zowel de arbeidskosten (door de hogere looneisen) als de kosten voor grondstoffen en kapitaalgoederen. Ondernemingen lopen hierop vooruit door nu al hogere prijzen voor hun goederen te vragen. De verwachting van hogere inflatie zorgt ervoor dat de lonen en prijzen nu al stijgen. Bovendien bestaat het gevaar dat er een zogenaamde loon-prijsspiraal ontstaat. In zo'n spiraal stijgen de lonen en prijzen om de beurt omdat ondernemingen en werknemers steeds vooruitlopen op toekomstige prijsstijgingen. Als loonsverhogingen de toeneming van de arbeidsproductiviteit overtreffen gaat de inflatie gepaard met werkloosheid. Het economisch leven stagneert. De combinatie van werkloosheid en inflatie heet stagflatie.

Hoewel dit minder voorkomt, kan het algemeen prijspeil ook dalen. Dit heet prijsdeflatie of kortweg deflatie. Dit verschijnsel doet zich voor als nasleep van de financiële crisis. Prijsdeflatie heeft een dempend effect op de economie. Omdat de prijzen blijven dalen, stellen consumenten aankopen uit. Men wacht met kopen tot een auto nog goedkoper wordt. Hierdoor valt de economie uiteindelijk stil. Door de kredietcrisis is het deflatierisico wereldwijd toegenomen en sommige economen voorzien zelfs een langdurige periode van deflatie. Erg waarschijnlijk is dit echter niet omdat een permanente stagnatie in de economische ontwikkeling op gespannen voet staat met de mondiaal te verwachten investeringen in duurzaamheid.

Inflatie als smeermiddel

Inflatie heeft veel nadelen. Toch streven Centrale banken naar een inflatie van meer dan 0 procent. De doelstelling van de ECB is het zorgen voor een stabiel prijsniveau; de inflatie mag minder dan, maar dicht bij 2 procent zijn. Door de positieve effecten van productinnovaties wijkt de gemeten inflatie af van de feitelijke. Soms wordt inflatie het 'smeermiddel van de economie' genoemd. Dit speelt vooral op de arbeidsmarkt. Het onderscheid tussen het nominale en het reële loon is van belang. Het nominale loon is het loon uitgedrukt in geld, het reële loon is de koopkracht van het nominale loon. Hierbij gaat het erom hoeveel goederen iemand koopt van het salaris.

Er is vaak sprake van loonstarheid; het loon stijgt in geval van een vraagoverschot, maar in het geval van een aanbodoverschot daalt het als gevolg van nominale loonstarheid niet. Inflatie helpt hierbij. Door inflatie neemt het reële loon af. Het nominale loonindexcijfer gedeeld door het prijsindexcijfer is immers het reële loonindexcijfer. Hierdoor wordt het voor werkgevers aantrekkelijker om mensen in dienst te nemen, zodat de werkloosheid afneemt.

Een andere reden dat Centrale Banken de inflatie iets boven 0 procent houden, is dat het werkelijke percentage door meetfouten meestal licht wordt overschat. Dit is bijvoorbeeld het geval als de kwaliteitsverbeteringen van goederen niet goed worden meegenomen in de berekening. Op het moment dat er sprake is van 0 procent inflatie treedt in de praktijk deflatie op. Aangezien deflatie schadelijk wordt geacht voor de economie, willen Centrale Banken dit voorkomen. Let op: men spreekt bij deflatie over een 'goede' en een 'slechte' variant. Goede prijsdeflatie komt voort uit dalende productiekosten door de technische ontwikkeling, terwijl slechte prijsdeflatie door de schuldencrisis te maken heeft met negatieve vraagschokken, oftewel vermindering van de vraag. Deze vorm van deflatie heeft de neiging zichzelf te versterken, zoals jarenlang in Japan het geval was.

Niet alle vormen van inflatie zijn even makkelijk te bestrijden. Bestedingsinflatie is de makkelijkste vorm, aangezien deze vorm van inflatie gepaard gaat met relatief hoge economische groei. Als de Centrale Bank in dat geval de rente verhoogt, slaat zij twee vliegen in een klap. De inflatie neemt af en oververhitting van de economie wordt voorkomen. Bestedingsinflatie komt voort uit een positieve schok aan de vraagzijde van de economie.

Bij kosteninflatie gaat het om een negatieve aanbodschok; door de hoge inkoopprijzen verhogen de producenten hun verkoopprijzen, hetgeen een lagere economische groei tot gevolg heeft. Als de Centrale Bank nu de rente verhoogt, neemt de groei nog verder af.

Aangezien kosteninflatie, zoals een olieprijsstijging, vaak tijdelijk is en de inflatie na verloop van tijd vanzelf weer daalt, kiest een Centrale Bank er meestal voor niet meteen te reageren. Pas wanneer er signalen zijn dat de hogere prijzen ook tot hogere lonen leiden grijpt de Centrale Bank in om een loon-prijsspiraal te voorkomen. De ruimte die een Centrale Bank daarvoor heeft, hangt af van de officiële doelstellingen van de Centrale Bank. In de Verenigde Staten heeft de Fed (Federal Reserve Systeem) zowel het stabiliseren van het prijsniveau als het bevorderen van economische groei in de doelstellingen staan. In het geval van kosteninflatie treedt er een conflict op tussen beide doelen. De ECB heeft om deze reden slechts één doelstelling: het zorgen voor een stabiel prijsniveau in de eurozone op de middellange termijn. Toch is voorstelbaar dat de afweging voor de ECB in tijden van kosteninflatie moeilijk is te maken omdat het lastig is te bepalen op welk moment de kosteninflatie omslaat in een loonprijsspiraal. Door de vertraging in de werking van het rente-instrument is de afweging lastig.

Tijdens de kredietcrisis is het proces van kredietverlening in opspraak geraakt. Burgers beschuldigen banken ervan te veel geld te hebben uitgeleend waardoor de wereldeconomie oververhit raakte. Zij zeggen wel dat wij allen in een zeepbel leefden, die vroeg of laat uit elkaar moest spatten. Iets anders gebeurde tijdens de Dotcomcrisis van eind jaren 90. Veel beleggers hebben in die tijd geïnvesteerd in opkomende internetbedrijven. De aandelenkoersen stegen tot ongekende hoogte De verwachtingen waren te hooggespannen. Deze internetbedrijven kwamen door het geldscheppend vermogen van banken gemakkelijk aan financiering. Toen de koersen ineenstortten, zijn veel bedrijven failliet gegaan, hebben investeerders hun geld verloren en kwam de wereld in een recessie terecht. De kredietverlening is een belangrijke motor van een dynamische economische ontwikkeling. Zonder deze mogelijkheid is de westerse wereld een stuk minder ontwikkeld dan nu. Bedrijven lenen dan immers veel minder van banken om investeringen te doen. Niettemin pakt onbeheersbare groei van de geldschepping desastreus uit, zoals de huidige kredietgedreven kredietcrisis leert. Maathouden is het devies!

De kredietcrisis

De kredietcrisis is begonnen in de Verenigde Staten, in 2007. In de vs zijn veel zogenaamde subprime-hypotheken verkocht. Een subprime-hypotheek is een hypotheek voor het kopen van een huis met een laag inkomen. Op die manier konden veel arme Amerikanen toch een huis kopen. De rente op zo'n hypotheek is variabel en in het begin laag, als lokkertje. Aan de mensen die een hypotheek afsloten, werd verteld dat ze na enkele jaren een tweede hypotheek op hun huis konden nemen, zodat zij de hogere rente konden betalen. De huizenprijzen stijgen wel, werd gezegd. Maar in 2007 steeg de rente, ook op de tweede hypotheken, en bovendien zakten de huizenprijzen. Het bleek niet eenvoudig een tweede hypotheek af te sluiten. Veel arme Amerikanen kwamen in financiële problemen en werden hun huis uitgezet. Daar de huizenprijzen waren gedaald, leverde de verkoop te weinig op.

De verstrekkers van hypotheken kwamen in financiële problemen omdat hun klanten niet meer konden betalen. Maar het probleem werd nog groter. Hypotheken van grote aantallen klanten waren samengevoegd tot pakketten. Hypotheekverstrekkers hebben deze pakketten doorverkocht aan andere partijen. Op deze manier kregen zij financiële middelen om weer nieuwe hypotheken te verstrekken. De pakketten, zogenaamde hypotheekportefeuilles, waren interessant voor beleggers omdat er hoge rendementen te behalen waren. Dit kwam doordat het risico hoog was. Er ontstond een levendige handel in deze pakketten. Europese banken hebben evenzeer in deze beleggingsobjecten op grote schaal geïnvesteerd.

Toen de huizenprijzen in de vs daalden verloren deze pakketten een deel van hun waarde. Het onderpand, de huizen, werd minder waard. Financiële instellingen over de hele wereld probeerden zo snel mogelijk hun geld veilig te stellen. Maar de instellingen wisten niet precies wat in de hypotheekportefeuilles zat en daarom was ook de waarde onduidelijk. In snel tempo daalde het vertrouwen dat banken in elkaar hadden. Zij leenden elkaar geen geld meer, omdat zij niet wisten hoeveel iedere financiële instelling had geïnvesteerd in de pakketten. De geldmarkt kwam stil te liggen. Ook de 'gezonde' banken, die niet of weinig hadden geïnvesteerd in de hypotheekportefeuilles, kwamen in de problemen omdat zij niet meer konden lenen bij andere banken. De berichten over de stagnatie op de geldmarkt kregen invloed op de aandelenbeurzen. Beleggers schrokken en wilden allemaal tegelijk van hun aandelen af. Aandelenkoersen van banken en andere financiële instellingen daalden fors. In de loop van 2008 raakte de kredietcrisis in een stroomversnelling. In het voorjaar zag de Amerikaanse overheid zich genoodzaakt in te grijpen bij de zakenbank Bear Stearns en de hypotheekverstrekkers Freddie Mac en Fannie Mae. Deze laatste twee dekten samen voor de helft de financiering van de Amerikaanse huizenmarkt. Deze ingreep zorgde voor massale onrust: blijkbaar stonden zeer grote financiële instellingen op het punt failliet te gaan. Toen de grote zakenbank Lehman Brothers failliet dreigde te gaan, greep de Amerikaanse overheid niet in. De bank viel om en het feit dat niet iedere bank werd gered, zorgde voor een nieuwe golf van onrust.

Geleidelijk werd duidelijk dat de kredietcrisis niet beperkt bleef tot de Verenigde Staten. In Nederland was Fortis Bank de eerste bank die in de problemen kwam. De Belgisch-Nederlandse bank kreeg een kapitaalinjectie van de overheden, maar dit bleek niet voldoende. De Nederlandse overheid moest ingrijpen en kocht zowel Fortis Nederland als de eerder dat jaar door Fortis overgenomen ABN Amro Bank op. Deze banken waren duidelijk zo groot dat de overheid het risico van een faillissement niet nam vanwege de gevolgen voor het economisch leven. Deze banken noemt men systeembanken.

Ministers uit de hele wereld kwamen in deze tijd regelmatig bij elkaar om te praten over overheidsmaatregelen. Voor Nederland werd afgesproken om kapitaalsteun beschikbaar te stellen voor de financiële sector, garant te staan voor leningen die banken verstrekken en het depositogarantiestelsel te verhogen van € 40.000,- tot € 100.000,-.

Ook het Eurosysteem speelt een rol bij het bieden van oplossingen. Dit doet zij door geld in de geldmarkten te 'pompen'. Banken sluiten leningen af bij de Europese Centrale Bank. Hierdoor wordt de verminderde werking van de interbancaire geldmarkt gecompenseerd. Normaal lenen banken bij elkaar, maar door het gebrek aan vertrouwen gebeurde dit niet meer. De ECB stelde onbeperkt krediet ter beschikking van de banken en nam daardoor de werking van de geldmarkt over. Voor de leningen van de ECB moet rente worden betaald en er moet onderpand tegenover staan.

De kredietcrisis was aanvankelijk een financieel probleem. Maar inmiddels zijn de financiële problemen, waarbij de te grote schulden van overheden, bedrijven en consumenten werden blootgelegd, overgeslagen naar de reële economie; de goederen- en dienstenstromen zijn sinds 2008 geraakt. De lage cijfers van het consumentenvertrouwen weerspiegelen het besef van de consumenten dat de wereld bol staat van de schulden. Hun reactie is begrijpelijk. Consumptieve bestedingen terugschroeven, schulden aflossen en waar mogelijk sparen. Dit gedrag sluit aan bij het beleid van overheden om de schuldencrisis het hoofd te bieden door agressief te bezuinigen. Aandelenkoersen zijn gedaald en dus hebben beleggers en grote spaarders minder te besteden. Het vertrouwen is gedaald en bedrijven investeren minder. Mensen worden ontslagen en consumeren minder. Kortom, de economie is in een negatieve spiraal gekomen en wij zijn in een recessie beland.

Schoorvoetend is in Nederland vanaf 2014 sprake van enig herstel. De groeicijfers van het bbp blijven laag, maar zijn iets positiever dan in de achter ons liggende jaren. Er is al jaren gewerkt aan het flexibiliseren van de arbeidsmarkt en het bewerkstelligen van loonmatiging. De laatste tijd stijgen de lonen weer iets sneller. De overheidsfinanciën worden op orde gebracht en de betalingsbalans is positief. De werkloosheid is lager dan elders in Europa, maar blijft hardnekkig hoog. Tegenover Duitsland, dat leidend is uit een oogpunt van beleid, staan landen als Griekenland, Italië, Spanje en Portugal, die er minder rooskleurig voorstaan. Frankrijk, Nederland en België nemen een middenpositie in. In het algemeen is het onwaarschijnlijk dat de groeicijfers van voor de crisis terugkeren door minder nadruk op materiële consumptie en toenemende aandacht voor immateriële behoeften in de sfeer van duurzaamheid. Investeringen in duurzaamheid dragen bij tot de welvaart van de consumenten, bijvoorbeeld het renoveren van alle woningen in Nederland.

Wereldwijd komt meer nadruk te liggen op de kwaliteit van de economische ontwikkeling en in het bijzonder op duurzaamheid. Een verschuiving ook van eenzijdige, kwantitatieve expansie naar behoud van het bestaande aan cultuur en natuur en onderhoud van infrastructuur. De crisis heeft de burgers op een lager groeipad gebracht van materiële consumptie.

Het huidige tijdsgewricht is ook een periode van wat de grote econoom uit de vorige eeuw, Joseph Schumpeter (1883-1950), 'creative destruction' noemde. Afbraak van oude productieprocessen, productiemethoden, producten en ook van ouderwetse manieren van besluitvorming en het ontwikkelen van nieuwe technieken en andere methoden van communicatie en het nemen van beslissingen, onder invloed ook van de informatietechnologie. Voor de werkgelegenheid betekent het ingrijpende verschuivingen naar geheel nieuwe doorbraken. Door wereldwijd in te zetten op duurzaamheid wordt een blijvende impuls gegeven aan initiatief, investeringen en grootscheepse innovatie.

Beleggen en de vermogensmarkt

De vermogensmarkt is het geheel van vraag naar en aanbod van geld en krediet. Het is een abstracte markt, waarmee wordt bedoeld dat niet één concrete plaats wordt aangewezen waar vraag en aanbod elkaar ontmoeten. De vermogensmarkt is onderverdeeld in een geldmarkt en een kapitaalmarkt. Het verschil is de lengte van de termijn waarop het geld wordt verhandeld, waarbij de geldmarkt duidt op de markt waarop vermogen wordt verhandeld voor een periode korter dan één jaar en de kapitaalmarkt voor een periode langer dan één jaar.

Op zowel de geld- als de kapitaalmarkt zijn er vele vragers en aanbieders van vermogen. Grote vragers op de vermogensmarkt zijn ondernemingen, banken en de overheid, terwijl het aanbod voornamelijk afkomstig is van particuliere en institutionele beleggers. Particuliere beleggers zijn particuliere huishoudens die gespaard geld aanbieden aan vragers op de vermogensmarkt en institutionele beleggers zijn financiële instellingen die regelmatig grote bedragen beleggen, zoals pensioenfondsen en de levensverzekeringsmaatschappijen.

Krediet op korte termijn wordt verhandeld op de geldmarkt. Deze kredieten hebben een looptijd van één jaar. De vragers naar kort krediet zijn niet alleen de consumenten en de ondernemingen, maar ook de overheid (het Rijk, de provincies en de gemeenten). De banken zijn zowel vragers naar als aanbieders van kortlopend krediet.

Een belangrijke kredietvorm op de geldmarkt is het rekeningcourantkrediet. Vooral ondernemingen nemen deze kredieten op bij de banken. De overheid leent kortlopend door kasgeldleningen te sluiten of door schatkistpapier te plaatsen bij de banken. Schatkistpapier bestaat uit schuldbekentenissen van de staat met een korte looptijd.

Wanneer banken kort krediet aan elkaar verlenen, gebeurt dat onder andere in de vorm van daggeldleningen. Een daggeldlening is een krediet dat per dag kan worden opgezegd.

Beleggen is het wegzetten van geld met het doel er rendement op te behalen. Het aantal beleggingsmogelijkheden op de vermogensmarkt is zeer uitgebreid, maar wordt onderverdeeld in drie categorieën, namelijk spaarrekeningen, beursverhandelbare beleggingen en niet-beursverhandelbare beleggingen.

Veel particuliere huishoudens zetten spaargeld op een spaarrekening bij een bank of een andere financiële instelling. Eind 2013 bedroeg het totale bedrag aan spaarrekeningen in Nederland rond € 360 miljard. Er zijn verschillende soorten spaarrekeningen, maar ze delen het kenmerk dat ze een bepaalde rente per periode vergoeden. Bij sommige spaarrekeningen stort men onbeperkt geld bij of neemt men op. Deze vrijheid brengt met zich mee dat de rente laag is. Op andere spaarrekeningen moet het geld minimaal een aantal jaren vast worden gezet. Vaak geldt dat hoe langer de verplichte spaartermijn, hoe hoger de rentevergoeding. Als de spaarder toch vóór die tijd het spaargeld wil aanspreken moet hij of zij een boete betalen. De boete bij vervroegde opname is bijvoorbeeld 1,5 procent van het spaartegoed. Het voordeel van een spaartegoed is dat het een veilige vorm van beleggen is, met een vaststaande rente. Tot het uitbreken van de financiële crisis in 2008 werd de kans te verwaarlozen geacht dat een spaarder zijn geld niet terugkrijgt vanwege een faillissement van de instelling waar hij de spaarrekening aanhoudt. Als een instelling toch failliet gaat, garandeert de overheid dat de spaarder tot een bepaald bedrag zijn geld terugkrijgt. In het kader van het depositogarantiestelsel zijn spaartegoeden gegarandeerd tot € 100.000,-.

Spaarrekeningen hebben vanwege het geringe risico het nadeel dat de rentevergoeding niet hoog is. Door middel van beursverhandelbare beleggingen proberen beleggers een hoger rendement te behalen, maar met een hoger risico. Effecten die op de effectenbeurs worden verhandeld zijn aandelen, obligaties, opties en andere derivaten zoals swaps.

Een aandeel is een bewijs van deelneming in het kapitaal van een onderneming. De bezitter van een aandeel – de aandeelhouder – is voor een stukje mede-eigenaar van de onderneming waarin hij of zij geld heeft gestoken. Als mede-eigenaar heeft een aandeelhouder recht op een deel van de winst. Het rendement van de aandeelhouder hangt af van het toekomstige reilen en zeilen van de betrokken onderneming. Als de onderneming verlies maakt, krijgt de aandeelhouder niets, maar zodra de onderneming winst maakt, ontvangt de aandeelhouder meer naarmate de winst hoger is. Een winstuitkering aan de aandeelhouders gebeurt in de vorm van dividenduitkeringen, meestal één keer per jaar. Het deel van de winst dat niet aan de aandeelhouders wordt uitgekeerd, wordt door de onderneming gereserveerd.

De waarde van een (beursverhandelbaar) aandeel wordt bepaald door vraag en aanbod op de effectenbeurs. Als de vraag stijgt ten opzichte van het aanbod stijgt de aandelenkoers, en omgekeerd. Verscheidene factoren zijn van invloed op de aandelenkoers. Te denken valt aan het toekomstperspectief van de onderneming, de rentestand, de inkoopprijzen voor de onderneming of wisselkoersen in het geval van internationaal opererende ondernemingen. Aandeelhouders lopen het risico dat de koers omlaag gaat en krijgen eventueel te maken met een faillissement. Bekende faillissementen in Nederland zijn die van Fokker en DAF. Aangezien aandeelhouders dan als laatste in de rij staan om hun geld terug te krijgen, zien zij in de praktijk daarvan niets terug. Het verlies is voor een aandeelhouder nooit hoger dan de aanschafprijs van zijn aandelen.

Het aantal ondernemingen waarin beleggers door middel van de beurs beleggen hangt af van het aantal ondernemingen dat een beursnotering heeft. Dit verandert in de tijd, naarmate er meer ondernemingen een beursnotering krijgen. Ook kunnen ondernemingen zich terugtrekken van de beurs. Rond de millenniumwisseling waren het ondernemingen die actief waren in de informatie- en communicatietechnologie – in het bijzonder internet – die een beursnotering aanvroegen. Beleggers kregen daarmee de mogelijkheid te investeren in sterk groeiende ondernemingen, terwijl de ondernemingen op die manier efficiënt aan voldoende vermogen komen om die groei te realiseren. Voor zulke ondernemingen zijn er allerlei voordelen van een beursnotering, zoals meer publiciteit rond de onderneming, het schrijven van research door aandelenanalisten van banken en het verbeteren van de binding van personeel aan de onderneming. De toeneming van het aantal internetondernemingen op de beurs zorgt eveneens voor een verandering van de risicograad van beleggen op de beurs. Waar de aandelenkoersen van meer traditionele ondernemingen zoals Unilever geen al te grote schommelingen laten zien, laten de koersen van ondernemingen die zich bewegen in snelgroeiende en zich snel ontwikkelende gebieden zoals internet grote koersfluctuaties zien.

Een obligatie is een stukje van een lening. Net als aandelen worden obligaties op de beurs verhandeld. De nominale waarde is meestal € 1.000,- per stuk. Obligaties vergoeden een bepaald rentepercentage dat het couponpercentage wordt genoemd. Dit percentage bedraagt bijvoorbeeld 7 procent. In dit opzicht lijkt een obligatie op een spaarrekening. De looptijd verschilt per obligatielening, en ligt meestal tussen de vijf en de dertig jaar in. Het feit dat obligaties op de beurs worden verhandeld, betekent dat er net als bij aandelen door vraag en aanbod een (obligatie)koers tot stand komt. Van grote invloed op de koers van een obligatie is de marktrente. Als de marktrente stijgt, dalen de koersen van obligaties; het couponpercentage stijgt immers niet mee. Omgekeerd geldt dat een daling van de marktrente zorgt voor een stijging van obligatiekoersen.

Obligaties worden uitgegeven door verschillende partijen. In Nederland geeft de rijksoverheid het grootste bedrag aan obligatieleningen uit. Eind 2013 stond er in totaal voor een bedrag van ongeveer € 300 miljard aan overheidsobligaties uit op de Amsterdamse effectenbeurs. Op de tweede plaats staan de financiële instellingen, die eind 2013 € 100 miljard aan obligaties hadden uitstaan. Daarnaast zijn er niet-financiële ondernemingen zoals Philips en Ahold die obligaties uitgeven. De hoogte van het couponpercentage hangt in belangrijke mate af van de kredietwaardigheid van de uitgevende instelling en de looptijd van de lening. Bij overheden uit financieel solide landen weten beleggers vrijwel zeker dat zij hun geld terugkrijgen, en is de coupon relatief laag. Bij een onderneming loopt een belegger iets meer risico dat hij zijn geld niet terugkrijgt en is het couponpercentage hoger dan op een vergelijkbare obligatie van de overheid. De hoogte van de coupon verschilt ook per looptijd. Bijna altijd gaat op dat de couponvergoeding hoger is naarmate de lening een langere looptijd heeft.

Een beleggingsproduct dat een grote opmars heeft gemaakt is de optie. Opties behoren tot een bredere groep beleggingen die tezamen 'derivaten' of 'afgeleide producten' worden genoemd en hebben als gemene deler dat ze in waarde afhangen van een ander – meestal financieel – product, zoals een aandeel of een obligatie. Naast opties zijn de belangrijkste derivaten futures en swaps. In tegenstelling tot opties zijn de bedragen die daarmee gemoeid gaan zo hoog dat ze bijna alleen door institutionele beleggers worden verhandeld. Opties daarentegen zijn van oudsher de derivaten van de gewone man. Al in de zeventiende eeuw was Nederland berucht om de massale handel in opties op tulpen (wat uiteindelijk is ontaard in de tulpencrash). Ook tegenwoordig zijn er vele – ook particuliere – beleggers die in opties handelen. In 1973 is de eerste optiebeurs ter wereld opgericht in Chicago – de Chicago Board Options Exchange – hetzelfde jaar waarin de latere Nobelprijswinnaars Fischer Black en Myron Scholes hun baanbrekende artikel hebben gepubliceerd over de waardering van opties. In de jaren daarna zijn over de hele wereld de optiebeurzen als paddenstoelen uit de grond geschoten. De eerste optiebeurs in Europa is in 1977 opgericht in Amsterdam – symbolisch de European Options Exchange (EOE) genoemd. Inmiddels vaart deze beurs net als de Amsterdamse aandelenbeurs onder de vlag van de Amsterdam Exchange.

Opties zijn verhandelbaar op de meest uiteenlopende 'onderliggende waarden', zoals aandelen, obligaties, valuta's, edele metalen en op aandelenindices. Een optie is kort gezegd het recht om een onderliggende waarde op een van tevoren afgesproken datum te kopen of te verkopen tegen een van tevoren afgesproken koers. De prijs waarvoor men de onderliggende waarde kan (ver)kopen, wordt de 'uitoefenprijs' genoemd; het tijdstip waarop de optie wordt uitgeoefend wordt de 'uitoefendatum' genoemd. Vanwege transactiekosten worden opties vrijwel altijd in pakketjes van honderd stuks verhandeld – de zogenaamde 'optiecontracten'. Deze optiecontracten hebben gestandaardiseerde looptijden van drie, zes of negen maanden, één jaar of soms zelfs meerdere jaren. Opties met èèn langere looptijd dan vijf jaar komt men niet vaak tegen.

Er bestaan twee hoofdvormen van opties, callopties en putopties. Een calloptie geeft de koper het recht om een bepaalde onderliggende waarde te kopen, terwijl een putoptie de koper het recht geeft een bepaalde onderliggende waarde te verkopen. Er is in beide gevallen sprake van een uitoefenprijs en een al dan niet variabel tijdstip. Aangezien een optie – ongeacht of het een call of een put is – een recht is en geen verplichting, moet de koper van een optie een prijs betalen, die de optiepremie wordt genoemd. De optiepremie wordt vooral bepaald door de volatiliteit van de onderliggende waarde. In het geval van een calloptie wordt de optie meer waard als de onderliggende waarde in prijs omhooggaat; het omgekeerde geldt voor een putoptie. Neem bijvoorbeeld een calloptie op de fictieve onderneming Donau.com die nu een koers heeft van € 50,-. Iemand heeft voor € 100,- een calloptiecontract (€ 1,- per optie) gekocht dat het recht geeft om over zes maanden 100 aandelen Donau.com voor € 60,- per stuk te kopen. Stel dat de koers van het aandeel Donau.com na zes maanden is gestegen tot € 70,-, dan is het optiecontract € 1.000,- waard, omdat de houder van de calloptie het recht heeft om 100 aandelen Donau.com voor € 60,- per stuk te kopen in plaats van de marktwaarde van €70,-. Kortom, een rendement van 1000 procent in zes maanden tijd. Als daarentegen het aandeel na zes maanden in koers is gedaald of beperkt gestegen (bijvoorbeeld van € 50,- naar € 55,-), zijn de opties op het uitoefeningstijdstip waardeloos en de houder oefent ze dan niet uit. In dat geval verliest de koper van het optiecontract al zijn of haar geïnvesteerde geld. Hiermee komen we op een belangrijk verschil tussen opties en de onderliggende waarden. Opties zijn relatief veel gevoeliger voor veranderingen in de prijs van de onderliggende waarde dan de onderliggende waarde zelf. Dit heeft belangrijke economische implicaties. Immers, investeerders zetten met behulp van opties waardevolle informatie veel beter in rendement om, waardoor zij gestimuleerd worden om fundamenteel onderzoek te doen naar de waarde van beleggingsproducten. Een putoptie is 'in the money' als de uitoefenprijs hoger is dan de beurskoers.

Er is het voorbeeld genoemd van een koper van een calloptiecontract. In dat geval wordt gesproken van een longpositie. Tegenover een longpositie staat altijd een shortpositie. De partij die de shortpositie inneemt ontvangt de optiepremie van de partij die de longpositie inneemt en neemt daarmee het risico dat de koersontwikkeling van de onderliggende waarde in zijn of haar nadeel werkt en de houder van de opties tot uitoefening over zal gaan. Uiteindelijk is het voordeel voor de een altijd het nadeel van de ander – kortom, met de handel in opties is er altijd sprake van een 'zero sum game'. Dat er soms grote bedragen met opties – en derivaten in het algemeen – verloren gaan, blijkt uit een hele reeks financiële calamiteiten die onze geschiedenis inmiddels rijk is. Berucht zijn de fatale derivatentransacties van Metallgesellschaft, Orange County en uiteraard de gerenommeerde Engelse bank Barings, die vanwege derivatentransacties van een van haar medewerkers met miljardenschulden werd geconfronteerd.

Ook niet-beursverhandelbare beleggingen bieden de mogelijkheid om rendement te behalen. Mensen stoppen geld in vastgoed, zoals woonhuizen, kantoren en winkelpanden. Historisch blijkt de waarde van vastgoed redelijk gelijkmatig te stijgen. Bovendien innen eigenaars van vastgoed huuropbrengsten. Andere niet-beursverhandelbare beleggingsmogelijkheden zijn onder andere tropisch hardhout, wijn, een antiquarische boekenverzameling of postzegels. Aangezien deze beleggingen in tegenstelling tot beursverhandelbare effecten niet makkelijk verhandelbaar zijn, gaan er meestal veel kosten en tijd gepaard met het aan- of verkopen ervan. Dat is ook een reden dat niet-beursverhandelbare beleggingen vaak langetermijnbeleggingen zijn.

Bij beleggen is het van belang om niet al het geld in één belegging te stoppen. Door het vermogen te spreiden over verschillende beleggingen voorkomt een belegger dat hij onnodig risico loopt. Denk maar aan uitdrukkingen als 'stop niet alle eieren in één mandje' of 'niet op één paard wedden'. Sommige beleggers spreiden zelf hun vermogen door in aandelen, obligaties en vastgoed tegelijk te beleggen. Anderen hebben niet genoeg vermogen of tijd om dit zelf te doen en dragen spaargeld over aan speciale beleggingsfondsen. Deze fondsen brengen het geld van vele beleggers bij elkaar en spreiden daardoor goed. Bovendien hebben beleggingsfondsen allerlei beleggingsspecialisten in dienst, die veel weten van bepaalde beleggingen. De laatste jaren zijn er steeds meer beleggingsfondsen opgericht op allerlei gebieden. Te denken valt aan aandelenfondsen, obligatiefondsen en vastgoedfondsen. Zulke fondsen specialiseren zich vaak verder op bepaalde deelterreinen, zoals Nederland, Europa, de internetsector en milieuvriendelijke ondernemingen.

Dagelijks worden op vele effectenbeurzen in de wereld miljoenen aandelen, obligaties, opties en andere effecten verhandeld. Grote effectenbeurzen zijn de New York Stock Exchange (NYSE), bekend onder de naam Wall Street, en de beurzen in Londen, Tokio en Frankfurt. Ook op de beurs in Amsterdam – de Amsterdam Exchange (AEX) – gaan er veel effecten van hand tot hand. Alleen banken en zogenaamde commissionairs in effecten die lid zijn van de Vereniging voor de Effectenhandel hebben toegang tot de beurs. Zij voeren de vele aankoop- of verkooporders uit van de beleggers die daartoe opdracht geven. De vraag naar en het aanbod van effecten op de beurs zorgen voor de prijs ervan. Soms laten de koersen van bepaalde aandelen of obligaties in slechts enkele minuten grote veranderingen zien. Goed nieuws leidt tot veel vraag, waardoor de koersen omhooggaan. Omgekeerd leidt slecht nieuws via veel aanbod tot grote koersdalingen. Soms leiden koersdalingen tot grote paniek bij beleggers, die snel hun effecten van de hand doen. Als een hele markt in zo'n paniekstemming verkeert, ontstaat er een beurscrash; bijna alle koersen gaan dan sterk omlaag. De bekendste crash van de twintigste eeuw was Black Thursday in het najaar van 1929. Vele beleggers en banken over de hele wereld zijn destijds geruïneerd. Ook in 1987 was er een grote crash, die Black Monday wordt genoemd. Sinds het begin van de kredietcrisis in 2008 zijn de beurskoersen fors gedaald. In de loop van 2013 is sprake van enig herstel dat aarzelend in 2014 doorgaat.

Om in één oogopslag een beeld te krijgen van de koersontwikkeling van vele effecten tezamen wordt er gebruikgemaakt van een beursindex. Een index is een gewogen gemiddelde koers van een groep effecten, zoals aandelen. De bekendste index ter wereld is de Dow Jones-index, die al sinds 1896 bestaat. Deze index wordt bepaald door de aandelen van een aantal grote ondernemingen die staan genoteerd aan de beurs op Wall Street, zoals Coca-Cola, International Business Machines (IBM) en Walt Disney. Steeds vaker kijken beleggers echter naar de S&P-500-index. In deze index zitten de vijfhonderd grootste ondernemingen. Daarnaast is er de Nasdaq in New York waar bedrijven staan genoteerd die grotendeels actief zijn in informatie- en communicatietechnologie, zoals Amazon.com, Microsoft en Yahoo!. In Amsterdam is de meest gebruikte index de AEX-index. Deze index bestaat uit de meest verhandelde aandelen aan de Amsterdamse effectenbeurs. Daarnaast bestaan er nog duizenden andere indices die een beeld geven van verschillende landen en verschillende effecten.

Europese Centrale Bank

Voorafgaand aan de invoering van de euro ten behoeve van het girale betalingsverkeer is in Europa sprake geweest van een systeem van vaste, maar aanpasbare wisselkoersen. Dit betekent dat de nationale valuta van landen als België, Duitsland, Engeland, Frankrijk, Spanje, Italië en Nederland in een vaste verhouding ten opzichte van elkaar staan. Een dergelijke afspraak met betrekking tot de Duitse mark, de Franse franc, de Spaanse peseta, de Italiaanse lire en de Nederlandse gulden brengt de noodzaak met zich van interventie van de centrale banken van de betrokken landen om de koersen binnen bepaalde intervallen te houden. De behoefte aan een systeem van vaste wisselkoersverhoudingen kwam in Europa op door het uiteenvallen van de gemaakte afspraken in 1944 in Bretton Woods. President Nixon van de Verenigde Staten gaf in 1971 de omwisselbaarheid van de Amerikaanse dollar in goud op. In 1973 werd het Europese Monetaire Fonds opgericht ter ondersteuning van de zogenaamde slangovereenkomst. Daarna kwam in 1979 het Europees Monetair stelsel tot stand in het kader van een gemeenschappelijk wisselkoersbeleid in de EU. Het doel was wederom het stabiliseren van de wisselkoersverhoudingen en het verlenen van steun aan economisch zwakkere lidstaten. De Europese Monetaire Unie is het sluitstuk van het proces van monetaire integratie in Europa sinds de jaren zeventig van de vorige eeuw.

Op 1 januari 1999 is de derde en laatste fase van de Economische en Monetaire Unie (EMU) van start gegaan met elf lidstaten. Behalve Nederland zijn dit België, Duitsland, Spanje, Frankrijk, Ierland, Italië, Luxemburg, Oostenrijk, Portugal en Finland. Denemarken en het Verenigd Koninkrijk hebben van hun recht gebruikgemaakt om voorlopig nog buiten de monetaire unie te blijven; Zweden en Griekenland voldeden niet aan alle toetredingseisen. Tot 1 januari 2002 heeft de euro alleen in het girale betalingsverkeer bestaan. Daarna is ook voor het chartale betalingsverkeer op de euro overgegaan.

Op 1 januari 2015 bestaat de EMU uit 19 lidstaten. Behalve Nederland zijn dit België, Cyprus, Duitsland, Estland, Finland, Frankrijk, Griekenland, Ierland, Italië, Letland, Litouwen, Luxemburg, Malta, Oostenrijk, Portugal, Slovenië, Slowakije en Spanje.

Deze landen hebben de euro ingevoerd, te onderscheiden van de landen die lid zijn van de Europese Unie.

Om deel te nemen aan de EMU moeten lidstaten aan een aantal economische voorwaarden voldoen die zijn vastgelegd in het Verdrag van Maastricht. Deze voorwaarden betreffen: de inflatie, de lange rente, de overheidsfinanciën en de wisselkoers. Het vorderingentekort van de overheid mag jaarlijks niet meer bedragen dan 3 procent van het bbp en de staatsschuld niet meer dan 60 procent van het bbp. Wordt aan deze laatste voorwaarde niet voldaan, dan moet de staatsschuld voldoende snel dalen in de richting van 60 procent van het bbp.

Voor een aantal van de eurolanden bleef het lange tijd spannend of wel aan de normen voor de overheidsfinanciën wordt voldaan. Na toetreding tot de EMU moeten de lidstaten zich houden aan het in het Verdrag van Amsterdam overeengekomen Stabiliteitspact, waarin is vastgelegd dat de begroting op middellange termijn vrijwel in evenwicht moet zijn. De regels voor het vorderingentekort en de staatsschuld blijven bestaan als een land eenmaal lid is van de EMU.

De invoering van de euro heeft belangrijke veranderingen met zich meegebracht voor de taken van de Nederlandsche Bank (DNB). DNB heeft vanouds drie kerntaken: monetair beleid, het toezicht op financiële instellingen en het girale en chartale betalingsverkeer. Het monetaire beleid in de eurozone is sinds de start van de EMU in handen van de Europese Centrale Bank (ECB). De Raad van Bestuur van de ECB bestaat uit de zes directieleden van de ECB en de Centrale Bankpresidenten van de 18 aan de EMU deelnemende EU-lidstaten, onder wie DNB-president Klaas Knot. De Raad van Bestuur van de ECB besluit over het monetaire beleid, de rente, in het eurogebied. De president van de

ECB-directie is tot 1 juli 2003 Wim Duisenberg geweest. Thans wordt de ECB geleid door de Italiaan Mario Draghi. Evenals zijn voorgangers waarborgt hij dat het Europese monetaire beleid niet de speelbal is van de politiek.

Onder invloed van de financiële crisis zijn de eisen van het Stabiliteitspact door vrijwel alle deelnemers aan de EMU met voeten getreden. Door zuidelijke landen, zoals Griekenland, Portugal en Spanje, maar ook noordelijke landen, zoals Duitsland, Nederland en Frankrijk, onttrekken zich niet aan het overschrijden van de grenzen van het begrotingstekort en de staatsschuld. Vandaar in alle landen drastische bezuinigingsprogramma's.

Op den duur zijn de nominale voorwaarden voor het naar elkaar toegroeien van de EMU-landen noodzakelijk, maar niet voldoende. Van belang is uiteindelijk dat de reële economie van de afzonderlijke landen naar elkaar toegroeit. Zolang in sommige landen sprake is van grote tekorten op de arbeidsmarkt en in andere landen van overschotten, zonder dat deze door arbeidsmarktflexibiliteit verdwijnen, groeien sterke en zwakke landen uit elkaar. De werkloosheid in de zwakke landen zet de overheidsbegroting onder druk. Deze inzichten gaan terug op de denkbeelden van de Canadese econoom Robert Mundell over een optimaal valutagebied uit 1961 en de toepassing daarvan op het invoeren van de euro in 1963. Hij analyseerde nauwkeurig aan welke voorwaarden een groep landen met een eigen valuta moet voldoen om over te stappen op een valuta voor het hele gebied. Bij het invoeren van de euro is aan de theorie van Mundell geen aandacht geschonken. In 1999 kreeg Mundell de Nobelprijs voor economie. Voor de stabiliteit van de euro is naast verdere economische integratie hervorming van de Europese economieën nodig waardoor het aanpassen aan onevenwichtigheden sneller en tegen lagere transactiekosten verloopt.

Monetair beleid

De ECB heeft als primaire doelstelling voor haar monetaire beleid het handhaven van prijsstabiliteit in het eurogebied. Hiermee wordt bedoeld dat de koopkracht van de euro, de interne waarde, wordt gewaarborgd. De ECB houdt zich niet direct bezig met handhaving van de externe waarde van de euro, dat wil zeggen de wisselkoers ten opzichte van bijvoorbeeld de dollar. De reden hiervoor is dat het eurogebied als geheel een tamelijk gesloten economie vormt. Er wordt weinig handel met niet-eurolidstaten gedreven, waardoor veranderingen in de koers van de euro kleine gevolgen voor de economieën van het eurogebied hebben. Alleen indien wisselkoersbewegingen de interne prijsstabiliteit van de euro bedreigen, betrekt de ECB de externe waarde van de euro in haar beleid.

De strategie van de ECB om prijsstabiliteit te handhaven bestaat uit twee onderdelen. In de eerste plaats richt de ECB zich op de groei van de geldhoeveelheid. Is de groei van de geldhoeveelheid te groot, dan kan de ECB besluiten de rente te verhogen. Dit leidt tot een verlaging van de geldgroei en daarmee tot minder inflatiedruk. Of de ECB daadwerkelijk overgaat tot een renteverhoging, hangt af van het tweede onderdeel van de monetaire strategie. De ECB houdt namelijk ook rekening met een aantal andere macro-economische en financiële marktvariabelen die informatie verschaffen over de toekomstige inflatieontwikkeling. De ECB geeft in haar Maandbericht en Jaarverslag haar visie op de ontwikkeling van de Europese economie en licht haar beleid toe.

Voor de uitvoering van het monetaire beleid is het noodzakelijk dat de ECB de geldmarktrente stuurt. Dit werkt als volgt. Consumenten en ondernemingen maken elke dag van banken gebruik voor allerlei financiële transacties. Hierdoor ontstaan er geldstromen tussen banken. Stel dat een consument een rekening bij de ABN Amro Bank heeft. Deze consument koopt een bepaald product bij een onderneming die een rekening bij de Rabobank heeft en betaalt hiervoor door te pinnen. Het bedrag wordt van zijn ABN Amro-rekening afgeschreven en bijgeschreven bij de Rabobank-rekening van de onderneming. Er wordt door deze transactie geld overgemaakt van de ABN Amro Bank naar de Rabobank. Op dezelfde dag lopen er meer transacties van ABN Amro naar de Rabobank en omgekeerd. In plaats van elke transactie afzonderlijk af te handelen, tellen ABN Amro en de Rabobank alle transacties die ze op een dag met elkaar doen bij elkaar op en betalen elkaar alleen het nettobedrag, soms enkele keren per dag. Dit doen ze via een rekening die ze aanhouden bij de Nederlandsche Bank, die het beleid uitvoert namens de ECB. Op deze manier handelen alle banken uit het eurogebied hun transacties met elkaar af.

Het saldo van een individuele bank bij de ECB (de kaspositie) varieert hierdoor van dag tot dag. Dit geldt ook voor de kaspositie van alle banken tezamen. Omdat de ECB een relatief lage rente vergoedt op positieve saldo's en grenzen stelt aan het 'rood staan' van de banken, worden banken aangezet tot een efficiënt kasbeheer. Zo probeert een bank die een kasoverschot heeft, dit eerst rentegevend bij een andere bank weg te zetten voordat hij het renteloos bij de ECB laat staan. Een bank met een kastekort probeert eerst een gunstige lening bij een andere bank te krijgen voordat hij het van de Centrale Bank leent. Op deze manier ontstaat een Europese geldmarkt, waarop alle banken in de eurozone gelijktijdig hun tekorten en overschotten zoveel mogelijk in elkaar passen. Dit resteert uiteindelijk in een per saldo geldmarkttekort of -overschot voor de eurozone.

Bij een tekort moeten de banken van de ECB lenen. De rente die zij hiervoor betalen – de refi-rente – wordt bepaald door de Raad van Bestuur van de ECB. Banken laten de hoogte van de refi-rente doorwerken in de tarieven die zij aan hun klanten berekenen. De uitvoering van het rentebeleid ligt in handen van de directie van de ECB. De ECB-directie bepaalt maandelijks daarnaast de hoeveelheid liquiditeiten die aan banken wordt verstrekt. Voorts worden de banken verplicht een kasreserve aan te houden, gemiddeld een bepaald percentage over een maand van hun balanstotaal. Daardoor is er een structureel tekort op de geldmarkt, hetgeen de ECB in staat stelt de geldmarktrente te sturen. De Weekstaat van de ECB geeft informatie over de ontwikkelingen op de geldmarkt. Sinds oktober 2008 stelt de ECB onbeperkt liquiditeiten ter beschikking van de banken. Het tekort op de geldmarkt wordt bewerkstelligd door de verplichte kasreserve die de banken bij de ECB aanhouden.

De ECB voert haar beleid uit onafhankelijk van de regeringen van de bij de eurozone aangesloten landen. Deze onafhankelijkheid, die in ons land ook DNB betreft, is van groot belang. Wanneer afzonderlijke landen kampen met begrotingstekorten is de verleiding groot aan te dringen bij de ECB op daling van de rente en monetaire verruiming. Met succes biedt de ECB hier weerstand aan op grond van de afspraken die bij de oprichting zijn gemaakt en vastgelegd. Legendarisch is de reactie van Wim Duisenberg, de eerste president van de ECB, op een oproep van de toenmalige Duitse minister van Financiën: 'Ik hoor u wel, maar ik luister niet.'

Wat het voeren van het beleid lastig maakt, is dat het tot wel twee jaar duurt voordat een renteverandering volledig effect heeft op de bestedingen. De ECB moet al veel eerder inschatten hoe hoog het inflatieniveau over twee jaar is, zodat zij daarop inspeelt met de rente.

Het monetaire beleid begint met een rentewijziging van de ECB. Deze rentewijziging bereikt de reële economie via verscheidene kanalen. Allereerst merken de consumenten het gevolg van de rentewijziging direct via de algemene banken, die hun rente aanpassen. Dit noemen wij het rentekanaal. Verder is er het wisselkoerskanaal, het bankkredietkanaal, het balanskanaal, het vertrouwenskanaal en de overige activaprijskanalen.

De rentewijziging heeft invloed op de wisselkoers. Als de rente stijgt in een land, dan is het aantrekkelijk om te beleggen in dat land. Er komt een instroom van kapitaal en de vraag naar de munt van het land stijgt. Hierdoor gaat de koers omhoog. Bij een renteverlaging werkt het andersom. Op deze manier heeft het monetaire beleid via het wisselkoerskanaal invloed op de reële economie.

Bij de overige activaprijskanalen gaat het om de invloed van een rentewijziging op aandelen- en huizenprijzen. Hierbij spreekt de vraag een rol. Bij een hogere rente wordt minder geleend en hebben mensen en bedrijven minder te besteden. Er worden minder aandelen en huizen gekocht. Bij een lagere rente werkt het precies andersom. Langs deze weg heeft een renteverhoging een negatieve invloed op aandelenkoersen en huizenprijzen. Het vermogen van de burgers daalt, waardoor hun bestedingsneiging afneemt.

Het bankkredietkanaal en het balanskanaal hebben te maken met kredietverlening. Bij een hogere rente wordt er minder krediet verleend en bij een lagere rente juist meer. De waarde van geleend of uitgeleend geld op een balans van bijvoorbeeld een bedrijf verandert ook door rentewijzigingen. Een hoge rente zorgt ervoor dat uitgeleend geld meer opbrengt en geleend geld juist minder. Een lagere rente werkt precies andersom. Het gaat hierbij om het verdisconteren van een bedrag, de huidige waarde van een bedrag dat in de toekomst wordt ontvangen of betaald. Anders gezegd: welk bedrag is nu nodig om in de toekomst over een bepaald bedrag te beschikken ervan uitgaande dat het bedrag in de tussentijd op een spaarrekening staat.

Het vertrouwenskanaal betreft de verwachtingen van het publiek. Als het publiek een bepaalde renteaanpassing verwacht, wordt daarop vooruitgelopen. Zo calculeren bedrijven in dat leningen duurder worden en passen hun productie daarop aan als zij verwachten dat de ECB een renteverhoging aankondigt. Het is hierbij belangrijk dat de Centrale Bank een sterke reputatie heeft. Zo'n reputatie zorgt ervoor dat aankondigingen over het monetaire beleid al het halve werk zijn. Wij noemen deze aankondigingen daarom ook wel *management by speech*. In bijgaande figuur zijn de monetaire transmissiekanalen schematisch weergegeven.

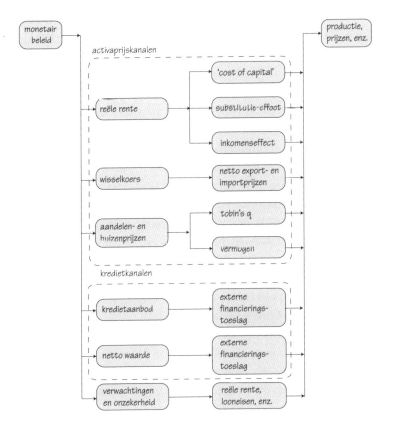

Toezicht op financiële instellingen

Een van de belangrijkste taken van DNB is het houden van toezicht op financiële instellingen. DNB houdt toezicht op het bankwezen, op beleggingsinstellingen en op wisselkantoren. Sinds de fusie met de Pensioen- en Verzekeringskamer in 2004 houdt DNB ook toezicht op pensioenfondsen en verzekeringsmaatschappijen.

Het toezicht op het bankwezen betreft allereerst het microprudentieel toezicht. Bij het bedrijfseconomisch toezicht, dat reeds terloops bij de geldschepping ter sprake kwam, let DNB erop dat kredietinstellingen liquide en solvabel zijn. Een bank die liquide is, beschikt over voldoende kasmiddelen om aan de chartale opvragingen en andere opvragingen van het publiek te voldoen. Ten opzichte van de rekening-couranttegoeden moet de bank over een bepaald percentage kasgeld beschikken, de kasliquiditeit. Onder invloed van de kredietcrisis zijn de regels voor het aanhouden van kasliquiditeit aangescherpt. In het kader van Basel 3 is een tweetal liquiditeitsratio's voorgeschreven, enerzijds gericht op het overleven van een acute crisissituatie en anderzijds met het oog op de middellange uitzettingen van de bank. Een solvabele bank is in staat verliezen, op haar kredietportefeuille, uit eigen middelen op te vangen. Deze liquiditeit en solvabiliteit zijn bedrijfseconomische aspecten bij het beheer van de kredietverlening. Als banken te veel krediet verlenen, lopen zij te grote risico's. Hierdoor worden de belangen van crediteuren en spaarders geschaad en komt de stabiliteit van het financiële systeem in gevaar. Daarnaast is ook de integriteit van financiële instellingen en de daarbij betrokken personen van belang. DNB volgt hiertoe de gang van zaken bij de banken op de voet.

Verder is toezicht op het bankwezen bedoeld om ongewenste machtsposities te voorkomen die door fusies van banken ontstaan. Als een bepaalde bank een te grote machtspositie krijgt, bestaat het gevaar dat deze bank haar macht gaat misbruiken door te hoge tarieven voor haar diensten te vragen. Ook leidt een te grote machtspositie ertoe dat onaanvaardbare financiële risico's ontstaan. Dit toezicht wordt in samenwerking met de Autoriteit Consument en Markt gedaan. De Autoriteit Financiële Markten zorgt voor het gedragstoezicht. Dit laatste houdt in dat de AFM erop let dat marktpartijen zich goed gedragen ten opzichte van klanten. Alle financiële instellingen zijn verplicht het publiek goed te informeren. Klanten moeten goed begrijpen hoe een bepaald financieel product werkt en wat de risico's zijn. De reclame moet daarom aan bepaalde voorwaarden voldoen. Bovendien moeten beleggers een financiële bijsluiter krijgen. De AFM bevordert met haar toezicht een ordelijk en transparant marktproces.

Een belangrijke les uit de financiële crisis is de noodzaak van toezicht en beleid met betrekking tot het financiële systeem als geheel. Men spreekt in dit verband van macroprudentieel toezicht en beleid. In Nederland vergt de uitvoering hiervan intensieve samenwerking tussen de Nederlandsche Bank, het ministerie van Financiën en de AFM. De Nederlandsche Bank heeft een drietal uitgangspunten geformuleerd. Allereerst het voorkomen van crises door ongewenste ontwikkelingen in de financiële sfeer als geheel tijdig te signaleren en tegen te gaan. De uitvoering hiervan vergt een grotere mate van alertheid en oog voor onderlinge samenhang van afzonderlijke ontwikkelingen in het mondiale financiële systeem dan voor de crisis is tentoongespreid. Het betekent in het bijzonder dat behalve specialistische kennis van monetaire en financiële processen, een integrale visie op de financieel-economische dynamiek nodig is. Een tweede aandachtspunt is het versterken van de schokbestendigheid van het financiële systeem door het versterken van de buffers aan eigen vermogen van financiële instellingen en het bevorderen van architectuur die onevenwichtigheden in het systeem endogeen, dat wil zeggen van binnenuit, corrigeert. In de conjunctuurtheorie is een voorbeeld van een dergelijke ingebouwde stabilisator de progressie in de inkomstenbelasting.

Ten slotte is crisismanagement van belang, waarbij het in het licht van fundamentele onzekerheid en onverwachte gebeurtenissen aankomt op snelheid van zorgvuldig en gecoördineerd handelen van beleidsmakers, die door effectieve communicatie en netwerkanalyse reageren op de wereldwijde turbulentie op de financiële markten

Het doel van het toezicht op de beleggingsinstellingen is een goede werking van financiële markten en het beschermen van potentiële beleggers op de markten. DNB houdt in het bijzonder toezicht op de organisatie van de beleggingsinstelling en op de informatieverschaffing aan het publiek. Zo moet elke beleggingsinstelling die onder toezicht van de Bank staat bij elk aanbod aan het publiek een gratis prospectus beschikbaar stellen. In de reclame die de beleggingsinstelling maakt, mag het beeld dat de beleggingsinstelling van zichzelf geeft niet wezenlijk afwijken van het beeld dat in de verplichte informatie wordt geschetst. Het doel hiervan is dat het publiek zich een beeld vormt van het aanbod van de beleggingsinstelling en van de risico's die zijn verbonden aan het deelnemen in de instelling.

Verder oefent DNB toezicht op de geldtransactiekosten uit. Wisselkantoren werden in het verleden gebruikt om geld wit te wassen. Dit was slecht voor de reputatie van wisselkantoren en daarmee voor de reputatie van het hele financiële systeem. Het toezicht op de geldtransactiekantoren is ook bedoeld om het financieren van terroristische misdrijven te voorkomen. Daarom identificeren geldtransactiekantoren hun klanten en moeten zij ongebruikelijke transacties melden.

Tijdens de kredietcrisis zijn de pensioenfondsen in moeilijkheden gekomen. Pensioenfondsen beleggen hun vermogen, waardoor zij gevoelig zijn voor marktontwikkelingen. Toen de beurskoersen eind 2008 kelderden en de subprime-hypotheken niets meer waard waren, nam de waarde van de beleggingen af, terwijl de verplichtingen even hoog bleven; de dekkingsgraad van pensioenfondsen daalde. Deze dekkingsgraad wordt berekend door de bezittingen van een pensioenfonds te delen door de schulden (verplichtingen aan pensioengerechtigden) en te vermenigvuldigen met 100 procent. Officieel moet deze dekkingsgraad boven de 105 procent liggen. In goede economische tijden is dit geen probleem. Toen de beleggingen van pensioenfondsen echter in snel tempo minder waard werden, daalden de dekkingsgraden tot ver onder de 100 procent. Het dalen van de rente heeft de benarde positie van de pensioenfondsen verder verslechterd. Dit houdt feitelijk in dat er bij een fonds niet genoeg geld beschikbaar is om alle pensioengerechtigden van hun pensioenuitkering te voorzien. Het gevolg was dat er enkele jaren geen indexatie mocht worden toegepast. Indexatie houdt in dat een pensioen jaarlijks wordt verhoogd met het inflatiepercentage. Als dit enkele jaren niet gebeurt, wordt het pensioen uitgehold. De pensioenfondsen kregen opdracht een herstelplan te maken voor de komende jaren en dit aan de DNB te presenteren.

Onder invloed van de wereldwijde financiële crisis ontwikkelt zich in snel tempo de behoefte aan Europees toezicht op de banken. Eind 2014 wordt het toezicht op de grote banken overgeheveld van de Nederlandsche Bank naar de ECB. De Europese bankenunie is een belangrijke stap in die richting. In december 2013 bereikten de ministers van Financiën van alle 28 landen van de EU een definitief akkoord over deze bankenunie. Een belangrijk onderdeel daarvan is de organisatie van Europees toezicht door gezamenlijke toezichtregels.

Als gevolg van de eurocrisis verandert in snel tempo het institutionele raamwerk in Europa. Er wordt regelgeving ontwikkeld over de aanpak van het omvallen van een belangrijke bank in een van de aangesloten landen. Is de afwikkeling alleen een zaak van het betrokken land of is er ook een rol weggelegd voor Europa, bijvoorbeeld via een Europees fonds? Deze discussie gaat over het resolutiemechanisme. Regelgeving is in Europa geharmoniseerd over het waarborgen van individuele spaarbedragen bij de banken van Europese burgers. De regels omtrent het stabiliteits- en groeipact zijn aangescherpt, zodat landen zich minder makkelijk onttrekken aan de afspraken omtrent begrotingsnormen. De macht van de Europese Commissie is hierbij versterkt. Er is een procedure ontwikkeld voor het onderkennen en beoordelen in een vroeg stadium van macro-economische onevenwichtigheden, zoals een aanhoudend tekort op de betalingsbalans. De betrokkenheid van de Europese Commissie bij de ontwerpfase van de begrotingen van de lidstaten, zodat vroegtijdig bijvoorbeeld te optimistische groeiprojecties worden onderkend, is een stap in het voortgaande proces van Europese integratie. In Nederland ziet de Raad van State in deze ontwikkeling een uitholling van het budgetrecht.

Betalingsverkeer

De laatste taak van DNB vormt het bevorderen van een goede werking van het betalingsverkeer, chartaal en giraal. De ECB is verantwoordelijk voor de uitgifte van bankbiljetten in de eurozone. De feitelijke uitgifte wordt zowel door de ECB als door de nationale Centrale Banken verzorgd. Vanaf 2002 brengt DNB uitsluitend eurobiljetten in omloop. Deze biljetten hebben aan beide zijden een Europees ontwerp. In tegenstelling tot de bankbiljetten hebben de euromunten een Europese en een nationale kant.

Om het betalingsverkeer tussen banken te regelen, heeft het Eurosysteem een speciaal betalingssysteem, TARGET2. Hierin worden de transacties verwerkt die dagelijks tussen Europese banken plaatsvinden. Hierbij sluit aan de invoering in de loop van 2014 van een uniform Europees betalingssysteem, SEPA (Single European Payment Area). De invoering van de IBAN-rekening is hiervan een uitvloeisel.

6
Overheid

Publieke welvaart

Ondernemingen zijn belangrijk voor de welvaart, in het bijzonder wanneer zij ook met maatschappelijke factoren rekening houden. Omgekeerd levert de overheid evenzeer een belangrijke bijdrage tot de welvaart in subjectieve zin door het leveren van goederen en diensten die niet via de markt tot stand worden gebracht. Een autoritair optredende overheid is uit een oogpunt van welvaart voor velen even verwerpelijk als een autoritair optredende ondernemer die noch binnen de muren van zijn onderneming, noch op de markt met individuele wensen rekening houdt. De individuele welvaart van de mensen in onze westerse samenleving is niet alleen afhankelijk van de particuliere consumptie, maar ook van het beroep dat op de activiteiten van de overheid wordt gedaan. Wij zijn allen zozeer op de besteding van het individuele inkomen gericht en bezig met het rechtstreekse verband tussen onze eigen prestatie en de goederen die wij kopen, dat het moeilijk tot ons doordringt dat ook de overheid mede tot onze welvaart bijdraagt. Wij weten dat wij belastingen betalen maar beseffen niet dat daartegenover tal van overheidsprestaties staan waaraan nut wordt ontleend. Ook in dit verband speelt een grote rol dat het woord 'welvaart' erg beperkt en stoffelijk wordt opgevat. Let men op de welvaart in de ruime zin van subjectieve behoeftebevrediging, dan ligt de weg ook vrij de bijdrage van de overheid tot onze welvaart te onderkennen. De overheid zorgt voor onderwijs, voor een deel van de gezondheidszorg, voor een oudedagsvoorziening, voor het garanderen van een inkomen in geval van werkloosheid, voor defensie en voor het handhaven van de rechtsorde. Van deze overheidsprestaties profiteren de burgers niet dagelijks en ook niet in gelijke mate, maar wanneer de nood aan de man komt wordt een beroep op steun van de overheid gedaan. Hoewel wij voor sommige prestaties van de overheid rechtstreeks betalen, verloopt in het algemeen de financiering van de overheidsuitgaven via de belastingen, zodat langs die weg het verband tussen offer en prestatie is verbroken. De meeste activiteiten van de overheid verlopen buiten het marktmechanisme om, maar dat betekent niet dat deze daardoor buiten de economie vallen. Integendeel, ook voor de overheidsuitgaven en de overheidsactiviteiten geldt de schaarste. Meestal betekent ook hier meer van het een, is minder van het ander. Wel is het zo dat het overheidsapparaat beschikt over de mogelijkheid collectieve uitgaven te doen zonder dat politici en ambtenaren individueel met de rekening worden geconfronteerd, zoals het drama rond de Betuwelijn illustreert. Dit betekent dat minder dan in de particuliere sector of marktsector wordt gelet op de doelmatigheid van de uitgaven en het vergelijken van offer en nut. Een vrouw die in een winkel een japon koopt vergelijkt het nut dat de kleding heeft met de prijs. Dat rechtstreekse kompas ontbreekt in de publieke sector. Daardoor treedt verspilling op, terwijl het ontstaan van de bureaucratie hier wel iets mee te maken heeft. Vaak blijkt pas met grote vertraging dat door de overheid te veel wordt uitgegeven. Daaruit volgt niet dat de activiteiten van de overheid achterwege moeten blijven. De overheid verricht tal van taken die in behoeften voorzien en derhalve tot de welvaart bijdragen. Het heeft geen zin in de bijdrage van de overheid tot onze welvaart een soort concurrent van de particuliere consumptie te zien. Het tegendeel is het geval. De overheid vult langs publieke weg aan wat wij langs individuele weg reeds verwerven. De publieke consumptie is een noodzakelijk complement op de particuliere consumptie.

Deze verhouding tussen het optreden van de overheid en de consument treft men eveneens in de sfeer van de productie aan.

De particuliere investeringen van de ondernemingen zijn pure verspilling indien daarnaast in de publieke sector niet wordt gezorgd voor aanvullende publieke investeringen. Een onderneming die in een bepaalde regio met een nieuwe vestiging begint, doet dat alleen indien de zekerheid bestaat dat de overheid bereid is te zorgen voor een goed wegennet, voor goede scholen, voor schouwburgen en ziekenhuizen. Daarom is het zinloos de private en publieke sector als vijanden van elkaar te beschouwen. Evenzeer als de overheid de ondernemingen nodig heeft om maatschappelijke problemen op te lossen, hebben de ondernemingen de overheid nodig ten behoeve van het ondernemen.

Naast de particuliere onderkennen wij de publieke consumptie en naast de particuliere de publieke investeringen. Zo wordt naast het particuliere inkomen een publiek inkomen onderkend. Als men beseft dat het bij het inkomen uiteindelijk om subjectieve behoeftebevrediging gaat en dus om meer dan alleen een geldsom, is duidelijk dat ons inkomen niet alleen wordt bepaald door wat wij allemaal in ons loonzakje ontvangen, maar ook door wat wij van de overheid verwerven. Het verzekeren door de overheid van het bestaan van de Nederlandse staatsburger is een inkomensbestanddeel van grote betekenis. De overheid is er niet alleen voor het behartigen van onze gezamenlijke belangen, maar ook voor onze individuele welvaart. De overheid wordt niet zelden vergeleken met Sinterklaas die pakjes uitdeelt. Individuen en groepen reageren hier anders op dan zij op de markt doen. Op de markt staat tegenover de wensen die iedereen heeft een financiële prestatie, terwijl men op de overheidsvoorzieningen een beroep doet zonder koopkracht af te staan.

In het kader van het ruime welvaartsbegrip is voor de overheid het organiseren van de besluitvorming van groot belang. Spreiding van macht is iets anders dan concentratie van macht. Het spreiden van macht wordt bevorderd door meer mensen bij de besluitvorming te betrekken. De overheid gaat er bij haar optreden vanuit dat het uiteindelijk gaat om de individuele behoeftebevrediging. Alleen op die wijze wordt werkelijk waargemaakt dat het optreden van de overheid tot het welvaartsstreven van de individuele burger bijdraagt. Doet men het anders, dan valt de burger ongetwijfeld snel weer terug op het traditionele uitgangspunt dat zijn eigen welvaart afhankelijk is van het inkomen dat hij of zij zelf verdient. In het recente verleden is het herhaaldelijk voorgekomen dat de overheid een aanvankelijke beslissing heeft herroepen na het optreden van een groep betrokkenen, die ook vooraf geraadpleegd kunnen worden. Formeel beslist de overheid nog steeds, maar feitelijk worden beslissingen door pressie van betrokkenen teruggedraaid. Deze gang van zaken wordt voorkomen door de raadplegingen vooraf te organiseren. Dit gebeurt door bij de besluitvorming over bijvoorbeeld de aanleg van een weg niet alleen op calculeerbare financiële aspecten te letten, maar ook op niet op geld waardeerbare kanten, zoals het behoud van natuur. Vaak worden deze aspecten door de burgers naar voren gebracht die zich verenigen in actiegroepen en stichtingen. Een concrete uitwerking hiervan is verder een publiek-private constructie. Deze institutie is geschikt voor de integrale aanpak en financiering van infrastructurele projecten. Men combineert publieke eisen omtrent veiligheid en milieu met planning en efficiëntie van private partijen. Er wordt zodoende een betere afstemming bereikt op de wensen van uiteindelijke consumenten dan wanneer de overheid alleen optreedt. Private partijen vertegenwoordigen de markt, die mede de wensen van burgers als consumenten weerspiegelt.

Functies van de overheid

In onze open en gemengde economie vervult de centrale overheid drie functies: de allocatiefunctie, de verdelingsfunctie en de stabiliseringsfunctie.

De allocatiefunctie betreft het beïnvloeden van de aard van de goederenstroom in ons land. De herverdelingsfunctie slaat op het beïnvloeden van de inkomensverdeling en de verdeling van vermogens. De stabiliseringsfunctie betreft het beheersen van de conjuncturele en structurele ontwikkeling van de economie.

De overheid oefent deze drie functies uit door de overheidsbegroting als instrument te gebruiken en door regels te geven. De publieke sector oefent grote invloed uit op de samenstelling van de productie in een land. Er ontstaat een ander pakket goederen en diensten dan zonder het optreden van de overheid het geval is. Door toedoen van de overheid verandert de allocatie van de productiefactoren. Dat de overheid het gebruik van de productiefactoren beïnvloedt, blijkt rechtstreeks uit de voortbrenging van de collectieve en quasicollectieve goederen.

In vele gevallen is de invloed van de overheid op de allocatie indirect. Van goederen die door belastingen duurder worden, kopen de consumenten minder. Dit middel past de overheid toe bij goederen die schadelijk zijn voor de gezondheid of voor het milieu, zoals tabak of loodhoudende benzine. Van andere goederen stimuleert de overheid juist het gebruik. Dat bereikt zij door de belasting op die goederen te verlagen of de productie te subsidiëren. Voorbeelden zijn het openbaar vervoer, allerlei kunstvormen en energievriendelijke auto's. Men noemt dergelijke goederen wel meritgoederen of bemoeigoederen.

Door de belasting en premieheffing en door de sociale uitkeringen oefent de overheid invloed uit op de verdeling van de besteedbare inkomens. De primaire inkomensverdeling is de inkomensverdeling voordat rekening is gehouden met betaalde inkomsten en loonbelasting, premies en ontvangsten van sociale uitkeringen. De secundaire inkomensverdeling ontstaat nadat belastingen en premies zijn betaald en sociale uitkeringen zijn ontvangen. De secundaire inkomensverdeling is minder ongelijk dan de primaire. Na de herverdeling door belasting en premieheffingen en door sociale uitkeringen en subsidies zijn de personele inkomensverschillen kleiner. We noemen dit inkomensnivellering. Fiscale maatregelen hebben ook invloed op de vermogensverdeling.

De overheid let in haar beleid op een evenwichtige groei van de voortbrenging van goederen en diensten. In de komende jaren let de overheid op het verduurzamen van de energievoorziening en de verdere ontwikkeling en toepassing van de informatietechnologie. Het gaat hierbij om de structurele kant van de economische ontwikkeling. De overheid schept de voorwaarden voor een evenwichtige ontwikkeling van de productiecapaciteit in Nederland. Daarbij is er aandacht voor het vermijden van structurele werkloosheid doordat mensen geen goede opleiding krijgen.

Daarnaast heeft de overheid aandacht voor de conjuncturele kant van de economische ontwikkeling. Hierbij gaat het om de bezetting van de productiefactoren en van de beschikbare arbeid in het bijzonder. Deze conjuncturele werkloosheid bestrijdt de overheid door de vraag naar goederen en diensten te bevorderen. De overheid verlaagt daartoe de belastingen of voert haar eigen bestedingen op. Er zijn ook perioden waarin de bestedingen van consumenten en ondernemingen de productiecapaciteit overtreffen. Dan remt de overheid de conjuncturele ontwikkeling af door de belastingen te verhogen of de eigen bestedingen te verminderen. De schommelingen in het economisch leven worden daardoor minder scherp. Zo ontstaat een meer stabiele economische ontwikkeling. In de praktijk heeft de overheid simultaan oog voor structurele en conjuncturele ontwikkelingen, waardoor het beleid voor lastige afwegingen staat.

Belastingen

De overheid heeft twee belangrijke bronnen van inkomsten: belastingen en niet-belastingmiddelen. Al het geld dat de overheid ontvangt, is afkomstig van burgers en ondernemingen. De overheid ontvangt geld van burgers in allerlei verschillende rollen. Men betaalt belasting als spaarder, als werknemer, als eigenaar van vermogen of van grond en als consument. Een ontvangst voor de overheid is dus altijd een last voor de burger of de onderneming. De belastingen vormen de grootste inkomstenbron van de overheid. Het zijn verplichte betalingen aan de overheid, waarvoor individuele burgers geen aanwijsbare tegenprestatie tegenover staat. Men onderscheidt directe belastingen en indirecte belastingen.

Tot de directe belastingen behoren de loon- en inkomstenbelasting, de vennootschapsbelasting en de vermogensbelasting. Bekende indirecte belastingen, die men ook wel kostprijsverhogende belastingen noemt, zijn: de omzetbelasting (btw), de accijnzen en de bijzondere verbruiksbelasting, die bij de aanschaf van nieuwe auto's en motorfietsen moet worden betaald. Indirecte belastingen betreffen de bestedingen van de burgers.

Ten slotte zijn er als inkomsten de niet-belastingmiddelen, zoals de aardgasopbrengsten, de winstuitkeringen door overheidsondernemingen aan de schatkist en de opbrengst van boetes. Tot de niet-belastingmiddelen behoren de retributies. Dit zijn heffingen voor diensten die de overheid aan de burgers verleent, zoals de afgifte van paspoorten. Anders dan bij de belastingen is er bij retributies wel een direct aanwijsbare tegenprestatie. Andere voorbeelden van retributies zijn loodsgelden en de school- en collegegelden.

De premies voor de sociale verzekeringen, zoals de AOW, vormen geen ontvangst van de overheid, maar zijn een ontvangst van de collectieve sector. Zij worden geïnd door onder andere de bedrijfsverenigingen en de Sociale Verzekeringsbank.

Alle ontvangsten van de collectieve sector waar geen direct aanwijsbare prestatie tegenover staat, noemen we de collectieve lasten. De collectieve lasten bestaan uit de belastingen, sommige niet-belastingmiddelen en de socialeverzekeringspremies. Een begrip dat in de politieke discussies een belangrijke rol speelt is de collectieve lastendruk. Hieronder verstaat men de collectieve lasten uitgedrukt in een percentage van het bruto binnenlands product. De collectieve lastendruk bedraagt in Nederland ongeveer 50 procent van het bruto binnenlands product.

De belastingheffing berust op verscheidene beginselen, zoals het draagkrachtbeginsel, het beginsel van de bevoorrechte verkrijging, het profijtbeginsel, het welvaartsbeginsel, het beginsel van de minste pijn en het beginsel van de maximale realisatie.

Met het rechtvaardigheids- of draagkrachtbeginsel bedoelt men dat iemand met een hoog inkomen naar verhouding meer belasting betaalt dan iemand met een laag inkomen. Zo verdeelt de overheid de belastingdruk 'naar draagkracht' over de belastingplichtigen. In de loon- en inkomstenbelasting is dit beginsel het duidelijkst. Deze belasting wordt progressief geheven. Dat houdt in dat iemand een hoger percentage van zijn inkomen aan belasting betaalt naarmate zijn inkomen stijgt. Het woord percentage is hier het belangrijkst. Als iedereen hetzelfde percentage inkomstenbelasting betaalt, betalen de hogere inkomens een groter bedrag, maar is het tarief niet progressief.

Een andere toepassing van het draagkrachtbeginsel treffen we aan bij de omzetbelasting. De btw op luxegoederen bedraagt 21 procent en die op eerste levensbehoeften 6 procent.

Sommige inkomens en vermogens worden met betrekkelijk weinig inspanning verkregen. Daarom belast de overheid deze inkomens zwaar. Over een erfenis moet men successierechten betalen. Van het profijtbeginsel als grondslag voor een belasting is sprake bij de motorrijtuigenbelasting. Autobezitters profiteren meer van de wegen dan anderen en brengen daarom een extra offer. Het is overigens niet altijd zeker dat de overheid de extra opbrengst van deze belasting gebruikt voor het verbeteren van de wegen. Het profijtbeginsel is het duidelijkst bij retributies, waarbij een direct verband bestaat tussen de prestatie van de overheid en de betaling van de burger. Voorbeelden zijn reinigingsrechten, de abonnementsprijzen van bibliotheken en de kosten voor een paspoort. Het profijtbeginsel is de laatste jaren meer in de aandacht gekomen en de toepassing is een argument om verhogingen van retributies en verlagingen van subsidies te rechtvaardigen.

Het welvaartsbeginsel heeft betrekking op de schade die belastingheffing voor de groei betekent. Een zware druk van de progressieve belastingen maakt de inkomensverdeling rechtvaardiger. Maar diezelfde druk leidt ertoe dat de groei van het bruto binnenlands product vermindert of zelfs negatief wordt. Hoge marginale belastingtarieven brengen mensen met relatief hoge inkomens ertoe zich minder hard in te spannen of te verhuizen naar landen waar het belastingtarief minder hoog is. Dan is er sprake van belastingvlucht. Sommige vermogende Nederlanders wonen in België, omdat de Belgische overheid de inkomens minder zwaar belast. Het beginsel van de minste pijn houdt in dat de belastingheffing zoveel mogelijk samenvalt met de inkomensverkrijging of -besteding. Een goed voorbeeld is de loonbelasting, die van het inkomen wordt afgetrokken voordat het loon wordt ontvangen. De maximale realisatie houdt in dat de belastingopbrengst voor de fiscus met zo weinig mogelijk kosten gepaard gaat, zonder dat de rechtszekerheid in gevaar komt. Zijn de kosten van inning van een bepaalde belasting in verhouding tot de opbrengst erg hoog, dan kan men deze belasting beter achterwege laten. Ten slotte mag het belastingsysteem niet te ingewikkeld zijn, zodat alleen degenen die zich een belastingconsulent kunnen veroorloven de voordelen weten te realiseren. Dit was een belangrijke overweging bij de herziening van het belastingstelsel dat op 1 januari 2001 in werking is getreden. Het Belastingplan 2001 is tot stand gekomen onder leiding van de oud-minister van Financiën G. Zalm en voormalig staatssecretaris W. Vermeend. De uitvoering van het Belastingplan is grotendeels in handen geweest van de staatssecretaris van Financiën W. Bos. Deze was minister van Financiën in het vierde kabinet-Balkenende.

De meest fundamentele wijziging ten opzichte van het oude belastingstelsel is de introductie van de zogenaamde 'boxen', waarbij onderscheid wordt gemaakt naar het soort inkomen dat de belastingplichtige ontvangt. Er zijn drie boxen; box 1 is voor de meeste belastingplichtigen de belangrijkste. In deze box zitten de inkomsten uit arbeid, de inkomsten uit periodieke uitkeringen en verstrekkingen, de winst uit een onderneming en de inkomsten uit eigen woning. Box 2 is alleen van belang voor mensen met aanmerkelijk belang in een onderneming (dit houdt in dat ze minimaal 5 procent van de aandelen van de onderneming in bezit hebben); box 3 betreft inkomsten uit vermogen.

De inkomsten die onder box 1 vallen worden belast volgens een progressief tarief. In plaats van de belastingvrije som is er een heffingskorting van circa € 1.500,- per persoon. De belastingtarieven in de verschillende schijven zijn verlaagd, wat mede wordt gefinancierd door het aantal aftrekposten te beperken. Zo is aftrek van de hypotheekrente voor een tweede huis niet meer mogelijk. Inmiddels is een begin gemaakt met het geleidelijk afschaffen van de aftrek van de hypotheekrente. Het tweede huis valt nu in box 3, waar de vermogensrendementsheffing wordt gehanteerd. De vermogensrendementsheffing werkt als volgt. Vermogen wordt geacht een rendement van 4 procent op te leveren, waarover 30 procent belasting wordt geheven. De vermogensrendementsheffing bedraagt dus 0,04 procent x 30 procent = 1,2 procent. Nederland is het eerste land ter wereld waar een dergelijke heffing wordt gehanteerd.

Door de verlaging van de belastingtarieven in box 1 wordt de lastendruk op arbeid verlaagd. Dit is een onderdeel van een bredere strategie van het belastingplan, namelijk een verschuiving van belasting op arbeid naar belasting op kapitaal en een verschuiving van directe belastingen naar indirecte belastingen, zoals de btw. Het hoogste tarief van deze belasting is 21 procent. De ecotaks werd verdubbeld.

Velen hebben moeite met het betalen van belasting. Hoewel uit de belastingen allerlei voorzieningen worden betaald waar iedereen gebruik van maakt, hebben de mensen toch het idee dat zij een deel van hun brutoloon afstaan aan een ander. Ze proberen onder de collectieve lasten uit te komen. Dat gebeurt door het afwentelen, ontduiken en ontwijken of ontgaan van belasting.

Afwentelen komt neer op het door derden laten betalen van belasting. Bij sommige belastingen is dat de bedoeling, zoals bij de btw, die de ondernemers aan hun afnemers doorberekenen. Bij andere belastingen is het niet de bedoeling, maar gebeurt het in de praktijk toch. Werknemers proberen wel eens een belastingverhoging op de werkgevers af te wentelen door een extra loonstijging te eisen. Als dat lukt, stijgen door een verhoging van de belastingen de loonkosten van de ondernemingen. Dit heeft allerlei ongunstige economische effecten, zoals daling van de bedrijfswinsten, een slechtere concurrentiepositie en vermindering van het aantal arbeidsplaatsen. Vandaar dat de overheid ernaar streeft om de collectieve lastendruk niet verder te laten stijgen en zelfs te laten dalen.

Het ontduiken van belastingen en sociale premies is illegaal. Dat gebeurt als iemand inkomsten voor de fiscus verzwijgt. Als iemand op een buitenlandse rekening rente ontvangt over het tegoed en dit niet vermeldt op zijn belastingaangifte, is sprake van belastingontduiking. Ook zijn er mensen die zwart werken. Zij geven hun inkomsten niet op, zodat zij het betalen van belastingen en sociale premies ontduiken. Mensen die criminele activiteiten plegen, zoals handelen in harddrugs, melden hun inkomsten niet aan de fiscus. De georganiseerde misdaad legt zich erop toe enorme bedragen aan zwart verdiend geld 'wit te wassen'. Zij sluizen hun geld naar officiële BV's via een netwerk van ondernemingen. Vaak zijn die gevestigd in zogenaamde belastingparadijzen, zoals de Nederlandse Antillen en de Kanaaleilanden.

Belasting ontduiken is strafbaar, in tegenstelling tot het ontwijken of ontgaan van belastingen. Van ontwijken is sprake als op een geoorloofde manier de belastingbetaling wordt voorkomen. Daar zijn veel mogelijkheden voor. Een eenvoudig te begrijpen voorbeeld is dat een bewoner van de grensstreek de accijns op benzine ontwijkt door in Duitsland of België te tanken. Multinationale ondernemingen ontgaan de vennootschapsbelasting voor een deel. Zij laten hun winsten zoveel mogelijk vallen bij dochtermaatschappijen in landen waar de overheid geen hoge belasting op de winst heft. Om belasting te ontwijken kan iemand besluiten om niet méér te gaan werken, omdat hij de extra inkomsten na aftrek van belasting te laag vindt. In het algemeen is voor het ontwijken van belastingen een grondige kennis van de mazen in de belastingwetten nodig. Bij hogere inkomens en bij de ondernemingen levert dat forse besparingen op de verschuldigde belasting op. Veelal houden aparte fiscale deskundigen zich bezig met het opsporen van dergelijke mogelijkheden om belasting te besparen.

Een verhoging van de belastingen leidt ertoe dat mensen gaan proberen het nadelige effect op hun inkomen weer ongedaan te maken. Het gevolg is dat de totale ontvangsten van de overheid minder sterk stijgen dan de overheid heeft begroot. Het is zelfs denkbaar dat bij een verhoging van de lastendruk een daling van de belastingontvangsten optreedt.

Door de toenemende internationale verwevenheid is het belastingsysteem een belangrijk handelsinstrument geworden. Een recent probleem betreft belastingheffing over handel via internet. Voor het kopen van fysieke goederen via internet geldt dat de belasting wordt geheven in het land van de klant. Als een Nederlandse consument een boek bij Amazon.com bestelt, dan wordt hierover in Nederland btw geheven. Voor het kopen van niet-fysieke goederen, zoals het downloaden van muziek of software tegen betaling, geldt een andere regeling. Deze goederen worden gezien als dienst en worden daarom belast in het land van de aanbieder. Als een Nederlandse consument software tegen betaling downloadt van een Franse onderneming, wordt hierover in Frankrijk btw geheven. Als dezelfde consument deze software van een Amerikaans bedrijf downloadt, wordt er geen btw over geheven. In de Verenigde Staten is elektronische handel belastingvrij. Dit geeft Amerikaanse bedrijven een concurrentievoordeel ten opzichte van hun Europese collega's.

Uitgaven van de collectieve sector

De uitgaven van de collectieve sector worden verdeeld in overdrachtsuitgaven en overheidsbestedingen. Bij overdrachtsuitgaven legt de collectieve sector geen beslag op productiemiddelen. De ontvangers van de overdrachtsuitgaven leveren geen bijdrage aan de productie. Het grootste deel van de overdrachtsuitgaven wordt uitgekeerd via de sector sociale zekerheid en zorg. De uitvoering hiervan is in handen van de Sociale Verzekeringsbank (SVB) en het Uitvoeringsinstituut Werknemersverzekeringen (UWV). Het betreft inkomensoverdrachten in de vorm van sociale uitkeringen zoals WW, WIA, AOW; ook sociale vergoedingen uit de ZVW vallen hieronder. Bij overdrachtsuitgaven van de overheid in ruime zin gaat het om bijvoorbeeld kinderbijslag, bijstandsuitkeringen en inkomensondersteunende subsidies zoals huursubsidie. Bij overheidsbestedingen legt de overheid beslag op productiemiddelen. De ontvangers van overheidsbestedingen leveren goederen en diensten. De bestedingen worden verdeeld in overheidsconsumptie en overheidsinvesteringen. De overheidsconsumptie bestaat uit de materiële overheidsconsumptie zoals de huur en verwarming van overheidsgebouwen en de ambtenarensalarissen. Voorbeelden van overheidsinvesteringen zijn spoorlijnen, dijken, wegen en overheidsgebouwen. Uitgaven voor het onderwijs, zoals studiebeurzen en de bekostiging van het onderwijs, worden beschouwd als investeringen in menselijk kapitaal.

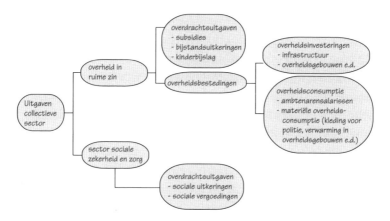

Een groot infrastructureel project is de Betuwelijn. Deze treinverbinding is inmiddels van Rotterdam naar Duitsland gerealiseerd en goederen worden per rail vervoerd. De kosten zijn veel hoger uitgevallen dan begroot. Uit prestigeoverwegingen ging de overheid door met dit project. Er waren grote investeringen gedaan en de politiek vond dat doorgaan met dit project beter was dan stoppen, ook al was het perspectief ongunstig. De investeringen die al gedaan zijn, zijn verzonken kosten. Economisch gezien doen verzonken kosten er voor de beslissing – stoppen of doorgaan – niet toe. Als op een bepaald moment de kostenbatenanalyse van een project negatief uitvalt, dan dient uit financieel oogpunt te worden gestopt, ondanks de investeringen die al zijn gedaan. Het project heeft veel schade toegebracht aan natuur en cultuur en stagneert vanwege het ontbreken van een Duitse aansluiting.

Begroting

Elk jaar biedt de minister van Financiën op Prinsjesdag de rijksbegroting aan de Tweede Kamer aan. De rijksbegroting is een wetsvoorstel van de regering aan het parlement. Het gaat over de uitgaven in het komende kalenderjaar en over de manier waarop de regering de uitgaven wil financieren. De begroting is ingedeeld in hoofdstukken. Elk hoofdstuk gaat over één ministerie.

Behalve de begroting ontvangt het parlement op de derde dinsdag in september ook de Miljoenennota. Deze bevat een samenvatting van de rijksbegroting. Verder wordt hierin uitgelegd hoe de ingediende begroting past in de financiële en economische toestand van het land. De gegevens daarover zijn afkomstig van het Centraal Planbureau, dat op Prinsjesdag de Macro-Economische Verkenning publiceert. Dit boekje bevat voorspellingen over de economische ontwikkeling in het komende jaar.

Een van de belangrijkste rechten van het parlement is het budgetrecht. Dit houdt in dat de regering geen uitgaven mag doen als het parlement die niet van tevoren heeft goedgekeurd. Net als bij alle andere wetsvoorstellen brengt de Tweede Kamer wijzigingen aan in de ontwerpbegroting, het recht van amendement. Na een begrotingsjaar wordt de uitvoering gecontroleerd door de Algemene Rekenkamer, die verslag uitbrengt aan het parlement.

De overheid kan haar begroting op korte termijn niet gemakkelijk aanpassen aan nieuwe situaties. Veel uitgaven liggen al voor een aantal jaren vast. Andere uitgaven hangen samen met de groei van de nationale economie en de bevolkingsgroei, zoals investeringen in de infrastructuur en in het onderwijs. Deze uitgaven zijn complementair ten opzichte van de particuliere sector.

Het beperken van de overheidsuitgaven stuit vaak op verzet. Ook zijn er bezuinigingen die leiden tot nieuwe uitgaven elders. Als men bezuinigt op huursubsidies, moeten de bijstandsuitkeringen omhoog. Toch zijn er de laatste jaren onder invloed van de financiële crisis grootscheepse bezuinigingen tot stand gekomen, op de sociale verzekeringen, het aantal ambtenaren, de ambtenarensalarissen en op vrijwel alle onderdelen van staatszorg. Deze bezuinigingen hebben tot veel verzet geleid. Veel mensen zijn van mening dat te weinig op overdrachtsuitgaven en te veel op overheidsinvesteringen is bezuinigd.

In ons land heeft de begroting van het Rijk meestal een tekort vertoond. Dat betekent dat de uitgaven hoger zijn dan de ontvangsten. Bijzondere aandacht is er geweest voor het financieringstekort. Dit berekent men door van de uitgaven (exclusief de aflossing op de staatsschuld) de ontvangsten af te trekken.

Telt men de aflossingen op de staatsschuld op bij het financieringstekort, dan krijgt men het begrotingstekort. Het begrotingstekort geeft het totale bedrag weer dat het Rijk in het komende jaar leent, de zogenaamde financieringsbehoefte. De betekenis van het financieringstekort is dat het laat zien met welk bedrag de staatsschuld in een jaar stijgt. De staatsschuld uitgedrukt als een percentage van het bruto binnenlands product is de staatsschuldquote. Een stijgende staatsschuld betekent dat de overheid in de toekomst meer rente en aflossing betaalt. De minister van Financiën financiert het financieringstekort op verscheidene manieren. Lenen op de open kapitaalmarkt door de uitgifte van staatsobligaties. Deze vorm van lenen noemt men kortweg het uitschrijven van een staatslening. Onderhands lenen op de kapitaalmarkt bij de institutionele beleggers. De staat leent ook grote bedragen rechtstreeks bij de institutionele beleggers, zoals de pensioenfondsen en de levensverzekeringsmaatschappijen. Als de overheid voor korte tijd een tekort aan liquide middelen heeft, doet zij een beroep op de banken. De kortlopende schuld van de overheid wordt vlottende schuld genoemd; de langlopende schuld heet gevestigde schuld.

Net als bij een private schuld betaalt de staat ook rente en aflossing over de staatsschuld. Hoe hoger de staatsschuld, des te meer rente en aflossing er wordt betaald. Uiteindelijk wordt betaald uit toekomstige belastingontvangsten. Het tekort van het Rijk wordt gezien als een uitgestelde belastingheffing. Dit betekent dat toekomstige generaties opdraaien voor de nu gemaakte schulden door de rijksoverheid. De extra overheidsbestedingen in verband met de economische crisis zorgen voor extra lasten in de toekomst.

De minister van Financiën van het kabinet-Kok, G. Zalm, heeft een behoedzaam begrotingsbeleid in gang gezet. Daarbij werd uitgegaan van een bescheiden economische groei, zodat eerder meevallers dan tegenvallers te verwachten zijn. Het beleid wordt minder nerveus. Er zijn niet steeds bijstellingen en extra bezuinigingen nodig. Meevallers in de belastingsfeer worden allereerst gebruikt om de staatsschuld verder omlaag te brengen. Het kabinet-Balkenende IV besloot tot een minder behoedzaam begrotingsbeleid door van een hogere groei van de economie uit te gaan. Tegenvallers waren niet langer uitgesloten.

Zalm introduceerde verder de Zalm-norm. De uitgaven en inkomsten worden volgens deze norm strikt gescheiden. Inkomensmeevallers worden niet gebruikt voor extra uitgaven, maar alleen om het financieringstekort terug te brengen. Het terugdringen van het financieringstekort en daarmee de staatsschuld is niet gemakkelijk. Bezuinigen betekent impopulaire maatregelen nemen. Politici die bezuinigingen doorvoeren, verkleinen hun kans op herverkiezing. Ambtenaren hebben geen belang bij bezuinigingen omdat zij kans lopen te worden ontslagen.

Als norm voor het toegestane overheidstekort wordt de gulden financieringsregel genoemd. Deze regel houdt in dat de overheid alleen geld leent voor investeringen, zoals de aanleg van wegen en spoorlijnen. Consumptieve uitgaven van de overheid en overdrachtsuitgaven betaalt de overheid uit de belastinginkomsten. Voorbeelden van consumptieve overheidsuitgaven zijn ambtenarensalarissen en de verwarming van gebouwen. Voorbeelden van overdrachtsuitgaven zijn de sociale uitkeringen.

Nederland beslist niet meer zelfstandig over de hoogte van het overheidstekort. Dat komt door de Europese Unie en de invoering van de Europese munteenheid, de euro. In het Verdrag van Maastricht, dat de totstandkoming van de Economische en Monetaire Unie (EMU) in Europa regelt, zijn hiervoor regels gesteld. Een lidstaat van de Europese Unie neemt alleen deel aan de EMU als hij aan enkele voorwaarden voldoet. Het vorderingentekort is niet hoger dan 3 procent van het bruto binnenlands product (bbp), de overheidsschuld bedraagt maximaal 60 procent van het bbp en de inflatie is minder dan 1,5 procent hoger dan in de drie EU-landen met de geringste geldontwaarding. De staatsschuld uitgedrukt als een percentage van het bbp is de staatsschuldquote. Bij de staatsschuld gaat het om de schuld van de rijksoverheid. Tellen wij bij de staatsschuld de schuld van de gemeenten, de provincies en de waterschappen op, dan resulteert de totale overheidsschuld. Door de totale overheidsschuld te delen door het bbp vinden wij de totale overheidsschuldquote. In de praktijk is dit de EMU-schuldquote. In euro's nam de totale schuld toe, maar het bbp is lange tijd sterker gegroeid, het noemereffect. Hierdoor daalde de quote snel. Een verlaging van de schuldquote leidt tot een kleiner bedrag van de rentelasten op de rijksbegroting. De verhoging van de EMU-schuldquote in de crisisjaren vergt een groter beslag van de rentelasten op de rijksbegroting.

Begrotingsbeleid en EMU-tekort

Het Rijk leent geld om kredieten te verstrekken en om deel te nemen in bedrijven. Er staat tegenover de schuld toegenomen staatsbezit. Door het financieringstekort te salderen met de uitgaven en ontvangsten in het kader van kredietverlening en de aan- en verkoop van staatsleningen ontstaat het vorderingssaldo. Dit vorderingensaldo wordt aangeduid met het EMU-tekort of EMU-saldo. De termen 'begrotingstekort' en 'financieringstekort' worden vaak gebruikt om het EMU-tekort aan te duiden. Dit is feitelijk niet juist. Bij een verwacht EMU-tekort dat groter is dan 2 procent van het bbp dient er extra te worden bezuinigd of moeten de belastingen omhoog. Deze 'veiligheidsklep' is ingebouwd om tijdig in te grijpen wanneer het EMU-tekort door de grens van 3 procent dreigt heen te schieten. Sinds 2011 is dit niet meer gelukt.

De hoofdlijnen van het begrotingsbeleid worden bij het begin van iedere kabinetsperiode vastgelegd. Uitgangspunt bij alle cijferopstellingen is de geraamde groei van het bbp. Ook wordt becijferd hoe de uitgaven zich ontwikkelen bij onveranderde voortzetting van het beleid. Vervolgens wordt nagegaan van welke uitgavenposten men de groei wil versnellen (intensiveringen) of verminderen (ombuigingen). Voor elke minister rolt als saldo van ombuigingen en intensiveringen een eigen uitgavenplafond uit de bus. Elke minister moet met zijn uitgaven beneden het afgesproken maximum blijven. Wie dat overschrijdt, moet op andere posten van de begroting extra bezuinigen, budgetdiscipline.

Zowel in goede als in slechte economische tijden beïnvloedt de overheid de bestedingen door te besteden. De Engelse econoom J.M. Keynes vond dat de overheid op deze manier moet ingrijpen in de economie. Wanneer het economisch heel goed gaat, treedt de overheid remmend op. Dit doet zij door de belastingen te verhogen en de overheidsuitgaven te verlagen.

In een periode waarin de economie in moeilijkheden verkeert, is het andersom. De overheid vergroot haar bestedingen en verlaagt de belastingen. Wij noemen dit anticyclische begrotingspolitiek omdat het beleid tegen de economische cyclus ingaat. Door deze politiek worden de schommelingen in de conjunctuur kleiner.

Bij het voeren van anticyclische begrotingspolitiek dreigt het gevaar dat deze procyclisch wordt. Tussen het moment dat de overheid een besluit neemt en het moment dat de maatregelen worden uitgevoerd, verstrijkt veel tijd. Hierdoor is het mogelijk dat de maatregelen die in een laagconjunctuur nodig zijn pas effect krijgen tijdens een hoogconjunctuur. Hierdoor versterkt het overheidsbeleid de schommelingen van de conjuncturele kant van het economisch leven.

Door de kredietcrisis is het vorderingentekort van Nederland opgelopen. Banken zijn gered met staatsgeld, belastingen zijn verlaagd om ondernemers te stimuleren en de opgelopen werkloosheid vergt werkloosheidsuitkeringen. Krimp en lage economische groei drukken de inkomsten van de overheid omlaag. Deze situatie noopt tot grootscheepse bezuinigingen.

Bezuinigen kan op twee manieren. Allereerst kunnen bestedingen voor bepaalde projecten helemaal worden gestopt. Hierbij is altijd sprake van verliezers. Als bijvoorbeeld de uitgaven aan ontwikkelingshulp worden verlaagd, merken de inwoners van de ontwikkelingslanden dit. De bezuinigingen in de culturele sfeer op bibliotheken, musea, toneelgezelschappen en orkesten hebben veel mensen getroffen. Een andere manier is bezuinigen zonder de geldstroom stop te zetten. Zo kan de inhumane jeugdzorg in Nederland kritisch worden bekeken. Er zijn verscheidene instellingen die elkaar tegenwerken. Er is geen coördinatie en daardoor ontstaan er wachtlijsten. Door sanering en door deze instellingen efficiënter te laten werken, hebben jongeren er meer baat bij. Saneren leidt tot bezuinigingen en omgekeerd lokt bezuinigen het saneren uit. In die zin is bezuinigen investeren in saneren. Een gevolg is dat er ontslagen vallen van overtollige medewerkers.

Officieuze circuit

De Nationale Rekeningen geven een beschrijving van de Nederlandse economie waarbij het werken met macro-economische grootheden vooropstaat. Deze nationale boekhouding geeft een indruk van de economische activiteit in ons land. Door de Nationale Rekeningen van jaar tot jaar met elkaar te vergelijken, krijgt men een cijfermatig beeld van de ontwikkeling in de consumptie, de investeringen, de uitvoer, de invoer en de overheidsbestedingen. Men krijgt op deze wijze geen volledig beeld van de economische activiteit in ons land. Productieve prestaties in de consumptiehuishouding registreert het CBS niet; deze zijn daarom niet in de Nationale Rekeningen opgenomen. Ook wanneer twee consumenten met elkaar in natura ruilen, doordat de een het onderhoud van beider auto's verzorgt en de ander op de kinderen past, is er sprake van een economische activiteit die buiten de officiële statistieken valt. Naast de officiële of formele economie bestaat er een officieuze of informele economie, waarin we consumptie en productie aantreffen die het Centraal Bureau voor de Statistiek niet waarneemt. Een groot deel van de informele economie vormt het grijze circuit. Het gaat hier om legale transacties die we niet registreren, zoals vrijwilligerswerk en het werken in de consumptiehuishouding.

Een bijzonder onderdeel van de informele economie is het zwarte circuit. Dit bestaat uit transacties die in strijd zijn met de wet, of waarvoor het met de transactie verworven inkomen niet bij de fiscus is aangegeven. In dit laatste geval wordt belasting ontdoken, terwijl de afdracht van sociale premies achterwege blijft. Men zegt wel eens dat op deze wijze 'zwart' geld ontstaat dat het daglicht niet verdraagt.

Zwart geld ontstaat ook door criminele activiteiten, zoals diefstal, souteneurschap en heroïnehandel. De georganiseerde misdaad vormt een bedreiging voor de samenleving, omdat grote zwarte bedragen een rol spelen. Langs allerlei sluipwegen komen deze bedragen in de officiële economie terecht, bijvoorbeeld door deelnemingen via de effectenbeurs in grote ondernemingen. Dit werkt maatschappijontwrichtend. Zwart en wit geld zijn in het financiële verkeer niet meer van elkaar te onderscheiden. Belastingontduiking gebeurt verder door het niet opgeven van ontvangen rente, het overhevelen van geld naar het buitenland zonder de fiscus daarvan in kennis te stellen en het niet afdragen van ontvangen btw.

Een belangrijk onderdeel van het officieuze circuit is het zwartwerken, het aanbieden en vragen van arbeid waarbij beide partijen zich onttrekken aan de regelgeving en de verplichting om sociale premies en belasting te betalen. Voor de vrager van zwarte arbeid is het voordeel dat de arbeidskosten lager zijn, terwijl de aanbieder niet gebonden is aan officiële werktijden en meer geld aan zijn arbeid overhoudt. Speciaal aanbieders van zwarte arbeid die niet-actief of werkloos zijn en een uitkering genieten, krikken door deze arbeidsinspanning hun inkomen flink op. Overigens blijkt dat ook mensen die actief en officieel in het arbeidsproces werkzaam zijn niet zelden zwarte bijverdiensten hebben.

Het verschijnsel van het officieuze circuit betekent dat de cijfers over bbp, de productie, de consumptie, de werkgelegenheid en de werkloosheid in feite afwijken van de officiële, door het CBS gepubliceerde cijfers. Zo is er naast verborgen werkloosheid ook verborgen werkgelegenheid. In een periode met veel werkloosheid is het denkbaar dat meer mensen in het arbeidsproces werkzaam zijn dan uit statistieken over de arbeidsmarkt blijkt.

De groei van het officieuze circuit heeft verscheidene oorzaken. Men is minder dan vroeger bereid de autoriteit van de overheid te aanvaarden. De burgers hebben een afkeer van regels in het algemeen en van belastingregels in het bijzonder. Zij zoeken naar de mazen in de wet en als zij de belastingdruk als onrechtvaardig hoog ervaren, hebben zij zelfs de neiging in strijd met de wet te handelen. Verder zijn in de informele economie de burgers niet verplicht allerlei officiële regels te volgen. Zij bepalen in de informele sfeer hun eigen arbeidstijden. Dat men eigen baas is, is voor velen een aantrekkelijke kant van het werken in de zwarte economie.

Het is voor de overheid niet makkelijk het zwarte circuit terug te dringen. De mensen wegen de voordelen en de nadelen van het zich houden aan door de overheid gestelde normen en regels tegen elkaar af. Als de overheid daaraan iets wil doen, is het nodig prikkels in te voeren die de afweging van de burgers een duwtje geven in de richting van het zich beter houden aan de regels. Zo heeft men wel gedacht aan een laag btw-tarief voor het verrichten van diensten om het 'zwart klussen' te verminderen. Maar het begrip 'diensten' is zo ruim dat de overheid dan te veel inkomsten verliest. Hier doemt het vraagstuk op van de optimale regelgeving.

De economische analyse van het recht houdt zich bezig met het kiezen van effectieve regels uit een oogpunt van de doelstelling die men wil bereiken. Dan gaat het in het recht niet langer alleen om rechtvaardigheid, maar ook om doelmatigheid. Zo leert de economische analyse van het recht dat het erg onhandig is geweest de aftrekbaarheid van de onderhoudskosten van het eigen huis af te schaffen. Beide partijen bij een onderhoudscontract hebben nu belang bij het ontduiken van belasting. Juristen maken te weinig gebruik van de inzichten die de economische analyse van het recht oplevert.

Ouderwetse juristen redeneren betrekkelijk eenvoudig. Zij ontwerpen de wetten en regels en wie zich er niet aan houdt wordt gestraft. Juristen die op de hoogte zijn van de economische analyse van het recht, volgen een andere redenering. Zij vragen zich voortdurend af hoe de burgers met hun handelingen reageren op de overwogen regelgeving. Zij vormen zich een beeld van de te verwachten reacties door aan te nemen dat de burgers afwegen welke voor- en nadelen verbonden zijn aan het volgen van de regels. In deze gedachtegang is de burger steeds calculerend. De opgave voor de juristen die in dienst van de overheid staan, is de regels zo te maken dat voor de burgers de nadelen van het afwijken van de regels groter zijn dan de voordelen. In deze zin wordt gezocht naar optimale regelgeving.

De keynesiaanse theorie

Door de kredietcrisis zijn de macro-economische denkbeelden van John Maynard Keynes (1883-1946) over de aanpak van een depressie weer naar voren gekomen. Daarom volgt hier een beknopte weergave van zijn inzichten. Zijn theorie knoopt aan bij de vraagzijde van de economische ontwikkeling.

Vraagzijde

Am de vraagzijde van de economie doen consumenten, ondernemingen, overheid en buitenland een beroep op de productieve mogelijkheden van een land. De totale vraag van consumenten, producenten, overheid en buitenland naar Nederlandse goederen en diensten, de effectieve vraag, bepaalt of de productiecapaciteit volledig is bezet. De hoogte van de particuliere consumptie wordt beïnvloed door het beschikbare inkomen. Het beschikbare inkomen bestaat uit het ontvangen primaire inkomen verminderd met betaalde belastingen en sociale premies en vermeerderd met ontvangen uitkeringen en subsidies.

Veranderingen in de consumptieve bestedingen treden op als het ontvangen primaire inkomen verandert door een verandering van het bbp, de overheid de belastingpercentages, de sociale premiepercentages of de hoogte van de uitkeringen of subsidies wijzigt en de consumenten besluiten meer of minder van hun inkomen te sparen, waardoor de consumptie daalt respectievelijk stijgt. Een stijging van de besparingen doet zich voor als de economische vooruitzichten onzeker zijn. Een opleving van de economie stimuleert de consumptieve bestedingen.

Hogere besparingen en hogere belastingen en sociale premies betekenen een daling van de consumptieve bestedingen. De besparingen, de belastingen en sociale premies zijn inkomenslekken in de economische kringloop. Het gaat om geld dat een sector verlaat zonder te zijn besteed. Als daar in de andere sectoren geen aanvullende bestedingen tegenover staan, bijvoorbeeld investeringen door ondernemingen, gaat de totale effectieve vraag omlaag.

Als een ondernemer nieuwe machines of gebouwen koopt, gaat het om de verwachte opbrengsten van de investering. De verwachte opbrengsten worden vergeleken met de verwachte kosten van rente, afschrijving en onderhoud. Ondernemers proberen het risico van een investering te beperken. Dit risico bestaat omdat de ontwikkeling van afzet en prijzen in de toekomst onzeker is. Zij letten bij hun besluit op de economische en politieke ontwikkelingen in een land. Ook de hoogte van de rente is van betekenis. Geld lenen voor een investering is duur als de rente hoog is. Wanneer er sprake is van goede bedrijfsresultaten en als er geen afzetproblemen bestaan, spreekt men van een goed investeringsklimaat. Bij een slecht investeringsklimaat investeren ondernemers minder.

Voor de vraagkant van de economie is het conjuncturele aspect van de investeringen erg belangrijk. De structurele kant van de investering is het uitbreiden van de productiecapaciteit, de conjuncturele kant is het uitoefenen van vraag naar kapitaalgoederen. De hoogte van de investeringen verandert door wijzigingen in het investeringsklimaat aanzienlijk. Hierdoor ontstaat een verstoring van de gelijkmatige ontwikkeling van de effectieve vraag. De overheid oefent invloed uit op de hoogte van de investeringen door het investeringsklimaat te verbeteren en door subsidies aan investerende of innoverende ondernemers te verlenen. Over de hoogte van overheidsbestedingen wordt beslist door regering en parlement. Omdat veel overheidsbestedingen vastliggen in wetten of maatschappelijke ontwikkelingen volgen, is de mogelijkheid om de overheidsbestedingen te veranderen beperkt. Toch kan de overheid de beperkte speelruimte gebruiken om de totale effectieve vraag via de eigen bestedingen te beïnvloeden. De uitvoer, ten slotte, is voor Nederland een belangrijk onderdeel van de effectieve vraag. De prijzen en de kwaliteit van onze uitvoerproducten moeten concurrerend zijn op internationale markten. Door loonmatiging heeft Nederland de exportprijzen lange tijd betrekkelijk laag gehouden. Verder is de export afhankelijk van de economische situatie in de landen waarnaar wij exporteren. Indien daar de effectieve vraag daalt, werkt dat door in onze export.

De productiecapaciteit in een land verandert geleidelijk door veranderingen in de aanbodfactoren. Deze geleidelijke verandering is de structurele ontwikkeling. De verandering in de effectieve vraag loopt niet altijd in de pas met de ontwikkeling van de productiecapaciteit. De effectieve vraag kan groter of kleiner zijn dan overeenkomt met de productiecapaciteit. Als iedereen werkt, is de productiecapaciteit volledig bezet. Er is dan geen sprake van werkloosheid, afgezien van enige seizoens- en frictiewerkloosheid die onvermijdelijk is.

Omdat bij volledige bezetting van de productiecapaciteit enige seizoens- en frictiewerkloosheid mogelijk is, spreken sommige economen dan van normale bezetting van de productiecapaciteit. Als de effectieve vraag de productiecapaciteit overtreft, is er sprake van overbesteding. Er worden in dat geval meer goederen gevraagd dan met de productiecapaciteit worden gemaakt. De ondernemingen houden met hun productie de vraag niet bij. Consumenten merken dit door langere levertijden bij duurzame consumptiegoederen; ondernemers ervaren langere levertijden bij het kopen van kapitaalgoederen. De ondernemingen vergroten hun productie door meer mensen in dienst te nemen. Echter, alle productiefactoren zijn volledig ingezet. Hooguit lokt de ene onderneming micro-economisch mensen weg bij de andere door een hoger loon te bieden. Dit levert macro-economisch geen hogere productie op. Er heerst een overspannen arbeidsmarkt in een situatie van overbesteding met flinke loonstijgingen. Ook op de markten van goederen en diensten ontstaan prijsstijgingen door het te kleine aanbod. Deze prijsstijgingen lokken nieuwe loonstijgingen uit die op hun beurt weer leiden tot prijsstijgingen. Dit haasje-overspringen van lonen en prijzen noemen wij de loonprijsspiraal. De stijging van het algemeen prijsniveau door overbesteding noemen wij bestedingsinflatie. Het bbp stijgt nominaal, maar niet reëel.

Het is ook mogelijk dat de effectieve vraag kleiner is dan de productiecapaciteit toelaat. In dat geval is sprake van onderbesteding. De ondernemingen hebben te maken met afzetproblemen, de voorraden gereed product stapelen zich op. Ondernemers vragen arbeidstijdenverkorting aan. Er vallen ontslagen. Hierdoor is een deel van de kapitaalgoederen niet in gebruik. De bezettingsgraad van de productiecapaciteit is laag. De werkloosheid die door de lage effectieve vraag ontstaat, heet conjuncturele werkloosheid. De oorzaak van conjuncturele werkloosheid ligt aan de vraagkant van de economie.

De overheid bestrijdt de conjuncturele werkloosheid door de effectieve vraag te stimuleren. Het verlagen van de belastingtarieven is een mogelijkheid. Conjuncturele werkloosheid wordt onderscheiden van structurele werkloosheid. Structurele werkloosheid ontstaat aan de aanbodkant van de economie. Er zijn te weinig arbeidsplaatsen ten opzichte van de beroepsbevolking, bijvoorbeeld door het voortschrijden van de techniek. Het stimuleren van de effectieve vraag helpt niet bij het tegengaan van structurele werkloosheid.

Er bestaat een tegenstelling tussen economen die de nadruk leggen op de aanbodkant van de economie en economen die de nadruk leggen op de vraagkant van de economie. De neoklassieken vertrouwen op het aanpassen van de prijzen op de markten. De keynesianen gaan uit van de starheid van de prijzen en de lonen. De neoklassieken denken dat door de soepele werking van de markt de productiecapaciteit vrijwel steeds volledig is benut. In die gedachtegang leidt een daling van de vraag naar arbeid bij gelijkblijvend aanbod tot een loondaling, hetgeen de ondernemers prikkelt tot het weer in dienst nemen van de tijdelijk ontslagen werknemers.

De omvangrijke werkloosheid van de jaren dertig inspireerde Keynes tot een grootscheepse aanval op de neoklassieke zienswijze, waarbij de veronderstelde soepele werking van het markt- en prijsmechanisme het moest ontgelden. De lonen dalen niet zo gemakkelijk als de neoklassieken aannemen. Volgens Keynes zijn de lonen star naar beneden. Bovendien betekent loondaling ook vermindering van koopkracht, zodat het publiek minder besteedt. De ondernemers merken dat aan hun afzet. Keynes maakte duidelijk dat een economie ook tot rust komt als er nog sprake is van onderbezetting van de productiefactoren. De titel van Keynes' boek uit 1936 luidt: *The general theory of employment, interest and money*. Het boek gaat echter uitsluitend over de werkloosheid die berust op het inzakken van de bestedingen, dus over conjuncturele werkloosheid.

Het is belangrijk om in te zien hoezeer deze zienswijze afwijkt van de neoklassieke redenering. De neoklassieken betogen dat als het door de hoogte van het loon niet mogelijk is alle werknemers bij de productie in te schakelen, een daling van het loon het gevolg is. Doordat het loon daalt, dalen de arbeidskosten voor de ondernemers en vragen zij meer werknemers. In de neoklassieke opvatting komt altijd een evenwichtsloon tot stand, waarbij geen werkloosheid heerst.

Keynes erkende dat als het loon daalt, de kosten voor de ondernemers eveneens dalen. Het kosteneffect van de loondaling voor de ondernemers wordt gedeeltelijk of zelfs volledig tenietgedaan door het koopkrachteffect voor de werknemers. Volgens Keynes is er voor de ondernemers na de loonsverlaging geen aanleiding om meer werknemers in dienst te nemen teneinde de productie op te voeren.

Beknopt geformuleerd komt het erop neer dat in de neoklassieke gedachtegang er slechts één evenwicht tot stand komt, namelijk op het niveau van volledige werkgelegenheid. In de theorie van Keynes kan elk niveau van werkgelegenheid, respectievelijk van het bbp, een evenwichtstoestand zijn, bepaald door de hoogte van de effectieve vraag. Volgens de neoklassieken wordt een afwijking van volledige werkgelegenheid vanzelf gecorrigeerd. Volgens de keynesianen is daarvoor een actieve rol van de overheid nodig, omdat anders de economie op een lager niveau in een rusttoestand blijft. Het evenwicht bij de neoklassieken is stabiel, in de theorie van Keynes is het indifferent.

Volgens Keynes speelt de overheid een actieve rol bij het bestrijden van onderbesteding en conjuncturele werkloosheid. Zij heeft drie middelen tot haar beschikking: subsidies op investeringen, meer overheidsbestedingen en belastingverlaging, zodat de burgers meer gaan consumeren.

Stel, er is een economie die in een situatie van onderbesteding verkeert. Op een gegeven moment verwachten de ondernemers dat zij weer meer winst maken. Dat komt door toegenomen overheidsinvesteringen of een grotere vraag uit het buitenland. De ondernemers investeren om hun productiecapaciteit uit te breiden. Dat betekent een stijging van de effectieve vraag. Het bbp stijgt daardoor. Keynes wees erop dat de uiteindelijke groei van het bbp groter is dan de aanvankelijke stijging van de effectieve vraag. Dit verschijnsel staat bekend als de multiplier. Een besluit van de ondernemingen om meer te gaan investeren, betekent dat zij bij andere ondernemingen meer kapitaalgoederen, zoals machines en transportmiddelen, gaan kopen. Omdat er in een situatie van onderbesteding veel ongebruikte productiecapaciteit is, breiden de producenten van kapitaalgoederen hun productie uit. Zij nemen meer werknemers in dienst. Bovendien plaatsen zij meer bestellingen bij toeleverende ondernemingen, die op hun beurt extra personeel nodig hebben. De groei van de productie betekent dat er meer inkomen wordt verdiend door mensen die eerst werkloos waren. Het hogere bbp veroorzaakt een stijging van de effectieve vraag, nu door de particuliere consumptie. Dan nemen de bedrijvigheid en de werkgelegenheid toe in de ondernemingen, die consumptiegoederen voortbrengen. Het bbp gaat daardoor verder omhoog: de hogere investeringen, waarmee het allemaal begon, hebben een sneeuwbaleffect gehad.

De werking van de multiplier wordt zwakker door inkomenslekken in de economische kringloop, de besparingen, de belastingen en de invoer. De multiplier is van betekenis bij de economische politiek van de overheid. Als de overheid in een situatie van onderbesteding de economie wil stimuleren, doet zij dat door meer te investeren in bijvoorbeeld de infrastructuur.

Als gevolg van het multipliereffect werkt zo'n maatregel versterkt door in de economie.

Wij hebben gezien hoe groot de verschillen zijn tussen de neoklassieke en de keynesiaanse beschouwingswijze in het geval van onderbesteding. Is er sprake van bestedingsevenwicht, dan leveren de neoklassieke en de keynesiaanse beschouwingswijze dezelfde uitkomst op, namelijk volledige werkgelegenheid omdat de totale effectieve vraag precies aansluit bij de productiecapaciteit. Het laatste punt van verschil tussen de keynesianen en de neoklassieken is dat keynesianen gebruikmaken van een kortetermijnbenadering. Op korte termijn is de productiecapaciteit constant, terwijl op lange termijn de productiecapaciteit verandert door kapitaalvorming, de groei van de beroepsbevolking en de technische ontwikkeling. De op korte termijn beschikbare productiefactoren, die samen de productiecapaciteit vormen, zijn niet allemaal ingeschakeld bij de productie door het tekortschieten van de effectieve vraag. In Keynes' gedachtegang is daarom ruimschoots plaats voor het samengaan van onderbesteding en werkloosheid.

Keynes en de crisis

De denkbeelden van Keynes zijn lange tijd buiten beeld gebleven. De nadruk heeft tot het uitbreken van de crisis in 2008 gelegen op de aanbodkant van de economie, zoals het optreden van ondernemingen op markten en de technische ontwikkeling. Bij deze nadruk op het particuliere initiatief en innovatie hoorde ook het terugtreden van de overheid in het economisch leven.

De crisis heeft aan het licht gebracht dat in veel landen overheden grote tekorten op hun begroting hebben. Daarnaast zijn veel banken in de financiële problemen terechtgekomen. Veel ondernemingen in het bedrijfsleven bolwerken het niet langer. De werkloosheid is in Europa en de Verenigde Staten erg hoog. Onder deze omstandigheden komt de vraag op naar het beleid van de overheid. Sommigen bepleiten een krachtdadig programma van bezuinigingen in de publieke sector om de tekorten op de begroting terug te dringen en te zorgen dat de staatsschuld niet verder oploopt. De naam van Keynes valt weer wanneer van de overheid juist wordt verwacht extra bestedingen te doen, bijvoorbeeld in de vorm van de aanleg van wegen of van investeringen in onderwijs. Van een dergelijke impuls wordt een opleving in het economisch leven en een vraag naar arbeid verwacht. De werkloosheid wordt minder. Wordt een dergelijk keynesiaans programma uitgevoerd, dan wordt het begrotingstekort op de korte termijn niet kleiner maar groter.

Nederland houdt zich nu aan de Europese afspraak het begrotingstekort te beperken tot 3 procent van het bbp. Dat sluit niet uit publieke investeringen ter hand te nemen, mits de ruimte daarvoor beschikbaar komt door bezuinigingen op andere posten van de begroting. In Europa is men erg voorzichtig en wordt geaarzeld de ECB expansieve monetaire politiek te laten voeren, waarbij door geldschepping de effectieve vraag wordt opgevoerd. In de Verenigde Staten is de FED makkelijker geweest met het openzetten van de geldkraan door het permanent opkopen van staatsobligaties. Binnen Europa houden landen als Finland, Duitsland en Nederland vast aan begrotingsdiscipline en het vermijden van grootscheepse stimuleringsprogramma's. In andere Europese landen, zoals Frankrijk, is de neiging groter expansief te werk te gaan, mede onder druk van de hoge werkloosheidscijfers. Een dergelijke aanpak van de problemen gaat sterk in keynesiaanse richting omdat wordt aangeknoopt bij de vraagkant van het economisch proces en zodoende uit te lokken dat particuliere investeringen en particuliere consumptie een herstel vertonen.

7
Technische ontwikkeling, consumentenwelvaart en mededingingspolitiek

Economische groei

In ontwikkelde landen leidt groei van de productie ertoe dat het bruto binnenlands product per hoofd stijgt, omdat de groei van de bevolking bescheiden is. Hoe komt groei van de productie tot stand?

In de loop van de tijd neemt de hoeveelheid productiefactoren toe. Men ontgint steeds meer land, de bevolking groeit en men maakt meer werktuigen en machines. Ook de kwaliteit van de productiefactoren verbetert. Mensen volgen meer en beter onderwijs en de technische ontwikkeling zorgt voor nieuwe productiemethoden en producten. De productiecapaciteit neemt hierdoor toe. Om de productiecapaciteit blijvend op een hoger plan te brengen, is het nodig dat de bestedingen van consumenten en ondernemingen uit het buitenland toenemen. Zonder een stijgende vraag naar goederen en diensten is er geen reden om de productiecapaciteit grootscheeps uit te breiden.

Het groeiproces staat onder invloed van de technische ontwikkeling en het onderwijs. De uitgaven voor onderwijs zijn een investering in menselijk 'kapitaal' (*human capital*). Steeds meer mensen volgen een gespecialiseerde opleiding en daardoor neemt de kwaliteit van de arbeid toe. De productiefactor arbeid wordt geproduceerd, vandaar het woord 'kapitaal'. Het onderwijs is een productieproces, vergelijkbaar met de fabricage van auto's. Men spreekt over uitval, efficiëntie en rendement van opleidingen. Het consumptieve aspect van het onderwijs, de behoeftebevrediging die mensen ontlenen aan het vergaren van kennis en het inspelen op hun nieuwsgierigheid, komt ten onrechte op de achtergrond.

Een tweede belangrijke groeifactor is het voortschrijden van de techniek. Allereerst het opvoeren van de productiviteit en het veranderen van de aard van de productie door het ontwikkelen en invoeren van geheel nieuwe productiemethoden, machines en organisatorische verbeteringen. Door de ontwikkeling van elektronische apparatuur is het mogelijk geworden de bediening en besturing van machines te automatiseren. Daardoor zijn allerlei productieprocessen minder afhankelijk geworden van menselijke activiteit. De arbeidsproductiviteit van een werknemer hangt in een geautomatiseerd bedrijf helemaal af van de kapitaalgoederen. Door de automatisering stemt men de onderdelen van een productieproces onderling veel beter op elkaar af.

Automatisering is inmiddels toegepast in zowel de industriële als de administratieve processen en laat de situatie op de arbeidsmarkt niet onberoerd. De omvang, maar vooral de samenstelling van de beroepsbevolking ondergaat hierdoor wijzigingen. Door deze technische ontwikkeling daalt de arbeidstijd verder. Maar zijn wij allemaal bereid voortdurend van beroep of functie te wisselen? Het onderwijs bereidt op de noodzakelijke flexibiliteit in het gebruik van de menselijke arbeidskracht voor. Daarom nemen herscholing en omscholing een steeds belangrijker plaats in.

De technische ontwikkeling betekent niet alleen nieuwe productiemethoden en nieuwe producten. In een bestaand productieapparaat voeren bekwame technici, die productiemethoden en kwaliteit van het eindproduct weten te verbeteren, de productiviteit en de reikwijdte van de onderneming op. Reeksen van kleine vondsten en verbeteringen spelen in de economische groei een rol. Zij zijn minder spectaculair, maar niet minder belangrijk dan de grote uitvindingen waarnaar soms een heel tijdperk wordt genoemd.

De technische ontwikkeling heeft een ingewikkelde invloed

op de economie. Dat blijkt doordat niet alleen de aanbodcondities van de economie veranderen. Ook de vraag ondergaat grondige verandering, doordat veel nieuwe goederen en diensten beschikbaar komen. Er zijn naast procesvernieuwingen of procesinnovaties ook productvernieuwingen of productinnovaties. De invoering van nieuwe of verbeterde producten beïnvloedt het behoefteschema van de individuele consumenten. De behoeften komen van binnenuit, maar ook van buitenaf als vrucht van de technische ontwikkeling.

In onze tijd speelt de informatietechnologie een zeer bijzondere en groeiende rol. Het samenspel van hardware en software levert wereldwijd meer en betere informatie op, waarmee wij de consumptie van allerlei goederen uitbreiden. Ook productie en distributie krijgen een ander karakter. Via internet staan wij 24 uur per dag in verbinding met de hele wereld. Uit de hele wereld worden berichten ontvangen en verzonden via e-mail. De informatietechnologie verandert ons dagelijks leven.

In een ontwikkelde economie beseffen wij steeds beter dat de natuur niet alleen productiefactor, maar ook consumptiegoed is. Het opofferen van natuurgebieden ten behoeve van de aanleg van wegen en spoorlijnen wordt in toenemende mate als ernstig ervaren. Natuur voorziet in behoeften van mensen. Natuur is niet zo gemakkelijk terug te winnen. Bij de aanleg van de infrastructuur let men soms op het beschermen van natuur en milieu.

Groeitheorie

In de economische wetenschap is de groeitheorie vanouds een belangrijk leerstuk. Klassieke economen als Adam Smith, Thomas Robert Malthus, David Ricardo en Karl Marx hielden zich al bezig met de factoren die bepalend zijn voor de economische ontwikkeling op lange termijn. In de moderne theorie spitst de behandeling zich toe op de rol van de productiefactoren natuur, arbeid en kapitaal en voorts in het bijzonder op de betekenis van het voortschrijden van de techniek bij het beschrijven en analyseren van het proces van economische groei. Bij economische groei wordt overwegend gedacht aan de groei van het bnp, eventueel per hoofd van de bevolking, in de loop van de tijd. Bij de productiefactoren staat centraal de invloed van de kwantitatieve omvang en van de kwaliteit van de productiefactoren op de groei. Een goed voorbeeld van deze benadering is het groeimodel van Robert Solow uit 1956, waarvoor hij in 1987 de Nobelprijs economie ontving.

Solow ging uit van een macro-economische productiefunctie, die de samenhang beschrijft van de productie (Q) en de hoeveelheden kapitaal (K) en arbeid (L), $Q = F(K,L)$. Deze productiefunctie weerspiegelt enkele eigenschappen, die worden toegedicht aan de techniek van de productie, zoals de wet van de afnemende meeropbrengst indien een productiefactor in omvang toeneemt en de andere gelijk blijft. En een veronderstelling over het effect op de schaal van de productie, indien beide productiefactoren in dezelfde mate toenemen. Technische ontwikkeling is bij Solow een exogene factor, waardoor de productiefunctie opwaarts verschuift, met andere woorden eenzelfde combinatie van kapitaal en arbeid levert met technische ontwikkeling een grotere productieomvang, een hogere waarde van Q op dan zonder technische ontwikkeling. Na Solow zijn modellen ontwikkeld waarin de technische ontwikkeling niet exogeen is, maar mede wordt verklaard uit bijvoorbeeld investeringen in research en ontwikkeling. Men spreekt dan van een endogene groeitheorie.

Een belangrijke endogene groeitheorie is ontwikkeld door de economen Paul Romer en Robert Lucas. Deze theorie verklaart de groei van de economie endogeen uit het gedrag van ondernemers en werknemers, die vernieuwingen ter hand nemen, berustend op het toepassen van uitvindingen. Ondernemers en werknemers die tijd en geld investeren in nieuwe productiemethoden en scholing, voeren de arbeidsproductiviteit op. De groei is afhankelijk van het spaargedrag van de consumenten en van de investeringen in ontwikkeling, verspreiding en toepassing van technieken. De hoogte van de uitgaven voor research en ontwikkeling speelt in de endogene groeitheorie een belangrijke rol. In deze opvatting is het zinvol als de overheid een bewust volgehouden groeibeleid voert, gericht op arbeidsmarkt en technologie.

In 1972 heeft de Club van Rome, een niet-politieke vergadering van wetenschappers en zakenlieden uit vele landen, een rapport gepubliceerd onder de titel: Grenzen aan de groei. Dit rapport vormt het resultaat van een studie naar de onderlinge afhankelijkheid van bevolkingsgroei, voedselproductie, industrialisatie, uitputting van hulpbronnen en vervuiling in wereldwijd verband. De conclusies van het rapport zetten destijds de westerse wereld op stelten. Bij voortzetting van de bestaande groeitendenties van deze vijf grootheden worden de grenzen aan de groei binnen de komende vijftig jaar bereikt. Aanbevelingen werden gedaan voor het bereiken van een ecologisch en economisch evenwicht. Het rapport is mede gebaseerd op de veronderstelling dat de groei zichzelf versterkt. We spreken dan van exponentiële groei. De Nederlander Wouter van Dieren heeft sinds de jaren zeventig deze vraagstukken in breed verband en diepgaand en met klem van argumenten in het licht gesteld.

Al vroeger waren twee van de vermelde vijf variabelen in hun onderlinge samenhang bestudeerd. Bijvoorbeeld in de beschouwingen van Th.R. Malthus (1766-1834) over bevolkingsgroei en voedselproductie. Volgens Malthus groeit de bevolking volgens een meetkundige rij, zoals 1, 3, 9, 27, 81,... De voedselproductie neemt slechts toe in het langzamer tempo van een rekenkundige rij, zoals 1, 3, 5, 7, 9, 11,... Malthus' opvattingen, die bekend waren voordat de industriële revolutie goed en wel op gang was gekomen, zijn in de geïndustrialiseerde landen achterhaald door de ontwikkeling van de techniek.

In Nederland komen de grenzen aan de groei vooral tot uitdrukking in de vernieuwing en uitbreiding van de infrastructuur. Als we voor de tweede luchthaven aan aanleg op zee denken, tunnels onder de grond bouwen en nog steeds verkeersproblemen hebben, blijkt duidelijk hoezeer in ons land milieu en natuur worden bedreigd door de uitbreiding van de productie in enge zin. Er moet hard worden gewerkt aan slimme oplossingen om nog iets van een leefbaar milieu en van natuur over te houden. Wie in ons land naar de milieuschaarste kijkt, is geneigd de pessimisten gelijk te geven. Natuur wordt opgeofferd en de vele berichten over het vervuilen van de bodem, het broeikaseffect en het afvalprobleem maken duidelijk dat het milieu veel schade lijdt.

Groeibeleid

Belangrijke onderdelen van het groeibeleid zijn het beleid met betrekking tot de infrastructuur, het arbeidskostenbeleid en het technologiebeleid.

Men maakt wel onderscheid in harde en zachte infrastructuur. De harde infrastructuur betreft wegen, spoorlijnen, havens, tunnels en luchthavens. Grote projecten zijn uitgevoerd, zoals de Betuwelijn, de Hogesnelheidslijn, de Tweede Maasvlakte en de uitbreiding van Schiphol. Bij deze grootscheepse poging om de mobiliteit in ons land te verbeteren klinkt tegelijk luid de roep om bescherming van de natuur en het milieu. Het stimuleren van Nederland als distributieland komt steeds meer in botsing met het behoud van de welvaart in ruime zin. Een kwalitatief hoogwaardige infrastructuur maakt het nodig dat de overheid enerzijds de algemene middelen aanspreekt, maar daarnaast ook een beroep doet op private financieringsmiddelen en op private kennis.

Bij de zachte infrastructuur denkt men aan telecommunicatie, de elektronische snelweg, de digitale agenda en het ontwikkelen van Nederland als hoogwaardig kennisland. De overheid versterkt door voorlichting en door het bevorderen en bundelen van private initiatieven de zachte infrastructuur.

In het licht van de structurele werkloosheid is het arbeidskostenbeleid van groot belang gebleken. De overheid heeft bijgedragen aan een gematigde ontwikkeling van lonen en inkomens door een beroep te doen op de organisaties van werkgevers en werknemers en door het verlagen van de druk van belastingen en sociale premies. Lastenverlichting en vermindering van regelgeving dienen om het bedrijfsleven aan te zetten tot meer investeringen. Belangrijk is het beleid gericht op het weer inschakelen van de inactieven. De werkloosheid treft vooral vrouwen, ongeschoolden, jongeren en allochtonen. Behalve algemene maatregelen, zoals het beperken van de stijging van de arbeidskosten, neemt de overheid specifieke maatregelen voor deze groepen. In alle gevallen zijn scholing en onderwijs van grote betekenis, vooral nu zich op de arbeidsmarkt steeds grotere tekorten aan geschoolde werknemers op alle niveaus aftekenen.

Het technologiebeleid is een belangrijk onderdeel van het structuur- of groeibeleid. Het wordt vooral gevoerd door het ministerie van Economische Zaken. Men bevordert nieuwe technische ontwikkelingen door subsidies voor research en ontwikkeling en het gedeeltelijk financieren van startende ondernemers in de sfeer van de informatietechnologie. Bevordering van research en ontwikkeling geschiedt door gesubsidieerde samenwerkingsprogramma's voor biotechnologie, telematica, elektronica en nieuwe materialen. Ook worden universiteiten aangemoedigd op dergelijke onderdelen 'centers of excellence' te stichten. De verspreiding van nieuwe technische mogelijkheden is vaak belemmerd. De overheid draagt bij tot het wegnemen van belemmeringen in de financiële en culturele sfeer. Soms speelt angst voor het nieuwe een rol. Deze angst wordt ten dele weggenomen door te stimuleren dat jongeren meer technische beroepen kiezen. Daarmee komen wij op het derde aspect van het technologiebeleid, het versterken van het maatschappelijk draagvlak voor nieuwe technieken. Zo wordt systematisch nagegaan welke nieuwe producten speciaal geschikt zijn voor bejaarden.

Ook in Europees verband bestaat de bereidheid de uitdaging van Japan, Korea en de Verenigde Staten op technisch gebied te beantwoorden met een gezamenlijke aanpak. De meeste Europese landen nemen deel aan Eureka, een serie technische projecten die is gericht op directe markttoepassingen. De Europese Unie ontwikkelt een grote reeks fundamentele technologieprogramma's.

Sinds enige jaren staat de discussie over het milieu en het milieubeleid in het teken van de duurzame ontwikkeling. Dit begrip werd voor het eerst geïntroduceerd in het Brundtland-rapport (1987) van de Verenigde Naties. Mevrouw G.H. Brundtland, de toenmalige minister-president van Noorwegen, leidde de opstelling van dit rapport. Centraal staat de vraag of de economische groei in enge zin verenigbaar is met ecologische duurzaamheid. Men vreest dat de huidige generatie door uitbreiding van de productie, het gebruik van natuurlijke hulpbronnen, vernietiging van de natuur en uitputting van de energiebronnen zo veel ecologische ontreddering teweegbrengt, dat volgende generaties letterlijk geen leven meer hebben. Duurzame ontwikkeling vereist dat wij nu zó omgaan met de schaarse middelen, dat het behoud van natuur en milieu voor de toekomst is verzekerd en de klimaatdreiging wordt afgewend.

De concrete uitwerking van deze gedachte stelt ons direct voor uiterst moeilijke keuzen. De mensen denken heel verschillend over de plaats van milieu en natuur in het streven naar welvaart, over de allocatie van goederen en productiemiddelen en over het verdelen van kosten en baten. Stel eens dat de overheid de uitstoot van CO_2 met 1 procent weet terug te dringen door het gebruik van de auto te beperken. Sommigen waarderen de nieuwe situatie hoger, anderen lager dan de uitgangssituatie. Ook wat wetenschappers zeggen over de langetermijneffecten van de uitstoot van gassen als CO_2 is van invloed op de mening van de mensen. De toenemende concentratie van CO_2 in de atmosfeer leidt tot een geleidelijke opwarming van het aardoppervlak en de lagere luchtlagen. Dit is het broeikaseffect. Men vreest dat daardoor op den duur het klimaat ingrijpend verandert. Voor sommigen is dit aanleiding zeer verstrekkende maatregelen te bepleiten. Zij willen een drastische beperking van de groei, verwijdering van alle productie- en consumptieprocessen met een hoge CO_2-uitstoot en wereldwijde terugdringing van de uitstoot van deze broeikasgassen. Anderen zijn voorzichtiger omdat de kosten van een dergelijk programma uit een oogpunt van productie en werkgelegenheid zeer hoog zijn. Een van de moeilijkheden bij deze discussie is dat we niet zeker weten hoe groot de effecten op de natuur, het klimaat en de ecologie zijn. De kennis op dit terrein is beperkt en de deskundigen zijn het er niet over eens. Daarom is het moeilijk de mensen welvaart of inkomen te laten inleveren in het belang van toekomstige generaties. Bij wereldwijde vraagstukken, zoals de ontbossing en het broeikaseffect, blijkt de onzekerheid uit de dikwijls tegengestelde oordelen van regeringen en politici.

Dit betekent echter niet dat mensen niet bereid zijn in beperkte mate hun gedrag te veranderen. Er zijn vele maatregelen denkbaar die voor een volgende generatie een toeneming van de welvaart met zich brengen. Zo vermindert men, door het ontwikkelen en toepassen van nieuwe technieken, de uitstoot van CO_2 door auto's, vliegtuigen en chemische bedrijven. Alternatieve, schonere energiebronnen zoals windenergie nemen geleidelijk de plaats in van olie en steenkool. We kunnen allemaal zorgzaam omgaan met de natuur, in het bijzonder met bossen en tropische wouden. Afremming van de bevolkingsgroei betekent dat het milieu minder wordt belast. De overheid verbiedt het gebruik van bepaalde materialen bij de productie, het benutten van bepaalde verpakkingen of het vergiftigen van de bodem. Soms gebeurt dit door afspraken (convenanten) met het bedrijfsleven te maken. De overheid probeert door middel van financiële prikkels de economische ontwikkeling te beïnvloeden. Een belasting op milieuonvriendelijke productieprocessen stimuleert het toepassen van milieuvriendelijke technieken. De discussie over duurzame ontwikkeling maakt ons bewust van de noodzaak om bij productie en consumptie rekening te houden met het leven van toekomstige generaties mensen.

Technische ontwikkeling

Creatieve inzichten die uiteindelijk leiden tot nieuwe productiemethoden en nieuwe producten, zijn het resultaat van een wonderlijk samenspel van subjectieve gedachtespinsels en objectieve maatschappelijke condities. Bij dergelijke inzichten komen twee polen samen: het individu en de maatschappelijke omgeving. Het individu heeft ruimte nodig om door fantasie en verbeelding te komen tot creatieve uitingen. De maatschappelijke omgeving moet niet alleen deze individuele ruimte respecteren, maar ook ruimte scheppen voor het uitwerken en ontwikkelen van deze creatieve inzichten tot veranderingen, die later als fundamentele doorbraken worden onderkend. Ten behoeve van de creativiteit van het individu biedt de omgeving continuïteit, stabiliteit en structuur, maar aanvaardt tegelijkertijd dat gevestigde procedures en patronen worden doorbroken. Een strak keurslijf biedt wel houvast, maar het is het houvast van het verleden en de verstarring. In de woorden van Hirsi Ali: 'het land van ooit'. In ondernemingen worden in researchlaboratoria alleen fundamentele doorbraken van onderzoekers verwacht als ondanks strakke schema's ruimte wordt geboden voor escapades in financieel en organisatorisch opzicht. Hierin schuilt een les voor het bedrijfsleven. Echte managers weten onder welke omstandigheden er van regels en procedures mag en moet worden afgeweken. Strakke budgetten en strakke schema's zijn de dood in de pot voor vernieuwing en fundamentele technische ontwikkeling. De maatschappelijke voorwaarden voor het scheppen van nieuwe inzichten die leiden tot nieuwe productiemethoden en nieuwe producten hebben derhalve betrekking op het bestaan van geordende structuren met de eigenschap dat langs informele weg ruimte wordt gelaten voor het ontwikkelen, aanvaarden, verwerken en toepassen van fundamentele doorbraken. Een chaotische achtergrond is evenmin voedingsbodem voor vernieuwing als kadaverdiscipline.

Het voortschrijden van de techniek is onomkeerbaar. Eenmaal verworven nieuwe kennis wordt niet meer ongedaan gemaakt. De nieuwe inzichten, die neerslaan in nieuwe productiemethoden, organisatievormen en producten vloeien voort uit de voortdurend veranderende wisselwerking tussen creatieve zoekers, kiezende ondernemers en consumenten en hun directe en maatschappelijke omgeving. Deze wisselwerking vindt plaats tegen de achtergrond van beperkte continuïteit en stabiliteit in de infrastructuur van het economisch en maatschappelijk leven. Er is en er ontstaat alleen maar verandering als tot nader order beklijft wat geacht werd te beklijven. Wie denkt dat alles in een gegeven tijdspanne verandert, is met stomheid geslagen, komt tot niets en blijft in bed. De ondernemer die innovatie begeleidt, heeft oog voor de veranderende vergezichten, maar deze stoelen op wat het verleden aanreikt.

Het voortschrijden van de techniek heeft verscheidene kanten. Allereerst is er het ontwikkelen van kennis over nieuwe technische mogelijkheden. In deze fase heeft het zoekgedrag van researchwerkers en van inventieve ondernemers de overhand. Vervolgens is er het gezichtspunt van het verspreiden van de nieuwe kennis. In dit stadium komt het meer aan op kiezen dan op zoeken. De vraag is welke kennis men wil verspreiden en op welke wijze.

Nog scherper komen keuzehandelingen van ondernemers naar voren in de fase van het toepassen van nieuwe productiemethoden en producten. Daarop volgt het imiteren van de toepassingen door concurrenten en het verspreiden van de toepassingen van de techniek. Deze uiteenlopende facetten van de technische ontwikkeling beïnvloeden elkaar over en weer. Het ontwikkelen van nieuwe inzichten loopt bewust vooruit op toepassingen, zoals in de farmaceutische industrie en in de voedingsindustrie. Door het toepassen van nieuw verworven kennis worden suggesties voor nieuw onderzoek aangereikt. Deze suggesties komen scherper naar voren, indien het verspreiden van kennis en van toepassingen als afzonderlijke onderdelen van de technische ontwikkeling worden onderkend.

Door het ontwikkelen, toepassen en verspreiden van nieuwe productiemethoden is het economische proces voortdurend in beweging. Aard en richting van de beweging zijn onzeker en onvoorspelbaar. Het oude is wel in het nieuwe inbegrepen, maar het nieuwe niet altijd in het oude. Dit laatste is het geval indien sprake is van ingrijpende technische doorbraken, zoals de toepassing van de chip. Het verklaren van de technische ontwikkeling wordt begrensd door de onmogelijkheid het scheppen van werkelijk nieuwe dingen volledig te doorgronden. Daardoor blijft het onzeker welke specifieke kennis in de toekomst ontstaat.

De technische mogelijkheden van morgen hangen mede af van de huidige omgang met de productiemiddelen, maar vertonen toch een stochastisch patroon. Het ontwikkelen van nieuwe technische inzichten is mede afhankelijk van huidige investeringen in mensen en van experimenten, maar herbergt telkens een verrassing in de gedaante van geheel onvoorziene producten en productiemethoden. Als ondernemers kiezen uit de beschikbare alternatieven, blijft het onzeker welke toepassing uit technisch, financieel en commercieel oogpunt de beste perspectieven biedt. Evenwichtstendenties worden permanent verstoord door nieuwe productiemethoden en producten.

Het marktmechanisme is in statisch opzicht een methode van allocatie van de productiemiddelen. Vanuit een dynamisch oogpunt is het een laboratorium, waarin wordt geëxperimenteerd met technische mogelijkheden en toepassingen waarvan de uitkomst onzeker is. Het omgaan met schaarse middelen heeft invloed op het ontwikkelen, toepassen en verspreiden van nieuwe technieken. Daarom is het voortschrijden van de techniek niet alleen een exogeen, maar ook een endogeen proces. De technische ontwikkeling beïnvloedt het economische proces, maar omgekeerd wordt het voortschrijden van de techniek door economische besluitvorming beheerst. Daarom zijn betrekkingen tussen de technische en economische ontwikkeling niet eenzijdig, maar wederkerig. Technische ontwikkelingen beïnvloeden aard en tempo van de groei en omgekeerd is groei voorwaarde voor het ontwikkelen van nieuwe technieken. Oligopolistische marktsituaties hebben invloed op aard en tempo van de technische ontwikkeling, maar evenzeer heeft het voortschrijden van de techniek invloed op het ontstaan van monopoliemacht. De technische ontwikkeling beïnvloedt de eisen die aan de arbeid worden gesteld, en omgekeerd is de kwaliteit van de arbeid van belang voor de wijze waarop de technische ontwikkeling zich voltrekt.

De technische ontwikkeling sinds de jaren tachtig van de vorige eeuw zet alles in het maatschappelijk en economisch leven op zijn kop. Aan de veranderingen komt geen einde. Steeds verder wordt de mensheid weggerukt van het oerbestaan. Voor ondernemers die vooruitkijken en tot actie overgaan, is een goed inzicht in het voortschrijden van de techniek van levensbelang. Het is nauwelijks mogelijk het complexe karakter van de technische ontwikkeling onder woorden te brengen. Er zijn zo veel aspecten, zo veel achtergronden, zo veel interacties en zo veel onverwachte effecten dat de taal tekortschiet om het ongrijpbare te vangen. Niet voor niets wordt van het wonder van de techniek gesproken. Toch kan men laag bij de grond blijven. Alles wat wordt uitgevonden en toegepast, is eerst op de een of andere wijze door mensen bedacht. Mensen die alleen in hun kamer werken met slechts potlood en papier, zoals de nog altijd legendarische Albert Einstein (1879-1955) deed, of mensen die met elkaar in een laboratorium aan de slag zijn of door rechtstreekse waarneming van het productieproces om zich heen verbeteringen weten aan te geven.

Burgers, ambtenaren, journalisten, werknemers en ondernemers dienen hun eigen tijd te begrijpen en de geheiligde inzichten uit het verleden van zich af te schudden. Het veld van krachten dat onze samenleving beheerst en beweegt is ingrijpend gewijzigd. Het kwantitatieve gewicht van sommige krachten is veranderd, terwijl daarnaast nieuwe krachten het maatschappelijk leven richting geven. Er is een dynamiek in het economisch leven die zijn weerga noch in kwantitatief, noch in kwalitatief opzicht kent. Voor ondernemers zijn de voortgaande ontwikkelingen op technisch gebied tegelijk uitdaging en bedreiging. Het is een uitdaging om door het ontwerpen en toepassen van nieuwe productiemethoden en producten een voorsprong te nemen op concurrenten en beter te voorzien in de behoeften die in de samenleving tot uitdrukking komen. De technische ontwikkeling is voor ondernemers ook een bedreiging omdat anderen eerder met innovaties komen, dan wel beter inspelen op de mogelijkheden die door het voortschrijden van de techniek worden geboden. De huidige dynamiek op de markten, de onrust waarmee de concurrentie wereldwijd gepaard gaat, heeft alles te maken met het voortdurend verschijnen op de markt van nieuwe producten, zoals de tablet of smartphone, die zowel een betere kwaliteit als een lagere prijs kennen. Managers dienen alert te zijn, op de punt van de stoel te zitten teneinde waar te nemen wat elders in de wereld wordt ontwikkeld en hier met vrucht wordt toegepast dan wel een bedreiging vormt voor hun marktpositie. Voor ondernemers is het leven tegenwoordig moeilijk en mooi tegelijk. Vroeger was het niet anders.

Managers van ondernemingen merken dat belemmeringen, zowel in hun omgeving als in hun eigen persoonlijkheid, het veranderen van hun kijk op hun markten, hun organisatie, hun personeelsbeleid en hun finale oogmerken in het economisch leven in de weg staan. En niet alleen het vermogen van visie te veranderen is geblokkeerd. Ook aan het handelen op grond van gewijzigde inzichten staan tal van factoren in de weg. De managers laten zich leiden door de eigen positie in de organisatie en het behartigen van strikt private belangen. De uitwassen op het terrein van beloning aan de top schrikken bij herhaling de samenleving op. Managers van ondernemingen verworden in Nederland in snel tempo tot risicomijdende beheerders, wier gedrag haaks staat op de risicodragende handelwijze die wordt verwacht van bestuurders, die reageren op de uitdaging die in de technische ontwikkeling en de globalisering ligt besloten. Wordt de semipublieke sector in ogenschouw genomen met de woningcorporaties, de energiebedrijven, het onderwijs en de zorgsector, dan rijst van Nederland een schrijnend beeld op.

In het economisch leven reageren de mensen als werknemers, werkgevers en consumenten niet alleen op de fundamentele schaarste aan goederen en tijd, maar ook op de fundamentele onzekerheid, het verborgene van de toekomst. Doordat niemand weet wat de dag van morgen brengt, is er een rusteloos zoeken naar het onbekende. Mensen kiezen niet alleen, zij zoeken ook. Zij zoeken naar nieuwe behoeften en naar nieuwe wegen om in deze uitdijende behoeften te voorzien. Wie beseft wat er is gebeurd op het terrein van de informatietechnologie, weet dat het verschuiven van grenzen het Onze Vader van deze tijd is. Een avondje internet en de hele wereld draait aan het oog voorbij. En wie het beeld even stilzet om een bestelling te plaatsen in New York of kaartjes te reserveren voor een voorstelling in Olympia in Parijs, heeft ook de tijd om te doorzien dat behoeften niet langer gegeven zijn, zoals economen denken en schrijven, maar de speelbal van wat door de techniek mogelijk wordt gemaakt en door de ondernemers wordt benut.

De technische ontwikkeling is tegelijk krachtbron van en aangrijpingspunt voor de samenleving. Eenvoudig gezegd, haalt het een het ander aan. De technische ontwikkeling is niet een geïsoleerd mechanisch proces, maar een interactief maatschappelijk gebeuren en een ontzagwekkend fenomeen dat zowel de maatschappij ingrijpend beïnvloedt als de invloed ondergaat van de turbulente samenleving. Het voortschrijden van de techniek slaat neer in nieuwe productiemethoden en nieuwe producten. Deze nieuwe producten voorzien in nieuwe behoeften en hebben derhalve een welvaartseffect.

Virtuele goederen zijn de vrucht van investeringen in research en ontwikkeling op een onbestemde termijn en behouden lange tijd een onbestemd karakter. Naarmate het onderzoek fundamenteler is, wordt de kans op verrassende vondsten groter. De aanwending van middelen met het oog op virtuele goederen wordt niet uit het voorzien in bekende behoeften verklaard, want de behoeften zijn zelf onbestemd en ontwikkelen zich deels met het ontstaan van nieuwe goederen als vrucht van het voortschrijden van de techniek.

In de prijzen die consumenten voor huidige, bestaande goederen betalen zijn zoekbedragen opgenomen, die door de producenten aan research worden besteed. De prijzen weerspiegelen de bereidheid van de consumenten zoekbedragen te betalen voor het perspectief dat het voortschrijden van de techniek nieuwe goederen oplevert, bijvoorbeeld in de medische sfeer. Deze bedragen zijn Pareto-optimaal, indien naar het subjectieve oordeel van alle consumenten de hoogte daarvan en de wijze van besteding precies aansluit bij de individuele behoefte aan virtuele goederen.

Milieuvervuiling

Als een onderneming het milieu vervuilt, treedt de overheid daartegen op met een milieuheffing. Produceren wordt hierdoor voor de ondernemer duurder. De prijs van het product stijgt hierdoor. Consumptie en productie nemen af en daardoor ook de milieuverontreiniging. De winnaar van de Nobelprijs voor economie van 1991, de Engels-Amerikaanse econoom R.H. Coase, heeft over deze gang van zaken een heel nieuwe gedachtegang ontwikkeld. Coase liet zien dat onder bepaalde omstandigheden private partijen zonder ingrijpen van de overheid tot een oplossing komen, wanneer er negatieve externe effecten, zoals overlast in de vorm van stank, in het spel zijn. Volgens Coase kunnen de 'veroorzaker' en 'ontvanger' van het negatieve externe effect met elkaar over de omvang van het negatieve externe effect onderhandelen. Dan is optreden van de overheid niet nodig.

Een onderneming die stank veroorzaakt, onderhandelt met alle burgers die in de buurt van de betrokken onderneming wonen. Volgens Coase bedenken wij daarbij dat de problemen ontstaan doordat men elkaar in de weg zit. Je kunt daarom niet spreken van een vervuiler en slachtoffers. De onderneming veroorzaakt last voor de mensen die eromheen wonen. Maar de omwonenden veroorzaken last voor de onderneming, omdat haar productie wordt belemmerd.

Als de onderneming het recht heeft de overlast te veroorzaken of de burgers het recht hebben de overlast te verbieden, beginnen de onderhandelingen. Het onderhandelingsresultaat leidt tot een combinatie van productie en overlast die voor onderneming en burgers aanvaardbaar is. Dus, zegt Coase, is overheidsoptreden niet nodig. De beide partijen komen er zelf uit. Het ontbreken van een markt van externe effecten wordt ondervangen door een nieuwe markt, waarop rechten worden verhandeld. De partijen A en B verhandelen met elkaar het recht om óf te vervuilen óf de vervuiling te verbieden. Als A mag vervuilen, koopt degene die daaronder lijdt vervuilingsrechten af. Als B het recht heeft de vervuiling te verbieden, koopt de vervuiler bij hem het recht om toch te mogen vervuilen.

Een belangrijke veronderstelling bij dit zogenoemde Coasetheorema is dat de partijen elkaar moeiteloos en zonder kosten vinden. We zeggen dan dat de transactiekosten nul zijn. Zoals wij reeds eerder zagen, zijn transactiekosten alle kosten waarmee een ruil of transactie gepaard gaat. Voorbeelden van transactiekosten zijn onderhandelingskosten, informatiekosten en de kosten van het vinden van een onderhandelingspartner.

In werkelijkheid zijn de transactiekosten nooit nul. Daardoor wordt duidelijk waarom de overheid namens de burgers optreedt. We veronderstellen dat de grafietuitstoot van Hoogovens alle burgers in de regio Kennemerland treft. De burgers organiseren zich zó dat zij als één man onderhandelen met Hoogovens over de omvang van de uitstoot. De transactiekosten van het op één noemer krijgen van de burgers zijn echter hoog. Men begrijpt nu waarom Gedeputeerde Staten van Noord-Holland met Hoogovens in onderhandeling treden over de omvang van de grafietuitstoot. De Gedeputeerde Staten vertegenwoordigen de belangen van de burgers. Het is echter ook mogelijk dat de overheid probeert de transactiekosten te verlagen, om onderhandelingen tussen twee partijen mogelijk te maken. Dan bemoeit de overheid zich niet met het externe effect, maar schept zij de mogelijkheid voor twee partijen om zelf tot een aanvaardbare oplossing te komen.

In deze gedachtegang past ook dat de overheid emissierechten uitgeeft. Deze geven ondernemingen de mogelijkheid van een bepaalde stof een bepaalde hoeveelheid in de lucht of in het water te lozen. Een groep ondernemingen krijgt samen van de overheid een bepaalde hoeveelheid emissierechten toegedeeld. Door onderhandelingen komen de ondernemingen tot een zo goed mogelijke verdeling van deze rechten.

Bekend is het verhaal van een elektriciteitscentrale in Californië. De overheid van deze Amerikaanse staat droeg de centrale op om voor een vermindering van de CO_2-uitstoot te zorgen. De elektriciteitscentrale zag geen kans zelf de uitstoot te verminderen. Tot iemand iets slims verzon. De centrale kocht alle oude auto's in de omgeving op. De CO_2-uitstoot in het gebied werd minder. Het kopen van de oude auto's was voor de centrale veel voordeliger dan het treffen van maatregelen in de centrale zelf.

Welvaartstheorie

De welvaartstheorie houdt zich bezig met de samenhang van de welvaart en de aanwending van de schaarse middelen. Deze aanduiding heeft betrekking op de welvaart van een individu, de individuele welvaart, maar ook op die van een groep, de groepswelvaart of nog ruimer van de samenleving, de maatschappelijke welvaart. Opgevat als de theorie over de manier waarop de middelen worden aangewend met het oog op het bevredigen van behoeften, is de welvaartstheorie het hart van de economische wetenschap. De theorie legt de weg af van schaarste naar welvaart, van individuele naar collectieve welvaart, van eenvoudige inkleding van de allocatie naar gecompliceerde institutionele vormgevingen en van uitgangspunten omtrent de wensen van de burgers in het licht van de schaarste naar uitspraken over hun betekenis voor samenstelling en groei van de stroom van goederen en diensten, lokaal, regionaal en mondiaal.

De welvaartstheorie, die ook als allocatietheorie kan worden getypeerd, levert geen normen op voor het praktisch handelen van individuen of voor beleidsmakers. Het subjectieve karakter van de behoeftebevrediging, alsmede de alternatieve aanwendbaarheid van de beperkte middelen blokkeren het doen van uitspraken over de beste organisatie van het economisch leven. De welvaartstheorie is dan ook niet het normatieve deel van de economische wetenschap, zoals vele economen menen. De finale beslissingen in de economisch-politieke sfeer worden wel door een welvaartstheoretische analyse voorbereid. Deze komt neer op het inventariseren van de welvaartseffecten van uiteenlopende oogmerken en instrumenten en hun interacties. De beslissing vergt echter altijd een subjectieve afweging, die wordt bepaald door waarderingsoordelen van maatschappelijke, ideologische of godsdienstige aard.

De illusie van veel economen die zich in de praktijk met kosten-batenanalyse bezighouden, dat de uitkomst van de berekening beslissend is voor de beslissing wordt niet alleen in de hand gewerkt door het verabsoluteren van financiële gezichtspunten onder verwaarlozing van de niet-materiële kwalitatieve kanten, maar verraadt ook een misplaatste, intellectuele arrogantie omtrent de uitgangspunten, het karakter en de grenzen van de economische wetenschap.

In de welvaartstheorie worden twee hoofdlijnen onderscheiden, die fundamenteel van elkaar verschillen. De ene knoopt aan bij het begrip sociale of maatschappelijke welvaartsfunctie. De maatschappelijke welvaart in ruime zin hangt af van allerlei factoren, zoals de stroom van consumptiegoederen, de inkomensverdeling, de werkgelegenheid en de uitgaven voor onderzoek en ontwikkeling. Een dergelijke beschouwingswijze wordt meestal opgevat als een overzicht van de factoren, waardoor een centrale planner of een democratisch gekozen overheid zich laat leiden. Bij een andere regering horen een andere opsomming en afweging van economisch-politieke overwegingen. Formeel wordt gezegd dat de betrokken overheid probeert de maatschappelijke welvaart te maximeren door beslissingen van politieke aard te nemen omtrent instrumenten van beleid, die invloed hebben op de componenten van de sociale welvaartsfunctie. Wie kennisneemt van de inhoud van het Nederlandse en Europese mededingingsbeleid, neemt waar dat de feitelijke gang van zaken met de steeds wisselende accenten op aspecten van de mededinging goed wordt begrepen aan de hand van het onuitgesproken hanteren van een sociale welvaartsfunctie. Nu eens gaat het bij het bevorderen van de concurrentie om groei en innovatie en dan weer over werkgelegenheid en het belang van de consument. Tegelijkertijd worden daardoor het gebrek aan consistentie en de wisselvalligheid van het mededingingsbeleid verhelderd. Opmerkelijk is dat dezelfde juridische vormgeving zeer uiteenlopende interpretaties in de beleidssfeer toelaat. Juridische procedures bij de rechterlijke macht gaan niet zelden terug op onnodige vaagheden in de regelgeving, waardoor hoge maatschappelijke transactiekosten ontstaan. De welvaartstheorie is behulpzaam bij het blootleggen van de spanningsvelden, waarin ambtenaren en politici op dit terrein gevangen zitten.

Welvaartstheoretisch is het herleiden van de maatschappelijke welvaart die in de sociale welvaartsfunctie is begrepen, tot individuele waarderingen, wensen en voorkeuren van individuele burgers een gecompliceerd vraagstuk. De ernst ervan wordt vergroot doordat de burgers in deze versie van de welvaartstheorie in uiteenlopende rollen optreden. Als consumenten, als werknemers, als ondernemers, als deelnemers aan het officieuze circuit, als leden van een criminele organisatie en als politicus. Hun individuele oordeel over de allocatie van de productiemiddelen staat niet los van de rol die zij in het economisch verkeer spelen. Het herleiden van een concreet beleid van de overheid tot individuele voorkeuren is in het kader van de sociale welvaartsfunctie een hachelijke zaak, die veelal achterwege blijft.

Verscheidene van deze vraagstukken worden opgelost in het kader van de andere hoofdlijn van de welvaartstheorie. Naar de grondlegger ervan, de Italiaan Vilfredo Pareto (1848-1923), wordt deze de paretiaanse welvaartstheorie genoemd. De paretiaanse welvaartstheorie verbindt de subjectieve en formele welvaart die de burgers als consumenten ontlenen aan het bevredigen van hun behoeften met de aanwending van de productiemiddelen. De allocatie wordt in deze analyse uitsluitend beschouwd uit een oogpunt van de voorkeuren van de consumenten. Enigszins populair geformuleerd geeft de paretiaanse welvaartstheorie aan, hoe de samenstelling van de productiepatronen en van de consumptiepakketten eruitziet als uitsluitend de consumenten het in een economie voor het zeggen hebben. Als de consumenten ieder individueel de behoeftebevrediging, ook wel het nut, maximeren dat aan hun goederencombinatie, voortgebracht door producenten, wordt ontleend, is sprake van een Pareto-optimale allocatie. Een Pareto-optimale allocatie is niet meer dan een omschrijving van een toestand, waarin een economie zich bevindt, die de voorkeuren van consumenten registreert, uitsluitend daarop reageert met de aanwending van de middelen en bewerkstelligt dat voor de consumenten geen verandering in de allocatie bestaat waarin de consumenten beter af zijn.

We zien aanstonds in dat aan een dergelijk Pareto-optimum uitsluitend analytische en geen normatieve betekenis toekomt. Om verscheidene redenen. We bekijken de allocatie uitsluitend uit het oogpunt van de consumenten. De wensen van de burgers als werknemers en als ondernemers tellen niet mee. Bij een andere inkomensverdeling hoort een ander Pareto-optimum, omdat herschikking van inkomens ook herschikking van de aanwending van de productiemiddelen met zich brengt. Pareto-optimaliteit is in de theoretische economie een analytisch criterium dat in staat stelt de feitelijke allocatie in een economie onder invloed van allerlei gedragingen van allerlei deelnemers aan het economisch verkeer te vergelijken met de allocatie die uitsluitend onder regie van de consumenten tot stand komt. Als norm voor het beleid vloeit Pareto-optimaliteit niet uit de economische wetenschap voort.

Pareto-optimaliteit beschrijft een toestand die feitelijk niet wordt bereikt. Bij deze uitspraak wordt afgezien van het geval van een centrale planner die op grond van de voorkeuren van de burgers als consumenten, de producenten beveelt precies te maken en te leveren wat de consumenten wensen, tegen kostendekkende prijzen. Als de consumenten over onvolledige, gebrekkige of misleidende informatie beschikken, wordt het verwezenlijken van een niet-Pareto-optimale situatie bewerkstelligd door een tekort aan informatie. Als op de markten in een gemengde economische orde van een publieke en een private sector, monopoloïde situaties bestaan, zijn deze marktvormen een sta-in-de-weg voor het bereiken van een Pareto-optimum, omdat ondernemers de macht hebben winstgevende prijzen te kiezen. De allocatie is niet Pareto-optimaal, omdat consumenten bereid zijn hoeveelheden van de goederen af te nemen tegen prijzen hoger dan de extra kosten, die de ondernemers moeten maken om de goederen te maken. De ondernemers maken deze hoeveelheden niet, omdat zij dan met een lagere dan de maximale winst genoegen nemen.

Markten ontbreken voorts of zijn incompleet, waardoor consumenten hun wensen gestuit zien. Een ontbrekende markt is die van paraplu's indien op 1 mei 2020 sprake is van buitensporige regenval. In de financiële sfeer zien wij aanvankelijk markten ontbreken, die door het verlagen van transactiekosten onder invloed van de informatietechnologie ontstaan en niet zelden spectaculaire ontwikkelingen doormaken, zoals de markt van opties en derivaten. Verder zijn er externe welvaartseffecten van consumptie en productie, zoals geluidshinder en een slechte luchtkwaliteit, die de behoeftebevrediging van de burgers als consumenten negatief beïnvloeden en die niet in de prijzen worden weerspiegeld. De consumenten duwen langs een andere weg dan via het markt- en prijsmechanisme de allocatie in de door hen gewenste richting om Pareto-optimaliteit te bewerkstelligen. Deze observatie geldt ook voor goederen die principieel niet via de markt tot stand worden gebracht, zoals zuiver collectieve goederen. Zolang een dijk niet is voortgebracht wil niemand ervoor betalen en zodra deze er is hoeft niemand te betalen om toch bescherming te genieten. In dat geval faalt de markt als methode van allocatie en is de overheid de gebruikelijke institutie, omdat zij door belastingheffing de financiering waarborgt.

Van nature behartigt de overheid niet alleen belangen van consumenten. Burgers willen als consumenten dat de winkels dag en nacht open zijn, maar als werknemers en middenstanders denken zij er anders over. De overheid die in dit rollenspel een coördinerende taak heeft en zelf door politieke voorkeuren de allocatie beïnvloedt, kan niet uit de voeten met de paretiaanse welvaartstheorie, die de allocatie uitsluitend beschouwt uit een oogpunt van de preferenties van de consumenten. Het volledig verwaarlozen van de positie van de consumenten brengt de overheid echter evenzeer in een benarde positie. Laat ons dit illustreren aan de hand van het actuele thema van de luchtkwaliteit.

De Europese regelgeving hanteert duidelijke normen omtrent de fijnstof, een chemisch mengsel van zwaveldioxide, stikstofdioxide, ammoniak en kooldioxide in de lucht. Deze regelgeving wordt door de Raad van State in Nederland toegepast bij het beoordelen van bestemmingsplannen van gemeenten. Zowel de centrale als de lokale overheid bij monde van bestuurders en ambtenaren geven herhaaldelijk blijk van narrigheid wanneer de Raad van State een project afkeurt, omdat aan de milieueisen niet is voldaan. De belangen van de overheid en van projectontwikkelaars treden op de voorgrond, de burgers als consumenten van nu en straks blijven op de achtergrond. De welvaartstheoretische analyse leert echter dat de Europese regelgeving, die door de Raad van State wordt gehanteerd, niet uit de lucht komt vallen. De zorg voor de kwaliteit van de lucht weerspiegelt een voorkeur van de Europese consumenten, die voor hun behoeftebevrediging hechten aan gezonde lucht. Zij brengen deze voorkeur niet via de markt tot uitdrukking want zij kunnen er geen prijskaartje aan hangen. Zij weten echter dat de kwaliteit van hun leven en een onnodig vervroegd overlijden afhangen van de luchtkwaliteit. Bewoners van Hilversum hebben zich met succes verzet tegen een nieuwe oprit van een garage in een winkelcentrum, omdat een extra parkeerlaag in strijd is met het Besluit Luchtkwaliteit. Langs deze ingewikkelde weg brengen zij als consumenten hun wensen tot uitdrukking, beïnvloeden daardoor de allocatie van de productiemiddelen en bereiken een Paretoverbetering. De transactiekosten van deze allocatie buiten de markt om zijn hoog. De les is dat projectontwikkelaars en overheid bij het maken van plannen zelf rekening moeten houden met meetbare en niet-meetbare aspecten van de welvaart, waardoor de grondslag wordt gelegd voor integrale besluitvorming, een beter draagvlak voor beslissingen wordt geschapen en de kans op het opschorten of afkeuren van projecten wordt verkleind.

Tot zover stellen wij vast dat de feitelijke allocatie afwijkt van de Pareto-optimale. Op markten treden niet alleen machteloze consumenten en producenten op, die samen zorgen voor welgevallige allocatie van goederen en productiemiddelen tegen kostendekkende prijzen van consumptiegoederen en productiemiddelen ten behoeve van de consumenten. De consumenten hebben van nature een achterstand in informatie op de ondernemers, ook al maken zij tegenwoordig meer dan vroeger een vuist door internet. Markten registreren niet alle welvaartseffecten, die voor consumenten van belang zijn. Voor die belangen zijn andere methoden van allocatie nodig, zoals het vormen van actiegroepen en het in het leven roepen van stichtingen, die opkomen voor natuur en milieu. Opmerkelijk is dat de burgers die zich op deze manier verenigen, niet alleen gedreven zijn maar ook over betere informatie beschikken over milieueffecten van infrastructuur dan ambtenaren en projectontwikkelaars. De overheid is de voor de hand liggende institutie als het om zuiver collectieve goederen gaat. Geen wonder dat de slotsom lijkt dat de paretiaanse welvaartstheorie niet meer is dan een fraai theoretisch schema, dat zowel normatieve als analytische betekenis mist.

De schijn bedriegt. Dat in de werkelijkheid om allerlei redenen de *feitelijke* allocatie niet aansluit bij de Pareto-optimale, die de voorkeuren van de consumenten weerspiegelt, brengt de paretiaanse welvaartstheorie in de positie van een analytisch instrumentarium dat het vergelijken mogelijk maakt van de Pareto-optimale allocatie met de allocatie die in de werkelijkheid van alledag wordt aangetroffen. Deze werkelijke allocatie komt tot stand door toedoen van machtige ondernemingen, een sterke vakbeweging, actiegroepen die ijveren voor behoud van natuur, milieu, cultuur en gezondheid en door de publieke sector. Het vergelijken van de allocatie, die in de werkelijkheid wordt aangetroffen met de hypothetische aanwending van de productiemiddelen die voortvloeit uit het volgen van de voorkeuren van de consumenten, levert een overzicht op van de factoren die aan de feitelijke afwijking van Pareto-optimaliteit ten grondslag liggen. Uit een oogpunt van de geschiedenis van de economische wetenschap is Pareto-optimaliteit geen willekeurig analytisch referentiekader. In de derde druk van zijn *Wealth of Nations* deed Adam Smith de normatieve uitspraak: 'Consumption is the sole end and purpose of production; and the intent of the producer ought to be attended to, only so far as it may be necessary for promoting that of the consumer' (Smith, 1784, p. 515). Deze uitspraak van Adam Smith berust op niet-uitgesproken waarderingsoordelen omtrent de zin van het economisch leven, waardoor het herkennen van het normatieve karakter wordt bemoeilijkt. Niettemin staat het een politicus vrij om in zijn beleid het behartigen van de belangen van de consument op de voorgrond te stellen of zelfs als uniek oogmerk van beleid te kiezen. Evenmin is het in strijd met het analytische karakter van Pareto-optimaliteit indien een politica als mevrouw Neelie Kroes, de voormalige Europese Commissaris voor het mededingingsbeleid, het bevorderen van Pareto-optimaliteit bij haar aanpak van monopoloïde machtsposities op de Europese markt tot norm voor haar beleid heeft verheven. De norm wordt niet afgeleid uit de economische wetenschap, maar berust op haar waarderingsoordeel om aan het belang van de consumenten een uitzonderlijk gewicht toe te kennen. Als minister van Economische Zaken heeft dr. Hans Wijers de 24 uurseconomie bevorderd door de openingstijden van de winkels te verruimen. Als daardoor wordt ingespeeld op de behoeften van consumenten, die 's avonds gaan winkelen, is sprake van een Pareto-verbetering, een beweging in de richting van Pareto-optimaliteit. In dat geval heeft hij Pareto-optimaliteit tot norm voor zijn economische politiek verheven, omdat hij de belangen van de burgers als werknemers en middenstanders aan dit oogmerk ondergeschikt maakt.

Door de hypothese op te werpen dat mevrouw Kroes haar mededingingsbeleid baseert op het benaderen van Pareto-optimaliteit, wordt een einde gemaakt aan het chaotische karakter van dit beleid sinds het Verdrag van Rome uit 1958. Het hanteren van Pareto-optimaliteit als norm voor beleid betekent eenvoudig dat de maatregelen die de Europese Commissie neemt op het terrein van de mededinging beslissend worden getoetst aan het verbeteren van de positie van de consument van nu en straks. Wanneer door machtsposities van zelfstandige ondernemingen of door nationalistisch gedrag van soevereine staten Pareto-optimaliteit niet vanzelf resulteert in het economisch leven, wordt het Europese mededingingsbeleid ingezet. Daaruit vloeit niet voort dat het kiezen van Pareto-optimaliteit als norm voor het mededingingsbeleid door de verantwoordelijke Europese Commissaris ook een zinvolle benadering is voor andere onderdelen van het Europese economische en sociale beleid. Het behartigen van geheel andere belangen dan die van de consumenten staat in een breder beleidskader veelal op de voorgrond.

Van de eenzijdigheid van de paretiaanse zienswijze – alleen de consument telt in het allocatiespel – is in deze uiteenzetting een deugd gemaakt. Deze werkwijze staat haaks op de economische wetenschap, die de Pareto-optimaliteit als een onrealistisch concept terzijde schuift. Gebleken is echter dat met behulp van dit abstracte, theoretische schema belangrijke praktische vraagstukken en ontwikkelingen op een consistente manier in het licht worden gesteld. Deze indruk wordt versterkt door de paretiaanse welvaartstheorie in verscheidene richtingen uit te breiden.

Terloops werd verwezen naar de consumenten van nu en straks. Tot uitdrukking wordt gebracht dat de maatschappelijke welvaart bij wijze van begrip niet alleen wordt betrokken op de nu levende consumenten. De huidige allocatie van productiemiddelen laat zich ook verbinden met de behoeftebevrediging van toekomstige generaties. De reikwijdte van het ruime welvaartsbegrip en de paretiaanse welvaartstheorie wordt verbreed en verdiept door de onbestemde voorkeuren van toekomstige generaties in de analyse te betrekken. Wij geven de ongeborenen een stem in het kapittel door de welvaart van de burgers niet tot de thans levenden te beperken. Langs een geheel andere weg wordt duidelijk gemaakt hoezeer het insnoeren van de welvaart tot financiële, meetbare markttransacties het blikveld op de economische aspecten van de samenleving in ruimte en tijd verengt. Het is een stap in de richting van inhumanisering van de samenleving omdat de burgers uit beeld zijn verdwenen.

Naast huidige worden toekomstige generaties consumenten, werknemers, producenten, ambtenaren en politici onderkend. In de paretiaanse welvaartstheorie bezien wij de allocatie uit een oogpunt van de voorkeuren van de consumenten. Maar hoe brengen wij de voorkeuren in beeld van generaties consumenten die nog niet zijn geboren? Mijn suggestie is het invoeren van wat ik heb genoemd het identificatiepostulaat. Door te veronderstellen dat de nu levende consumenten zich identificeren met hun kinderen en kleinkinderen, wordt de huidige allocatie mede bepaald door de veronderstelde behoeften van onze nakomelingen tot in lengte van jaren. De ouders van vandaag voelen zich verbonden met hun kinderen en die weer met hun nakomelingen. Er is in deze zin sprake van overlappende generaties, ook al wordt een te groot beroep op ons voorstellingsvermogen gedaan als de huidige generatie zich moet inleven in de dagelijkse problemen van de burgerij in het jaar 2500. De inhoud van de Pareto-optimaliteit wordt op deze wijze uitgebreid met de veronderstelde nutsfuncties van consumenten van straks door ons te verplaatsen in hun behoeften. Uiteraard maken wij geen concrete voorstelling van de goederen die onze nakomelingen consumeren met het oog op het voorzien in hun behoeften. Maar wij ruimen wel in onze theoretische beschouwingen een plaats in voor de toekomstige consumptieve processen. Door het toepassen van het identificatiepostulaat wordt de welvaart van de subjecten van volgende generaties consumenten binnen het bereik gebracht van huidige paretiaanse welvaartsoordelen en beslissingen met gevolgen voor de allocatie. Zo beschouwd zijn de individuele voorkeuren van de huidige generatie omtrent hun consumptiepatroon van invloed op de feitelijke welvaart van volgende generaties consumenten. Als de huidige generatie de beschikbare natuur verbruikt, ziet de wereld van volgende generaties er anders uit dan wanneer wij ons als rentmeesters gedragen. Eerst wanneer de nieuwe generaties aantreden blijkt of naar hun eigen oordeel de mogelijkheid tot behoeftebevrediging door ons handelen met betrekking tot de natuur, de omgeving, het milieu en de grondstoffen in gevaar is gebracht. Uit de vraagstelling blijkt omgekeerd of de huidige generatie achteraf beschouwd zich onnodig bezorgd heeft gemaakt over de welvaart van volgende generaties.

De betekenis die mensen aan werkgelegenheid hechten wordt onder het bereik van de paretiaanse welvaartstheorie gebracht door arbeid ook als consumptiegoed op te vatten. De aanbieder van arbeid ontvangt in zijn rol van werknemer een financiële vergoeding, het inkomen, voor de geleverde arbeidsprestatie. Op deze wijze komt de cijfermatige kant van de arbeid tot uitdrukking. De arbeid belichaamt een markttransactie.

De kwalitatieve kant van de arbeid wordt belicht door arbeid als een consumptiegoed op te vatten. In het economisch leven is deze zienswijze actueel voor vrouwen. Voor hen is erg belangrijk het voorzien in hun behoefte aan de tijden waarop zij willen werken, de omgeving waar zij willen werken en de mensen met wie zij willen werken. De allocatie van de productiemiddelen reageert op deze consumptieve wensen, met betrekking tot de arbeid van burgers. De paretiaanse welvaartstheorie laat zich aan de hand van deze redenering uitbreiden met het nut dat de burgers als consumenten aan een bepaalde vormgeving van de arbeid hechten. De paretiaanse werkwijze de allocatie te beschouwen uit het oogpunt van de consumenten blijft zodoende intact.

Laat ons de paretiaanse welvaartstheorie verder uitbreiden met de niet-reproduceerbare goederen. De goederenconsumptie waarvan de economische theorie wereldwijd uitgaat bestaat niet langer alleen uit reproduceerbare goederen, zoals tafels en stoelen. Het onderscheid in reproduceerbare en niet-reproduceerbare goederen is in de economische theorie voor het eerst gemaakt door David Ricardo, wiens vader in Amsterdam is geboren in 1734 en wiens grootouders van vaderszijde zijn begraven op de Portugees-joodse begraafplaats te Ouderkerk aan de Amstel (Ricardo, 1817). Daarna heeft alleen de Italiaanse econoom Luigi Pasinetti enige aandacht aan niet-reproduceerbare goederen besteed (Pasinetti, 1981, p. 6).

De niet-reproduceerbare goederen hebben een uniek karakter. Nadat zij eenmaal zijn geproduceerd, zoals de Nachtwacht van Rembrandt, worden zij niet opnieuw voortgebracht. Zij hebben alleen blijvende betekenis als zij niet aan bederf onderhevig zijn. Deze goederen zijn in onze verbeelding zeldzaam ten opzichte van reproduceerbare goederen. De niet-reproduceerbare goederen krijgen met het voortschrijden van de tijd historische waarde. Deze is tastbaar indien de fysieke onderbouw van dit type goederen overheersend is. Soms kunnen zij in ruimte en tijd worden verplaatst, zoals het geval is met schilderijen, documenten, brieven en antiquarische boeken. Soms echter zijn zij aan plaats gebonden, zoals monumenten, historische boerderijen, zeventiende-eeuwse grachtenpanden en de natuur. Zij kunnen worden vernietigd. Liggen de niet-reproduceerbare goederen in de dienstensfeer dan neemt hun historische waarde de gedaante aan van herinnering. Herinneringen zijn niet verhandelbaar, maar kunnen evenmin worden vernietigd. Het historische karakter reikt verder dan het voortschrijden van de tijd. Het gaat erom dat de voortbrenging van de goederen en diensten is ingebed in een complex van historische omstandigheden dat later als uniek wordt ervaren, omdat de makers van de goederen en diensten er niet meer zijn.

De niet-reproduceerbare goederen zijn volgens Ricardo in kwantitatief opzicht verwaarloosbaar. De economische theorie heeft nooit belangstelling getoond voor deze categorie van goederen. De economische wetenschap gaat over de reproduceerbare goederen in de geest van de huilende Corry Vonk die tijdens de oudejaarsconference van Wim Kan op 31 december 1973 werd getroost met de woorden: 'Mien, je kunt toch nieuwe bakken' toen de oliebollen mislukt waren (Heertje, 1999).

Duurzaamheid

Deze welvaartstheoretische beschouwingswijze is geschikt om nader in te gaan op enkele aspecten van een duurzame ontwikkeling. Neem aan dat de welvaart van de huidige generatie afhangt van de stroom van goederen en diensten, het afval, de milieuvervuiling, de ongerepte natuur, open ruimte en cultureel erfgoed. Neem verder aan dat een positieve waardering van de bevolking bestaat voor behoud van natuur, cultureel erfgoed, meer goederen en diensten en een negatieve voor meer afval en milieuvervuiling. In de gangbare theoretische economie wordt de natuur als productiefactor ten tonele gevoerd, om daarna uit het gezichtsveld te verdwijnen. Voor beschouwingen over de benodigde kennis vanwege een duurzame ontwikkeling is het van belang de natuur uit een oogpunt van de maatschappelijke welvaart mede als een eindproduct op te vatten, ook al ligt aan de beschikbaarheid geen productieproces in de gebruikelijke zin ten grondslag. Het niet opofferen van natuur, zoals bossen, weilanden, plassen en stranden met hun flora en fauna, voorziet rechtstreeks in behoeften van thans levende individuen. De bijdrage tot de persoonlijke welvaart moge van individu tot individu verschillen en mede in het licht van de te brengen offers tegengestelde individuele waarderingen opleveren, dat neemt de noodzaak niet weg de ongerepte natuur uit maatschappelijk oogpunt een plaats te geven, vanwege de betekenis voor een duurzame ontwikkeling.

Uiteraard kan de rol van de natuur in het economisch proces verder worden uitgewerkt. Er zijn natuurlijke hulpbronnen die in de productie verdwijnen, zoals steenkool en olie. De voorraden chemische energie in deze natuurlijke hulpbronnen verdwijnen in de producten, keren nooit terug, worden omgezet in warmte en andere energievormen en leveren, behalve de beoogde productie, afval en vervuiling op. Met de energie van de zon is dat anders. Deze natuurlijke hulpbron verdwijnt niet in de productie en de rechtstreekse benutting levert evenmin afval en vervuiling op. Over de mogelijkheden deze onuitputtelijke energiebron reeds op betrekkelijk korte termijn te benutten zijn sommigen optimistisch en anderen pessimistisch.

In de gebruikelijke theorie wordt voorbijgegaan aan de natuur als consumptiegoed, maar ook aan afval en vervuiling als producten. Het is daarom van belang dat de economische theorie systematisch onderkent en verwerkt dat afval en milieuvervuiling onvermijdelijke producten van de productieprocessen zijn. Er is afval dat wordt afgebroken en weer in de natuur wordt opgenomen, naast afval dat niet of eerst na zeer lange tijd verdwijnt. In beide gevallen gaat het bestaan van afval met vervuiling gepaard, terwijl de verwerking ervan ook milieuvervuiling en het ontstaan van nieuw afval oplevert. De milieuvervuiling neemt de vorm aan van luchtvervuiling, thermische vervuiling, geuroverlast en waterverontreiniging. Maar ook zonder de verbinding met het afval van de productieprocessen is er milieuvervuiling, zoals in het geval van geluidshinder. De gebruikelijke voorstellingswijze van de productie legt de nadruk op de kwantitatieve gezichtspunten. Door verbranding wordt de chemische energie in steenkool of olie omgezet in warmte en andere energievormen, as en andere afvalproducten. Dit betekent dat er steeds fundamentele, niet-omkeerbare kwalitatieve veranderingen plaatshebben. De as wordt niet meer omgezet in steenkolen, de olie kan niet meer worden teruggewonnen. Volgens de tweede hoofdwet van de thermodynamica wordt de entropie van een natuurkundig systeem tijdens een irreversibel proces groter. De kwalitatieve, onomkeerbare verandering van chemische energie in warmte, is ook een beweging van orde naar wanorde en chaos. In de woorden van Georgescu-Roegen: '... the economic process is entropic in all its material fibres. It just degrades entropically useful energy and useful matter into useless or harmful waste ... All this is not to say that the product of the economic process is waste. The true product is not a material flow, but a psychological flux; the enjoyment of life, which cannot have room in any material matrix. Finally, dissipated matter, ... just like dissipated energy, cannot be recycled into useful matter in bulk. What we can recycle (and usually do) is only matter in bulk that is no longer in a useful form: broken glass, old paper, worn-out motors, in general, things found among garbage or junk – in a word, garbojunk' (Georgescu-Roegen, 1986, p. 263). Zoals in de natuurkunde het beschrijven van een onomkeerbaar, kwalitatief veranderingsproces de thermodynamica van irreversibele processen vergt, zo noopt het in kaart brengen van de kwalitatieve dynamiek van het economische proces tot een analyse, die complementair is ten opzichte van de neoklassieke theorie. Met elkaar produceren we geen auto's, maar pakketjes die bestaan uit auto's, vervuiling, afval en vernietiging van de natuur, en met de consumptie van de auto's is het niet anders. De beide varianten van de welvaartstheorie zijn geschikt om de mogelijke gevolgen van deze feiten voor de welvaart te onderkennen.

De welvaart hangt ook af van de mate waarin de schade door afval, vervuiling en vernietiging van de natuur wordt beperkt. Het is niet vanzelfsprekend dat wordt besloten milieuschade te reduceren. Het gaat om een afweging van kosten en baten. De vraag is of de samenleving het ervoor overheeft middelen op te offeren en nieuwe methoden te ontwikkelen om de schade in meer of mindere mate terug te dringen. Het beperken van de schade levert ook weer een onvermijdelijk pakket van afval en vervuiling, terwijl bovendien energiebronnen worden aangeboord. Aan de ene kant is er sprake van economische groei in de enge kwantitatieve zin en aan de andere kant zijn er negatieve kwalitatieve effecten op de welvaart, die opnieuw om een welvaartsoordeel omtrent de beperking ervan vragen. In dit verband wordt verwezen naar het werk van Roefie Hueting die zich op het onderhavige terrein zeer verdienstelijk heeft gemaakt. Hij heeft voorgesteld het nationaal inkomen als welvaartsindicator te corrigeren voor de offers die worden gebracht met het oog op het beperken van milieuschade. Zijn voorstel miskent het inzicht dat het terugdringen van de schade blijkbaar een positief welvaartseffect heeft dat gepaard gaat met inkomensvorming. Verder ziet hij over het hoofd dat schadebeperking ook weer negatieve externe effecten heeft (Hueting, 1974).

Enkele samenhangen verdienen nader in het licht te worden gesteld. Het opvoeren van de productie van goederen en diensten vergt in ons land het opofferen van ongerepte natuur, open ruimte, het opraken van natuurlijke energiebronnen, het inzetten van middelen ten behoeve van het beperken van milieuschade door afval en milieuvervuiling en het vernietigen van culturele erfgoederen, zoals historische gebouwen en boerderijen. Hoe de burgers deze afbraak van de kwaliteit van hun bestaan waarderen, wordt niet in geld of kwantitatief uitgedrukt, ook al worden sommige aspecten cijfermatig weergegeven. Het opofferen van natuur en open ruimte verschraalt de kwaliteit van de behoeftebevrediging van de burgers, zonder dat dit blijkt uit signalen van de markt. Ook voor afval en vervuiling geldt dat de markt de nadelige effecten op de gezondheidstoestand van de burgers niet of gebrekkig en vertraagd weerspiegelt. Met het teloorgaan van cultureel erfgoed is het niet anders. De negatieve welvaartseffecten van de productie op lange termijn worden door het marktmechanisme noch op tijd gesignaleerd, noch in prijsmatige besluitvorming verwerkt. Omgekeerd blijkt dat het positieve effect op de productiecapaciteit – en daarmede op de omvang en kwaliteit van de economische groei – van het beperken van afval en milieuvervuiling niet in de prijzen tot uitdrukking komt, zodat in de markt de prikkel ontbreekt om deze activiteiten te organiseren. Soms wordt voorgesteld het besluit te nemen de groei van de productie tot nul te reduceren. Met betrekking tot het spanningsveld van natuur en groei is de keuze van nulgroei ten behoeve van het in stand houden van de natuur goed verdedigbaar. Maar nulgroei bevordert ook dat technische ontwikkeling, gericht op het terugdringen van afval en vervuiling en het ontwikkelen van nieuwe energiebronnen, wordt ontmoedigd. Door het ophopen van afval en de verstikkende vervuiling is de uitkomst van het streven naar nulgroei een combinatie van ondraaglijke milieuschade en een hoge negatieve groei. Zij die een nulgroei bepleiten zien over het hoofd dat innovatieve productieprocessen, gericht op het terugdringen van afval en vervuiling, bijdragen tot de groei en op hun beurt weer nieuwe afval- en vervuilingsproblemen oproepen waarvan de oplossing tot de groei bijdraagt, en bovendien een groeipad mogelijk maken dat milieuvriendelijker is dan de voorgestane nulgroei, die feitelijk op een calamiteit uitloopt. Zo beschouwd is positieve economische groei veeleer het gevolg van een actief milieubeleid dan een voorwaarde ervoor. Uit een oogpunt van mondiale economische en sociale politiek komt bovendien de vraag op of aan de ontwikkelingslanden een dergelijk oogmerk mag worden voorgehouden, nu deze landen juist groei ontwikkelen. Er dringt zich derhalve het beeld op van naar tijd en plaats wisselende combinaties van groei en krimp. Groei als het gaat om het ontwikkelen en toepassen van nieuwe technieken, die het milieu en daarmede de kwaliteit van het bestaan verbeteren, krimp als het werkelijk ernst is met het behoud van de natuur en al wat daarin leeft.

Neem nu aan dat de welvaart van volgende generaties afhangt van dezelfde factoren als die van de huidige generatie, met dien verstande dat in plaats van de feitelijke de potentiële productie wordt opgenomen. Onder de potentiële productie wordt verstaan de omvang van de productie, die in een bepaalde periode mogelijk is, indien alle dan beschikbare technologie effectief wordt benut, alle bureaucratische belemmeringen uit de weg zijn geruimd en de productiefactoren technisch efficiënt worden ingezet. Het potentiële productieniveau van een toekomstige generatie wordt sterker negatief beïnvloed naarmate de huidige generatie de natuur vernietigt, de natuurlijke hulpbronnen uitput en het milieu ondergraaft.

Afhankelijk van de mate waarin de nu levende generatie zich identificeert met de burgers die in de toekomst leven, wordt bijgedragen aan de duurzaamheid van de economische en maatschappelijke ontwikkeling. De uitkomst van de transacties die in het heden tot stand komen is naar die mate mede bepaald door de welvaart van een toekomstige generatie.

Aansluitend bij deze redenering wordt de sociale welvaartsfunctie zo opgevat dat deze het oordeel weergeeft omtrent de factoren die van invloed worden geacht op de welvaart van de huidige en toekomstige generaties. De samenhang geeft voorts de aard van het verband tussen welvaart, natuur, open ruimte, vervuiling, afval en cultureel erfgoed aan. Er is ruimte voor het toekennen van het behoud van natuur en cultuur voor een volgende generatie. Een duurzame ontwikkeling wordt nu tot stand gebracht door het maximeren van de welvaart van de huidige en toekomstige generaties volgens de sociale welvaartsfunctie onder de randvoorwaarden van de huidige productiemogelijkheden.

De inhoud van het begrip duurzame ontwikkeling is subjectief, voor zover het subjectieve oordeel van de opsteller van de sociale welvaartsfunctie, omtrent de factoren die de welvaart van de huidige en toekomstige generatie beïnvloeden, de inhoud bepaalt. De opsteller kan de overheid zijn die in een democratische rechtsorde de individuele opvattingen van de burgers weerspiegelt. Het begrip is ook formeel, daar het alle mogelijkheden op toekomstige behoeftebevrediging omvat die geacht worden eronder te vallen. De subjectiviteit van het oordeel van de huidige generatie jegens de welvaart van volgende generaties spitst zich toe op de mate van identificatie. Deze zal groter zijn naarmate de huidige generatie zelf wordt geconfronteerd met aanslagen op natuur, milieu en cultuur, die – geëxtrapoleerd – voor een volgende generatie verschralend en verstikkend worden geacht. Voor het verdiepen van kennis omtrent deze effecten en het nemen van maatregelen wordt in dat geval een breder draagvlak in de bevolking gevonden, dan wanneer op grond van huidige inzichten voorspellingen over de ecologische situatie van een volgende generatie worden gedaan die behept zijn met een grote mate van onzekerheid. De wisselwerking tussen technische en wetenschappelijke kennis, de voorkeuren van de huidige generatie, de organisatie van de besluitvorming in de samenleving en het beleid van de overheid, nopen tot het belichten van de kennis omtrent al deze aspecten. De mening vat anders post dat met het tonen van een naar huidige inzichten opgestelde lijst van benodigde technische en wetenschappelijke kennis de duurzaamheid van de economische en ecologische ontwikkeling is verzekerd. Wie geen vreemde is in het Jeruzalem van onze vaak chaotische samenleving in nationaal en internationaal verband, weet dat wetenschappelijke inzichten daartoe wel noodzakelijk maar niet voldoende zijn. Wetenschappelijke inzichten moeten de beleidsmakers bereiken, tijdig worden onderkend en verwerkt en bovenal worden toegepast. De Nederlandse samenleving gaat mank aan een intellectueel tekort op al deze terreinen.

Consumentenwelvaart

Individueel en als sociaal wezen woekert de consument met beperkte middelen ten opzichte van zijn behoefte aan goederen, diensten, vrije tijd, natuur, open ruimte, milieu, leefbaarheid en cultuur. Allemaal behoeften die deel uitmaken van de consumentenwelvaart en binnen het gezichtsveld van de economie vallen omdat het voorzien in deze behoeften het aanwenden van schaarse middelen vergt. De economische wetenschap is een aspectwetenschap, het aspect dat voortvloeit uit de schaarste, in het bijzonder de allocatie van de middelen. Zij hebben voor de economische wetenschap een neutraal karakter. 'Omdat voor de economie de onderscheiding tussen rationele en irrationele behoeften geen betekenis heeft, kan het slechts verwarring wekken desondanks van rationele motieven en rationele overwegingen te spreken,' merkte Hennipman al in 1945 op (Hennipman, 1945). De economische analyse berust niet op een restrictief beeld van het gedrag van de consument en gaat evenmin uit van rationaliteit van gedrag. De consument handelt zoals hij of zij handelt. De inhoud van de consumentenwelvaart is niet gekoppeld aan een concrete invulling, bijvoorbeeld de consumptie van biologisch voedsel per hoofd in een jaar. Welke concrete invulling ook wordt gekozen, deze legt het altijd af tegen het integrale karakter van de subjectieve en formele consumentenwelvaart, die met een dwingende logica het immer uitdijende speelveld van de keuzehandelingen van de consumenten bepaalt. Elke beweging in de richting van een pseudo-objectieve invulling van het welvaartsbegrip brengt in de dagelijkse gang van zaken een verwijdering met zich van de mensen als consumenten in het economisch leven. De beperking van de dynamiek van de behoeftebevrediging van de consumenten tot de groeipercentages van het bbp behelst het inhumaniseren van de economische ontwikkeling. Het insnoeren van de economische aspecten van maatschappelijke verschijnselen tot op geld waardeerbare transacties is voor de consumenten een kwalitatieve verschraling en kwantitatieve vertekening. Dit manifesteert zich bij allocatie ten behoeve van niet-calculeerbare componenten van de consumentenwelvaart. De wens van consumenten natuurgebieden te behouden ten behoeve van toekomstige generaties laat zich niet monetair vertalen. Het voorzien in de behoefte van consumenten aan duurzame energie, schoon drinkwater en het afwenden van de klimaatdreiging zijn bijdragen aan het verduurzamen van het maatschappelijk leven die niet-marktgebonden allocatie vergen en derhalve het hart van de economische wetenschap betreffen.

Wij gaan uit van de consumenten zoals zij zijn. Niet van een fictief of normatief schema zoals zij behoren te zijn of zouden zijn. De fictieve zienswijze houdt in dat de economische wetenschap uitgaat van het mensbeeld van de permanent calculerende burger, gericht op eigenbelang en financieel gewin. In het voetspoor van Spinoza (1632-1677) gaat de economie echter uit van de mens zoals deze is en handelt (Spinoza, 1670). Consumenten verschillen van elkaar in vrijwel alle opzichten en de economische wetenschap beperkt zich bij de analyse van het economisch aspect van de verschijnselen niet tot een bepaalde categorie van mensen of hun gedrag. De Nobelprijs van Alvin Roth voor het oplossen van matchingsproblemen buiten de markt om, bijvoorbeeld het toedelen van beschikbaar gestelde nieren aan patiënten die een nier nodig hebben, berust op inventarisatie van de verscheidenheid van voorkeuren (Jackson, 2013). De normatieve benadering van consumenten knoopt aan bij hun emoties, drijfveren, impulsen, hun opvatting over ethiek, eerlijkheid, betrouwbaarheid en integriteit, dit alles vanwege het verbeteren van de wereld. Eeuwenlange pogingen ten spijt is dit oogmerk een illusie gebleken. Daarom gaan wij uit van de consumenten zoals zij zijn, de studenten in het onderwijs, de patiënten in de zorg, de huurders van corporaties en de kinderen in de jeugdzorg, in al hun verscheidenheid.

Pareto-optimaliteit is een omschrijving van een toestand in een economisch systeem met de eigenschap dat de allocatie van de productiemiddelen is afgestemd op de wensen van de consumenten. Bij een andere inkomensverdeling hoort een ander Pareto-optimum en Pareto-optimaliteit is onafhankelijk van de institutionele vormgeving van de allocatie, hetgeen het analytische karakter van de beschouwingswijze onderstreept. Consumentensoevereiniteit en consumentenwelvaart zijn in de paretiaanse welvaartstheorie de voertuigen van de allocatie, die per definitie tot rust komt, indien een Pareto-optimum wordt bereikt.

De Nobelprijs van Daniel Kahneman (Kahneman, 2012) in 2002 is geen bekroning voor een paradigmaverschuiving, doch het erkennen van het bestaan van gecompliceerde nutsfuncties, indien subjecten met onzekerheid worden geconfronteerd bij het nemen van beslissingen. Het artikel van hem en Amos Tversky ontwikkelt de 'prospect theory' die berust op andere veronderstellingen dan de 'expected utility theory' (Kahneman en Tversky, 1979). Het gaat om de psychologische karakteristieken van menselijk gedrag. Wiskundig gaat het om verfijningen van de (subjectieve) nutsfuncties, zoals de veronderstelling dat subjecten bij perspectief op winst risico's mijden en bij vooruitzicht van verlies geneigd zijn risico's te nemen. Er is het misverstand ontstaan dat de traditionele theorie uitgaat van rationeel handelen en dat een revolutie in de economische theorie gaande is die wortelt in het werk van Kahneman. Zelf neemt Kahneman nadrukkelijk afstand van dit onjuiste denkbeeld. Het besef dat sprake is van uiteenlopende hypothesen omtrent het gedrag ontbreekt bij de meeste economen.

Tot zover heeft het verbreden van de consumentenwelvaart betrekking op herkenbare goederen, zoals de niet-reproduceerbare goederen en arbeid als consumptiegoed en voorts op thans niet-herkenbare goederen, de virtuele goederen. De inhoud van het begrip consumentenwelvaart biedt daardoor ruimte aan een rijk patroon van activiteiten in het economisch leven, die voor de welvaart van de consumenten van belang zijn.

Met het oog op de confrontatie van consumentenwelvaart en mededingingsbeleid is het van belang de omstandigheden waaronder de feitelijke allocatie achterblijft bij de Pareto-optimale verder te verdiepen. Speltheoretisch ontstaan afwijkingen van een Pareto-optimum indien de consumenten onafhankelijk van elkaar strategische keuzes doen en door een gebrek aan coördinatie van gedrag een Nash-evenwicht bereiken, bijvoorbeeld in het verkeer. Verder divergeert de allocatie van de Pareto-optimale omdat burgers in andere rollen dan die van consumenten aan het economische proces deelnemen, bijvoorbeeld als werknemer, ambtenaar of als politicus. De consumentensoevereiniteit dicteert niet langer de allocatie, de consumentenwelvaart wijkt voor andere belangen. Zo beschouwd is het begrijpelijk dat in de welvaartstheorie een tweede hoofdlijn is ontwikkeld, die aanknoopt bij de sociale welvaartsfunctie, waarbij de maatschappelijke welvaart in verband wordt gebracht met factoren zoals werkgelegenheid en de inkomensverdeling. De oordelen over de invulling van de sociale welvaartsfunctie zijn waarderingsoordelen van politieke en ethische aard. Het is daarom begrijpelijk dat de discussie over het vermeende normatieve karakter van de paretiaanse welvaartstheorie is ontstaan na het invoeren van de sociale welvaartsfunctie (Hennipman, 1995).

Tot zover is de Pareto-optimaliteit gehanteerd als analytisch instrument dat in staat stelt de weerbarstige werkelijkheid omtrent de empirische kant van de allocatie in de samenleving in kaart te brengen. De intellectuele kracht daarvan laat zich illustreren door de steven te wenden en beleid in ogenschouw te nemen. Zoals eerder opgemerkt zette Hans Wijers als minister van Economische Zaken in het eerste kabinet-Kok het verruimen van de openingstijden van de winkels op de agenda. De nieuwe wetgeving maakte het mogelijk de winkels open te houden tot tien uur 's avonds. Deze verruiming van de winkeltijden sloot aan bij de geuite voorkeuren van de consumenten. Uit een oogpunt van de consumenten en hun consumentenwelvaart was sprake van een Pareto-verbetering. Nog niet van een Pareto-optimum, omdat daarvoor nodig was de winkels permanent open te houden zodat de voorkeuren van het publiek zich manifesteren. Niettemin berustte de wetgeving van Wijers feitelijk op het tot norm verheffen van Pareto-optimaliteit, want hij ging voorbij aan protesten van de vakbeweging die wilde verhinderen dat de werknemers 's avonds werken. In die dagen vond op het ministerie van Economische Zaken een debat plaats tussen Lodewijk de Waal, toenmalig topman van het FNV en schrijver dezes over de 24 uurseconomie. 'Waarom moeten mijn werknemers 's nachts om twee uur in een restaurant opdraven omdat jij dan een biefstuk wilt eten,' riep hij uit. Een ontroerende illustratie van de paretiaanse welvaartstheorie in actie. De regelgeving over de openingstijden op zondag maakt dat ten overvloede duidelijk. Deze werd in handen gelegd van gemeentebesturen in plaats van het invullen van de opening over te laten aan de consumenten.

24 uurseconomie en economische dynamiek

De discussie over de 24 uurseconomie is uitgelokt door dr. J.E. Andriessen, minister van Economische Zaken in het derde kabinet-Lubbers. In mei 1994 organiseerde hij het zogenaamde Koos Clinton-debat. In het RAI-congrescentrum kwamen managers uit het bedrijfsleven, hoge ambtenaren, journalisten en wetenschappers bijeen. Andriessen wilde het debat aanzwengelen over de dynamisering van de Nederlandse economie, het herstel van werkgelegenheid en het verbeteren van onze internationale concurrentiepositie. Hij stelde de effecten van de globalisering aan de orde en nodigde een aantal economen uit met suggesties te komen, gericht op het vitaliseren van de bedrijvigheid in ons land. Op dat moment ging het vooral om werkgelegenheid en groei in kwantitatieve zin. Tegenwoordig is naast het herstel van kwantitatieve werkgelegenheid, de kwaliteit van werkgelegenheid, groei en bestaan van belang. Met het oog op het vitaliseren van de Nederlandse economie is door mij de 24 uurseconomie in de economische en politieke discussie gelanceerd (Heertje, 1994). Niet alleen gericht op het scheppen van werkgelegenheid in de vorm van vaste banen, maar op het scheppen van werkgelegenheid die past in deze tijd, deeltijdbanen met een grote mate van flexibiliteit. Een van de gevolgen hiervan is een veranderde vraag van de werknemers als consument. De vraag neemt toe en werknemers met een vaste baan oefenen een andere consumptieve vraag uit dan flexibele werknemers. Flexibele werknemers en flexibele consumenten horen bij elkaar als dag en nacht. Het gaat erom dat werkers en consumenten niet langer aan specifieke uren van de dag, specifieke dagen van de week, specifieke weken van de maand, specifieke maanden van het jaar en specifieke jaren van het leven zijn gebonden door de regelgeving van de overheid.

Internet is de wereldwijde belichaming van de 24 uurseconomie. In de ruimte omspant de netwerkeconomie door internet de hele wereld. In de tijd biedt internet de mogelijkheid dat op alle tijdstippen van de dag en de nacht wordt geconsumeerd, wordt gewerkt en wordt geproduceerd. De 24 uurseconomie houdt niet in dat mensen alle uren van de dag moeten werken en moeten consumeren. Het idee van de 24 uurseconomie is niets anders dan het toepassen van de welvaartstheorie, waarbij de aanwending van de productiemiddelen verloopt overeenkomstig de wensen van de burgers als consumenten. Als de consumenten liever 's avonds om tien uur een brood kopen dan om zes uur is van een verbetering van de allocatie sprake indien aan deze wens wordt voldaan. In de moderne theorie van het consumentengedrag is een brood om tien uur een ander brood dan een brood om zes uur. Volgens de theorie is een consumptiegoed een bundel karakteristieken. Een van de karakteristieken is de tijd. Het gaat niet alleen om het brood in stoffelijke zin, maar ook over de vraag waar, hoe en wanneer het beschikbaar is. Als mensen belang hechten aan consumeren op willekeurige momenten wordt de kwaliteit van de samenleving verbeterd, indien deze wensen worden verwezenlijkt. Ook de wensen met betrekking tot de arbeid worden onder de welvaartstheorie gebracht door de arbeid niet alleen als productiefactor, maar ook als consumptiegoed op te vatten. De mensen kopen pakketjes arbeid die weerspiegelen waar, wanneer, met wie en onder welke omstandigheden zij willen werken. Van deze zienswijze is de grote betekenis dat het bij flexibilisering van de arbeid niet gaat – of zeker niet in de eerste plaats – om de belangen van het bedrijfsleven, maar om de vraag of de productie zo wordt ingericht dat in de wensen van de burgers als werknemers omtrent voor hen optimale werktijden wordt voorzien.

Uiteraard kon niet worden voorkomen dat in de maatschappelijke discussie, die losbarstte na het lanceren van het idee, allerlei misverstanden ontstonden. Vakbeweging, kerken en middenstanders verenigden zich in de bewering dat het om een consumptieplicht en werkplicht ging. De vakbeweging meende dat werd ingespeeld op de roep van de werkgevers om flexibele arbeidstijden. De kerken zagen in de 24 uurseconomie een aanval op de zondagsrust en de middenstand vreesde een afbraak van het bestaan van het midden- en kleinbedrijf. Nog steeds woedt het debat voort. Nog steeds beheersen misverstanden de strijd. Nog steeds is er aanleiding de uitgangspunten van de 24 uurseconomie duidelijk op schrift te stellen, ondanks de vele publicaties die zijn verschenen en die niet zelden hebben bijgedragen tot de verwarring. Wat bijvoorbeeld te denken van de mening dat nooit gesproken had mogen worden over de 24 uurseconomie, maar over een 18 uurseconomie, omdat de mensen toch in ieder geval moeten slapen? Hier wreekt zich het denkbeeld dat de 24 uurseconomie de verplichting behelst dag en nacht te consumeren en te werken. Het tegendeel is het geval. Het gaat erom dat de mensen als mondige burgers, niet gehinderd door regels, naar winkels en hun werk gaan wanneer zij dat wensen. Winkels gaan derhalve niet open als er geen klanten komen gedurende delen van de dag of nacht. Maar als een consumptieve voorkeur bestaat voor een nachtrestaurant blijkens voldoende koopkracht en belangstelling van de burgers, voorziet het 's nachts open zijn van een restaurant in een gevoelde behoefte. Dan behoort de overheid door regelgeving geen sta-in-de-weg te zijn. Dit klemt te meer nu Nederland niet alleen deel uitmaakt van een zich uitbreidend Europa, maar ook van een globaliserende wereldeconomie.

De gedachte van de 24 uursecomomie past in een moderne netwerkeconomie, waarin consumenten, producenten en werknemers in toenemende mate zonder grenzen transacties met elkaar aangaan. Geen van deze deelnemers aan het economisch verkeer heeft een boodschap aan van bovenaf opgelegde belemmeringen omtrent het tijdspatroon van de transacties.

Of de potentiële welvaartsverbetering wordt bereikt hangt af van feitelijke belemmeringen, zoals de gevestigde productiestructuren en de bestaande wetgeving. Maar ook indien alle belemmeringen zijn weggenomen blijft de daadwerkelijke benutting van de 24 uurseconomie achter bij de potentiële. Burgers hebben zeer uiteenlopende voorkeuren omtrent tijdstippen waarop zij willen werken en consumeren. In Staphorst gaan de winkels op zondag niet open omdat de preferenties van de inwoners van Staphorst de zondag als rustdag bevatten. Het leven in Staphorst doet geen afbreuk aan de 24 uurseconomie, maar geeft juist de inhoud, die bij de introductie van het concept voor ogen stond.

Behalve deze theoretische verdieping is het van belang te wijzen op de paternalistische en intolerante attitude die spreekt uit veel beschouwingen van auteurs over de 24 uurseconomie. De mensen maken zelf uit of zij uitgaan leuker vinden op vrijdag en zaterdag dan wel op zondag en maandag. Of zij in groepen van tien of twintig willen uitgaan en of zij collectieve rustpunten wensen. En waarom moet van bovenaf worden gedicteerd dat de zondag een rustdag is? Het denkbeeld is in strijd met de grondslagen van een humane samenleving en staat op gespannen voet met het perspectief van de netwerkeconomie. De daling van de transactiekosten van informatie en communicatie door internet opent voor de mensheid wereldwijd de mogelijkheid zich 24 uur per dag met elkaar te verstaan.

Blijft de vraag hoe het verder zal gaan. Wie zich daartoe tot Nederland beperkt, komt niet anders dan tot de conclusie dat de oplossing van de congestieproblemen, het beschermen van natuur, open ruimte, milieu en cultuur veeleer komt van grootscheepse flexibilisering van arbeids- en consumptietijden dan van verder asfaltering en vernieling van het landschap. Voegt men daaraan toe dat de Nederlandse economie in alle opzichten verder globaliseert en internationaliseert, de jongere generatie veel meer ondernemers kent dan de oudere door de lagere transactiekosten van het starten van een onderneming, dan is de verwachting gerechtvaardigd dat de 24 uurseconomie binnen de grenzen van de wensen van de mensen ook feitelijk in versneld tempo haar beslag krijgt.

Een ander misverstand dat herhaaldelijk opduikt in de discussie over de 24 uurseconomie is het feit dat de burgers tegelijk werknemer en consument kunnen zijn. Vooral de vakbeweging verzette zich tegen het voortschrijden van de 24 uurseconomie met het argument dat de mensen als werknemer bezwaarlijk kunnen worden verplicht te gaan werken ten behoeve van de mensen als consument. Hier wordt miskend dat het uiteindelijk gaat om de consumptie. Volgens dat gezichtspunt zijn de inspanningen en de activiteiten in de productie ondergeschikt aan de consumptie. Het gaat om het aanwenden van de productiemiddelen met het oog op de behoeftebevrediging van de consumenten. Cruciaal is dat de werknemers op basis van vrijwilligheid werken. Wij moeten af van het idee dat er normale werktijden zijn van 08.30 tot

17.00 uur en dat alle andere werktijden abnormaal zijn. Ook als werknemer heeft men recht op keuze. Als aan die voorwaarde is voldaan, is er niets tegen de wensen van de mensen als consument beslissend te doen zijn. Het spanningsveld tussen de mensen in hun rol van consument en werknemers wordt dan opgelost.

Van de zijde van de kerken is betoogd dat collectieve rustpunten nodig zijn. Mensen moeten elkaar kunnen ontmoeten. Daarvoor werd de zondag aangewezen. Volgens de kerken dient de overheid de zondag als verplichte rustdag aan te wijzen omdat Nederland een overwegend christelijke cultuur heeft. Tegen deze visie bestaan bezwaren. Er zijn andere religies die de zaterdag als heilige dag zien. Voor het jodendom is de sabbat een verplichte rustdag. Voorts wordt blijk gegeven van een minder tolerante houding jegens andersdenkenden. Sociale contacten zijn geenszins uitgesloten, indien mensen zelf hun tijd indelen. De werktijden en de perioden van consumptie worden in de gedachtegang van de 24 uurseconomie zo gekozen dat er gemeenschappelijke ontspanning, recreatie is alsmede het deelnemen aan het verenigingsleven. Kern van de zaak is steeds of de overheid van bovenaf de openingstijden van de winkels vaststelt of dat de keuzevrijheid van de burgers wordt geëerbiedigd. Hoe men hier ook over denkt, die 24 uurseconomie krijgt haar beslag. Daarvoor zijn verscheidene redenen. In de eerste plaats brengt de globalisering met zich dat consumeren, produceren en werken niet langer zijn begrensd door lokale afspraken en gewoonten. Mensen uit andere landen komen gemakkelijk naar Nederland. Omgekeerd reizen wij de wereld af. Wij raken eraan gewend in Parijs en New York te winkelen, eten en plezier te maken op alle momenten van de dag en de nacht. Waarom dan niet in eigen land? Onze kinderen hebben Europese harten. Zij kennen geen grenzen en zijn niet gebonden. De preferenties veranderen niet alleen van buitenaf, maar ook van binnenuit. Met het verdwijnen van het traditionele gezin, het opkomen van allerlei andere relatiepatronen, de nieuwe positie van vrouwen op de arbeidsmarkt, de kinderopvang en het thuiswerken wordt de verscheidenheid van de behoefte aan uiteenlopende tijdstippen van consumptie en werk groter. Het combineren van zorgtaken en opvoeding van kinderen met een carrière bij overheid, bedrijfsleven en in de financiële sector vergt een subtiel patroon van tijdsbesteding. Steeds minder vaak werken vrouwen van 's morgens negen tot 's middags vijf. Steeds minder vaak vijf dagen per week. Naarmate vrouwen hun werktijden beter in overeenstemming brengen met hun eigen wensen, neemt hun arbeidsvreugde toe. Die ontwikkeling bevordert niet alleen hun arbeidsproductiviteit, maar ook die van de organisatie. Het omgaan met de files in het verkeer is in dit verband een afzonderlijk thema. Enerzijds worden werktijden gekozen, zodat files worden vermeden, anderzijds nemen files af door spreiding van de werktijden. Terwijl thuiswerken dankzij het kantoor van de toekomst allang mogelijk is, schrijdt deze variant van de arbeid slechts schoorvoetend voort. Ook in dit opzicht nemen vrouwen in toenemende mate het voortouw. De laptop is een lichtvoetig apparaat geworden, dat het werk volledig onafhankelijk maakt van de traditionele werkplek. Het wantrouwen van de overwegend mannelijke werkgevers tegen thuiswerken legt het af tegen de moderne, wereldwijde informatietechnologie. Vrouwen die pluriforme werktijden kennen, kunnen niet zonder flexibilisering van consumptiepatronen. Het verruimen van de openingstijden van de winkels sluit hierbij aan. Sinds 1 juni 1996 kunnen winkeliers de winkels openen van 's morgens zes tot 's avonds tien uur. Dat doen zij alleen als er een markt voor is. De markt is veel groter dan veel pessimisten in 1996 hebben gedacht. Vooral gedurende de avonduren wordt intensief gewinkeld. Ondanks de ferme tegenstand van de vakbonden en de detailhandel heeft Hans Wijers kans gezien de boodschappenmarkt open te breken. Niet alleen de markt van gewone boodschappen. Ook voor luxegoederen, modeartikelen en huisraad is er 's avonds belangstelling. Het verzet van vakbonden en detailhandel miskende volledig het inzicht dat de klant eindelijk koning is geworden. Een ontwikkeling die nog is versterkt door internet, waardoor de consument over veel meer informatie beschikt als daadwerkelijk de markt wordt opgegaan. Ook de avondwinkels tekenden verzet aan tegen de plannen van Wijers. Zij beschikten immers over een monopolie waardoor de consumenten hoge prijzen betaalden, waartegenover een schrale service stond. De nieuwe winkelsluitingswet heeft hierin verandering gebracht. De vraag komt uiteraard op waarom de openingstijden van winkels niet volledig vrij zijn gemaakt. Het staat vast dat Wijers niets liever had gewild. Op den duur zal de kracht van de economische dynamiek de resterende regelgeving verpletteren. Niets verzet zich ertegen aan bakkers, fietsenmakers, modezaken en supermarkten over te laten wanneer zij hun deuren openen. Dit geldt ook voor de opening op zondag. Het verzet van de kerken, gesteund door predikanten en rabbijnen, was hevig en is dat nog steeds. De zondag als gemeenschappelijk rustpunt mag niet worden aangetast. Het gezinsleven wordt ontwricht en voor sociale activiteiten is niet langer plaats. Alle stilte gaat teloor. Argumenten die zich verwijderen van de praktijk van alledag. Ook voor deze activiteiten geldt dat ze niet alleen op zondag zijn geconcentreerd, maar een spreiding in de tijd tonen. Voorts maken de mensen zelf uit of zij willen rusten, wanneer zij willen rusten, waar zij willen rusten en vooral met wie zij willen rusten. Niettemin moest Wijers in 1996 wat de zondag betreft bij wijze van compromis een misbaksel aanvaarden. De winkels mogen slechts een beperkt aantal dagen per jaar op zondag open zijn en de gemeentebesturen beslissen erover in elke plaats en bepaalde ambtenaren bereiden stukken voor omtrent een kwestie die volledig door de burgers als consumenten kan worden geregeld. In de economie spreken wij van een schijnoplossing met hoge transactiekosten, die niet voorziet in de behoeften van de mensen. Verwacht kan worden dat de opening van de winkels op zondag wordt bepaald door de consumenten. De huidige omslachtige regelgeving is van voorbijgaande aard.

Aan de aanbodzijde van de economie is de gespreide benutting van het vaste productieapparaat een enorme stimulans voor de 24 uurseconomie, de flexibilisering van arbeidstijden, de ruimere openingstijden van winkels, postkantoren en instellingen van de overheid op centraal en lokaal niveau. De efficiëntie van de productie gaat omhoog, kosten worden lager, prijzen kunnen daardoor omlaag, zodat de vraag verder wordt gestimuleerd. Deze beweging versterkt de dynamiek in het economisch leven en logenstraft de beschouwingen van de tegenstanders van het terugdringen van de regelgeving van de overheid. De liberalisering van winkeltijden vergroot marktdynamiek, waardoor op nieuwe uren van de dag toetreding mogelijk wordt en nieuwe producten ontstaan. Niet alleen vers brood op zondag, maar ook een assortiment dat wordt aangeboden door de bedrijvigheid van allochtonen.

Er ontstaan nieuwe markten, nieuwe ondernemingen en nieuwe werkgelegenheid, speciaal aan de onderkant van de arbeidsmarkt, naar de mate waarin het publiek de aangeboden goederen afneemt. Onze samenleving verrijkt indien de productieve inzet van allochtonen wordt verzoend met de consumptieve behoefte van autochtonen. De markt brengt de verzoening tot stand en draagt zodoende bij tot meer evenwicht in de Nederlandse samenleving. De kwaliteit van het bestaan van allen is daarom gebaat bij het praktisch vormgeven van verscheidenheid. Het optimaliseren van de benutting van alle beschikbare productiecapaciteit gaat hand in hand met de verbreding en verdieping van het voorzien in de behoeften van burgers als kopers van consumptiegoederen en als kopers van arbeid. Aan deze economische onderbouw onttrekt de vakbeweging zich niet. Hoewel het grootbedrijf makkelijker inspeelt op de nieuwe consument dan de kleinschalige ondernemer en de detailhandel, is toch de 24 uurseconomie veeleer een uitdaging dan een bedreiging voor het midden- en kleinbedrijf. Afgezien van de nadelen die kleven aan de grootschaligheid, zoals bureaucratisering, boekhoudkundige en andere fraude en een gebrek aan betrouwbaarheid, staat het midden- en kleinbedrijf dichter bij de finale consument. Die omstandigheid kan worden benut ten behoeve van consumentenwelvaart en werkgelegenheid.

Mededingingsbeleid

Wenden wij ons vervolgens tot het Europese mededingingsbeleid. Wie kennisneemt van de bepalingen over de mededinging en de steunmaatregelen van staten in het Europese verdrag, merkt op dat er geen consistente visie aan de Europese regelgeving omtrent de concurrentie ten grondslag ligt. Men kan een sociale welvaartsfunctie onderkennen, voor zover het gaat om groei, technische ontwikkeling, werkgelegenheid en het bevorderen van concurrentie. In het midden blijft of, en zo ja waarom, deze aspecten van belang zijn.

In de artikelen 81 tot 90 van het Verdrag van Rome omtrent de regels voor de mededinging van ondernemingen en de steunmaatregelen van de staten komt de consument zijdelings ter sprake. Anders dan men verwacht is het beslissende oogmerk van de mededingingspolitiek niet het behartigen van de belangen van de consumenten. Volgens artikel 81, lid 3 kunnen bepalingen buiten werking worden verklaard die de concurrentie tussen ondernemingen beperken, indien sprake is van groei, van verbetering van de verdeling van goederen en van technische ontwikkeling, 'mits een billijk aandeel in de daaruit voortvloeiende voordelen de gebruikers ten goede komen'. Daarom is het begrijpelijk dat omtrent de taak van de mededingingspolitiek verwarring bestaat en dat ambtenaren en politici op grond van eigen, wisselende politieke voorkeuren nu eens de nadruk op het ene en dan weer op het andere leggen.

De paretiaanse welvaartstheorie schept orde in het gefragmenteerde mededingingsbeleid op nationaal en Europees niveau. De hypothese is dat het mededingingsbeleid beoogt de consumentenwelvaart te verhogen en Pareto-verbeteringen tot stand te brengen, die in de richting gaan van Pareto-optimaliteit.

Blijkens haar publieke uitingen heeft de vorige Commissaris voor de Europese mededinging, mevrouw N. Kroes, Pareto-optimaliteit tot norm verheven. Het betekent dat de maatregelen die de Europese Commissie neemt op het terrein van de mededinging beslissend worden getoetst aan het verbeteren van de positie van de consument. Deze opvatting van het mededingingsbeleid houdt in dat aan andere overwegingen, zoals de groei, geen zelfstandige betekenis toekomt. Groei wordt gerechtvaardigd door de bijdrage aan de consumentenwelvaart, omdat anders het mededingingsbeleid zich enerzijds keert tegen machtsposities van ondernemingen en deze anderzijds in stand houdt vanwege een positief effect op innovatie.

Als Pareto-optimaliteit in feite het finale oogmerk is van het Europese mededingingsbeleid, wordt het bevorderen van innovatie in dit oogmerk betrokken door de welvaartseffecten voor de consumenten te onderkennen. Productinnovaties als gevolg van fundamenteel en toegepast onderzoek voorzien in verwachte behoeften van consumenten. Bij procesinnovaties is de toets of deze aansluiten bij de nutsfuncties van de consumenten, dan wel uitsluitend de winstgevendheid van de ondernemingen bevorderen, bijvoorbeeld omdat mogelijke prijsdalingen niet worden doorgegeven. De kwalitatieve kanten van de werkgelegenheid worden evenzeer binnen het gezichtsveld van de paretiaanse welvaartstheorie getrokken door in de arbeid ook een consumptiegoed te zien. Wordt deze zienswijze aanvaard, dan wordt het mededingingsbeleid ingezet om de kwaliteit van de arbeid in de ogen van de werknemer als consument van arbeid, te verbeteren.

Verder kan worden onderzocht welke krachten in de samenleving vanzelf drijven in de richting van Pareto-verbeteringen. Eén daarvan is de drang naar openheid en het democratiseren van kennis en informatie. De ketenomkering die internet teweegbrengt in de verhouding van consument en producent is een Pareto-verbetering omdat de allocatie zich daadwerkelijk voegt naar de wensen van de consument. De voortgaande daling van de transactiekosten van de communicatie door de informatietechnologie versterkt in een globaliserende wereldeconomie de machtspositie van de consumenten. Voor zover door machtsposities van de ondernemingen of door nationalistisch gedrag van soevereine staten Pareto-optimaliteit dan wel Pareto-verbeteringen niet uit de natuur komen, wordt bewust op normatieve gronden dan wel feitelijk het mededingingsbeleid ingezet. De hypothese dat het Europese mededingingsbeleid Pareto-optimaliteit als norm hanteert, houdt in dat concurrentie en staatssteun uitsluitend worden beschouwd uit een oogpunt van de belangen van de consumenten. De zienswijze brengt niet alleen helderheid in de besluitvorming, maar ook inzicht in de beweegredenen voor het afwijken van deze gedragslijn, bijvoorbeeld om redenen van Europese veiligheid.

Kortom, noch de theoretische beperkingen van de paretiaanse welvaartstheorie en Pareto-optimaliteit, noch de omstandigheid dat in de werkelijkheid niet alleen de consumenten de lakens uitdelen, staat de conclusie in de weg dat in het kader van het mededingingsbeleid de consumentenwelvaart het beslissende uitgangspunt is met het oog op het bewerkstelligen van Pareto-verbeteringen en het *à la longue* bereiken van Pareto-optimaliteit. Dit inzicht staat op gespannen voet met beleidsstukken en de theoretische literatuur over het mededingingsbeleid. Er rijst een beeld van verwarring en inconsistentie op.

Een klassiek boek over de theorie en praktijk van het mededingingsbeleid is dat van Motta (Motta, 2004). Hoewel Motta in zijn boek de consument ter sprake brengt, verdwijnt deze schielijk van het toneel. Opmerkelijk is dat Motta het belang voor de consument beperkt tot het effect van het mededingingsbeleid op prijzen. Zodoende wordt geen recht gedaan aan aspecten zoals kwaliteit, dienstbetoon, keuzevrijheid en productinnovatie, om maar te zwijgen over het wegen van de belangen van toekomstige generaties. Ernstiger is dat Motta de welvaart van de consumenten geen richtsnoer vindt omdat 'consumer welfare by definition does not take into account the gains made by the firms'. Hier wordt verwarring geoptimaliseerd. Als de Europese Commissaris voor de mededinging bij het beleid rekening moet houden met negatieve effecten op de winstgevendheid van ondernemingen kan de Europese Commissie de werkzaamheden op dit terrein beter onmiddellijk staken. Een tweede misverstand van Motta is het identificeren van consumentenwelvaart met het consumentensurplus, waardoor hij de consumentenwelvaart verschraalt tot monetaire markttransacties. Dit speelt hem parten bij zijn overweging dat innovatieprikkels achterwege blijven als op het belang van consumenten wordt gelet. Door de paretiaanse welvaartstheorie uit te breiden met virtuele goederen, heb ik laten zien dat het bezwaar geen doel treft. Ten slotte spreekt Motta zich zonder enige toelichting of uitwerking uit voor totale, respectievelijk economische welvaart als maatstaf voor het mededingingsbeleid.

Samenvattend moet worden vastgesteld dat het boekwerk van Motta een degelijke theoretische grondslag mist, doch karakteristiek is voor de analyse die beoefenaren van dit deel van de economische theorie aanreiken aan de beleidsmakers in binnen- en buitenland.

In de Nederlandse literatuur is de bijdrage van belang van Van Sinderen en Kemp aan het boek *Trust en antitrust* dat in 2008 verscheen ter gelegenheid van 10 jaar Mededingingswet en 10 jaar NMA (Van Sinderen, Kemp, 2008). Een teleurstellende beschouwing. Het begint al met de titel, waarin de vraag wordt opgeroepen, 'De welvaartseffecten van mededinging. Wie profiteert?' Op de vraag wordt geen antwoord gegeven omdat men er veel kanten mee op kan en de samenhang met mededingingsbeleid onduidelijk is. Er wordt verwezen naar een welvaartsbegrip uit de welvaartseconomie zonder inhoudelijk vervolg. Er wordt gesproken over een in de micro-economie gehanteerd welvaartsbegrip zonder inhoudelijk vervolg en de klap op de vuurpijl is de nationale welvaart (gedefinieerd in termen van het nationaal inkomen en werkgelegenheid). De samenhang met het mededingingsbeleid blijft in het duister, zoals blijkt uit de keuze van een welvaartsstandaard. De auteurs kiezen voor de gewogen som van consumentensurplus en producentensurplus. Deze totale surplusstandaard bepleiten zij voor het beoordelen van fusies. Zij zien voorbij aan de beperkte betekenis van het consumentensurplus als stand-in voor de consumentenwelvaart, maken niet duidelijk welke betekenis het producentensurplus heeft voor de consumenten en blijven hangen in een financiële benadering. Het mededingingsbeleid in Nederland is losgezongen van de economische theorie en lijkt in een doolhof beland. De bundel wordt afgesloten met de bijdrage van voormalig staatssecretaris van Economische Zaken Frank Heemskerk, die klip en klaar de consument in het hart van het mededingingsbeleid plaatst.

8
Nederland in de wereld

Open economie

Voor een zeer open economie als de Nederlandse zijn economische contacten met het buitenland van groot belang. Duitsland, België, Frankrijk en Groot-Brittannië zijn onze belangrijkste handelspartners. Buiten de EU drijft Nederland voornamelijk handel met de Verenigde Staten en Japan. Opkomende landen, zoals Zuid-Korea en uiteraard China, nemen voor Nederland snel in betekenis toe.

Wij onderscheiden in de wereld drie grote handelsblokken: de vrijhandelsassociatie van de Verenigde Staten, Canada en Mexico (Nafta), de Europese Unie en Japan. Deze handelsblokken hebben intensieve economische contacten. Sterk in opkomst is een aantal landen in Zuidoost-Azië, zoals Taiwan, Zuid-Korea, Thailand, de stadstaat Singapore, Indonesië en China. Ook Latijns-Amerikaanse landen laten van zich horen. Voor de ontwikkeling van de wereldhandel is de economische situatie in de Verenigde Staten maatgevend. De export en import van de Verenigde Staten vormen maar een bescheiden deel van het Amerikaanse binnenlands product. Maar de Amerikaanse export en import vertegenwoordigen een belangrijk deel van de wereldhandel. Een recessie in de Verenigde Staten voelt men in elk land ter wereld. De wereldwijde financiële crisis, die heeft gewoed sinds 2008 en is begonnen in de Verenigde Staten, heeft de wereldhandel op een lager niveau gebracht. Van enig herstel is sprake in de loop van 2014.

Nederland ontwikkelt een uitgebreider en meer verfijnd uitvoerpakket. Ons land kent kapitaalintensieve, arbeidsintensieve, energie-intensieve en kennisintensieve producten. Ook aan de invoerzijde treft men deze producten aan. Nederland blijft arm aan grondstoffen en voert dus veel grondstoffen in.

Internationale handel is zonder internationale betalingen ondenkbaar. Na het geleidelijk verdwijnen van goud als nationaal en internationaal betaalmiddel was gedurende lange tijd een rol weggelegd voor de Amerikaanse dollar als sleutelvaluta. Overal konden exporteurs en importeurs met dollars terecht. Handelstransacties waren tevens dollartransacties. Ook de centrale banken hielden naast goud dollars aan als de harde valuta van hun deviezenvoorraad. Het wel en wee van de wereldeconomie hing daardoor in sterke mate af van de economische ontwikkeling in de Verenigde Staten. De koers van de dollar ten opzichte van andere valuta's schommelde sterk. De afhankelijkheid van de dollar is verminderd nu tegenwoordig de euro, de yen en de yuan als internationaal betaalmiddel worden beschouwd. In de behoefte aan internationale liquiditeiten door de groei van de wereldhandel wordt voorzien door dit 'mandje' van valuta's. Door het Internationale Monetaire Fonds, dat in 1944 samen met de Wereldbank is opgericht bij de conferentie van Bretton Woods, zijn toen ook speciale trekkingsrechten op het Fonds in het leven geroepen, de zogenaamde SDR's (Special Drawing Rights). De waarde van deze SDR's is tegenwoordig uitgedrukt als een gewogen gemiddelde van het 'mandje' van valuta's. Landen die lid zijn van het IMF en tegen betalingsbalansproblemen oplopen, doen onder bepaalde voorwaarden een beroep op deze SDR's. Vanwege de dynamiek in de wereldeconomie en de verschuivingen in de internationale handel door de toenemende rol van landen als China, India en Brazilië, is ook het stelsel van internationale betalingen in beweging. De Nobelprijswinnaar uit 2001, de Amerikaan Joe Stiglitz wijst daarenboven regelmatig op de noodzaak van een nieuw 'global reserve system', waarin de leidende rol van China is verwerkt en veel meer aandacht is voor de welvaartsverschillen in de wereld.

In het kader van de internationale betrekkingen is de bespreking van de betalingsbalans van belang. Alle economische transacties van Nederland met het buitenland worden geregistreerd. Aan het eind van een jaar is er een overzicht van het totaal van alle transacties met het buitenland. Dit systematische overzicht van alle economische transacties met het buitenland in een jaar wordt de betalingsbalans genoemd.

De betalingsbalans wordt op twee manieren opgesteld. De Nederlandsche Bank stelt de betalingsbalans samen op kasbasis. Op de betalingsbalans staan dan de geldbedragen die aan of door het buitenland in een bepaalde periode zijn betaald. Het Centraal Bureau voor de Statistiek stelt de betalingsbalans samen op transactiebasis. Dit houdt in dat het CBS de waarde noteert van de goederen en diensten die in een bepaalde periode over en weer zijn geleverd. De verleende of ontvangen handelskredieten veroorzaken het verschil tussen de gegevens op kasbasis en de gegevens op transactiebasis.

De betalingsbalans is in vijf rekeningen verdeeld: de goederenrekening, de dienstenrekening, de inkomensrekening, de kapitaalrekening en de goud- en deviezenrekening. De eerste drie deelrekeningen vormen samen de lopende rekening. De dienstenrekening en de inkomensrekening noemt men samen het onzichtbare verkeer.

De goederenrekening heet ook wel de handelsbalans. Op deze rekening staat de waarde van de invoer en de uitvoer van goederen. Men noemt dit het zichtbare verkeer. Nederland heeft meestal een overschot op de goederenrekening. Dit positieve saldo hebben we mede te danken aan de opbrengst van het uitgevoerde aardgas. De verhouding tussen de invoer en de uitvoer geven we weer met het dekkingspercentage. Dat is de waarde van de goederenuitvoer, uitgedrukt in procenten van de goedereninvoer. Als de uitvoer groter is dan de invoer, is er een overschot in het goederenverkeer. Het dekkingspercentage is hoger dan honderd. Men spreekt van een actieve handelsbalans. Bij een dekkingspercentage onder de honderd is er sprake van een passieve handelsbalans. We voeren meer goederen in dan we uitvoeren.

Op de dienstenrekening zijn het vervoer en het reisverkeer de twee grootste posten. Bij de vervoersdiensten vertoont de dienstenrekening een flink overschot. Nederlandse beroepsgoederenvervoerders verlenen meer diensten aan het buitenland dan buitenlandse vervoerders aan Nederland. Tegenover dit overschot staat een ongeveer even groot tekort in het reisverkeer. Nederlanders besteden op vakantie meer geld in het buitenland dan de buitenlandse toeristen in ons land uitgeven.

Op de inkomensrekening staan zowel de primaire inkomens als de inkomensoverdrachten. Tot de primaire inkomens behoren arbeidsinkomens en kapitaalopbrengsten, zoals rente en dividend. De inkomensoverdrachten zijn vooral betalingen door Nederland aan de Europese Unie en omgekeerd. Een voorbeeld van betaling aan Nederland vormen de uitkeringen van de EU aan de Nederlandse landbouw. Betalingen van Nederland aan de EU zijn de afdracht van invoerrechten en een deel van de totale btw-ontvangst.

Op de kapitaalrekening boekt men de invoer en de uitvoer van vermogen dat voortvloeit uit internationale investerings-, beleggings- en krediettransacties. Een buitenlandse onderneming breidt een vestiging in Nederland uit, buitenlandse beleggers kopen Nederlandse aandelen en een Nederlandse importeur ontvangt van zijn buitenlandse leverancier krediet. Dit zijn voorbeelden van kapitaalinvoer. Omgekeerd is sprake van kapitaaluitvoer wanneer een Nederlandse exporteur krediet geeft aan zijn buitenlandse afnemer of wanneer een Nederlandse onderneming een vestiging opent in het buitenland.

De internationale beleggingen worden sterk beïnvloed door de renteverschillen die tussen landen bestaan. Een deel van het kortlopende kapitaalverkeer is speculatief. Indien Nederlandse beleggers verwachten dat de dollar binnenkort duurder wordt, proberen zij voordeel te behalen door voor korte tijd geld in de VS te beleggen. Er ontstaat dan een tijdelijke kapitaaluitvoer uit

Nederland. Men duidt deze beleggingen wel aan als het speculatieve kapitaalverkeer. Eigenlijk ontstaat door dit speculatieve verkeer een vertekend beeld van de kapitaalrekening.

Het saldo van de lopende rekening plus het saldo van de kapitaalrekening vormt het totale overschot of het totale tekort op de betalingsbalans. Als er een overschot is nemen de officiële reserves toe. Bij een tekort hoort een vermindering van de officiële reserves. De verandering van de officiële reserves staat als salderingspost op de goud- en deviezenrekening. Men houdt daarmee de totaaltelling van de betalingsbalans links en rechts gelijk. Dat hoort nu eenmaal bij een balans. Een toename van de officiële reserves boekt men aan de uitgavenkant van de betalingsbalans en een vermindering aan de ontvangstenkant. Daardoor is er altijd een formeel evenwicht op de betalingsbalans. Het formele evenwicht is een puur boekhoudkundige kwestie, die verder geen informatie geeft over de inhoudelijke kant van de betalingsbalans.

In tegenstelling tot het formele evenwicht zegt een situatie van materieel evenwicht wel iets over de betalingsbalans. Van materieel evenwicht is sprake wanneer per saldo het goud en deviezenbezit niet verandert. Dat is het geval als de lopende rekening en de kapitaalrekening elkaar in evenwicht houden. We zagen al dat het saldo van de kapitaalrekening mede door kortlopend (speculatief) kapitaalverkeer tot stand komt. Daarom is het begrip fundamenteel evenwicht belangrijker. Dit verschaft nog meer inzicht. Er is fundamenteel evenwicht als de lopende rekening en het structurele kapitaalverkeer samen in evenwicht zijn. Het kortlopende, vaak speculatieve kapitaalverkeer wordt daarbij buiten beschouwing gelaten.

De betalingsbalans kan uit het evenwicht zijn en een tekort of een overschot vertonen. Een tekort op de betalingsbalans is een probleem. Een tekort heeft verscheidene oorzaken. Als de lonen en prijzen in het binnenland sterker stijgen dan bij de handelspartners, gaat de concurrentiepositie van de Nederlandse ondernemingen achteruit. Hierdoor loopt de uitvoer terug. Tegelijk worden de ingevoerde producten naar verhouding goedkoper. Daarvan kopen we er dan meer. Als er in het binnenland overbesteding is, dat wil zeggen de vraag naar goederen en diensten overtreft de productiecapaciteit, dan kopen we meer dan er in het binnenland wordt voortgebracht, zodat de invoer stijgt. Een andere oorzaak van conjuncturele aard is dat er onderbesteding is in landen waarheen we veel exporteren. In het buitenland kopen de consumenten minder dan voorheen. De uitvoer loopt daardoor terug. De Nederlandse betalingsbalans is erg gevoelig voor de conjuncturele veranderingen in Duitsland, omdat dit land onze grootste handelspartner is. Een oorzaak van structurele aard is de technische ontwikkeling, waardoor de aanbodverhoudingen tussen de landen veranderen. Sommige landen lopen voorop in het ontwikkelen van nieuwe producten en productiemethoden, andere landen blijven achter. Daardoor ontstaan verschuivingen in het wereldhandelsverkeer. De snelle economische groei in een aantal landen in het Verre Oosten, zoals Japan en Zuid-Korea, heeft deze landen een positieve balans bezorgd. Maar in sommige andere landen zijn daardoor tekorten op de betalingsbalans ontstaan. Veel landen met grote buitenlandse schulden, de zogenaamde debiteurenlanden, kampen met een tekort op de betalingsbalans door de hoge bedragen die zij aan rente en aflossing betalen. Voorbeelden van dergelijke landen zijn Polen en Rusland. Er zijn ook incidentele oorzaken van een tekort op de betalingsbalans, zoals rampen, misoogsten, revoluties en oorlogen.

   Maatregelen om het evenwicht op de betalingsbalans te herstellen, sluiten zoveel mogelijk aan bij de oorzaak van het tekort. Als de oorzaak overbesteding in het binnenland is, moet de overheid bestedingsbeperkende maatregelen nemen. Soms is een oplossing alleen op zeer lange termijn mogelijk, zoals bij de debiteurenlanden die problemen hebben met de betaling van rente en aflossing. Het evenwicht op de betalingsbalans is derhalve door uiteenlopende oorzaken verstoord. Meestal spelen de prijsverhoudingen tussen landen een belangrijke rol. De verhouding tussen de prijzen van goederen die een land uitvoert en de prijzen van goederen die het invoert, geven we weer met de ruilvoet.

$$\text{Ruilvoet} = \frac{\text{indexcijfer van het prijspeil van de export}}{\text{indexcijfer van het prijspeil van de import}} \times 100$$

Een verbetering van de ruilvoet betekent dat de prijzen van de goederen die wij uitvoeren sneller stijgen dan de prijzen van de goederen die wij invoeren. Men noemt dit een ruilvoetverbetering, omdat er nu minder goederen hoeven te worden uitgevoerd om dezelfde hoeveelheid ingevoerde goederen te betalen. Daar staat tegenover dat een sterke stijging van de exportprijzen meestal een achteruitgang van de concurrentiepositie betekent. Omdat het aantal uitgevoerde goederen afneemt, loopt de export sterk terug.

Bij een ruilvoetverslechtering stijgen de invoerprijzen sterker dan de uitvoerprijzen. Dit doet zich voor als de grondstoffen die een land importeert duurder worden. Bij een ruilvoetverslechtering moet een land meer exporteren om dezelfde hoeveelheid goederen en diensten te importeren.

Vrijhandel en protectie

Hoewel vrijhandel leidt tot handelsvoordeel voor de betrokken landen, komt handelsprotectie erg veel voor. Protectie is het weren van buitenlandse producten aan de grenzen. Vóór protectie is een aantal argumenten te noemen: *infant industry*, aanpassing door tijdelijke bescherming, de werkgelegenheid, bescherming van de binnenlandse industrie, bescherming tegen lagelonenlanden, exportdiversificatie en antidumping.

Een van de bekendste is het infant-industry-argument, het argument van de opvoedende bescherming. De redenering houdt in dat een land onmogelijk de vereiste concurrentiekracht opbrengt zolang het zich in de beginfase van economische ontwikkeling bevindt. Deze overweging is niet onjuist. Na verloop van tijd zet een land aanvankelijk bestaande comparatieve nadelen om in comparatieve voordelen, als de overheid tijdelijk bescherming verleent. Het gevaar bestaat dat een tijdelijk bedoelde bescherming een blijvend karakter krijgt. Vooral de ontwikkelingslanden brengen het infant-industry-argument naar voren. Alleen achter tariefmuren doen zij hun eerste moeizame stappen in de richting van industrialisatie.

Soms krijgt een bedrijfstak de gelegenheid zich met tijdelijke bescherming aan te passen. Dat geldt vooral als er bijzondere moeilijkheden zijn. Een voorbeeld is de Europese staalindustrie, die te maken heeft gehad met een structurele overcapaciteit. Overigens kunnen we met ditzelfde voorbeeld de gevaren van protectie illustreren. Door de bescherming heeft het veel te lang geduurd voordat in de staalindustrie orde op zaken werd gesteld. Verder handhaven binnenlandse bedrijfstakken zich door scherpe internationale concurrentie soms moeilijk. Daardoor komt ook de werkgelegenheid in gevaar. Voorts zijn er bedenkingen over de concurrentie uit lagelonenlanden.

Een ander argument heeft betrekking op de samenstelling van het exportpakket. Bij een bredere samenstelling van het exportpakket wordt een land minder afhankelijk van de export van één bepaald goed. De verbreding van de samenstelling van het exportpakket noemen we exportdiversificatie. Verbreding van het exportpakket is van belang voor ontwikkelingslanden met een monocultuur. Ten slotte verdedigt men protectie op grond van het antidumpingsargument. Hiermee voorkomt een land dat het buitenland beneden de kostprijs producten invoert en verkoopt.

De instrumenten van handelspolitiek onderscheiden wij in tarifaire en non-tarifaire. Tot de tarifaire maatregelen behoren invoerrechten, import- en exportsubsidies. Non-tarifaire barrières zijn administratieve maatregelen die buitenlandse producten weren ten gunste van binnenlandse producten. Invoerrechten zijn de meest voorkomende vorm van protectie. Men spreekt van ad valorem-invoerrechten als de hoogte van het invoerrecht een percentage bedraagt van de waarde van de ingevoerde goederen. Specifieke invoerrechten berekent men op basis van het gewicht van een goed. Bij een prijsstijging wordt een specifiek invoerrecht naar verhouding lager. Specifieke invoerrechten drukken relatief zwaarder op goedkope producten dan ad valorem-rechten. De ad valorem-rechten komen het meest voor. De Europese Unie heft ook invoerrechten met een variabel tarief. Dit tarief is zo hoog, dat men voor het desbetreffende product de EU-richtprijs moet betalen. Een invoercontingent of quotum houdt in dat de invoer aan een grens is gebonden. Een dergelijke grens is een bepaalde hoeveelheid of een bepaalde waarde. Er is ook een combinatie van contingenten en tarieven denkbaar, het tariefcontingent. Daarbij voert men tot aan het contingentsbedrag vrij of tegen een laag tarief in. Boven het contingent geldt een zwaarder tarief. De werking van een contingent is ongeveer gelijk aan die van het invoerrecht. Het contingent stimuleert de binnenlandse productie, remt de import af, vermindert de consumptie en drijft de prijs op. Varianten van een invoercontingent zijn de invoervergunning en als extreem geval het invoerverbod. Bijzondere gevallen van invoerbelemmeringen zijn de 'vrijwillige' exportbeperking, de verscherpte douanecontrole en hoog opgeschroefde kwaliteitseisen voor bepaalde producten. Vooral dit laatste is een nog grotere belemmering voor het internationale handelsverkeer dan de zichtbare tarieven en contingenten. Japan maakt zich hieraan schuldig, maar ook in de Europese Unie is het een de handel belemmerende factor.

Bij exportsubsidies geeft de overheid aan bepaalde bedrijfstakken zekere voordelen ter ondersteuning van hun concurrentiepositie. Onder bepaalde omstandigheden is dit te begrijpen, maar het gevaar is toch dat men zich de voordelen van de internationale arbeidsverdeling ontzegt. Exportsubsidies in bepaalde bedrijfstakken leiden ertoe dat de overheid onvoldoende rendabele producties stimuleert ten koste van meer rendabele. Dit gevaar is aanwezig bij de exportsubsidies die de Europese Unie geeft aan de agrarische sector.

Vrijhandelsgebied, douane-unie en economische unie

In een vrijhandelsgebied hebben de deelnemende landen onderling alle handelsbelemmeringen afgeschaft. Dit geldt voor goederen die in het vrijhandelsgebied worden voortgebracht. Tegenover niet aangesloten landen voeren de deelnemende landen hun eigen handelspolitiek. Niet-deelnemende landen proberen hun goederen te exporteren naar het land met de laagste invoertarieven. Van daaruit vervoeren zij ze zonder invoerrechten naar de andere landen van het vrijhandelsgebied. Dit levert voor andere aangesloten landen een probleem op. Zij gaan hierdoor een handelsstroom missen die zij vóór de instelling van het vrijhandelsgebied wél hadden. Deze verschuiving gaat men tegen door certificaten van oorsprong verplicht te stellen. Daar zit voor de vrijhandelslanden zelf weer een nadeel aan. Zij moeten voor deze goederen onderling de tarieven handhaven.

De verplaatsing van handelsstromen van goedkope landen naar landen binnen de vrijhandelsassociatie die door het wegvallen van de invoerrechten goedkoper zijn geworden, is handelsverschuiving. Het toenemen van de handel door het wegvallen van de tarieven tussen de lidstaten is handelsverruiming.

Er bestaat in Europa één vrijhandelsgebied, de Europese Vrijhandelsassociatie (EVA). Lid daarvan zijn Liechtenstein, Noorwegen, Zwitserland en IJsland. De EVA en de EU hebben zich tot doel gesteld de samenwerking verder uit te breiden.

Een douane-unie gaat een stap verder. Er is niet alleen onderling vrijhandel, maar ook een gemeenschappelijke handelspolitiek tegenover niet-aangesloten landen. Er komt een gemeenschappelijk buitentarief. Alle landen van de douane-unie heffen naar buiten toe even hoge invoerrechten. Niet-lidstaten richten hierdoor niet hun export op het land met de laagste tarieven, zoals bij het vrijhandelsgebied. Door het instellen van een douane-unie ontstaan nieuwe handelsstromen.

In de douane-unie nemen de lidstaten de voortbrenging ter hand van de goederen die zij zo gunstig mogelijk produceren.

Door het wegvallen van de tarieven worden de prijzen van goederen lager. Dat is een stimulans voor de handel; er vindt handelsverruiming plaats. Omdat er voor de niet-lidstaten handelsbelemmeringen blijven bestaan, is het mogelijk dat bepaalde inefficiënte economische activiteiten binnen de douane-unie gehandhaafd blijven. De handel met landen buiten de douane-unie neemt af. Er is sprake van handelsaftapping. Meestal overwegen de lidstaten van een douane-unie verdergaande vormen van samenwerking. Voor het goed functioneren van de douane-unie is het noodzakelijk dat het betalingsverkeer vrij is. Bovendien is het gewenst dat de lidstaten hun economische politiek op elkaar afstemmen. Dit is in ieder geval nodig om de belemmerende werking van verschillen in indirecte belastingen tegen te gaan.

Van een economische unie is sprake wanneer er een gemeenschappelijke markt is en de economische politiek van de lidstaten onderling op elkaar is afgestemd. Op de gemeenschappelijke markt is behalve een vrij verkeer van goederen en diensten tussen de lidstaten ook vrij verkeer van arbeid en kapitaal mogelijk. Doordat de lidstaten hun economische politiek coördineren, heffen zij de handelsbelemmeringen op die ontstaan door verschillen in economische politiek. Voor een gemeenschappelijke politiek zijn gemeenschappelijke instellingen nodig, die de coördinatie verzorgen.

Bij het streven naar een economische unie wordt ook geprobeerd tot een monetaire unie te komen. In een monetaire unie is het betalingsverkeer tussen de lidstaten volkomen vrij en zijn de wisselkoersen vast of is er een gemeenschappelijke geldeenheid. Voorwaarde voor het functioneren van een economische en monetaire unie is coördinatie van de economische en de financiële politiek.

Europese eenwording

Nederland was vanaf het eerste uur betrokken bij de eenwording van Europa. De Europese eenwording is een proces van vallen en opstaan gebleken. Door hun samenwerking profiteren de EU-landen van comparatieve-kostenvoordelen en daarom stellen zij hun grenzen open. Toch zijn sommige nationale overheden bang om nationale bevoegdheden kwijt te raken aan de Europese Commissie in Brussel. De regeringen van Duitsland en Frankrijk neigen tot een Europese Federatie, terwijl men in het Verenigd Koninkrijk het woord federatie verafschuwt. Desondanks gaat de eenwording stap voor stap verder. Sinds 1 januari 1993 is de gemeenschappelijke markt een feit.

De gemeenschappelijke of interne markt breekt de Europese grenzen open. Er is vrij verkeer van goederen, diensten, kapitaal en arbeid. Het vrije verkeer van arbeid houdt in dat iedere Europese inwoner zich overal in de EU mag vestigen en een beroep mag uitoefenen. De EU-landen erkennen elkaars diploma's. Mensen uit de armere, zuidelijke delen van Europa zijn bereid over taalbarrières heen te stappen en vestigen zich in de rijke, noordelijke delen van Europa. De nationale arbeidsmarkten vervagen steeds meer. Er is tekent zich een Europese arbeidsmarkt af.

Ook het kapitaalverkeer is volledig vrij en de Europese Monetaire Unie (EMU) is een feit. Er wordt pas volledig geprofiteerd van de voordelen van internationale handel, als de transactiekosten van het omwisselen van nationale valuta's en van koersrisico's worden vermeden. Voor het goed functioneren van de EMU is een gemeenschappelijke, stabiele munt noodzakelijk. Door mee te doen aan de EMU geeft een land het eigen wisselkoersbeleid en het eigen rentebeleid uit handen. Zwakke regio's kunnen niet meer met een rentedaling de economische groei stimuleren. Het kapitaal trekt naar de regio's met de hoogste rendementen. Stimulering van de export door devaluatie behoort ook niet meer tot de mogelijkheden van de zwakke regio's.

In het Verdrag van Maastricht (1991) is overeengekomen dat de EU geleidelijk toegroeit naar een economische, monetaire en politieke unie. Daarmee is de EU gebaseerd op drie pijlers. Allereerst de gemeenschappelijke markt, aangevuld met een gemeenschappelijke economische politiek. Vervolgens de uitvoering van een monetaire unie, met één gemeenschappelijke Europese munteenheid. Ten slotte de voorbereiding van een politieke unie, door uitbreiding van de samenwerking op de terreinen van buitenlandse politiek, defensie, justitie en politie.

Een belangrijke voorwaarde voor de gemeenschappelijke markt is het ontbreken van oneerlijke concurrentie. Een bedrijfstak in een lidstaat ontvangt geen grote subsidies als in andere lidstaten de overheid die bedrijfstak niet steunt. De economische politiek van de lidstaten mag onderling niet te grote verschillen vertonen. Een gemeenschappelijke economische politiek voeren is moeilijk. De aangesloten landen geven een deel van hun onafhankelijkheid prijs. De nationale wetten en regelingen op het gebied van de landbouwpolitiek, de sociale politiek, de belastingpolitiek, het vervoersbeleid, het milieubeleid en dergelijke worden op elkaar afgestemd. De EU stelt daarvoor bindende regels op, de zogenaam-de richtlijnen. De wetten van de lidstaten moeten aan deze richtlijnen voldoen. Hieruit blijkt dat de EU boven de nationale regeringen staat. In dit opzicht is de EU een supranationale organisatie.

In 1951 ondertekenen België, Frankrijk, Italië, Luxemburg, Nederland en West-Duitsland in Parijs het verdrag van de Europese Gemeenschap voor Kolen en Staal (EGKS). Dit was de eerste stap naar een verenigd Europa.

De tweede belangrijke stap op de weg naar een verenigd Europa werd gezet in 1957, toen de zes landen de Verdragen van Rome ondertekenden. Met deze verdragen werden de Europese Economische Gemeenschap (EEG) en de Europese Gemeenschap voor Atoomenergie (Euratom) in het leven geroepen. Tezamen worden de drie gemeenschappen tegenwoordig aangeduid als de Europese Unie (EU). Het aantal lidstaten is inmiddels gegroeid van zes naar achtentwintig. De EU is daarmee als handelsblok een van de grootste economische wereldmachten geworden, naast de Verenigde Staten en Japan. In Nederland zijn Bulgaarse, Roemeense en Poolse werknemers heel gewoon.

De doelstellingen van de EU zijn: het verwezenlijken van een gemeenschappelijke markt door een vrij verkeer van goederen, diensten, personen en kapitaal; de opbouw van een gemeenschappelijk buitentarief ten opzichte van derde landen; het scheppen van een institutioneel kader waarbinnen de Unie kan functioneren; coördinatie van het interne en externe monetaire beleid, met als uiteindelijk doel te komen tot één munteenheid, de euro; het ontwerpen en toepassen van gemeenschappelijk beleid en het streven naar een gecoördineerde economische, sociale en financiële politiek; en het leggen van contacten met derde landen door middel van associatieverdragen.

In de Europese Unie zijn vier instellingen belast met de uitvoering van de aan de Unie toevertrouwde taken: de Raad van Ministers, de Europese Commissie, het Europese Parlement en het Hof van Justitie.

Europese instellingen

De Raad van Ministers is samengesteld uit vertegenwoordigers van de lidstaten. De samenstelling varieert naargelang het besproken onderwerp. Voor veel onderwerpen zijn het de ministers van Buitenlandse Zaken die bij elkaar komen. Maar ook de ministers van Landbouw, Industrie, Financiën en Energie komen bijeen. De Raad neemt besluiten naar aanleiding van voorstellen van de Europese Commissie. De ministers handelen daarbij in opdracht van hun nationale regeringen. Geleidelijk wordt het aantal onderwerpen waarover de landen bij meerderheid van stemmen beslissen, groter. In de beginfase van de EU was bij elk besluit eenstemmigheid vereist. Alle belangrijke beleidsbeslissingen worden in de Raad van Ministers genomen. Daardoor blijft de samenwerking in de EU een mengsel van intergouvernementeel en supranationaal gedrag. Het voorzitterschap van de Raad berust steeds bij een van de lidstaten en wisselt elke zes maanden. Nederland bekleedde het voorzitterschap voor het laatst in het eerste halfjaar van 1997. Onder dit voorzitterschap kwam het Verdrag van Amsterdam tot stand. In dit verdrag is – zoals reeds opgemerkt – het Stabiliteitspact opgenomen, waarin de lidstaten van de Unie hebben afgesproken zich aan strakke eisen voor de monetaire unie te houden.

De regeringsleiders van de lidstaten en hun ministers van Buitenlandse Zaken vergaderen ten minste driemaal per jaar als Raad van de Gemeenschap of Europese Raad. Zij bespreken grote Europese politieke vraagstukken en geven de aanzet tot belangrijke besluiten.

De Europese Commissie is belast met de voorbereiding en de uitvoering van de besluiten van de Ministerraad. Verder ziet de Commissie erop toe dat de lidstaten zich houden aan de Europese verdragen en aan de richtlijnen van de EU. De Europese Commissie noemt men vaak het dagelijks bestuur van de Unie. In de Commissie zijn de grote EU-landen met twee commissieleden vertegenwoordigd. De kleine EU-landen hebben elk één commissielid. Gedurende hun ambtsperiode van vijf jaar moeten de leden van de Commissie onafhankelijk tegenover de regeringen van de lidstaten optreden. Alleen het Europese Parlement dwingt de Commissie tot aftreden. De Commissie bereidt de besluiten van de Raad van Ministers voor en voert besluiten van de Raad van Ministers uit. De Europese Commissie is het bestuur van de EU, maar niet de regering van Europa.

Het Europese Parlement komt eenmaal per maand bijeen in een zitting van een week. In het Parlement zitten niet de nationale partijen. Het bestaat uit internationaal georganiseerde politieke groeperingen, zoals socialisten, christendemocraten en liberalen. De vertegenwoordigers worden sedert 1979 om de vijf jaar in algemene verkiezingen in de afzonderlijke lidstaten rechtstreeks gekozen. Het Parlement oefent controle uit op de Commissie. Over de voornaamste voorstellen van de Commissie moet het Parlement zich eerst uitspreken, voordat de Raad van Ministers een beslissing neemt. In sommige gevallen heeft het Parlement ten opzichte van de Raad het recht om mee te beslissen. Verder kan het Parlement de begroting verwerpen.

Het Europese Hof van Justitie spreekt recht over geschillen met betrekking tot de gang van zaken in de EU. Het kan gaan om een verschil van mening tussen de EU en een lidstaat of tussen twee lidstaten. Ook ondernemingen en burgers kunnen tegen maatregelen van de nationale regeringen of van de Europese Commissie in beroep gaan bij het Hof van Justitie. Het Hof is gevestigd in Luxemburg. De beslissingen van het Hof zijn bindend en gaan 'boven' nationaal recht. Het Hof geeft verder uitleg aan de verdragsteksten van de Europese Unie.

De opstellers van de EU-verdragen hebben goed gezien dat de economische unie alleen behoorlijk werkt als zij wordt ondersteund door gemeenschappelijk beleid. Concrete beleidsterreinen waarop de landen samenwerken zijn landbouw, vervoer, concurrentie, handelspolitiek, milieu- en technologiebeleid en sociaal beleid. Niet op alle terreinen is het beleid even succesvol.

Mondiale samenwerking

Verschillende internationale organisaties dragen bij tot een soepeler verloop van de wereldhandel en het internationale betalingsverkeer.

Tijdens de conferentie van Bretton Woods in de Verenigde Staten is in 1944 het Internationale Monetaire Fonds opgericht. Het doel van het IMF is te zorgen voor een ordelijk internationaal betalingsverkeer. Om dit te bereiken kent het IMF twee subdoelen, het voorzien in de behoefte aan internationale liquiditeiten en financiële steun verlenen aan landen met betalingsbalansproblemen.

Met een multilateraal kredietsysteem voorziet het IMF in de behoefte aan internationale liquiditeiten. Die zijn nodig voor het betalingsverkeer. Bij de oprichting van het IMF is aan elk land een bepaald quotum toegekend. Dit quotum is afhankelijk van de hoogte van het bruto binnenlands product en het aandeel in de internationale handel. De omvang van het quotum is bepalend voor het aantal stemmen in het IMF. De Verenigde Staten hebben het grootste aantal stemmen. Verder geeft het quotum aan welk bedrag een land in het fonds moet storten en hoeveel dat land van het fonds kan lenen. Het quotum wordt voor 25 procent in reservevaluta's gestort en voor 75 procent in nationale valuta. Elke vijf jaar wordt de omvang van de quota aangepast. Elke lidstaat kan bij tijdelijke tekorten op de betalingsbalans lenen bij het IMF. Deze mogelijkheid van lenen noemt men trekkingsrecht of *special drawing right* (SDR). Hoe meer een land leent, hoe strenger de voorwaarden zijn. Het IMF stelt verregaande eisen om het tekort te verminderen. Als er sprake is van een fundamentele verstoring van het betalingsbalansevenwicht eist het IMF een verandering van beleid.

Naast het verlenen van trekkingsrechten bestaan er bij het IMF ook andere kredietmogelijkheden. Een land kan verzoeken om een bijstandskrediet als de deviezenvoorraad tijdelijk vermindert. Wanneer de exportopbrengsten van een ontwikkelingsland dalen, kan dat land een extra krediet van 50 procent van zijn quotum krijgen. Men noemt dit een compensatoire financieringsfaciliteit. Ook is er een mogelijkheid voor het financieren van buffervoorraden.

De Wereldbank houdt zich bezig met de internationale investeringen. Zij sluist door middel van langetermijnleningen kapitaal van de industrielanden door naar de ontwikkelingslanden. Een afdeling van de Wereldbank is de International Development Association (IDA). Bij deze instelling lenen de armste ontwikkelingslanden tegen een lagere rente en met een langere looptijd dan op de kapitaalmarkt gebruikelijk is. De kapitaalbeweging op lange termijn van de industrielanden naar de ontwikkelingslanden voltrekt zich grotendeels buiten de Wereldbank om.

De Wereldhandelsorganisatie WTO, UNCTAD *en* OESO

De World Trade Organization is de voortzetting van de GATT sinds 1 januari 1995. Bij de Algemene Overeenkomst inzake Tarieven en Handel (GATT), die een ordelijk internationaal handelsverkeer als doelstelling heeft, hebben zich meer dan honderd landen aangesloten, waaronder vrijwel alle westerse landen. Recentelijk hebben ook landen van de voormalige Sovjet-Unie toenadering tot de WTO gezocht. De WTO probeert haar doelstelling te verwezenlijken door middel van het verminderen van handelsbelemmeringen. Uitgangspunt hierbij is het non-discriminatiebeginsel. Dit houdt in dat een land aan alle lidstaten van de WTO eenzelfde behandeling geeft. Geen enkele lidstaat krijgt een voorkeursbehandeling. Dit beginsel wordt ook wel de 'most-favoured nation clause' (meestbegunstigingsclausule) genoemd. Voor tariefvoordelen die gelden binnen vrijhandelsgebieden en andere handelsblokken, zoals de Europese Unie, is op het non-discriminatiebeginsel een uitzondering gemaakt.

Van 1986 tot 1994 is in het kader van de GATT de Uruguay-onderhandelingsronde gehouden. Deze wordt zo genoemd omdat zij in Uruguay is begonnen. Het doel ervan is het wegnemen van tarifaire en non-tarifaire belemmeringen in het internationale goederen- en dienstenverkeer. De exportsubsidies van de EU in de landbouw en de gevestigde belangen van de Verenigde Staten in de landbouw en de dienstensector vormden hierbij grote obstakels. Binnen de EU heeft met name Frankrijk zich tegen concessies op het gebied van de landbouw verzet. Sedert de geslaagde Uruguayronde is de GATT omgevormd tot de World Trade Organization.

Bij het akkoord dat het resultaat is van de Uruguay-ronde, is een verlaging van de invoerrechten met gemiddeld 40 procent afgesproken. Verder een stapsgewijze verlaging van de exportsubsidies op landbouwproducten. Deze maatregel treft de Europese landbouw. Die heeft relatief hoge productiekosten, maar kan dankzij exportsubsidies zijn producten toch afzetten op de wereldmarkt tegen kunstmatig lage prijzen. Voorts is een geleidelijke afschaffing van de invoerquota in de sector kleding/textiel in de periode 1995-2005 overeengekomen en bescherming van patenten en auteursrechten, ook wel aangeduid als intellectuele eigendom, door alle aangesloten landen. Door deze laatste afspraak wordt de handel in nagemaakte goederen tegengegaan. Ten slotte is vermindering van de handelsbelemmeringen in het dienstenverkeer afgesproken, doordat de meestbegunstigingsclausule ook voor deze sector gaat gelden. Door deze afspraken is de wereldhandel gestimuleerd. De consumenten profiteren van de lagere prijzen, maar de producenten krijgen te maken met veel meer concurrentie. In 2001 is een nieuwe onderhandelingsronde begonnen in Doha. De landbouw komt hier opnieuw aan de orde. Ook zijn er antidumpingmaatregelen afgesproken. Daarnaast heeft men afgesproken dat er goedkope medicijnen voor aids in ontwikkelingslanden beschikbaar komen. Deze zijn nu zó duur dat ze voor de mensen in arme landen daar niet betaalbaar zijn. De farmaceutische industrie heeft veel geïnvesteerd in de ontwikkeling van deze medicijnen. De WTO zorgt ervoor dat de mensen in de armste landen toch beschikken over deze medicijnen

De ontwikkelingslanden hebben nog meer aan de orde gesteld. Zij vinden dat zij worden benadeeld ten opzichte van de rijke landen. In de Uruguay-ronde is afgesproken dat westerse landen hun markten openen voor textiel. Textiel is een belangrijk exportproduct voor ontwikkelingslanden. De werkelijkheid is anders; de maatregelen gelden voorlopig alleen voor de markt van parachutes, T-shirts en andere eenvoudige textielproducten. Producten die ontwikkelingslanden wel maken, komen veel later aan de orde.

Lange tijd heeft een akkoord ver weg geleken. De rijke en arme landen stonden ver uit elkaar. In 2003 is de top in Cancun (Mexico) dan ook mislukt. In juli 2008 vond een bijeenkomst plaats in Genève, waarbij men hoopte de Doha-ronde af te ronden. Ook in deze ronde was het doel de handelsbelemmeringen op te heffen en vrijhandel te bevorderen. De Doha Ontwikkelingsagenda verplichtte de deelnemende landen hun agrarische en fabricagemarkten open te stellen. De onderhandelingen zijn echter vastgelopen, speciaal tussen China en de Verenigde Staten. Ook in 2010 verkeerde de Doha-ronde nog in een impasse, maar achter de schermen werd wel gewerkt aan het doorbreken daarvan. In december 2013 is op Bali een wereldhandelsakkoord tot stand gekomen, dat een stap vooruit betekent.

De ontevredenheid bij de ontwikkelingslanden over de GATT-onderhandelingen is mede aanleiding geweest tot oprichting van de United Nations Conference on Trade and Development (UNCTAD). De eerste wereldhandelsconferentie kwam in 1964 in Genève bijeen. Daarna volgden wereldhandelsconferenties vrijwel om de vier jaar. In het algemeen zijn de resultaten van deze besprekingen gering geweest. De tegenstellingen tussen de arme en rijke landen zijn nog zeer groot en de vergadering legt geen bindende voorschriften op. Voor de rijke landen is de UNCTAD vooral een discussieforum.

In het kader van de UNCTAD proberen de arme landen algemene tariefpreferenties van de rijke landen te krijgen. De Europese Unie heeft voor een groot aantal ontwikkelingslanden een dergelijk algemeen preferentiestelsel ingevoerd. Voorts is afgesproken dat de rijke landen 0,7 procent van hun bruto binnenlands product aan ontwikkelingshulp afstaan. De meeste landen halen deze doelstelling echter niet. Bovendien neemt de bereidheid om ontwikkelingshulp te geven onder invloed van de economische teruggang af. Dikwijls wordt gesteld dat ontwikkelingslanden meer gebaat zijn met internationale handel dan met hulp: 'no aid but trade' is de leuze. Stabilisatie van grondstoffenprijzen is een belangrijke doelstelling binnen de UNCTAD. Stabiele grondstoffenprijzen bereikt men door buffervoorraden aan te leggen bij grote oogsten. Uit die voorraden verkoopt men wanneer de oogsten gering zijn. Het vormen van een grondstoffenfonds om dergelijke voorraden te financieren, is een groot struikelblok geweest bij de onderhandelingen.

Behalve de reeds genoemde conferenties en verdragen is er ook de Noord-Zuiddialoog. In de Noord-Zuiddialoog is in de jaren zeventig aandacht besteed aan het tot stand komen van een nieuwe internationale orde, met een rechtvaardiger verdeling van het wereldinkomen. In de UNCED, ook een organisatie van de Verenigde Naties, streven bijna alle leden naar een verbetering van het mondiale milieu.

De OESO is in 1948 opgericht als een samenwerkingsorgaan tussen zeventien Europese landen en heette toen Organisatie voor Europese Economische Samenwerking (OEES). De organisatie kreeg als taak te adviseren bij het verdelen van de Amerikaanse Marshallhulp voor het herstel van Europa na de Tweede Wereldoorlog. Daarnaast ontwierp zij herstelprogramma's voor de betrokken Europese landen.

Behalve de West-Europese landen zijn tegenwoordig ook de Verenigde Staten, Canada, Japan, Australië en Nieuw-Zeeland lid van de OESO. De OESO heeft nu als taak te fungeren als intergouvernementeel overlegorgaan voor drie groepen vraagstukken. De economische politiek te bevorderen met het oog op het bereiken van volledige werkgelegenheid, welvaartsgroei en financiële stabiliteit in de aangesloten landen. Voorts bevordert de OESO de economische ontwikkeling in achtergebleven gebieden. Ten slotte beoogt de OESO het verruimen van de wereldhandel, met inachtneming van het non-discriminatiebeginsel.

Arme landen

Voor ontwikkelingslanden is het vaak erg moeilijk om door productiegroei hun bestaan veilig te stellen. In de rijke, westerse wereld maken wij ons zorgen over de kwaliteit van het leven en de noodzaak grenzen te stellen aan de groei. De landen in de derde wereld hebben daarentegen de grootste moeite om hun inwoners te beschermen tegen honger en ziekte. Om de problemen van economische groei in deze landen beter te begrijpen, bespreken we enkele kenmerken van de ontwikkelingslanden.

Men kan niet alle ontwikkelingslanden over één kam scheren. Ze zijn onderling net zo verschillend als ontwikkelde landen. Toch voldoen bijna alle ontwikkelingslanden aan enkele kenmerken. Er is een laag inkomen per hoofd van de bevolking, er is in het algemeen weinig industrialisatie, de economische groei is gering, het land krijgt zijn exportopbrengsten met de uitvoer van één of een beperkt aantal grondstoffen (monocultuur) en op het gebied van onderwijs en technische kennis is er een achterstand.

Het is moeilijk om de economieën van ontwikkelingslanden met elkaar te vergelijken. Stel eens dat voor deze vergelijking het bruto binnenlands product per hoofd van de bevolking als maatstaf wordt genomen. Hoe kan men het bbp van al die landen in één valuta uitdrukken? De koopkracht van één dollar is in het ene land veel hoger dan in het andere. Bovendien is er dikwijls een zwarte markt. Het is dan moeilijk een juiste wisselkoers te kiezen voor de nationale valuta's.

Veel ontwikkelingslanden kennen, vooral in de landbouw, een omvangrijke verborgen werkloosheid. Kleine familiebedrijfjes in de landbouw voorzien in de eigen behoeften. Voor zover in een ontwikkelingsland industrialisatie heeft plaatsgevonden, is de arbeidsproductiviteit in de industrie gewoonlijk veel hoger dan in de landbouw. In de landbouwsector zijn er nauwelijks markten aanwezig, terwijl daarentegen in de industriële sector wel markten zijn.

Een laag inkomen per hoofd van de bevolking heeft tot gevolg dat ook het niveau van de besparingen laag is. Daardoor is er weinig of geen geld beschikbaar voor investeringen. De investeringen worden alleen gefinancierd door kapitaalinvoer. Dat schept echter een nieuw probleem, namelijk een groeiende buitenlandse schuldenlast. Veel ontwikkelingslanden hebben daarmee te maken. Een groot deel van de met de export verdiende deviezen hebben zij nodig om de rente en aflossing van deze schulden te betalen. De hoge rente- en aflossingsverplichtingen remmen de economische groei af. Er blijven immers onvoldoende deviezen over om kapitaalgoederen te importeren. De lage besparingen en de hoge buitenlandse schulden zetten een rem op de economische groei. Voor sommige arme ontwikkelingslanden is de debt-serviceratio groter dan 1. De debt-serviceratio is de verhouding tussen rente- en aflossingsverplichtingen en exportopbrengsten.

De export van een ontwikkelingsland is eenzijdig samengesteld en bestaat voornamelijk uit grondstoffen. De prijsontwikkeling op de wereldmarkt heeft daardoor veel invloed op de economie van een ontwikkelingsland. De exportopbrengsten van sommige ontwikkelingslanden lopen terug als gevolg van dalende grondstoffenprijzen. Ook de prijzen van landbouwproducten, zoals vlees en graan, staan onder druk. Dit is vooral het gevolg van de verkoop van landbouwoverschotten uit de vs en Europa. Deze landen brengen die met behulp van exportsubsidies op de wereldmarkt. Tegelijkertijd stijgen de prijzen van de industriële producten uit het Westen. De ontwikkelingslanden moeten die importeren. Hierdoor treedt voor hen ruilvoetverslechtering op, die hun betalingsbalans onder druk zet. Ze houden niet genoeg over voor de invoer van kapitaalgoederen. Ze komen niet toe aan het oprichten van eigen industrieën. Ze zitten in een cirkel gevangen.

Het is voor ontwikkelingslanden moeilijk hun betalingsbalans te verbeteren door handelsmaatregelen. Hun invoer verminderen zij nauwelijks. Vaak ontbreekt de mogelijkheid om in het eigen land soortgelijke producten te maken.

Soms lukt het wel om importproducten te vervangen door producten uit het eigen land. Dan spreekt men van importsubstitutie, die vaak wordt begeleid door beschermende invoertarieven. Een verbetering van de exportpositie is moeilijk. Ontwikkelingslanden voeren meestal maar één of een paar soorten goederen uit.

Exportdiversificatie is de oplossing. Dat kan, als de rijke landen lagere invoerrechten heffen op industrieproducten en halffabricaten uit ontwikkelingslanden. Jonge industrieën ('infant industries') krijgen daar een kans om van de grond te komen. De Europese Unie kent hiervoor bijzondere regelingen.

Andere opties zijn het verbeteren van de exportmogelijkheden en hogere prijzen voor grondstoffen en landbouwproducten. Wat de landbouwproducten betreft is het erg belangrijk dat de rijke landen een eind maken aan de exportsubsidies. Verder zijn quotering en buffervoorraden nuttige instrumenten om de prijzen van grondstoffen te verhogen en/of stabiel te houden. Bij een quotering worden afspraken gemaakt over de totaal te produceren hoeveelheid. Door zo overproductie tegen te gaan wordt prijsbederf voorkomen. De prijsstabilisatie door middel van buffervoorraden wordt bij de bespreking van de UNCTAD toegelicht.

De ontwikkelingssamenwerking is erop gericht de kloof tussen arme en rijke landen te verkleinen. Naast financiële hulp is de steun gericht op het verhogen van de productiekracht van de ontwikkelingslanden zelf. Daardoor verbeteren deze landen de levensstandaard. De hulp aan de derde wereld heeft niet op zuiver liefdadige gronden plaats. Ook politieke overwegingen en het beschikken over grondstoffen en afzetgebieden voor de eigen productie spelen een rol. In Nederland stelt de overheid jaarlijks ongeveer 0,6 procent van het bruto binnenlands product voor de hulp aan ontwikkelingslanden ter beschikking. Met deze gelden helpt men in de consumptieve sfeer, bijvoorbeeld door het ontwerpen van voedselprogramma's. Anderzijds geeft ons land steun aan ontwikkelingsprojecten, waardoor kapitaalvorming ter plaatse wordt bevorderd. Bij de hulp aan ontwikkelingslanden speelt een belangrijk dilemma een rol. Enerzijds kunnen de rijke landen helpen met financiële middelen. Anderzijds is het belangrijk de internationale arbeidsverdeling te bevorderen. De ontwikkelingslanden exporteren zelf hun producten en groeien via de internationale handel. Vermoedelijk is een combinatie van beide benaderingen noodzakelijk. Maar het lijkt er wel eens op dat het accent meer op 'aid' dan op 'trade' ligt.

Een belangrijke vorm van ontwikkelingssamenwerking is de multilaterale, niet-gebonden hulp. Deze verloopt via internationale instellingen zoals de Verenigde Naties, de Wereldbank en de Organisatie voor Economische Samenwerking en Ontwikkeling (OESO). Deze instanties verdelen op basis van objectieve onderzoeken de hulp over projecten in een aantal landen. De ontwikkelingslanden schaffen vervolgens de noodzakelijke kapitaalgoederen dáár aan waar zij dat wensen. Deze vorm van hulpverlening schept politiek gezien weinig moeilijkheden. Zij brengt de ondersteunden ook niet in een positie van afhankelijkheid ten opzichte van de geïndustrialiseerde landen.

Toch is het begrijpelijk dat een land als de Verenigde Staten, dat verreweg de grootste bijdrage verschaft aan ontwikkelingshulp, veel bilaterale hulp geeft. Bilaterale hulp verloopt direct van land tot land. Doorgaans verbindt het gevende land voorwaarden aan de hulp. Die houden in dat de geschonken gelden worden besteed in het gevende land. Zonder die voorwaarden brengt de Amerikaanse economie de omvangrijke hulpverlening niet op. Ook andere landen geven de hulp mede langs bilaterale weg, met name wanneer zij goede rechtstreekse relaties hebben met ontwikkelingsgebieden. Bilaterale hulp heeft bovendien een minder anoniem karakter dan multilaterale hulp. Dat is in vele gevallen een voordeel. Deze hulp wordt beter aangepast aan de plaatselijke situatie.

Internationale ontwikkelingssamenwerking is een eerste aanzet tot herverdeling van de rijkdom. De meeste rijke landen zijn ervan overtuigd dat de situatie in de ontwikkelingslanden moet verbeteren. Alleen is het niet duidelijk hoe dit moet, ook al omdat de controle op het gebruik van de verleende hulp erg moeilijk is. In de Verenigde Naties is afgesproken dat alle rijke landen 0,7 procent van hun bruto binnenlands product besteden aan ontwikkelingssamenwerking. In feite ligt het gemiddelde veel lager.

Om allerlei redenen hebben ontwikkelingslanden in het verleden zo veel schulden gemaakt, dat ze een groot deel van hun exportopbrengst (soms wel 30 tot 40 procent) besteden aan de *debt servicing* (rente en aflossing). Vaak zijn de overheidsfinanciën zo ontregeld dat men, mede op aandrang van de Wereldbank en het IMF, saneringsprogramma's moet uitvoeren. Deze veroorzaken dikwijls een tijdelijke teruggang in het inkomen en de bestedingen, ook van de allerarmsten.

De ervaring heeft geleerd dat succesvolle ontwikkelingslanden zich richten op internationale markten en ook in het binnenland zoveel mogelijk marktconform handelen. Zij hebben de meeste kans om uit de armoedespiraal te komen. Indrukwekkende voorbeelden zijn de 'tijgers' uit het Verre Oosten, zoals Zuid-Korea, Taiwan en Hongkong, die vooral hun exportindustrieën concurrerend hebben gemaakt. Daarentegen hebben landen die zich richten op importsubstitutie en dus zo veel mogelijk goederen maken voor de eigen markt, weinig succes. Dit geldt vooral voor een aantal Zuid-Amerikaanse landen. Enkele landen, zoals Mexico, Venezuela en Argentinië, hebben het roer omgegooid. Na een reeks maatregelen zijn zij op een evenwichtig groeipad gekomen. De maatregelen betroffen de sanering van de overheidsfinanciën, het terugdringen van de inflatie, privatisering van de vele overheidsondernemingen, evenwicht op de begroting en zo vrij mogelijke wisselkoersen. Deze voorbeelden betekenen overigens niet dat er een wondermiddel is dat onder alle omstandigheden werkt. In de laatste jaren zijn in bijna alle landen van Afrika de economische omstandigheden nauwelijks verbeterd. In een aantal daalt het inkomen per hoofd zelfs. Dit laatste komt mede door de sterke bevolkingsgroei. We kunnen van de arme landen moeilijk verwachten dat zij bijdragen aan het oplossen van de milieuproblemen door hun groei af te remmen.

De ACS-landen zijn voormalige Europese koloniën in Afrika, het Caribisch gebied en het gebied van de Stille Oceaan. De ACS-landen behoren tot de arme landen. De EU levert een positieve bijdrage aan de economische ontwikkeling van deze arme landen. Daarbij denkt men aan het openstellen van de gemeenschappelijke markt voor landbouw- en industrieproducten uit de ontwikkelingslanden, stabilisering van de exportinkomsten van de ontwikkelingslanden en hulp voor concrete projecten.

De EU heeft inmiddels met 68 ACS-landen de zogenaamde Lomé-verdragen gesloten. Deze hebben betrekking op het beginsel van niet-wederkerigheid. In het algemeen hebben ACS-producten vrije toegang tot de gemeenschappelijke markt. Voorts streeft men met het Stabex-systeem naar stabilisatie van exportopbrengsten. Het komt voor dat de waarde van de uitvoer van een ACS-land van een belangrijk exportproduct naar de Europese Unie met een bepaald percentage daalt. Vanuit de EU vindt dan een stabiliserende geldoverdracht plaats ter correctie van deze inkomensdaling. Het bedrag van de financiële samenwerking is vergroot en verder zijn er afspraken over de ontwikkeling van de infrastructuur, sociale en culturele samenwerking, de strijd voor een gezond milieu en toegang tot de westerse technologie.

De EU heeft associatieverdragen gesloten met een aantal landen rondom de Middellandse Zee. Met Turkije is een douane-unie gevormd.

Netwerkeconomie en globalisering

In het hoofdstuk over de ondernemingen werd duidelijk dat in de netwerkeconomie alle markten wereldmarkten zijn geworden. Daarmee wordt bedoeld dat door de globalisering van de wereldeconomie vanuit alle hoeken en gaten nieuwe concurrenten opduiken. Door deze combinatie van informatietechnologie en globalisering zijn potentiële concurrenten veel belangrijker geworden dan de gevestigde concurrenten voor de afloop van de marktprocessen. Op het eerste gezicht zijn gevestigde ondernemingen zichtbaarder als concurrenten dan de niet reeds gevestigde ondernemingen. Door de moderne technologie zijn niet alleen de kosten van toetreding tot de wereldeconomie lager geworden, ook de informatiekosten omtrent wat elders gaande is zijn veel lager dan vroeger. Vroeger wist men niet welke ontwikkelingen op grote afstand van hier plaatshebben. Thans zijn afstanden in virtuele zin verdwenen. Daardoor wordt door het onderhouden van contacten zichtbaar wat zich nog aan het algemene oog onttrekt. Ondernemingen die opereren in een wereldwijd netwerk ontlenen informatie aan de innovatieve bedrijfsprocessen elders en voegen zelf informatie toe aan de wereldeconomie, die een groot laboratorium is geworden, waarin voortdurend met vernieuwingen wordt geëxperimenteerd. Ondernemingen die zich buitensluiten maken letterlijk overnight de overgang door van succes en opgang naar afgang.

De prijzen die op veilingen ontstaan voor frequenties voor telecommunicatie geven een indicatie van de enorme mogelijkheden die er liggen voor het toepassen van informatietechnologie. De veiling van UMTS-licenties in Groot-Brittannië leverde maar liefst 40 miljard euro op. UMTS staat voor Universal Mobile Telecommunications System en is de opvolger van het nu gebruikte gsm. Het biedt een veel hogere communicatiesnelheid dan gsm en is daarom uitermate geschikt om toegang tot het internet via mobiele telefonie mogelijk te maken.

De veiling die in de zomer van 2000 in Nederland is gehouden, is op een fiasco uitgelopen. Bij de organisatie van de veiling is door het ministerie van Verkeer en Waterstaat onvoldoende gelet op details, zoals de verhouding van het aantal te veilen frequenties en het aantal huidige en potentiële gegadigden. Verder kon Telfort ongestraft een scherpe dreigbrief aan Versatel sturen, terwijl de regels voor de veiling een dergelijke handeling verbieden. De opbrengst voor de staatskas bleef beneden de zes miljard, veel lager dan door de toenmalige minister Zalm voorzien. Er openbaarde zich hier net zoals in het geval van privaatpublieke constructies dat in Nederland geen expertise voorhanden is om deze nieuwe ontwikkelingen het hoofd te bieden. In 2012 zijn veilingen voor mobiel internet voor de staatskas beter verlopen.

Veilingen zijn een efficiënt instrument om etherfrequenties toe te wijzen aan marktpartijen. Door een veiling worden de frequenties op een doorzichtige wijze toegewezen aan de gegadigden die er de grootste waardering voor hebben en derhalve het verst gaan met hun biedingen. Op de markt voor mobiele telefonie ontstaat vervolgens een felle, onderlinge prijsconcurrentie. Deze prijsconcurrentie bepaalt de winstverwachtingen van de bieders voor de etherfrequenties. De verwachte winststroom stelt een bovengrens aan de bedragen die de partijen op de veilingen bieden. Het is niet zo dat door de vaak spectaculaire biedingen voor de frequenties de prijzen voor de consument worden opgedreven, omdat de ondernemingen de kosten voor de licenties terug moeten verdienen. Het gaat hier om verzonken kosten, die de onderneming maakt om toegang te krijgen tot de markt. Ze komen onmiddellijk in mindering van de winst en hebben nadat ze eenmaal gemaakt zijn geen invloed op het verdere ondernemersgedrag. De veilingen drijven de prijzen voor de consumenten van de volgende generatie mobiele telefoons niet op, maar ze moeten wel uiterst zorgvuldig vorm worden gegeven.

9
Economen uit het verleden

Bekende economen uit het verleden zijn Adam Smith, David Ricardo, Thomas Robert Malthus, John Stuart Mill, Jean-Baptiste Say, Karl Marx, Joseph Schumpeter, John Maynard Keynes en Jan Tinbergen.

Adam Smith was een Schot, die leefde van 1723 tot 1790. Hij bleef zijn hele leven vrijgezel, woonde lange tijd bij zijn moeder, maar legde toch de grondslag voor de moderne economische wetenschap met zijn boek uit 1776, *An Inquiry into the Nature and Causes of the Wealth of Nations*. De eerste druk verscheen in twee delen en is thans antiquarisch verkrijgbaar voor honderdduizend euro. Zijn visie op het economisch proces komt in hoofdstuk 1 ter sprake.

In tegenstelling tot Adam Smith heeft David Ricardo geen academische achtergrond. Hij is een selfmade man, geboren in Londen in 1772 en gestorven in 1823 op Gatcombe-park, het landgoed dat nu in bezit is van prinses Anne van Engeland. Ricardo heeft een Portugees-joodse en Amsterdamse achtergrond. Zijn grootouders liggen op Ouderkerk aan de Amstel begraven. Van 1783 tot 1785 verbleef hij in Amsterdam, Nieuwe Keizersgracht 70, dicht bij de Portugese Synagoge, bij een oom teneinde zich voor te bereiden op een loopbaan op de effectenbeurs, de werksfeer van zijn vader en grootvader. Hij werd zeer vermogend, ging schrijven over financiële en monetaire onderwerpen en publiceerde in 1817 zijn boek *On the Principles of Political Economy, and Taxation* dat tot op de dag van vandaag een bron is van fundamentele discussies over de grondslagen van de economische wetenschap. Aan hem danken wij het onderscheid tussen reproduceerbare en niet-reproduceerbare goederen. Antiquarisch is een eerste druk zeldzaam. Wie een exemplaar vindt betaalt minstens dertigduizend euro.

Thomas Robert Malthus was een tijdgenoot van Ricardo, die met hem een beroemde correspondentie heeft gevoerd. Hij is geboren in 1766, behoorde tot de academische gemeenschap in Cambridge, Engeland en stierf in 1834. Zijn beroemde boek over het bevolkingsvraagstuk verscheen anoniem in 1798 onder de titel *An Essay on the Principle of Population*. Het boek is tegenwoordig buitengewoon zeldzaam in de oorspronkelijke staat. De antiquarische waarde van de eerste druk is ten minste honderdduizend euro.

John Stuart Mill, die leefde van 1806 tot 1873, was een wonderkind. Hij was de zoon van James Mill, die ook een bekende econoom uit de Klassieke School was. Vanaf zijn derde jaar kreeg hij lessen in lezen, schrijven, Grieks en rekenen. Vanaf zijn achtste kreeg hij les in Latijn, algebra en meetkunde. Op latere leeftijd leefde hij lange tijd samen met zijn toekomstige vrouw Harriët Taylor, die met hem de emancipatie van vrouwen heeft bepleit. Zijn hoofdwerk, dat als een kritische samenvatting van de klassieke gedachtegang wordt opgevat met vernieuwingen op het terrein van geld en internationale handel, verscheen in 1848 onder de titel *Principles of Political Economy*. Men kan de eerste druk antiquarisch bemachtigen voor ongeveer vijfduizend euro.

Op het Europese continent heeft Jean-Baptiste Say de denkbeelden van de Engelse klassieke economen uiteengezet. Zijn boek *Traité de l'Économie Politique* uit 1803 beleefde tijdens zijn leven een groot aantal drukken. Say is geboren in 1767 in Lyon en overleden in 1832 in Parijs. Hij heeft zelf tot de economische theorie bijgedragen door meer dan de klassieken de nadruk te leggen op de invloed van het nut dat de consumenten ontlenen aan de goederen, op de prijsvorming. Daarnaast verwierf hij blijvende bekendheid met de Wet van Say, die inhoudt dat in de macro-economie elk aanbod een eigen vraag schept, zodat de kringloop steeds op het niveau van volledige werkgelegenheid blijft.

Karl Marx is in 1818 in Trier geboren. Zijn stamboom staat stijf van de rabbijnen. Na een uiterst avontuurlijk leven is hij in 1883 in Londen gestorven. Samen met Engels schreef hij in 1848 het communistisch manifest dat de stoot heeft gegeven tot de verheffing van het proletariaat. In 1867 publiceerde hij het eerste deel van *Das Kapital*, waarin de onvermijdelijke dynamiek van het kapitalisme in de richting van het communisme is beschreven. Marx voorspelde massale werkloosheid als gevolg van zuiver arbeidsbesparende technische ontwikkeling. Zijn moeder was een meisje Presburg uit Nijmegen. Haar zuster was getrouwd met Lion Philips, de voorvader van Frits. Karl kwam herhaaldelijk naar Zaltbommel, de bakermat van de Philipsen, om bij zijn oom Lion een voorschot op te nemen op de erfenis van zijn moeder. De familie Philips wordt niet graag herinnerd aan hun joodse oorsprong en aan hun familieband met Karl Marx. Door de val van het communisme is de eerste druk van *Das Kapital* in waarde gedaald. Voor vijftienduizend euro kon men een mooi exemplaar kopen. Inmiddels is de prijs weer gestegen tot dertigduizend euro.

Joseph Schumpeter heeft de voetstappen van Karl Marx gedrukt, hoewel zijn achtergrond hemelsbreed verschilt van die van Marx. Schumpeter is in 1883 in Triesch, Oostenrijk, geboren en in 1950 in Cambridge, Amerika, overleden. Evenals Marx heeft hij zich ook met de evolutie van het kapitalisme beziggehouden. Hij voorspelde een geleidelijke overgang naar het socialisme. Zijn jeugdwerk uit 1908, *Das Wesen und der Hauptinhalt der theoretischen Nationalökonomie*, is tegenwoordig erg zeldzaam. Een goed exemplaar van de eerste druk kost minstens zesduizend euro. Lange tijd stond Schumpeter in de schaduw van Keynes, maar in het laatste kwart van de vorige eeuw is zijn ster gaan rijzen. De toenemende nadruk die in de praktijk van het economisch leven is komen te liggen op het ondernemen en de innovatie sluit goed aan bij de denkbeelden van Schumpeter over de dynamiek van het kapitalisme. Een periode van crisis, zoals wij die sinds 2008 beleven, was voor Schumpeter een tijd van 'creative destruction'. Hij voorspelde dat in het economisch leven veel van het oude verdwijnt, zoals productiemethoden en producten, en wordt vervangen door nieuwe instituties en productieprocessen. Precies zoals wij nu waarnemen.

John Maynard Keynes heeft een groot stempel gedrukt op het economisch denken in de vorige eeuw, vooral sinds de depressie van de jaren dertig. Zijn beroemdste boek, *The General Theory of Employment, Interest and Money*, is verschenen in 1936. Daarin maakt hij duidelijk dat op een lager niveau dan volledige werkgelegenheid in het economische leven een evenwicht ontstaat door het tekortschieten van de bestedingen. Om volledige werkgelegenheid te bereiken moet de overheid extra uitgeven en de belastingtarieven verlagen, zodat consumenten meer consumeren en producenten meer investeren. Keynes was de econoom van de vraagzijde en Schumpeter die van de aanbodzijde van het economisch proces. Hij is geboren in 1883 in Cambridge, Engeland als zoon van John Neville Keynes, die ook een vooraanstaand econoom was. Keynes is overleden in 1946. Een eerste druk van de *General Theory* is verkrijgbaar voor duizend euro.

Karl Marx en het kapitalisme

De overheersende paradox bij Marx is dat tijdens het kapitalistische ontwikkelingsproces de onderlinge verhouding van dode productiemiddelen en menselijke arbeid verschuift ten gunste van het constante kapitaal, hoewel naar Marx' oordeel de meerwaarde uitsluitend ontspringt aan het variabele kapitaal. Marx beschouwde de arbeid als de bron van de waarde, maar voorspelde niettemin een groot werklozenleger. Enerzijds treft men bij Marx de gedachte aan van de dalende winstvoet, anderzijds voorspelt hij toenemende concentratie en centralisatie. De inconsequenties die in het denken van Marx worden blootgelegd, zijn het gevolg van zijn poging een systeem te ontwerpen dat verscheidene wetenschappen omvat. Marx is eropuit een integraal model van de maatschappelijke ontwikkeling te schetsen waarin de interacties tussen economische en sociale factoren een belangrijke rol spelen. Het kapitalisme gaat aan de innerlijke en onafwendbare conflicten ten gronde die het zelf oproept.

Tot voor kort is de belangstelling van de economen voor Marx vooral uitgegaan naar de waardeleer en de daarmee nauw samenhangende uitbuitingstheorie. Onder invloed van de moderne groeitheorie is er meer aandacht voor de door Marx besproken bewegingswetten van het kapitalisme, zoals de betekenis van de technische ontwikkeling.

In de schets die Marx geeft van de ontwikkeling van de manufactuur, die als de startsituatie voor het industriële kapitalisme wordt opgevat, wordt herhaaldelijk de invloed van de wijzigingen in de productiestructuur op de arbeidsverdeling in het licht gesteld. Omgekeerd illustreert Marx de verwevenheid door het veranderen van de arbeidsverdeling op te vatten als gevolg van de dynamiek. Voor de manufactuur geldt dat het minimum aantal arbeiders dat de kapitalist moet gebruiken, wordt bepaald door de arbeidsverdeling, maar anderzijds zijn de voordelen van een verdere verdeling afhankelijk van het toenemen van het aantal werknemers. Heeft de manufactuur eenmaal een bepaalde omvang bereikt, dan wordt zij de typische vorm van de kapitalistische productiewijze, maar tegelijk komt haar eigen enge technische basis in strijd met nieuwe eisen die aan de productiewijze worden gesteld. De manufactuur schept de werkplaats voor de constructie en productie van mechanische apparatuur. Daarmee komt een einde aan de maatschappelijke productie die door de ambachtelijke werkwijze wordt beheerst.

Het einde van de manufactuur is het begin van de grootindustrie, van de mechanisering en van de opmars van het kapitaal. Elke beweging, ook de kleinste, is bij Marx een omwenteling. Teneinde de grote evoluties te kunnen afleiden en te herleiden tot de kleinere omwentelingen houdt Marx zich veel intenser bezig met de feitelijke karakteristieken van mechanische apparatuur dan al zijn voorgangers. De beschrijving omspant het werktuig en het machinale systeem dat als automaat wordt opgevat en mondt uit in de overweging dat de grootindustrie eerst haar technische basis legt nadat zij machines met machines produceert. Vergeleken met de manufactuur wordt het prestatievermogen van het werktuig losgemaakt van de persoonlijke, menselijke arbeidskracht. Er ontstaat in de grootindustrie een nieuwe arbeidsverdeling, die berust op de aard van de machines. De machinerie maakt het oude systeem van arbeidsverdeling overbodig. De nadruk verschuift van het bewerktuigen van de mannen naar het bemannen van de werktuigen.

De accumulatie van het kapitaal bestaat in de omzetting van meerwaarde in dode productiemiddelen en levende arbeidskracht. De waarde van de eerste categorie noemt Marx het constante kapitaal, de waarde van de tweede categorie wordt het variabele kapitaal genoemd. Meerwaarde ontspringt alleen aan het variabele kapitaal. De verhouding van het constante en het variabele kapitaal is in de marxistische terminologie de organische samenstelling van het kapitaal. Door Marx wordt nu eerst aangenomen dat de organische samenstelling van het kapitaal tijdens het accumulatieproces ongewijzigd blijft. De vraag naar arbeid neemt dan evenredig toe met de groei van het kapitaal. Daar de door het variabele kapitaal voortgebrachte meerwaarde bij het kapitaal wordt gevoegd, kan de accumulatie ertoe leiden dat de vraag naar arbeidskrachten het aanbod overtreft. Zolang de loonstijging de accumulatie niet afremt, blijven de lonen stijgen. Maar door de loonstijging droogt ook de bron van de accumulatie op. Het loon daalt tot een zodanig niveau dat het oorspronkelijke accumulatietempo weer wordt verwezenlijkt.

Marx gaat vervolgens over tot bespreking van het geval waarin de veronderstelling dat de organische samenstelling van het kapitaal ongewijzigd blijft, vervalt. Er komt een fase in de ontwikkeling van het kapitalistische systeem waarin de accumulatie gepaard gaat met regelmatige veranderingen in de organische samenstelling van het kapitaal. Deze veranderingen hangen samen met de stijging van de arbeidsproductiviteit. Onder invloed van de stijging van de arbeidsproductiviteit neemt het constante kapitaal toe en het variabele kapitaal af, zodat de organische samenstelling van het kapitaal toeneemt.

Naarmate de accumulatie voortschrijdt, concentreert zich meer kapitaal in de handen van vele individuele kapitalisten. Daardoor wordt de grondslag gelegd voor een zodanige schaalvergroting van de productie dat de arbeidsproductiviteit verder wordt vergroot. Deze vorm van concentratie is begrensd door de groeivoet van de maatschappelijke rijkdom en is verder gekarakteriseerd door een gelijkmatige verdeling van het kapitaal over vele kapitalisten, die als producenten elkaar beconcurreren. Deze vorm van concentratie gaat over in een andere, die wezenlijk van de eerste verschilt. Deze concentratie, die in de derde druk van het eerste deel van *Das Kapital* centralisatie wordt genoemd, is niet begrensd door de absolute groei van de productie en de accumulatie. De concurrentie stoot de producenten uit die niet snel genoeg nieuwe methoden introduceren en die mede daardoor klein blijven. De concurrentie wordt gevoerd door prijsverlaging van de goederen. Deze prijsverlaging hangt af van de stijging van de arbeidsproductiviteit, die op haar beurt weer mede wordt bepaald door de productieschaal. Daarmee is opnieuw een omwenteling in de productieverhoudingen aangeduid, omdat door de centralisatie het tijdperk wordt ingeluid waarin zeer grote projecten ter hand worden genomen, zoals de aanleg van spoorwegen. De centralisatie is het complement van de accumulatie omdat op zeer grote schaal wordt geproduceerd, waarbij nieuwe ontdekkingen en vindingen worden toegepast. Deze toepassing van nieuwe vindingen, die de centralisatie belichaamt, brengt een toenemende macht van het kapitaal met zich. De macht van het kapitaal is ook een maatschappelijke macht. De kapitalist is tijdens het accumulatieproces geëvolueerd van een machteloos subject tot een machtig object.

Marx maakt een onderscheid tussen geleidelijke en plotselinge mechanisatie, maar in beide gevallen delven de arbeiders op den duur het onderspit. Het optimisme dat spreekt uit de uiteenlopende varianten van de compensatietheorie deelt Marx niet. Zo de in een bepaalde bedrijfstak uitgestoten arbeiders elders te werk worden gesteld, is dit niet het gevolg van het omzetten in machines van het bestaande variabele kapitaal, maar van nieuwe investeringen. De zwakke positie van de werknemers hangt naar Marx' oordeel samen met de noodzaak van herscholing in het kader van de nieuwe werkkring. Alleen de kapitaalvorming schept nieuwe werkgelegenheid. Heeft deze accumulatie plaats bij een ongewijzigde organische samenstelling van het kapitaal, dan neemt het aantal tewerkgestelde arbeiders toe. In de gedachtegang van Marx vormen de perioden waarin dit gebeurt de rustperioden in de ontwikkeling. Deze rustperioden worden echter korter naarmate het accumulatieproces verder is voortgeschreden. Immers, naar die mate wordt de organische samenstelling van het kapitaal groter door de toenemende arbeidsproductiviteit en is de centralisatie belangrijker. Het industriële reserveleger wordt groter doordat de uitstoting die voortvloeit uit de vervanging van variabel door constant kapitaal groter is dan de compensatie die voortvloeit uit de accumulatie van kapitaal. Met de druk op het loonpeil neemt de totale consumptieve vraag af, waardoor het investeringsmotief verder wordt verzwakt.

De accumulatiegraad en de mechanisatie hebben in de theorie van Marx het karakter van exogene verschijnselen. Terwijl de graad van accumulatie in de theorie van Marx niet verder wordt verklaard en een exogeen gegeven is, wordt de mechanisatie wanneer deze eenmaal plaatsvindt ten dele verklaard uit concurrentieoverwegingen. Daar het voortschrijden van de arbeidsverdeling, de schaalvergroting en de organisatorische veranderingen bij Marx in hoge mate dwingend voortvloeien uit de mechanisatie kunnen deze aspecten van de technische ontwikkeling als endogene verschijnselen worden gekenschetst. De verschijnselen van concentratie en centralisatie vloeien op hun beurt voort uit de accumulatie en de endogene grootheden, die elkaar ook onderling beïnvloeden. Wanneer men zich bij het ontwerpen van een model van de theorie van Marx beperkt tot de zuivere mededinging, wordt onvoldoende onderkend hoezeer in zijn visie het ontstaan van machtsposities op de markt dwingend voortvloeit uit de ontwikkeling van de techniek en de accumulatie. De accumulatie verandert in kwalitatief opzicht voortdurend van karakter door het opnemen van het nieuwe en het afstoten van het oude.

De innerlijke conflicten die volgens Marx op den duur het kapitalisme kenmerken en die zichzelf versterken, hangen ten nauwste samen met de katalyserende en accelererende rol die de technische ontwikkeling speelt in de visie van Marx op het kapitalisme. Door Marx wordt de betekenis van de mechanisatie voor de samenhang tussen productie en productiefactoren in ruime zin geschetst, waardoor er meer aandacht voor de endogene momenten in de ontwikkeling van de techniek komt. Marx was de eerste economist die de betekenis van de veranderingen in de techniek voor de economische en maatschappelijke ontwikkeling in volle omvang heeft onderkend. Hij heeft zich gerealiseerd welke consequenties het uitvinden en toepassen van mechanische apparatuur heeft voor de arbeidsverdeling, de productie op grote schaal, het ontstaan van nieuwe producten en voor de verschijnselen van concentratie en centralisatie. Hij ontwikkelde een afgeronde voorstelling van de industriële revolutie en verwerkte de gevolgen in zijn model van de kapitalistische dynamiek.

Samenvattend heeft Karl Marx laten zien dat in het geval van zuiver arbeidsbesparende technische ontwikkeling endogeen, structurele en toenemende werkloosheid ontstaat omdat de uitstoot van arbeid door het voortschrijden van de techniek het altijd wint van de vraag naar arbeid door de expansie van de consumptieve vraag als gevolg van de dalende prijzen van de consumptiegoederen onder invloed van dezelfde technische ontwikkeling. Per saldo is er sprake van een steeds groter leger van werklozen dat niet over koopkracht beschikt, een revolutionaire toestand die de voorbode is van de vestiging van de dictatuur van het proletariaat. Omdat in feite ook sprake is van kapitaalbesparende technische ontwikkeling is de sombere voorspelling van Marx niet uitgekomen. Bovendien heeft de vakbeweging een sterkere positie voor de werknemers weten af te dwingen dan Marx heeft voorzien, waardoor lonen en koopkracht boven het bestaansminimum kwamen.

Voorts heeft Karl Marx in het licht gesteld dat hoe dynamischer een kapitalistisch systeem onder invloed van een permanente stroom van uitvindingen en innovaties staat, hoe schever de inkomens- en vermogensverhoudingen zich ontwikkelen. Excessieve beloningen aan de top en loonmatiging op de werkvloer zijn hiervan een illustratie en wereldwijd een bron van zorg omtrent het duurzaam handhaven van een maatschappelijk evenwicht. Een prominent auteur die hierover schrijft is de Amerikaanse Nobelprijswinnaar uit 2001, Joseph Stiglitz, blijkens zijn boek *The Price of Inequality* (2012). In zijn voetspoor is het recente boek van de Fransman Thomas Piketty van belang vanwege de schat aan gegevens van inkomens en vermogens over tweehonderd jaar en in twintig landen (2014).

Pieter Hennipman

Pieter Hennipman, die leefde van 1911 tot 1994, is een van de belangrijkste economen die Nederland heeft voortgebracht. Na het doorlopen van de Tweede Openbare Handelsschool in Amsterdam liet hij zich als student in de faculteit der handelswetenschappen van de Universiteit van Amsterdam inschrijven. Reeds tijdens het begin van het studiejaar raakt hij bevriend met F.A.G. Keesing, die sindsdien herhaaldelijk zijn pad heeft gekruist. Prof. mr. H. Frijda doceerde in die jaren de algemene economie, terwijl prof. Th. Limperg Jr. de leerstoel voor bedrijfseconomie bezette. Hennipman volgt ook de juridische colleges van prof.mr. P.A.J. Losecaat Vermeer en de economisch-historische van prof. dr. N.W. Posthumus. Na zijn kandidaatsexamen volgt hij in het studiejaar 1931/1932 de lessen van dr. J. Tinbergen, die toen juist als privaatdocent was toegelaten. In het kader van het doctoraalexamen dat Hennipman in de zomer van 1934 heeft afgelegd, schreef hij een scriptie over de betrekkingen tussen het sparen en investeren, waarbij werd ingegaan op het in 1930 verschenen werk van John Maynard Keynes *A Treatise on Money*.

Op aanbeveling van zijn voornaamste leermeester Herman Frijda is drs. P. Hennipman van 1934 tot 1936 werkzaam geweest bij de Twentsche Bank te Amsterdam. Deze dienstbetrekking bij een particuliere bank werd in 1936 verwisseld voor een functie bij het departement van Handel en Nijverheid. Wederom aanbevolen door Frijda is hij tewerkgesteld op het economisch researchbureau dat werd geleid door dr. P.P. van Berkum. Behalve met Van Berkum werkte hij in die jaren samen met de latere hoogleraren P.B. Kreukniet, F.A.G. Keesing en P. Kuin.

In 1938 werd Hennipman op voordracht van Frijda aan de Universiteit van Amsterdam benoemd tot lector in de staathuishoudkunde. Op 8 juli 1938 aanvaardde hij officieel zijn ambt met het uitspreken van een openbare les over 'Enkele problemen der economische dynamica'. Zijn voor kandidandi gegeven colleges waren gewijd aan de prijstheorie.

Hennipman was inmiddels begonnen met het ontwerpen van een dissertatie. De keuze van het onderwerp 'Economisch motief en economisch principe' is in zekere mate beïnvloed door Keesing, die in de zomer van 1939 promoveerde op een proefschrift over 'Het evenwichtsbegrip in de economische literatuur'. De uitwerking van het onderwerp is mede een reactie op de neiging sommige onderdelen van de economie normatief te beoefenen. Frijda, die als promotor van Hennipman optrad, stond aanvankelijk gereserveerd tegenover dit onderwerp, maar heeft later zijn aarzelingen overwonnen. Door de Duitse inval is het tijdstip van Hennipmans promotie vervroegd. Op 9 juli 1940 promoveerde hij cum laude op een gestencilde editie van zijn proefschrift, waarvan een nieuwe bewerking is verschenen in 1945. Korte tijd na de promotie werd Frijda als joods hoogleraar ontslagen, zodat de verantwoordelijkheid voor het onderwijs in de sociale economie op de schouders van Hennipman werd gelegd. Tot februari 1943 heeft hij nog gedoceerd. In januari 1944 werd hij ontslagen, waarna hij genoodzaakt was zich schuil te houden.

Vrijwel onmiddellijk na het einde van de Tweede Wereldoorlog werd Hennipman benoemd tot gewoon hoogleraar in de staathuishoudkunde aan de Universiteit van Amsterdam. Op 5 november 1945 sprak hij zijn oratie uit over 'De theoretische economie en de wederopbouw'. Nadat hij eerst alleen de verantwoordelijkheid had gedragen voor het onderwijs in de sociale economie werd zijn taak verlicht door de benoeming van dr. G.Th.J. Delfgauw tot gewoon hoogleraar en die van dr. F.A.G. Keesing tot buitengewoon hoogleraar. Behoudens een inleidend college voor eerstejaars over de grondslagen van de economie concentreerde Hennipman zich volledig op het onderwijs aan kandidaten. In het studiejaar 1951/1952 volgde ik het eerstejaarscollege van Hennipman.

Hennipman was een diepgravend econoom, die een reeks uitzonderlijke publicaties op zijn naam heeft staan. Uit zijn geschriften spreekt een enorme belezenheid en uit de persoonlijke ontmoetingen met hem een veelomvattende kennis op het hele terrein van de economische wetenschap. Zijn geschriften dragen het kenmerk van zijn uitzonderlijke werkwijze. Elk woord, elke zin, elke passage wordt gewikt en gewogen en bij herhaling werd het eindresultaat te licht bevonden. Zo gebeurde het dat Hennipman de tekst van een universitaire rede tijdens de fietstocht naar de aula van de Universiteit van Amsterdam wijzigde. Hij bereikte een zo hoge graad van perfectie, dat zijn beschouwingen aan vaak jarenlange economische twisten een definitief einde maken, en als geïsoleerde briljanten de economische literatuur sieren.

Hennipman behoorde tot de meest belezen economen ter wereld. Daardoor heeft hij de neiging ontwikkeld zijn eigen werk te onderschatten en dat van anderen te overschatten. Hennipmans eigen wetenschapsbeoefening is individualistisch van aard, maar daar staat tegenover dat hij zijn leerlingen, collega's en vrienden altijd ruimhartig liet profiteren van zijn kennis en inzicht. Aan zijn colleges besteedde hij zeer veel zorg, en aan de Universiteit van Amsterdam heerste reeds jarenlang het gevoel dat Hennipman paarlen voor de zwijnen wierp. Maar niet kan worden ontkend dat hij door een hoge prioriteit toe te kennen aan zijn onderwijs een blijvende invloed heeft uitgeoefend op het denken van vele generaties economen. Dat hij na 1973 de tijd en rust vond publicaties van hoog niveau het licht te doen zien, is een grote voldoening voor allen die weten welke grote schatten in Hennipmans geest verborgen lagen.

De betekenis van zijn denkbeelden komt vaak eerst na geruime tijd tot volle wasdom. Hennipman was geen modegevoelige beoefenaar van de economie en hield zich bij voorkeur bezig met fundamentele uitgangspunten en essentiële vraagstukken. Hoewel hij een literaire econoom was zonder noemenswaardige kennis van de wiskunde, wordt zijn werk gekenmerkt door een scherpte van analyse en een precisie die hem tot de grote uitzondering bestempelen op de regel dat wiskundig economen een voorsprong hebben op niet-wiskundig economen. Hennipmans denkkracht stelde hem in staat logische operaties uit te voeren en conclusies op te stellen zonder een beroep te doen op formele wiskundige analyses.

Hennipman was een subjectivist. Voor hem vormden de opvattingen van de economische subjecten, de consumenten, de producenten en de eigenaren van de productiefactoren, een voornaam richtsnoer voor de verklaring van de economische verschijnselen. In het denken van Hennipman over de economie spelen de voorkeuren van de mensen een beslissende rol bij het verklaren van de economische verschijnselen. Er is hier sprake van het methodologisch individualisme. Deze benaderingswijze houdt in dat de verklaring van economische processen wordt herleid tot de oogmerken en motieven van het gedrag van individuen. Deze aanpak staat tegenover marxistische beschouwingen, waarin het optreden van groepen of klassen centraal staat.

Heel duidelijk komt het methodologisch individualisme tot uitdrukking in de opvatting van welvaart die Hennipman generaties van studenten heeft voorgehouden. Deze opvatting is juist de laatste jaren in de werkelijkheid van grote betekenis geworden. Volgens deze visie is het kiezen van meer vrije tijd ten koste van het inkomen geen irrationele handeling die buiten het gezichtsveld van de economie valt, maar een beslissing gericht op behoeftebevrediging, waarvan de uitwerking een beslag op schaarse middelen met zich meebrengt. Uiteindelijk gaat het niet om het nominale geldinkomen of het reële inkomen, maar om het psychische inkomen. Dat dit psychische inkomen niet langs objectieve weg wordt gemeten tast het waarheidsgehalte van deze vaststelling niet aan.

Hennipman heeft onder de welvaart altijd het in stand houden van de natuur begrepen, daar hij ervan uitging dat de economische subjecten de natuur in stand wensen te houden. Daarbij gaat het niet alleen om de huidige generatie. Men kan ook de toekomstige generaties in de beschouwing betrekken. Dit duidt erop dat men bij het afbakenen van het welvaartsbegrip niet alleen vertrouwt op de informatie die wordt ontleend aan het markt- en prijsmechanisme. Op de markt komen de voorkeuren van de consumenten tot uitdrukking, maar het is in de gedachtegang van Hennipman niet de enige manier waarop zich in de samenleving preferenties omtrent de aanwending van de schaarse middelen doen gelden. Zo ziet men in het politieke besluitvormingsproces een alternatief voor het op de markt tot uitdrukking brengen van de koopkrachtige vraag. In de publieke sector wordt op een andere wijze beslist omtrent het aanwenden van de schaarse middelen dan op de markt gebruikelijk is. De vraag is vooral in hoeverre door het optreden van de overheid de optimale behoeftebevrediging van de burgers wordt bereikt. Het antwoord op deze vraag is niet eenvoudig, daar de rechtstreekse vergelijking van offer en nut, die zo kenmerkend is voor de markt in de publieke sector, ontbreekt.

Hennipman verdedigde derhalve met klem van argumenten een subjectieve opvatting van het welvaartsbegrip. De praktische betekenis van zijn visie is jarenlang schuilgegaan achter de door toedoen van bedrijfseconomen gepropageerde mening dat het in de economie alleen gaat om verschijnselen die met behulp van geld worden gemeten.

Er kan worden vastgesteld dat de maatschappelijke ontwikkeling Hennipman in het gelijk stelt. De eenvoudige uitkomsten van het markt- en prijsmechanisme zijn niet langer een overheersend richtsnoer voor het economisch handelen in de samenleving. Er is sprake van andere methoden van besluitvorming die een aanvulling vormen op de uitkomsten van het markt- en prijsmechanisme, dan wel de marktwerking vervangen.

De waarheid wordt in de wetenschap niet bij meerderheid van stemmen beslist. De logische grondslag voor de juistheid van Hennipmans visie is de omstandigheid dat elke concrete inhoud van het welvaartsbegrip altijd concurreert met andere concrete criteria, zonder dat het in ogenschouw nemen van deze andere gezichtspunten tot een buiteneconomische beschouwingswijze voert. Als tot zover de welvaart wordt beperkt tot kwantitatieve groei, dan sneuvelt deze beperking op het moment dat in de samenleving de wens wordt geuit ook op kwalitatieve aspecten van de economische ontwikkeling te letten.

Voor Hennipman is er niets nieuws onder de zon. Hij merkt slechts op dat opnieuw blijkt dat nimmer absolute betekenis dient te worden gehecht aan welke concrete maatstaf van de welvaart dan ook. Hennipmans beschouwingswijze is niet aan tijd gebonden en noopt tot een mate van flexibiliteit die voor het op een onbevangen en wetenschappelijke wijze bestuderen van maatschappelijke ontwikkelingen van het grootste belang is. De enge opvatting van welvaart brengt bijna steeds als vanzelf met zich mee het studieobject van de economie te beperken tot wat er op de markten gebeurt.

Het door Hennipman gekozen uitgangspunt houdt in dat alle individuele en collectieve wensen binnen het gezichtsveld van de economie vallen, voor zover hun verwezenlijking tot het omgaan met schaarse middelen noopt, ongeacht de wijze waarop deze wensen tot uitdrukking worden gebracht.

Hennipmans opvatting over het karakter en de reikwijdte van de economie heeft belangrijke gevolgen. Allereerst vloeit uit het subjectieve welvaartsbegrip voort dat daaraan geen normen voor het praktisch handelen worden ontleend. Op grond van de economische wetenschap kan niet worden beweerd dat de productie moet worden opgevoerd. Evenmin kan het streven naar volledige werkgelegenheid of naar een rechtvaardige inkomensverdeling worden gebaseerd op de zuivere economische theorie. Het gaat hier om oogmerken, die berusten op niet aan de economie ontleende waarderingsoordelen van politieke, godsdienstige en wellicht levensbeschouwelijke aard. De economie is niet bij machte uit te dragen wat goed is voor de mensen.

Vooral in dit opzicht geeft het denken van Hennipman aanleiding tot minder misverstanden en verwarring dan de werkwijze van Tinbergen. Tinbergen wekte bij herhaling de indruk dat uit de economie langs objectieve weg criteria kunnen worden ontwikkeld voor de beste economische orde of de beste inkomensverdeling. Het standpunt van Hennipman betekent dat streng de hand wordt gehouden aan het onderscheiden van zijnsoordelen, die van constaterende aard zijn, en waarderingsoordelen, die altijd een waardering of voorkeur behelzen.

De economie stelt zich niet in op een bepaald belang, maar poogt een objectieve bijdrage te leveren tot het verklaren van de economische aspecten van de maatschappelijke werkelijkheid. De waardevrijheid van de economische wetenschap is door Hennipman altijd met klem van argumenten verdedigd. Ook in dit opzicht beweegt het getij zich in zijn richting.

Het tweede belangrijke gevolg van Hennipmans fundamentele uitgangspunten betreft de besluitvorming. Neemt men de individuele oordelen en groepsoordelen van de economische subjecten tot uitgangspunt, dan beseft men ten volle voor welk geweldig organisatieprobleem de samenleving staat. De verscheidenheid en de grilligheid van de preferenties stellen hoge eisen aan de wijze waarop het omgaan met schaarse middelen wordt georganiseerd.

Aan de ene kant wordt begrepen dat het markt- en prijsmechanisme een indrukwekkende methode van besluitvorming is, ook al kleven er gebreken aan; aan de andere kant wordt beseft dat het opgeven of corrigeren van de uitkomsten van het markt- en prijsmechanisme ons in volle omvang confronteert met het bonte patroon van onderling vaak tegenstrijdige voorkeuren, opvattingen en visies omtrent de manier waarop de economische problemen worden opgelost. Overweegt men dat uitgaande van het ruime welvaartsbegrip ook rekening wordt gehouden met de potentiële voorkeuren van toekomstige generaties, dan wordt de organisatie van de allocatie alleen maar ingewikkelder.

Hennipmans benadering leidde ertoe dat men dit organisatieprobleem direct op tafel legt, en niet de aandacht afleidt door onnodige twisten over welvaart en welzijn, of over het meten van de welvaart. Door de discussie over dit type vraagstukken verwijdert men zich verder van de maatschappelijke werkelijkheid en de huidige maatschappelijke problemen dan door de subjectiviteit van het economisch einddoel als uitgangspunt te kiezen. Met die vaststelling worden de problemen niet opgelost, maar het is van grote betekenis dat de analyse niet wordt achteruitgesteld door het presenteren van schijnoplossingen.

De komende jaren houdt de organisatie van de besluitvorming op allerlei niveaus, zowel binnen de onderneming als in de publieke sector, ons ongetwijfeld nog diepgaand bezig. Veel maatschappelijke verschijnselen worden immers verklaard uit onvrede met de traditionele wijzen van besluitvorming. Op uitlopende manieren brengen mensen tot uitdrukking dat zij de richting van het aanwenden van de schaarse middelen willen veranderen en anders willen laten verlopen dan op grond van zuiver financiële calculaties het geval is. De omstandigheid dat hierbij in feite ook ideologische oogmerken en overwegingen een rol spelen doet geen afbreuk aan de gelijkwaardigheid van deze voorkeuren vergeleken met de voorkeuren die via de markt tot uitdrukking worden gebracht.

Uit een oogpunt van het subjectieve hennipmaniaanse welvaartsbegrip wordt het organiseren van de besluitvorming beschouwd als een vraagstuk van economische doelmatigheid, voor zover langs die weg de voorkeuren van de burgers tot uitdrukking komen. De studie van de wijze waarop buiten het marktmechanisme om beslag wordt gelegd op schaarse middelen, de zogenaamde theorie van de collectieve besluitvorming, is de logische uitloper van de benadering die Hennipman steeds als uitgangspunt heeft gekozen.

Hennipman ging wikkend en wegend door het leven en door de economie. Hij nam geen standpunten in, maar koos uitgangspunten. Hij bracht geen boodschappen, maar nam deze liever beminnelijk in ontvangst. Hij consumeerde de hele economische literatuur, en stuurde af en toe een briljante bijdrage terug. Hij was een liberaal, niet op grond van strakke politieke overtuigingen, inzichten of dogma's, maar van nature. Hij legde niet op, maar gaf in overweging.

Hennipman heeft zijn hele leven gewerkt aan zijn eigen onderschatting. Toch is hij daarin naar buiten toe slechts gedeeltelijk geslaagd. Zijn betekenis voor de economische theorie en voor het inzicht in praktische economische problemen wordt in toenemende mate – ook in internationaal verband – erkend. Generaties van studenten zijn door zijn wijze van economiebeoefening beïnvloed, en verscheidenen van zijn leerlingen hebben als hoogleraar zijn denkbeelden uitgedragen, meestal met minder twijfel in hun stem dan Hennipman lief was.

Sinds de tweede helft van de jaren dertig is Hennipman op uiteenlopende terreinen van de economie werkzaam geweest. Naast de steeds weer terugkerende historische en methodologische belangstelling heeft Hennipman aanvankelijk ook bijdragen geleverd op het terrein van de geldtheorie en de geldpolitiek. Ook een heel belangrijke rol hebben de vraagstukken van mededinging, mededingingspolitiek en welvaartstheorie gespeeld.

Tegenover de zekerheid van de dood plaatste Hennipman de onzekerheid van het leven. Van onzekerheid en twijfel maakte hij deugden, waardoor hij vaak dichter bij de praktijk stond dan menig beoefenaar van de economie die meent dat uit de theorie pasklare regels en normen voortvloeien.

De formele inhoud van het welvaartsbegrip, alles hoort ertoe wat geacht wordt ertoe te behoren, is van groot belang voor de economische politiek van de toekomst. Het besef dat het invullen komt van de burgers, die hun subjectieve wensen formuleren, ongehinderd door wat meetbaar is of op de noemer van het geld wordt gebracht, maar bewust van het eeuwige feit van de schaarste, is voor het huidige tijdsgewricht van een grote praktische betekenis. Het is ook de theoretische grondslag van het mondiaal agenderen van het verduurzamen van het economische en maatschappelijke leven.

Wat voor de burger van belang is, en derhalve tot de welvaart wordt gerekend, wordt noch afgeleid uit de economische wetenschap, noch onafhankelijk van de individuele voorkeuren vastgesteld door de overheid.

In Hennipmans visie ligt een sterke neiging tot gedecentraliseerde besluitvorming besloten. Hij hechtte grote waarde aan individuele vrijheid en in zijn hart had hij sympathie voor vreedzame vormen van het anarchisme. Door zijn verstand werd hij weerhouden daaruit alle consequenties te trekken. Hennipman was de econoom van het evenwicht.

Jan Tinbergen

Jan Tinbergen leefde van 1903 tot 1994. In Leiden heeft hij wis- en natuurkunde gestudeerd van 1921 tot 1925. In 1929 promoveerde hij bij de beroemde natuurkundige Paul Eherenfest op het proefschrift *Minimumproblemen in de natuurkunde en de ekonomie*. Door zijn originele bijdragen heeft hij de economische wetenschap een belangrijke wending gegeven. Meestal ging het Tinbergen niet om een verdieping van de theorie, maar om het oplossen van een belangrijk maatschappelijk probleem. Hoewel hij niet ontkende dat de taak van de wetenschap bestaat uit het verklaren en blootleggen van samenhangen, legde hij de nadruk op het benutten van nieuwe inzichten voor het lenigen van menselijke noden.

Die doelstelling heeft hem er nooit van weerhouden diep te graven, als het probleem daartoe noopte. Het is karakteristiek voor Tinbergen dat er geen tegenstelling bestaat tussen het aanpakken van ernstige maatschappelijke vraagstukken en het toepassen van geavanceerde wiskundige methoden.

Sommige wiskundige economen wordt wel verweten dat zij opgaan in hun wiskundige oefeningen en te weinig letten op de praktische betekenis van hun vaak uiterst vernuftige beschouwingen. Het werk van Tinbergen leert dat het niet gerechtvaardigd is de conclusie te trekken dat het toepassen van wiskunde het oplossen van praktische problemen in de weg staat. Integendeel, bij Tinbergen, die zozeer de concrete maatschappelijke rampspoed tot uitgangspunt kiest, is het toepassen en ontwikkelen van exacte methoden noodzakelijk om de aangedragen oplossingen betrouwbaar te maken. Economen die zich bedienen van de modelmatige werkwijze hebben een beter ontwikkeld gevoel voor de gevoeligheid van de conclusies van een theorie voor wijzigingen in de veronderstellingen dan hun collega's. Tinbergen heeft de uitkomsten van zijn modellen altijd met grote voorzichtigheid gepresenteerd en de beperkte betekenis ervan in het licht gesteld. Zijn modellen zijn voortdurend verbeterd. Hij beet zich nooit vast in een bepaald model. Hij drong erop aan dat de modellen niet alleen globale verbanden tussen economische grootheden bevatten, maar dat ze ook nader worden 'bewezen' met statistisch materiaal uit de werkelijkheid. Van de econometrie, waarin wiskunde, statistiek en economie tezamen vloeien, is Tinbergen een van de voornaamste grondleggers.

Het sociale karakter van de beoefening van de wetenschap en het dienstbaar maken van de theoretische analyse komen in de figuur van Tinbergen duidelijk tot uitdrukking. Talloos zijn de gevallen waarin door deze benaderingswijze belangrijke verbeteringen in zijn oorspronkelijke opzet zijn aangebracht. Deze opvatting van wetenschapsbeoefening is uiterst vruchtbaar gebleken, ook al heeft Tinbergen daardoor wel eens mensen aangemoedigd die, naar achteraf bleek, veel oppervlakkiger waren dan hij aanvankelijk veronderstelde. Vanaf het begin van de jaren dertig was Tinbergen als economist actief. De wereld werd toen geteisterd door een ernstige depressie. Tinbergen voelde zich onmiddellijk aangetrokken tot de conjunctuurtheorie, omdat hij daarvan een oplossing voor het grote vraagstuk van de werkloosheid verwachtte. Veel theorieën over de conjunctuur waren toen beschikbaar. De omstandigheid dat in de economie het natuurkundige experiment ontbrak, bracht met zich mee dat er veel werd gespeculeerd over economische samenhangen.

Tinbergen heeft in de jaren dertig een reeks conjunctuurtheorieën empirisch getoetst. Van groot belang is dat hij dynamische elementen in de theorie heeft ingevoerd. Hij hield rekening met vertragingen in centrale economische grootheden. Deze verbeteringen van de theorie zijn tot op heden zinvol gebleken. De eerste Nobelprijs in de economie werd hem in 1969, tezamen met de Noorse econoom Ragnar Frisch, verleend op grond van zijn baanbrekende werk op het gebied van de dynamisering van de macro-economische theorie.

Tinbergen staat aan de wieg van debatten in de economische wetenschap. Niemand minder dan de beroemde John Maynard Keynes reageerde uiterst fel op de nieuwe, door Tinbergen ontwikkelde en ingevoerde methode van analyse. Keynes, die in zijn jeugd zelf een belangrijk boek over waarschijnlijkheidsrekening heeft gepubliceerd, had een fijne neus voor de grote betekenis van het baanbrekende werk van Tinbergen.

Alle bekende tegenargumenten draven op: het kwantificeren van economische betrekkingen doet geen recht aan alle aspecten die in het geding zijn; de wiskunde staat op gespannen voet met het humane karakter van de mens; het invoeren van rechtlijnige betrekkingen tussen variabelen vervormt de kromlijnige werkelijkheid, en de 'feiten uit de praktijk' zijn niet in staat te bewijzen dat een theorie niet deugt. Tinbergen heeft deze bezwaren tegen zijn werk punt voor punt weerlegd. Die weerlegging heeft hij vele malen herhaald.

Keynes heeft onvoldoende beseft dat het werk van Tinbergen in feite een empirische aanvulling op zijn eigen macro-economische analyse vormt en dat die combinatie de grote bloeiperiode van de economische theorie na de Tweede Wereldoorlog heeft ingeluid. Een bloeiperiode waarin de econometrische toetsing van de economische theorie een grote rol heeft gespeeld. De houding van Keynes is opmerkelijk omdat in economisch-politiek opzicht ook Tinbergen heeft aanbevolen een politiek van stimuleren van de bestedingen te voeren, met het doel de werkloosheid te bestrijden.

Aan de opdracht van de Volkenbond de statistische verificatie van een reeks conjunctuurtheorieën ter hand te nemen, was in Nederland de publicatie van het Plan van de Arbeid voorafgegaan. In dat Plan beschrijft Tinbergen samen met ir. H. Vos hoe op basis van een socialistische visie de crisis en de werkloosheid worden bestreden. De gedachte van een tamelijk vergaande planning van het economisch leven speelt een belangrijke rol, maar ook het oogmerk de inkomensverdeling aanzienlijk rechtvaardiger te maken krijgt grote aandacht.

In 1942 verscheen van de hand van Tinbergen in het Duitse tijdschrift *Weltwirtschaftliches Archiv* een baanbrekende beschouwing over de ontwikkeling op lange termijn van een aantal West-Europese economieën en van de Verenigde Staten, waarin ook een rol is weggelegd voor de technische ontwikkeling. Sindsdien komt het niet meer voor dat in de economie de productie uitsluitend wordt verklaard uit de hoeveelheden arbeid en kapitaal: er wordt ook gekeken naar het voortschrijden van de techniek. De modelmatige werkwijze bracht Tinbergen steeds weer op nieuwe resultaten, waarvan de publicatie leidde tot een reeks van uiterst vruchtbare theoretische verdiepingen en empirische onderzoekingen. Tegelijk is Tinbergen trendsetter en organisator van trendbreuken. En niet zelden organiseerde hij de breukpunten in de door hem zelf uitgelokte trends.

Na de Tweede Wereldoorlog krijgt eerst de nationale economische politiek in zijn theoretische werk en in zijn dagelijks leven de grootste aandacht. Overeenkomstig zijn suggesties wordt in 1945 het Centraal Planbureau opgericht waarvan hijzelf de eerste directeur wordt. Alleen ontwikkelde hij de theoretische grondslag voor de werkwijze van dit bureau. Opnieuw staat het toepassen van de modelmatige methode voorop, maar nu gaat het niet zozeer om analytische modellen die een verklaring van de gang van zaken beogen.

Het Planbureau dient te worden beoordeeld op grond van de betekenis die het heeft voor het voeren van een doelmatige economische politiek aan de hand van het uitkomen van de voorspellingen. Zo heeft Tinbergen het vanaf het begin bedoeld en hij stoorde zich aan de misverstanden die de ronde deden. Tinbergen wist maar al te goed dat het invoeren van andere veronderstellingen tot andere conclusies leidde. Hij heeft dit inzicht tot hoeksteen van de werkwijze van het Centraal Planbureau gemaakt. Het Centraal Planbureau is in Nederland uitgegroeid tot een belangrijk wetenschappelijk instituut, dat zich niet alleen bezighoudt met voorspellingen van de economische ontwikkeling op korte termijn, maar bovendien tal van andere belangrijke studies ter hand neemt waarvan het wetenschappelijke niveau wordt gewaarborgd door een groot aantal bekwame wetenschapsmensen.

In 1955 verliet Tinbergen het Centraal Planbureau om zich geheel in dienst te stellen van het oplossen van de problemen van de ontwikkelingslanden. Hij steunt op zijn verdiepte theoretische inzichten omtrent planning en economische politiek en op praktische ervaring in nationaal verband. Hij is ervan overtuigd dat voor elk van de ontwikkelingslanden een systematisch plan moet worden opgesteld. Hij gelooft niet in fundamentele structuurveranderingen, waarbij het ene economische systeem in één klap wordt vervangen door een geheel andere economische orde. Daarvoor is hij er te zeer van overtuigd dat het níet een zaak is van kapitalisme of socialisme, maar veeleer van een beetje kapitalisme en een beetje socialisme.

Ergens diende, naar zijn opvatting, een evenwicht te worden gevonden tussen centralisatie en decentralisatie. En hij meende ook dat de westerse economieën en die van de Oostbloklanden naar elkaar toe groeien. In zijn gedachtegang bewogen de Sovjet-Unie en de Verenigde Staten zich beide in de richting van wat hij noemde 'een optimale economische orde', die als een mengsel van centrale leiding en particulier initiatief wordt opgevat. Deze zogenaamde 'convergentietheorie' gaf aanleiding tot levendige discussies.

Tegen de ontwikkelingsplannen van Tinbergen zijn bezwaren geopperd. Die komen erop neer dat Tinbergen de problemen te gehaast wilde oplossen en zodoende te weinig zorg droeg voor een voldoende theoretische fundering van zijn voorstellen. Dit verwijt is karakteristiek voor de constructieve en vaak pragmatische wijze waarop Tinbergen de problemen wilde oplossen. Het was veeleer de nood van de arme mensen dan de zorg van de theoretici die hem deerde.

Zo meende hij dat wij ons moeten toeleggen op het toepassen van geavanceerde technische methoden en de eenvoudige productieprocessen moeten overlaten aan de ontwikkelingslanden. Langs die weg wordt een betere bijdrage geleverd tot het opvoeren van het levenspeil van de bewoners van de ontwikkelingslanden dan wanneer rijke landen eerst betalingsbalansoverschotten kweken en vervolgens gelden ter beschikking stellen van de arme landen.

Tinbergen verwachtte hiervan dat de internationale inkomensverdeling rechtvaardiger wordt. Arme landen worden rijker en rijke landen worden armer. Het bevorderen van de internationale arbeidsverdeling door het slechten van monopolieposities, waardoor een betere internationale verdeling van inkomen ontstaat, sloot aan bij zijn opvatting dat de inkomensverdeling in hoge mate wordt bepaald door vraag en aanbod van uiteenlopende soorten arbeid. Het vergroten van het aanbod van arbeidskrachten door het onderwijs, waar een grote vraag naar is, kan extreme inkomensontwikkelingen voorkomen.

De voorstellen voor een nieuwe ordening van de wereldeconomie berusten op het ontwerpen van mondiale modellen. Deze modellen zijn verwant aan die welke zijn gemaakt door de Club van Rome, waarin ruime aandacht is geschonken aan de nadelen van de economische groei voor het milieu en het opraken van grondstoffen en energie.

10
Economie in de toekomst

Welk landschap treffen de kleinkinderen van de huidige generatie straks in Nederland, Europa en de wereld aan? In welke samenleving groeien zij op? Kunnen wij er iets aan doen zodat zij in een wereld opgroeien met meer verdraagzaamheid, vrijheid van meningsuiting en tolerantie dan wij hebben aangetroffen? Kortom, hoe ziet de wereld van onze kleindochter Noa er straks uit?

Wie in Nederland niet alle beschikbare ruimte wil bestemmen voor woningbouw, kantoren, bedrijfsterreinen, havens, wegen en spoorlijnen beseft dat de ruimtelijke ordening een belangrijk vraagstuk van de Nederlandse samenleving is. Het gaat niet langer alleen om werkgelegenheid, maar om het behoud van natuur, open ruimte, milieu en cultuur. Wij zijn op weg naar een duurzame samenleving.

In ons economisch leven heeft de nadruk gelegen op productieprocessen met een betrekkelijk lage toegevoegde waarde, die tevens een grote aanslag op natuur, open ruimte, cultureel erfgoed en milieu doen. De overheid heeft deze ontwikkeling op verontrustende wijze versterkt. De discussies over de HSL, de Betuwelijn, het Groene Hart en de Westerschelde Container Terminal maken duidelijk dat steeds is gekozen voor laagwaardige en traditionele activiteiten en het opofferen van natuur, open ruimte en cultuur. De netwerkeconomie maakt het mogelijk processen met een hoge toegevoegde waarde te starten, te ontwikkelen en grootschalig te exploiteren zonder het behoud van natuur en cultuur van de Nederlandse samenleving te frustreren,

Het is mogelijk de koers te verleggen van een beleid gericht op succes in financiële en kwantitatieve zin naar een scenario waarin de kwaliteit van de samenleving vooropstaat. De achtergrond van deze ontwikkeling is dat de burgers als consumenten steeds minder bereid zijn het opofferen van niet-reproduceerbare goederen, zoals natuurgebieden en historische gebouwen en boerderijen, te aanvaarden ten behoeve van de voortbrenging van reproduceerbare goederen, zoals auto's, computers en woningen. Deze wijziging in gedrag wordt versterkt naarmate de reproduceerbare goederen door de technische ontwikkeling steeds makkelijker worden voortgebracht.

Om de vertaalslag naar een leefbare samenleving tot stand te brengen voert de overheid een strenger coördinerend beleid om open ruimte te beschermen en bestemmingsplannen beter op elkaar af te stemmen. Voorts ziet het ernaar uit dat uit de private sector innovatieve suggesties voor een betere benutting en een verstandiger beheer van de bestaande infrastructuur komen alsmede initiatieven voor het ontwikkelen van natuurvriendelijke driedimensionale uitbreidingen van de infrastructuur. Daar hoort bij een vervanging van harde door zachte infrastructuur. De elektronische snelweg vervangt de Betuwelijn; brainports vervangen mainports. Voorts wordt de Nederlandse economie in toenemende mate gekenmerkt door publiek-private constructies. Nederland heeft vergeleken met de rest van Europa een achterstand opgelopen. Elders bestaat expertise met het organiseren van publiek-private constructies, zowel in theoretisch als in praktisch opzicht. Bij het ontwikkelen van nieuwe infrastructuur is het integreren van aanleg en exploitatie van groot belang. Zonder deze integratie ontbreekt inzicht in de vraag of private middelen kunnen worden gemobiliseerd voor de financiering van het project en is er evenmin kennis over de wensen van de uiteindelijke gebruikers van de infrastructuur. De rol van de overheid betreft het aangeven van de randvoorwaarden van publieke aard voor de activiteiten van de private sector, het zorg dragen voor effectieve coördinatie en niet langer die van een centralistische beslisser. Op het gebied van publiek-private constructies is in Nederland op vrijwel alle terreinen een fundamentele inhaalslag nodig.

Alternatief voor het uitbreiden van de harde infrastructuur is het wegnemen van alle belemmeringen die consumenten en werknemers in de weg staan bij het consumeren en werken gedurende alle uren van de dag en nacht, de dagdelen van de week en gedurende alle perioden van het jaar die zij wensen. Wanneer deze wensen met behulp van informatietechnologie worden verwezenlijkt, verbetert de kwaliteit van de samenleving. Maatschappelijk gaat deze Pareto-verbetering samen met een betere benutting van het vaste productieapparaat, zodat aan het oplossen van het congestievraagstuk een bijdrage wordt geleverd. Deze wordt versterkt door thuis en elders werkzaam te zijn. Sommigen menen dat de 24 uurseconomie de verplichting inhoudt dag en nacht te consumeren en te werken, maar dit is een misverstand. Het gaat om de organisatie van de vrijwilligheid in ruimte en tijd. Bij deze ontwikkeling sluit het nieuwe werken op de werkplek aan, waardoor kantoren ook intern een ander aanzien krijgen.

Het ontbreken van preferenties van volgende generaties is van belang met betrekking tot de niet-reproduceerbare goederen. Als onze generatie beslist de Waddenzee, de Veluwe, het Naardermeer, de Posbank, de natuur rondom Ede, de Wijkermeerpolder en het heuvellandschap in de omgeving van Maastricht te bestemmen voor woningbouw, bedrijfsterreinen en wegen, wordt deze beslissing niet gecorrigeerd door onze kinderen en kleinkinderen, daar deze goederen definitief zijn verdwenen. In dit opzicht hebben natuur, open ruimte en architectuur dezelfde eigenschappen als de schilderijen van Van Gogh en Rembrandt. Eenmaal vernietigd, zijn ze niet reproduceerbaar. In theoretisch opzicht wordt deze situatie het hoofd geboden doordat de huidige generatie zich identificeert met de toekomstige. De beleidsconsequentie is dat de overheid op paternalistische wijze de beslissing neemt natuur en cultuur te behouden en te beschermen. De rechtvaardiging daarvoor is dat wanneer de allocatie wordt overgelaten aan de werking van de markt en de prijsvorming, alle natuur en cultuur wordt opgeofferd aan de voortbrenging van reproduceerbare goederen. Reproduceerbare goederen hebben een natuurlijke prijs, de reproductiekosten. Wanneer een ondernemer, een projectontwikkelaar of de ondernemende overheid in de gedaante van burgemeesters, wethouders en commissarissen van de Koning een hogere marktprijs ontvangen dan deze reproductiekosten, dan leggen de niet-calculeerbare niet-reproduceerbare goederen het af tegen het perspectief van een positieve geldstroom.

De kwaliteit van de economische ontwikkeling wordt niet alleen bevorderd door grotere aandacht voor het behoud van niet-reproduceerbare goederen. Er kan een verschuiving worden verwacht van kwantitatieve economische groei en expansie naar een bredere, duurzame economische ontwikkeling met een grotere nadruk op het onderhoud van het bestaande. In Nederland zijn productiekracht en geld op grote schaal verspild door de bouw van kantoren die leeg staan, door het ontwikkelen van bedrijfsterreinen die braak liggen, door het verwezenlijken van winkelcentra die niet worden benut en door het bouwen van woningen waarvoor geen belangstelling is. Tegelijkertijd is het onderhoud van de harde infrastructuur, van de nationale woningvoorraad, van kastelen en historische monumenten en van natuur en milieu schromelijk verwaarloosd. De architectuur van de onderhoudsbudgetten is zo benepen dat deze grootscheepse verarming en verschraling in de hand werkt en bovendien de afbraak van het oude onnodig aanmoedigt ten behoeve van het nieuwe. Het aanzien van een land als Frankrijk is aantrekkelijker door het traditioneel koesteren van het verleden door renovatie en onderhoud in plaats van slopen en nieuwbouw. Wereldwijd wijst het gedrag van consumenten erop dat de robuuste groeicijfers van voor 2008 tot het verleden behoren. De economische ontwikkeling in de komende jaren wordt gedragen door publieke en private investeringen in duurzaamheid met hun positieve uitstraling op de consumentenwelvaart meer dan door de particuliere consumptie van de burgers, zoals in het verleden het geval was.

De terreuraanslag op 11 september 2001 in New York heeft veel veranderd in de wereld. De kwetsbaarheid van de Amerikaanse samenleving voor eenvoudig uitgevoerde zelfmoordacties is blootgelegd. De productie van veiligheid is mondiaal een groeisector geworden, niet alleen wereldwijd, maar ook in de microsfeer; in de consumptiehuishoudingen, waar recht op privacy en informatie minder hoog op de agenda staat; in de ondernemingen, waar veiligheid deel uitmaakt van het beleid.

Allerwegen wordt na 11 september 2001 veel mondialer gedacht over de toestand in de wereld dan voorheen. Mensen denken dieper na over de armoede in de wereld, de ellende in Afrika en de kinderarbeid in ontwikkelingslanden. Door internet communiceren de burgers wereldwijd over deze onderwerpen, waardoor veeleer langs de weg van de technologie dan langs die van de politiek samenhang tot stand komt. Niettemin hebben de gebeurtenissen van 11 september in een verbluffend snel tempo een wereldwijde coalitie tot stand gebracht, die militair, financieel en politiek een vuist weet te maken. De oefeningen in grootschalige samenwerking zijn uitgangspunt voor de aanpak van armoede, hongersnood, milieuvervuiling en klimaatdreiging in de wereld. Zo beschouwd heeft 11 september 2001 een versnelling teweeggebracht in wereldpolitiek denken. Een tweede versnelling is op gang gekomen door de mondiale financieringscrisis. De afstemming van de mondiale financiële monetaire en economische politiek heeft een sterke impuls ondergaan. Bij het begin van de crisis in 2008 kwam de G20 bijeen en niet langer de G8.

Deze ontwikkeling laat de plaats van de marketing in het economisch leven niet onberoerd. De nadruk wordt verlegd van aanbodgestuurde naar vraaggestuurde marketing. De mondige consument beschikt over zo veel informatie dat geïndividualiseerde producten en productcombinaties worden gevraagd. Productinnovaties berusten minder op inspiratie aan de aanbodzijde en meer op uitgesproken wensen aan de vraagzijde. De marketing schuurt daardoor dicht tegen de consumenten aan. Het prijsbeleid ondergaat een ingrijpende wijziging omdat consumenten beter op de hoogte zijn dan voorheen en via internet gezamenlijk een vuist maken en kortingen afdwingen. Bovendien is er sprake van steeds fellere, wereldwijde concurrentie. Ook het distributiebeleid als onderdeel van de marketingmix staat op de tocht. Consumenten nemen het initiatief en slaan distributieschakels over. De boekenmarkt illustreert welke veranderingen ons te wachten staan. In de naaste toekomst is de vaste boekenprijs niet langer houdbaar. Het prijsbeleid van uitgeverijen komt op de helling, in samenhang met het distributiebeleid. Het reclame- en promotiebeleid wordt geconcentreerd op de individuele consument, die reeds over veel informatie beschikt en minder gevoelig is voor suggestieve reclame-uitingen. De op het individu toegesneden informatietechnologie komt in de plaats van collectieve reclame.

Tegen deze achtergrond is het begrijpelijk dat een steeds grotere betekenis toekomt aan de *direct marketing*. Door direct marketing wordt rechtstreeks met de consument gecommuniceerd. Vroeger met direct mail en de catalogi van postorderbedrijven. Tegenwoordig via telemarketing, televisiemarketing en online winkelen. Kopen via digitale netwerken heeft grote voordelen voor de moderne consument. De netwerkeconomie is van toepassing op de marketing van diensten. Denk aan de diensten van een arts, een kapper, een notaris, een bank, een verzekeringsmaatschappij, maar ook de diensten van de overheid. Diensten worden in onze samenleving steeds belangrijker. De kwaliteit van de dienstverlening is afhankelijk van de kwaliteit van het personeel van de dienstverlenende ondernemingen en organisaties. Interne communicatie en interne marketing zijn van groot belang voor de uiteindelijke prestatie. Sterker nog dan in het geval van producten hangt deze af van het samenspel tussen koper en verkoper van de dienst. Deze interactie is door de mondigheid van de consument steeds minder eenzijdig. Wie de Nederlandse met de Amerikaanse samenleving vergelijkt, concludeert dat wij een grote achterstand hebben in onze dienstverlening.

Internet biedt een geheel nieuwe methode voor het doen van marktonderzoek en het opbouwen van een merk. Er wordt veel sneller, omvangrijker en diepgaander een beeld gevormd van het gedrag van de consumenten.

Tot voor kort was marketing van de dienstverlening van advocaten, artsen, accountants en notarissen ongebruikelijk. De wereld verandert echter. Informatiestromen worden breder, dienstverleners raken steeds meer gespecialiseerd, regelgeving wordt ingewikkelder en overzicht gaat teloor. Geen wonder dat het vragen van aandacht voor commerciële en niet-commerciële dienstverlening, voor politiek en religie en voor goede en slechte doelen belangrijker wordt. Men onderscheidt zich en wil het onderscheid voor het voetlicht brengen. De omgeving verandert, de doelgroepen zijn dagelijks in beweging en de aanbieders van producten, diensten, natuur, open ruimte, milieu, opinies, programma's en overtuigingen vernieuwen zichzelf voortdurend. In die wereld zijn voortschrijdende informatica en verfijnde marketing de natuurlijke constanten in de bewogen beweging.

Mechanism design

In de samenleving overheerst eeuwenlang het denkbeeld dat het gedrag van mensen voor verbetering vatbaar is door in te spelen op gevoelens, goede wil en hun andere psychische eigenschappen. De vertegenwoordigers van de islam, het jodendom, het katholicisme en het protestantisme, imams, rabbijnen, bisschoppen en predikanten spreken van de bima en de kansel hun gelovigen jaar in jaar uit toe. Drijfveren, emoties, ethische opvattingen, eerlijkheid en integriteit worden in de zienswijze van gedragseconomen beschouwd als aangrijpingspunten voor beleid, dat beoogt gedrag van mensen positief te beïnvloeden. Deze benadering ligt ten grondslag aan regelgeving, het vastleggen van procedures, het handhaven van geformaliseerde afspraken en het bouwwerk van toezicht op financiële instellingen en economische activiteiten in de publieke sector. De bedoeling is de mensheid op een hoger plan te tillen. In het groot en in het klein zijn de resultaten teleurstellend en de nadelen van de ingeslagen weg tekenen zich scherper af. De voortschrijdende en verstarrende regelgeving tast in toenemende mate de vrijheid van handelen aan van de deelnemers aan het economisch verkeer. De besluitvorming wordt bureaucratischer, versneld, risicomijdend, fragmentarisch en raakt steeds verder verwijderd van de belangen van de burgers als afnemers van individuele en collectieve goederen en diensten. In tal van sectoren is een verstikkende architectuur ontstaan, die van onze samenleving een versteende machinerie, een karikatuur van samenleven en de hoeksteen van haar ondergang maakt.

Karaktereigenschappen als eerlijkheid, betrouwbaarheid en integriteit zijn van belang in de intieme sfeer van de persoonlijke relaties en betrekkingen. Voor de samenleving is helemaal niet nodig dat mensen inwendig betrouwbaar en integer zijn. Voor het sociaal en economisch handelen is het noodzakelijk en voldoende dat mensen zich gedragen *alsof* zij eerlijk, betrouwbaar en integer zijn. Of het werkelijk zo is, laat zich niet controleren en bij economische transacties kan met het 'alsof'-gedrag worden volstaan. Voor het overige is het beter te vertrekken van de mensen, zoals zij zijn met hun enorme verscheidenheid aan psychische eigenschappen, dan van een beeld van de mensen zoals zij behoren te zijn. Het gaat derhalve niet langer om inwendige eigenschappen van mensen, doch om uitwendig tot stand gebrachte gedragspatronen, die vorm en inhoud geven aan een humanere samenleving. Als in de samenhang de 'alsof'-eigenschappen belangrijk zijn, komt de vraag op welke prikkels ingevoerd worden om het 'alsof'-gedrag voort te brengen. De 'alsof'-eigenschappen zijn niet langer gegeven, maar de vrucht van doelbewuste architectuur. Deze architectuur heeft niet het karakter van formele en vastgelegde regelgeving met de bureaucratie die erbij hoort, maar behelst het ontwerpen van wetenschappelijke arrangementen, die het gedrag van mensen coördineren door creatief gekozen positieve prikkels. Positief betekent dat de uitkomsten de voorkeuren weerspiegelen van de burgers, die verantwoordelijkheid dragen en derhalve risicodragend zijn.

In de economische wetenschap maken de in mijn bewoordingen weergegeven denkbeelden deel uit van het leerstuk *mechanism design*, waarvoor in 2007 de Nobelprijs is toegekend aan Leonid Hurwicz, Eric Maskin en Roger Myerson. In 2012 kreeg Alvin Roth de Nobelprijs voor economie voor een vergelijkbare aanpak. Mechanism design komt neer op het ontwerpen van mechanismen, instituties, procedures en spelsituaties om de allocatie buiten de markt om te stuwen in de richting van een optimum dat aansluit bij en gebaseerd is op de preferenties van de economische subjecten. De verdere ontwikkeling en toepassing van deze theorie is in mijn ogen een humaan alternatief voor de heilloze weg die de Nederlandse samenleving is ingeslagen, gekenmerkt door inhumanisering van transacties en intolerant gedrag in de sfeer van handhaving en falend toezicht. Alvorens hier nader op in te gaan, volgen hier eerst enkele voorbeelden die de enigszins abstracte uiteenzetting concrete inhoud geven.

Voorbeelden

Een eenvoudig voorbeeld is het geven van een taart door een ouderpaar aan hun twee kinderen, een jongen en een meisje. De eerste mogelijkheid is dat de ouders de taart zelf verdelen en de stukken taart aan de kinderen geven. Het andere uiterste is dat de ouders de taart geven en aan hun kinderen overlaten deze onderling te verdelen. De eerste oplossing houdt in dat de ouders beslissen, geen keuzevrijheid aan hun kinderen laten en derhalve opvoedkundig beschouwd geen toegevoegde waarde leveren. Er is sprake van een 'bevels'-economie.

De tweede mogelijkheid laat de kinderen volledig vrij. De kans op ruzie is levensgroot. De oudste zegt tegen de jongste: 'Ik ben de oudste, dus ik mag het grootste deel van de taart.' De jongste zegt: 'Ik moet er nog van groeien, dus ik mag het grootste deel van de taart.' De jongen zegt: 'Ik ben een jongen, ik moet sterk worden, dus ik mag het grootste deel van de taart.' Het meisje zegt: 'Ik ben een meisje, meisjes gaan voor, dus ik mag het grootste deel van de taart.' Hier gebeurt in een notendop wat in de samenleving van grote mensen ook wordt aangetroffen. Als men mensen volledig vrijlaat, kan niet worden vertrouwd op waarden zoals 'eerlijk delen', 'respect voor elkaar' en 'integriteit en tolerantie'. Er ontstaan onnodige conflicten. Wil men deze conflicten structureel vermijden dan is het nodig na te denken over een architectuur die dit maatschappelijk doel verwezenlijkt. Van belang daarbij is dat alle betrokkenen, in dit geval de beide ouders en de kinderen, toestand 2 waarin de verdeling van de taart zonder ruzie tot stand komt, hoger waarderen dan toestand 1, waarin het verdelen van de taart tot ruzie leidt. Als aan die voorwaarde is voldaan, dan is toestand 2 maatschappelijk beter dan toestand 1. De vraag is nu of het spel door een goed gekozen prikkel zo kan worden gespeeld dat situatie 2 het gevolg is. De oplossing luidt dat de ouders het verdelen van de taart aan de kinderen overlaten door het geven van de taart te begeleiden met de opdracht: 'Jij mag delen en jij mag kiezen.' De optimale uitkomst is dan dat de taart in twee gelijke delen wordt verdeeld, die overigens kwalitatief door het kind dat kiest verschillend kunnen worden gewaardeerd. Dit voorbeeld leert dat voor de oplossing van maatschappelijke problemen het aanknopen bij exacte wetenschappen veelbelovender is dan doorgaan op het pad van psychologen, sociologen en politicologen, die de conflictstof inventariseren en trachten te ontwarren. Ook de volgende voorbeelden leren dat mechanism design als methode van *social engineering* conflicten en schade vermijdt door een intelligente coördinatie van het gedrag.

Om het koud buffet, dat reeds in hoofdstuk 2 ter sprake kwam, niet in vijf minuten te laten ontaarden in rijen, irritaties en zelfs een handgemeen door mensen volledig vrij te laten, volstaat de zachte hand van de voorzitster van het gezelschap, die aangeeft in welke volgorde de tafels naar het buffet gaan. Wederom is van belang dat de aanwezigen toestand 2 beter vinden dan toestand 1. Door onafhankelijk van elkaar te beslissen in toestand 1 komen zij niet in de optimale oplossing terecht. Daarvoor is de coördinerende prikkel van de voorzitster nodig, die overigens onverlet laat dat de keuzevrijheid wordt gehandhaafd. Er is geen mobiele eenheid nodig om het optimum af te dwingen, hetgeen als methode weerstand oproept. In de samenleving is dat precies wat er gebeurt.

Op kleine, maar niet onbelangrijke schaal, is het zwarte vliegje in de toiletpot van het herentoilet een eenvoudig en effectief voorbeeld van het bevorderen van een duurzame samenleving door een geschikte prikkel. De mannen gedragen zich alsof zij op dit punt betrouwbaar zijn, zonder de oeverloze discussie aan te gaan of mannen van nature betrouwbaar of onbetrouwbaar zijn. Het zwarte vliegje is een humane architectuur vergeleken met het alternatief het gewenste gedrag met harde hand af te dwingen door gebodsbepalingen. Het zwarte vliegje is een voertuig voor communicatie. De mannen geven de informatie prijs op het vliegje te mikken bij het urineren. Dan is de prikkel geschikt omdat dat het doel van de architectuur is. Eén en niet meer dan één vliegje, want dan weten de mannen het niet meer.

Leerlingen van de basisschool die een school voor voortgezet onderwijs kiezen, worden veelal via loting geplaatst. Dit systeem wordt als willekeurig en inhumaan ervaren. De *matching* die tot stand komt, is niet stabiel omdat er leerlingen zijn die van plaats willen wisselen indien zij van elkaars plaatsing op de hoogte zijn. Voor het oplossen van dit type matchingsproblemen heeft Alvin Roth in 2012 de Nobelprijs gekregen. Uitgangspunt voor het vaststellen van een stabiele matching is de inventarisatie van de karakteristieken van de voorkeuren van de leerlingen en van de beschikbare scholen. Een dergelijke benadering staat dichter bij de mensen om wie het gaat, in dit geval de leerlingen. Een stabiele matching betekent dat het bekendmaken van de allocatie van de leerlingen over de scholen voor geen enkel tweetal leerlingen aanleiding is van plaats te wisselen. Het is een prachtig voorbeeld van allocatie buiten de markt om, van social engineering, van het ontwerpen van een mechanisme en van architectuur. Roth loste op dezelfde manier het verdelen op van aangeboden nieren over patiënten die een nier nodig hebben.

Het verruimen van de openingstijden van de winkels is een voorbeeld van een discussie over architectuur. Als minister van Economische Zaken diende Hans Wijers een wet in die de winkels openingstijden tot 's avonds tien uur verleende en op zondag de opening overliet aan de gemeenten. Paretiaans beschouwd gaat het om het voorzien in behoeften van consumenten, die er in welvaart op vooruitgaan als zij ook 's avonds kunnen winkelen. Het overlaten van de openingstijden op zondag aan gemeenten in plaats van aan de consumptieve burgers berust op een politieke afweging die de allocatie doet afwijken van de Pareto-optimale. Immers, wanneer de consumenten ook op zondag hun voorkeuren uiten, blijven de winkels in Staphorst gesloten, terwijl bijvoorbeeld in Amsterdam een deel van de winkels open is. Wanneer Pareto-optimaliteit tot norm wordt verheven, is het 's avonds openen van de winkels op doordeweekse dagen een Pareto-verbetering en de gekozen bureaucratische constructie via de gemeenten niet-Pareto-optimaal. Verwacht kan worden dat de openstelling op zondag via de gemeenten vanwege de hoge transactiekosten en de overbodigheid verdwijnt ten gunste van de rechtstreekse uitingen van de voorkeur van de consumenten.

In het economisch leven is vaak sprake van asymmetrische informatie, hetgeen aanleiding is een architectuur te ontwerpen die de relevante informatie boven tafel brengt. Een voorbeeld is de handelwijze van koning Salomo in het oude testament (1 Koningen 3, verzen 15-28). Twee vrouwen deelden hem mee ieder de moeder te zijn van een levende baby. Salomo wist niet welke vrouw de waarheid sprak. Salomo kwam tot een oordeel door om een zwaard te vragen en aan te kondigen dat de baby in twee helften wordt gekliefd. Hij stelde in het vooruitzicht dat ieder van de vrouwen een helft krijgt. Daarop zei een van de vrouwen: 'Geef haar het levende kind en dood het geenszins.' Salomo velde het oordeel dat de eerste vrouw de echte moeder was en wees de baby aan haar toe. De dreiging met het zwaard werkte hier als een prikkel om in een situatie van onvolledige informatie de waarheid op het spoor te komen.

Onderwijs als destructieve architectuur

Het economisch en maatschappelijk leven in Nederland kent verscheidene voorbeelden van destructieve architectuur. Deze zijn nooit de vrucht van een theoretische analyse van een optimale aanpak van een maatschappelijk vraagstuk, doch van een politiek gedreven benadering van vallen en opstaan. Door schade en schande wordt men wijs. Voorbeelden zijn de fraudegevoelige kinderopvang, de inhumane jeugdzorg, de hulp aan bejaarden en de aanpak van grote infrastructurele projecten. Een goed voorbeeld is ook de gang van zaken in het voortgezet onderwijs gedurende tientallen jaren. Daarop gaan wij iets nader in omdat daardoor het verschil tussen constructieve en destructieve architectuur scherper naar voren komt.

De feitelijke architectuur van het voortgezet onderwijs is tot stand gekomen door een viertal elementen. In de eerste plaats is de weg ingeslagen van het tot stand brengen van grote scholengemeenschappen uit hoofde van een streven naar efficiëntie zonder te letten op de gevolgen voor de kwaliteit van het onderwijs aan leerlingen. Vervolgens is een einde gemaakt aan de academische, vakinhoudelijke opleiding van leraren. Een derde element is de zogenaamde lumpsumfinanciering van de scholen, waarbij de overheid een geldstroom opent en de besteding van de gelden overlaat aan de scholen. De beslissing daarover kwam in handen van managers, zonder betrokkenheid van docenten, laat staan leerlingen. Ten slotte werd de perverse prikkel ingevoerd de hoogte van de bedragen te baseren op de aantallen voor het eindexamen geslaagde leerlingen, een fraudegevoelige prikkel, die de kwaliteit van de opleiding buiten beschouwing laat. In een tijdsbestek van ruim dertig jaar zijn de gevolgen van deze destructieve architectuur niet uitgebleven.

In het voortgezet onderwijs openbaart zich openbare en onderhuidse fraude in allerlei gedaanten. Schoolexamens worden vereenvoudigd en te hoog gewaardeerd, zodat het centraal schriftelijk geen grote financiële schade meer aanricht. De tweede correctie bij het eindexamen is een wassen neus. Het centraal schriftelijk examen vermindert in kwaliteit door het overwoekeren van teksten, zelfs bij exacte vakken. Bij wiskunde worden tegenwoordig alle formules gegeven. Exacte vakken worden ontmoedigd omdat er voor de managers van grote scholengemeenschappen geen droog brood aan is te verdienen. De opbrengsten zijn laag en de kosten hoger dan voor andere vakken, zoals management, organisatie en communicatie die nauwelijks enige intellectuele begaafdheid vergen. De profielen versplinteren het universele intellect in de knop. Het combineren van natuurkunde en economie is vrijwel uitgesloten, terwijl in de wetenschap verscheidene Nobelprijswinnaars economie als natuurkundige zijn begonnen.

In het voortgezet onderwijs zijn enkele hoogopgeleide docenten werkzaam, maar zij verdwijnen in snel tempo van het toneel. Soms omdat zij er de brui aan geven, soms omdat zij door de schoolleiding worden afgevoerd omdat zij te duur zijn. De meeste docenten komen van pabo's en lerarenopleidingen van het hoger beroepsonderwijs. Zij krijgen ondeugdelijk onderwijs in rekenen en Nederlandse taal op de pabo's en in het hoger onderwijs geen inhoudelijke opleiding. Op hun boekenlijsten staan overwegend boeken over didactiek en sociale en communicatieve vaardigheden; vakinhoudelijk hoogstens een verouderde vwo-methode. Deze situatie valt de docenten niet te verwijten. Zij worden onvoorbereid voor de leerlingen gezet. Zij worden niet opgeleid om inhoudelijk les te geven, maar uitsluitend met het oogmerk een groep leerlingen in toom te houden en met hun ouders te communiceren. Zelfs in de onderbouw van gymnasia staan leraren wiskunde voor de klas die de opgaven niet kunnen maken, hun leerlingen verwijzen naar een antwoordenboek en de begaafde leerlingen vragen hun uitwerking aan de klas te onderwijzen. Hier wreekt zich dat de studenten met een havodiploma de lerarenopleiding volgen en aan vwo-klassen lesgeven. Leerlingen bestuderen zonder hulp zelf de stof en worden door het lesmateriaal tot zelfwerkzaamheid gestimuleerd. De combinatie van een goede docent en een goede leermethode komt sporadisch voor.

De inhoud van de schoolboeken berust op de vraag naar gedetailleerde uitleg, eenvoudig taalgebruik, illustraties, veel opgaven, suggesties voor proefwerken en toetsmateriaal. De docent vraagt om deze ondersteuning. Zodoende ontstaat er een situatie waarin begaafde leerlingen zich redden, maar minder presteren dan met een goed opgeleide docent en minder goede leerlingen onnodig uit de boot vallen. Massale uitval in het onderwijs komt ergens vandaan. Deze ontwikkeling wordt gedragen door de misvatting dat in de moderne tijd het overdragen van kennis zinloos is omdat deze aan snelle veroudering onderhevig is. Het is voldoende als leerlingen surfen op internet. Hier wordt informatie met kennis verward. Bovendien blijft veel kennis ongewijzigd. Het vervoegen van Franse werkwoorden, de reactievergelijkingen in de chemie, de wetten van Ohm en Archimedes in de natuurkunde, het oplossen van een vierkantsvergelijking en de geschiedenis van de Franse Revolutie zijn onderwerpen die beklijven.

De in de politiek breed gedragen mening dat de kwaliteit van de onderwijzers en docenten verbetert door ze beter te belonen berust op een illusie. Wie thuis is op de werkvloer van het onderwijs weet dat het omgekeerde gebeurt. Studenten, die lerarenopleidingen volgen, slagen allemaal omdat vakkennis ondergeschikt is aan didactiek. Bovendien hebben de managers van de opleidingen belang bij het maximeren van het aantal geslaagden wegens de perverse subsidieregeling. Cijfers weerspiegelen niet langer individuele prestaties, doch collectieve budgettaire arrangementen. Leerlingen met een havodiploma komen via de hbo-opleiding als leraar met twee linkerhanden in vwo-scholen terecht. Leraren zijn verworden tot opzichters en klaslokalen zijn discoruimten geworden.

De kwaliteit van de leraren gaat omhoog als leraren voor havo en vwo uitsluitend langs academische weg worden opgeleid. Slaat de samenleving deze weg in en leraren worden voortgebracht die over vakkennis beschikken, liefde voor hun vak hebben en weer promoveren, dan zijn hogere salarissen het natuurlijke gevolg.

Dan komt een einde aan de absurde situatie dat de managers in de scholengemeenschappen veel hogere salarissen ontvangen dan de docenten, die het onderwijs verzorgen.

De groei van het management in het onderwijs is nauw verbonden met de grootschaligheid. Door fusies en concentraties zijn van overzichtelijke kleine scholen grote scholengemeenschappen gemaakt.

Achtergrond van deze sociaaldemocratische beweging uit de jaren zeventig is de drang naar bezuinigingen en de illusie van efficiëntie. De externe democratisering van het onderwijs werd te duur. Van grootschaligheid werd doelmatigheid en vermindering van de kosten van beheer en huisvesting verwacht. Van deze oogmerken is niets terechtgekomen. Ernstiger is dat de nadelen van de grootschaligheid in het onderwijs nimmer aan de orde zijn geweest. De kwaliteit van het onderwijs wordt negatief beïnvloed door de massale aantallen leerlingen en studenten, samengebald in één organisatorische eenheid. De arbeidsvreugde van de onderwijsgevenden is laag. Door het afnemen van sociale controle neemt de kans op geweld toe. De betrokkenheid van de mensen op de werkvloer vermindert.

Een van de grootste nadelen betreft het ontstaan van een managementlaag in het onderwijs. Was deze laag aanvankelijk bescheiden, deze beslaat nu ongeveer de helft van het totale budget van de onderwijsinstellingen. Het is een bureaucratie die vanzelf verder groeit ten koste van het primaire onderwijsproces. Door de omvang versterkt het management zijn greep op de onderwijsgevenden, die bekneld raken. Hun frustratie wordt versterkt omdat de leerlingen sluitposten worden.

De managers hebben geen kennis van het onderwijs. Zij hebben nooit voor de klas gestaan. Managers sturen op afstand, zij hebben geen overleg met het onderwijsgevend personeel. Zij sturen op perverse financiële criteria. Cijfers zijn gebaseerd op budgettaire overwegingen en niet op prestaties van leerlingen. Dat spookstudenten en spookvakken het hoger beroepsonderwijs ontsieren, is het natuurlijke, kwaadaardige gevolg van de perverse prikkels.

Het koersen op financieel rendement ten koste van de kwaliteit beheerst het voortgezet onderwijs. Publieke instellingen streven nog fanatieker naar het maximeren van winst dan private, die gevoeliger zijn voor hun marktpositie op lange termijn. Het nut van oude talen, geschiedenis, zuivere wiskunde en theoretische natuurkunde wordt genegeerd en zelfs ontkend, omdat deze vakken geen perspectief op markttransacties bieden die een boekhoudkundige calculatie van kosten en opbrengsten behelzen.

De crisis in het onderwijs is breder en dieper. Het inzicht dat onderwijs beoogt de verscheidenheid in aanleg van mensen voor een pluriform patroon van bezigheden te onderkennen, te ontwikkelen en perspectief te bieden, is uit het gezichtsveld van de samenleving verdwenen. Een deelverzameling van de bezigheden wordt gevormd door de reguliere inzet van arbeid in het economisch en maatschappelijk leven; van duidelijk omschreven en scherp afgebakende tot frivole, artistieke beroepen. Een krimpende deelverzameling omvat activiteiten die geen ander oogmerk kennen dan onderzoek om het onderzoek, kennis om de kennis, de zoektocht naar de waarheid om de waarheid en het verkennen van het universele om het universele.

Nu de Nederlandse samenleving het onderwijsproces heeft herleid tot de puntverzameling van het meetbare resultaat, het financiële rendement, wordt niet alleen het onderwijs miskend als voertuig voor de overdracht van cultuur van generatie op generatie en van heinde en ver, maar worden cohorten leerlingen opgevat als kapitaalgoederen waarin wordt geïnvesteerd met het oogmerk van geldelijk gewin, terwijl de ontvangers van het onderwijs een consumptiegoed meenden te verwerven dat de hele wereld voor hen opent. Niet het ontwikkelen van aanleg en evenmin het bevorderen van belangstelling staan voorop, doch het africhten van de schoolbevolking ten behoeve van de markten van goederen en diensten. Het is al planning wat de klok slaat. Planning voor de routine, het voorzienbare, het zekere, het risicomijdende, het toepasbare en bovenal het calculeerbare, door beheerders zonder hart voor het onderwijs. Niets wordt aan het toeval overgelaten, terwijl al het ontluikende aan het toeval ontspruit. Er wordt getoetst tot de dood erop volgt. Chaos als aanjager van wanorde, het onvoorzienbare, het creatieve, het onzekere, het risicodragende, het nutteloze en het onmeetbare is uitgebannen. Het klimaat voor mooie bloemen, vruchten van geest, hart en intellect, is verworden tot de vrieskou van de smeltende polen.

Het sluitstuk van de verloedering van het Nederlandse voortgezet onderwijs is het nieuwe leren. Een verzamelnaam voor allerlei varianten van een sociale werkplaats, die de plaats inneemt van onderwijs waarbij het overdragen van kennis en cultuur centraal staat. Het nieuwe leren als sociale werkplaats kent geen lokalen, geen lessen, geen leerkrachten, geen proefwerken en geen examens meer. De docenten, die nooit leraren zijn geweest, bevolken de sociale werkplaatsen als begeleiders van leerlingen die elk uur van de dag hun eigen impulsen mogen volgen. Voor de begeleiders, die zelf niet zijn opgeleid om lessen wiskunde, Frans, Latijn, scheikunde of biologie te geven, is het nieuwe leren een uitkomst. Vakkennis is een belemmering voor het dagelijkse, vrijblijvende verkeer met leerlingen. Geen wonder dat in snel tempo de zwakste scholen, met de zwakste leerlingen en de zwakste leerkrachten, achter het nieuwe leren aanhobbelen. De onderwijsdeskundigen uit de jaren zeventig zien in deze formule de reddingsboei voor het overleven van de overleefde organisatie. Deze sociale werkplaats heeft niet de toekomst, doch belichaamt de afronding van een ontwikkeling die is begonnen met het misbaksel van de middenschool van Van Kemenade uit de jaren zeventig.

De desastreuze ontwikkeling in het voortgezet onderwijs wordt onderkend. Er wordt gewerkt aan verbetering van de architectuur door de grootschaligheid aan banden te leggen en te verminderen, universitaire vakinhoudelijke lerarenopleidingen in ere te herstellen, de lumpsumfinanciering te voorzien van meer toezicht van de inspectie van het onderwijs en beter te letten op kwaliteit en effectiviteit en door de werking van de perverse prikkels te beteugelen. Er is nog een lange weg te gaan, omdat het in toenemende mate ontbreekt aan vakbekwame docenten op alle niveaus.

Inhumane jeugdzorg

Niet alleen het onderwijs wordt getroffen door een destructieve architectuur. Het inhumane karakter van de jeugdzorg hangt evenzeer samen met perverse financiële prikkels, grootschaligheid en overtollige managementlagen.

De overheid stelt aanzienlijke bedragen beschikbaar voor kinderen die uit huis worden geplaatst. Deze bedragen worden snel hoger indien feitelijk of vermeend sprake is van complicaties. Instellingen als Jeugdzorg Amsterdam, Jeugdzorg Utrecht, Jeugdzorg Arnhem, Jeugdzorg Rotterdam, de Raad voor de Kinderbescherming, het Leger des Heils, Stichtingen ten behoeve van pleeggezinnen en maatschappen van uiteenlopende psychologische deskundigen hebben grote financiële belangen bij het onder hun hoede plaatsen van kinderen, waaraan zij werkgelegenheid ontlenen. De trajecten die worden bewandeld gaan niet uit van de belangen van de kinderen en hun ouders. Er is sprake van inhumanisering omdat de kinderen de lucratieve speelbal zijn van financiële transacties.

Op de werkvloer van de jeugdzorg gaat dit gepaard met hartverscheurende taferelen. Kinderen die onverhoeds en in het geheim uit school en uit hun vertrouwde omgeving worden weggehaald, naar een geheime schuilplaats worden gebracht waar zij vreemde pleegouders ontmoeten, hun eigen moeder nauwelijks zien en verstoten zijn van vriendjes en familie. Deze mensonterende situatie is niet alleen het gevolg van kwaadaardig gedrag van managers in de jeugdzorg en de gezinsvoogden en teammanagers op de werkvloer. Een dieper liggende oorzaak voor inhumanisering schuilt in toenemende specialisatie, fragmentatie en verkokering die onze samenleving kenmerkt. Ook de jeugdzorg staat bol van specialisten, die ieder een eigen beperkt terrein beheren. Van overzicht, een integrale visie, laat staan van samenwerken en coördinatie is geen sprake. Ketens worden langer, het verband met dienstbetoon aan patiënten, studenten en hulpbehoevende ouderen en jongeren raakt uit zicht, de schakels in de keten hangen als los zand aan elkaar. Voor deze ontwikkeling is niemand verantwoordelijk. Niettemin moet worden vastgesteld dat per saldo in de jeugdzorg sprake is van geestelijke kindermishandeling, die zich aan het publieke oog onttrekt omdat het wangedrag zich in de sfeer van de privacy afspeelt.

Daarom is de vraagstelling dringend of de destructieve architectuur in de jeugdzorg wordt omgebogen in een constructieve richting. Aan de hand van de inzichten van mechanism design is een positief antwoord mogelijk.

Onderdelen van een humane architectuur zijn het bevorderen van transparantie, het vervangen van perverse, financiële prikkels door positieve, op het belang van de kinderen gerichte prikkels, het verminderen van de grootschaligheid, het benutten van informatica met het oog op interactie tussen de schakels in de keten, het verminderen van het aantal managers in de beleidssfeer ten gunste van medewerkers op de werkvloer met hart voor de zaak, met oog voor het welbevinden van de kinderen. Een dergelijke beweging maakt een einde aan de inhumane behandeling van kinderen en hun ouders en bevordert de arbeidsvreugde op de werkvloer.

Karakteristieken

Mechanism design kent enkele belangrijke karakteristieken. De eerste is dat het ontwikkelen van nieuwe instituties om allocatie tot stand te brengen buiten de markt om, aanknoopt bij de voorkeuren van de individuen. De gegeven voorbeelden illustreren dit. Bij het verdelen van de taart kiezen de meeste kinderen voor het ontwerp waarbij zij zonder ruzie tot een verdeling komen. De vraag is telkens of een prikkel wordt bedacht die deze uitkomst bewerkstelligt.

Bij het verdelen van leerlingen van de basisscholen over scholen voor voortgezet onderwijs en van aanbieders van nieren over patiënten die een nier nodig hebben buiten de markt om, staan de leerlingen en de patiënten centraal. Als deze allocatie door een marktmechanisme wordt opgelost, worden prijzen gehanteerd die afzien van de wensen van de mensen. Wanneer de werking van de markt door de samenleving niet eerlijk wordt gevonden, komt de vraag op naar een andere methode om de allocatie tot stand te brengen. Mechanism design komt dan in beeld. In beide gevallen wordt nauwkeurig gekeken naar de wensen van de direct betrokkenen en in tweede instantie naar de andere spelers in het spel. In het ene geval leerlingen en scholen, in het andere patiënten en aanbieders van nieren. Voor het tot stand brengen van een stabiele matching is informatie nodig van wensen en mogelijkheden. Die informatie is belichaamd in leerlingen (en hun ouders) en patiënten en verder is kennis van belang over de mogelijkheden van de scholen en het aanbod van mensen die nieren afstaan. In die zin is de aanpak via mechanism design humaner dan via de markt, omdat dichter bij de mensen om wie het gaat, wordt aangesloten. De architectuur die wordt ontworpen is erop gericht een precies beeld te krijgen van voorkeuren van alle betrokkenen. Dat is nodig omdat anders geen oplossing resulteert met de eigenschap dat niemand wil ruilen, wanneer de allocatie wordt voorgelegd. De optimale oplossing houdt in dat er een toestand van rust ontstaat. Gegeven de beperkte capaciteit van de scholen worden de leerlingen op grond van hun wensen zo goed mogelijk over de scholen verdeeld. Dat is bij loten niet het geval.

Het boven tafel brengen van de goede informatie voor de oplossing van het allocatievraagstuk is een belangrijk aspect van mechanism design. Het zoeken naar een effectieve prikkel om daarmee om te gaan is vervolgens de intellectuele opgave. Een verzekeringsmaatschappij die autoverzekeringen aanbiedt, heeft geen informatie over het rijgedrag van de individuele autobezitters. Het aanbieden van een architectuur met een verplicht eigen risico ontmoedigt het roekeloos rijden en de verzekeringsmaatschappij krijgt indirecte informatie over het rijgedrag van de verzekerden.

Bij het ontwerpen van de geschikte architectuur om maatschappelijke doelen te verwezenlijken buiten de markt om door de allocatie daartoe te stroomlijnen, wordt een beroep gedaan op de inzichten van de speltheorie. Het gaat niet zozeer om het verklaren van gedrag in uiteenlopende situaties, maar om het zodanig inrichten van een spel dat de subjecten door geschikte prikkels beslissingen nemen die de beoogde maatschappelijke uitkomst opleveren. Het spel heeft dan geen verklarend, maar een normatief karakter. Als het maatschappelijk doel is minder vervuilen, dan worden mannen door middel van het zwarte vliegje in een spelsituatie geplaatst, waarbij zij nog steeds de strategie kunnen kiezen buiten de pot te plassen. De keuze van de prikkel is voor de mannen een strategie waarbij hun calculatie van voor- en nadelen uit hun individuele oogpunt gunstiger uitpakt dan bij de andere strategie. Wij hebben een architectuur te pakken die samenleving en individu op één lijn brengt.

De wereldwijde organisatie van het toezicht op banken en andere financiële instellingen is een voorbeeld van een mondiaal vraagstuk, waarbij de denkbeelden van mechanism design een positieve rol kunnen spelen. Tot zover is dat niet het geval. Er wordt volhard in het spoor van voortschrijdende regelgeving, sancties, procedures, gedragscodes en hardnekkige handhaving. Men hobbelt van incident naar incident en zet het ontwerpen van een overkoepelende architectuur niet op de agenda. Zodoende komt de hoofdvraag 'Voor wie doen we dit?' niet aan de orde. Mechanism design noopt daartoe en verwijst naar het specificeren van de mensen van nu, van straks en waar ook ter wereld om vervolgens architectuur te ontwerpen die aanknoopt bij de voorkeuren van mensen zonder daarin intrinsiek verandering te brengen, doch deze in het maatschappelijk verkeer constructief te verwerken. Van de ambitie van gedragseconomen, die motieven, drijfveren en emoties willen beïnvloeden, wordt afstand genomen door te laten zien dat negatieve gedragingen van mensen onnodig worden uitgelokt door destructieve architectuur. In Nederland worden op Schiphol luchtreizigers opgevangen door ze in dikke rijen naar twee loketten van de paspoortcontrole te dirigeren. Op de luchthaven van New York is de architectuur een andere. Daardoor gedragen de aankomende luchtreizigers zich alsof zij zonder morren in de rij kunnen staan, zonder duw- en trekwerk en zonder irritatie, als mensen van goede wil, dankzij de inzichten van de economische theorie van mechanism design.

Een imposante uitwerking van constructieve architectuur, die naadloos aansluit bij de denkbeelden van dit boek, is het wereldwijd tot stand brengen van een circulaire of kringloopeconomie. Dit innovatieve economische en maatschappelijke ontwerp wordt aangezwengeld door het opraken van belangrijke grondstoffen en het ophopen van afvalstromen in de traditionele productiewijze. Wij zijn gewend aan een rechtlijnige samenhang tussen de inzet van productiefactoren, waaronder grondstoffen en stromen goederen en diensten, vergezeld van afval. Een circulaire economie belichaamt de werkwijze de productieprocessen vanaf het begin zo in te richten dat grondstoffen worden hergebruikt en afval wordt vermeden door inventieve aanwendingen in dezelfde productieprocessen of in andere sectoren van de economie. Het onderkennen van een economisch proces als een kringloop sluit aan bij het denken van David Ricardo (1772-1823), Karl Marx (1818-1883) en Piero Sraffa (1898-1983). Voor deze grootmeesters zijn consumptiegoederen geen finale goederen, maar *input* voor de reproductie van arbeid en een nieuwe productieronde.

Philips verkoopt niet langer verlichting als een product, maar als een dienst. Philips draagt zorg voor verlichting en onderhoud daarvan, behoudt de eigendom van de fysieke objecten en hergebruikt na verloop van tijd de onderdelen. De Nederlandse architect Thomas Rau lanceerde het idee van het overhevelen van het gebruik van nieuwe gebouwen en niet de eigendom, zodat onderhoud in handen van de aannemer blijft en de bouw vooruitloopt op het einde van de gebruiksperiode door de huurder, waarna onderdelen voor hergebruik in aanmerking komen.

Zo beschouwd reikt de economische wetenschap indrukwekkende bouwstenen aan voor het humaniseren van de wereld. Bouwstenen voor één wereld vol verscheidenheid met ruimte voor iedereen en met meer perspectief op een andere inhoud dan die van het verleden.

Literatuur

Botticini, M. en Eckstein, Z. (2012), *The Chosen Few, How Education Shaped Jewish History, 70-1492*, Princeton en Oxford, Princeton University Press.

Chiodi, G. en Ditta, L. (2008), redactie, *Sraffa or An Alternative Economics*, Houndmills, Palgrave.

Dixit, A. Skeath, S. en Reiter, D. (2009), *Games of Strategy*, New York, Norton.

Europese Unie (2003), *Geconsolideerde Verdragen*, Luxemburg, Europese Gemeenschappen.

Georgescu-Roegen, N. (1986), Man and Production in *Foundations of Economics*, Oxford, Basis Blackwell.

Heertje, A. (1964). *Economie, wetenschap en kunst*, Leiden, H.E. Stenfert Kroese.

Heertje, A. (1973), *Economie en Technische Ontwikkeling*, Leiden, H. E. Stenfest Kroese.

Heertje, A. (1977), *Economics and Technical Change*, Londen, Weidenfeld and Nicholson.

Heertje, A. (1979), *Économie et Progrès Technique*, Parijs, Aubier.

Heertje, A., redactie, (1981), *Schumpeter's Vision, Capitalism, Socialism and Democracy after 40 years*, Eastbourne, Praeger Publishers.

Heertje, A. (1984), *Economie Y Progresso Technico*, Mexico, Fondo de Cultura Economica.

Heertje, A. (1994), *Koersen op kwaliteit*, Amsterdam, Amsterdam University Press.

Heertje, A. (1999), *Mien, je kunt toch nieuwe bakken*, afscheidscollege juridische faculteit, Universiteit van Amsterdam.

Heertje, A. (2006), *Echte Economie*, Nijmegen, Valkhof Pers.

Heertje, A. (2006), *Het was niet de bedoeling*, Amsterdam, afscheidscollege economische faculteit, Universiteit van Amsterdam.

Heertje, A. (2006), *Schumpeter on the Economics of Innovation and the Development of Capitalism*, onder redactie van Jan Middendorp, Cheltenham, Edward Elgar.

Heertje, A. (2008), *Economie in een notendop*, achtste druk, Amsterdam, Prometheus.

Heertje, A. (2014), Essay over consumentenwelvaart in ruime zin, in Dossier Consumentenwelvaart als beleidsdoelstelling, *Economisch-Statistische Berichten*.

Hennipman, P. (1945), *Economisch Motief en Economisch Principe*, Amsterdam, Noord-Hollandsche Uitgeversmaatschappij.

Hennipman, P. (1966), *De taak van de mededingingspolitiek*, Haarlem, De Erven Bohn.

Hennipman, P. (1995), *Welfare Economics and the Theory of Economic Policy*, Aldershot, Edward Elgar.

Hueting, R. (1974), *Nieuwe schaarste en economische groei*, Amsterdam, Agon Elsevier.

Hurwicz, L. en Reiter, S. (2006), *Designing Economic Mechanisms*, Cambridge, Cambridge University Press.

Hurwicz, L. (2008), But Who Will Guard the Guardians? *The American Economic Review*, blz. 577-585.

Jackson, M.O. (2013), Economic Engineering and the Design of Matching Markets: The Contribution of Alvin Roth, *The Scandinavian Journal of Economics*.

Kahneman, D. en Tversky, A. (1979), Prospect Theory: An Analysis of Decision under Risk, *Econometrica*.

Kahneman, D. (2012), *Thinking Fast and Slow*, New York, Farrar, Straus and Giroux.

Keilson, H. (1933), *Das leben geht weiter*, Berlijn, S. Fischer.

Keynes, J.M. (1936), *The General Theory of Employment, Interest and Money*, Londen, MacMillan and Co.

Krop, H. (2014), *Spinoza, Een paradoxale icoon van Nederland*, Amsterdam, Prometheus·Bert Bakker.

Lancaster, K. (1970), *Vanity, Equity and Efficiency*, Oxford, Basel Blackwell.

Lancaster, K. (1991), *Modern Consumer Theory*, Aldershot, Edward Elgar.

Leontief, W. (1950), Joseph A. Schumpeter (1883-1950), *Econometrica*.

Lucas, R.E. (1988), On the Mechanics of Economic Development, *Journal of Monetary Economics*.

Malthus, T.R. (1798), *An Essay on the Principle of Population*, Londen, J. Johnson.

Marx, K. (1867), *Das Kapital*, Hamburg, Otto Meissner Verlag.

Maskin, E.S. (2008), Mechanism Design. How to Implement Social Goals, *The American Economic Review*, blz. 367-576.

Mill, J.S. (1848), *Principles of Political Economy with some of their applications to social philosophy*, Londen, John W. Parker.

Motta, M. (2004), *Competition Policy, Theory and Practice*, Cambridge, Cambridge University Press.

Myerson, R.B. (2008), Perspectives on Mechanism Design in Economic Theory, *The American Economic Review*, blz. 586-603.

Pasinetti, L. (1981), *Structural Change and Economic Growth*, Cambridge, Cambridge University Press.

Piketty, T. (2014), *Le capital au XXIe siècle*, Paris, Edition du Seuil.

Reich, R.B. (2007), *Superkapitalisme*, Amsterdam, Business Contact.

Ricardo, D. (1817), *On the Principles of Political Economy, and Taxation*, Londen, John Murray.

Romer, P.M. (1986), Increasing Returns and Long-Run Growth, *Journal of Political Economy*.

Romer, P.M. (1990), Endogeneous Technological Change, *Journal of Political Economy*.

Say, J.B. (1803), *Traité d'Economie Politique*, deel I en II, Parijs, Deterville.

Schumpeter, J. (1908), *Das Wesen und der Hauptinhalt der theoretischen Nationalökonomie*, Leipzig, Duncker und Humblot.

Skidelsky, R. (2009), *Keynes. The Return of the Master*, New York, Public Affairs.

Smith, A. (1776), *An Inquiry into the Nature and Causes of the Wealth of Nations*, delen I en II, Londen, Strahan and Cadell.

Smith, A. ((1784), *An Inquiry into the Nature and Causes of the Wealth of Nations*, deel II, Londen, Strahan and Cadell.

Solow, R.M. (1956), A Contribution to the Theory of Economic Growth, *The Quarterly Journal of Economics*.

Spinoza, B. de (1670), Tractatus theologico-politicus, Hamburg, Henricus Künrath, Amsterdam.

Sraffa, P. (1951, 1973), *The Works and Correspondence of David Ricardo*,

Cambridge, Cambridge University Press.
Van Sinderen, J. en Kemp, R. (2008), Zonder mededinging vaart niemand wel: consument en producent in *Trust en antitrust*, Rotterdam 2008.
Stiglitz, J.E. (1989), *The Economic Role of the State*, onder redactie van Arnold Heertje, Southampton, Camelot Press.
Stiglitz, J.E. (2010), *Free Fall, America, Free Markets, and the Sinking of the World Economy*, New York, Norton Company.
Stiglitz, J.E. (2012), *The Price of Inequality*, New York, Norton and Company.
Tinbergen, J. (1929), *Minimumproblemen in de Natuurkunde en de Economie*, Amsterdam, H.J. Paris.
Tinbergen, J. (1943), *Economische Bewegingsleer*, Amsterdam, Noordhollandsche Uitgevers Maatschappij.
Tinbergen, J. (1953), *On the Theory of Economic Policy*, Amsterdam, North-Holland Publishing Company.

Namenregister

Andriessen, Jacobus Eye 250

Bergcijk, Peter van 10
Berkum, P.P. van 303
Black, Fischer 163
Bos, Wouter 189
Bovenberg, Lans 132
Brundtland, Gro Harlem 218

Coase, Ronald Harry 103, 226

Delfgauw, G.Th.J. 304
Dieren, Wouter van 215
Draghi, Mario 71, 170
Duisenberg, Wim 170, 173

Eherenfest, Paul 311
Einstein, Albert 223

Fisher, Irving 147-148
Friedman, Milton 148-149, 151
Frijda, Herman 302-303
Frisch, Ragnar 313

Geest, Laura van 42, 111
Georgescu-Roegen, Nicholas 241
Gerritsen, Erik 11
Gogh, Vincent van 320
Gossen, Hermann Heinrich 71

Gotlieb, Arthur 11

Heemskerk, Frank 263
Hennipman, Pieter 21, 246, 249, 302-311
Hirsi Ali, Ayaan 220
Holtrop, Marius Wilhelm 151
Hoogduin, Lex 12
Hueting, Roefie 242-243
Hurwicz, Leonid 326

Jackson, Matthew 248

Kahneman, Daniel 248-249
Kan, Wim 240
Keesing, F.A.G. 302-304
Kemenade, Jos van 335
Kemp, Ron 262
Keynes, John Maynard 198, 203, 206-210, 293, 295-296, 303, 313-314
Keynes, John Neville 296
Knot, Klaas 169
Kreukniet, P.B. 303
Kroes, Neelie 235-236, 259
Kuin, Pieter 303

Lagarde, Christine 111
Lam, Esther 11

Limperg, Théodore (junior) 302
Losecaat Vermeer, P.A.J. 302
Lucas, Robert 214

Malthus, Thomas Robert 213, 215, 293-294
Marx, Karl 46, 213, 293, 295-302
Maskin, Eric 326
Merkel, Angela 111
Mill, James 294
Mill, John Stuart 293-294
Motta, Massimo 261-262
Mountbatten-Windsor, Anne (prinses van Engeland) 293
Mundell, Robert 170
Myerson, Roger 326

Nixon, Richard 168

Palsma, Peter 11
Pareto, Vilfredo 32, 230
Pasinetti, Luigi 239
Pechtold, Alexander 73
Philips, Frits 295
Philips, Lion 295
Piketty, Thomas 302
Posthumus, Nicolaas Wilhelmus 302

Rau, Thomas 340
Ricardo, David 213, 239, 293-294
Rijn, Rembrandt van 239, 320
Romer, Paul 214
Roth, Alvin 26, 247, 326, 328
Rutte, Mark 73

Salomo (koning) 329
Samsom, Diederik 73
Say, Jean-Baptiste 293-294
Scholes, Myron 163
Schumpeter, Joseph 158, 293, 295-296
Sinderen, Jarig van 262
Smith, Adam 31, 59, 213, 235, 293
Solow, Robert 214
Spinoza, Baruch 9, 247
Sraffa, Piero 340
Stiglitz, Joseph 265, 302

Taylor, Harriët 294
Teulings, Coen 42
Tinbergen, Jan 42, 293, 302, 308, 311-316
Tversky, Amos 248

Vermeend, Willem 189
Vleeschhouwer, Juda Elisa 144
Vonk, Corry 240
Vos, Hein 314

Waal, Lodewijk de 250
Wijers, Hans 235, 250, 257, 329
Willem-Alexander (koning) 56, 73
Woldring, Ben 115
Wolff, Piet de 42

Yellen, Janet 111

Zalm, Gerrit 189, 196
Zijlstra, Jelle 151

Zakenregister

18 uurseconomie 252
24 uurseconomie 11, 112, 132, 235, 250-255, 257-258, 320

aanbod van arbeid 114, 116, 119
aanbodkant van de economie 120, 206, 209
aandeel 79-80, 82-84, 87, 95, 105, 126, 145, 147, 155-156, 158, 161-167, 174, 189, 259, 267, 279
ABN Amro 121, 141, 157, 171-172
academische vakinhoudelijke opleiding 330
accumulatie 124, 298-301
accumulatiegraad 124
ACS-landen 289
actief milieubeleid 244
actieve kassen 145-146
activaprijskanalen 173-174
ad valorem-invoerrechten 271-272
afgeleide producten 163
aflossingen 147, 195
afroompolitiek 87-88
agrarische producten 99
Ahold 84, 163
AKZO 82, 84
allocatie 23, 26, 28, 32, 39, 89, 92, 113, 185, 218, 222, 228, 230-238, 246-252, 260, 309, 320, 326, 328-329, 336-339
allocatie buiten de markt om 26, 28, 233, 326, 328, 336-337
allocatiefunctie 89, 184
allocatietheorie 27, 228, 337
'alsof'-eigenschappen 325
'alsof'-gedrag 325
Amazon.com 67, 167, 192
ambachtsbedrijven 75
Amsterdam Exchange (AEX) 164, 166-167
anticyclische begrotingspolitiek 199
AOW-leeftijd 127
arbeid als consumptiegoed 113, 238, 249, 252
arbeidsintensieve producten 265
arbeidskostenbeleid 216
arbeidsmarkt 21, 33, 42, 109-110, 114, 117-119, 122, 125, 127-128, 132, 153, 158, 170, 201, 205, 212, 215, 217, 255, 258, 275
arbeidsmarktbeleid 125, 127
arbeidsverdeling 75-76, 134, 272, 287, 297-298, 300-301, 316
arbeidsvreugde 111-112, 144, 256, 333

architectuur 11, 28, 32, 177, 320-321, 325, 327-330, 335-340
armoede 288, 322
aspectwetenschap 45, 246
associatieverdragen 277, 290
automatisering 130, 212
Autoriteit Consument en Markt 84, 102, 176
Autoriteit Financiële Markten (AFM) 176-177

bankbalans 140-142
bankkredietkanaal 173-174
Bear Stearns 156
bedrijfseconomie 40-41, 302
bedrijfskolom 76-77, 104
bedrijfstak 31, 40, 76, 81-82, 84, 104, 117, 124, 271-272, 276, 300
beginsel van de bevoorrechte verkrijging 187
beginsel van de maximale realisatie 187, 189
beginsel van de minste pijn 187, 189
begroting 36, 150, 169-170, 179, 185, 194-198, 209-210, 278, 289
begrotingsbeleid 151, 179, 196, 198
behoedzaam begrotingsbeleid 196
belastingen 20, 35, 38, 85, 98, 151, 181-182, 185-188, 190-192, 198-199, 203, 208, 216, 274
belastingpolitiek 276
belastingtarieven 126, 189-190, 206, 296
beleggen 145-146, 159-162, 166, 173, 178, 267
besloten vennootschap 78-79, 191
Besluit Luchtkwaliteit 233

betalingsbalans 158, 179, 265-266, 268-269, 279-280, 286, 316
betalingsverkeer 15, 138-139, 168-169, 179-180, 274, 279
Betuwelijn 182, 193, 216, 318-319
bevolkingsgroei 195, 211, 215, 219, 289
bijstandskrediet 280
bilaterale hulp 288
boekenmarkt 323
box 1 189-190
box 2 189
box 3 189-190
bredere duurzame economische ontwikkeling 321
Bretton Woods 137, 168, 265, 279
broeikaseffect 216, 218-219
Brundtland-rapport 218
bruto binnenlands product (bbp) 20, 25, 40, 42, 145, 148-149, 158, 169, 187-188, 195, 197-198, 201, 203, 205, 207-208, 210-211, 247, 279, 283, 285, 287, 288
budgetrecht 179, 194

callopties 164-165
Cancun 282
CAO's 117, 128
Centraal Bureau voor de Statistiek 50, 71, 109, 200-201, 266
Centraal Planbureau 42-43, 111, 194, 314-315
chartaal geld 138, 141, 143
chartale geldomloop 143
Chicago Board Options Exchange 163
chippen 138
circulatiebank 136-139
circulaire economie 340
Club van Rome 215

coalitie 57, 322
coalitiebesprekingen 57
Coase-theorema 103, 226-227
collectieve dwang 129
collectieve goederen 30, 37, 185, 325
collectieve lasten 187, 190-191
collectieve sector 34-36, 187, 192
Colportagewet 66
commanditaire vennoot-
  schap 78-79
commerciële economie 41
compensatietheorie 122-124, 300
compensatoire financieringsfaciliteit 280
compenserende werkgelegen
  heid 122
computer(s) 41, 48, 108, 111-112,
  130-131, 139, 319
concentratie 81-82, 183, 218, 296,
  299-301, 333
concerns 83
congestievraagstuk 320
conjuncturele werkloosheid 120,
  126, 186, 206-208
conjunctuur 120, 150, 177, 199,
  313-314
constante kapitaal 296, 298-300
Consumentenbond 65-66
Consumentengids 65
consumentenprijsindex 70-71
consumentensoevereiniteit 33,
  248-249
consumentensurplus 262
consumentenwelvaart 211, 246-
  250, 258-262, 321
convergentietheorie 316
coöperatieve vereniging 78-79
coördinatiemechanisme 129
corporate image 87
'creative destruction' 158, 296

cultuur 26, 158, 194, 235, 245-246,
  254-255, 271, 284, 318, 320-321,
  334-335

DBC-systeem 11
debt servicing (rente en aflossing) 195-196, 269, 285, 288
deelmarkten van arbeid 117
deflatie 146-147, 151-153
Deltawerken 22, 37
dekkingsgraad 178
dekkingspercentage 266
democratie 32-33, 56
derivaten 161, 163, 165, 232
destructieve architectuur 330, 339
deviezenrekening 266, 268
deviezenvoorraad 265, 280
dienstenrekening 266-267
differentiatie 77, 86, 91-94, 96
dilemma van de gevangenen 61-62
direct marketing 323
directe belastingen 187, 190
distributiebeleid 85-86, 323
dividenduitkeringen 161
doelbewuste architectuur 325
Doha Ontwikkelingsagenda 282
Doha-ronde 282
dominante strategie 60-62, 129
douane-unie 273-274
draagkrachtbeginsel 187-188
duurzame consumptiegoede-
  ren 17, 64, 69, 205
duurzame goederen 64

ECB 143, 149-150, 153-154, 157, 169-
  174, 179-180, 210
econometrie 312
economische groei 20, 154, 196,
  199, 211-212, 214, 218, 242-244,
  269, 275, 284-285, 317, 321

economische orde 33, 232, 308, 315-316
economische unie 273-274, 279
economische wetenschap 9, 18-19, 21-23, 25-30, 41-46, 59, 62, 213, 228-229, 231, 235-236, 239, 246-247, 293-294, 304, 307-308, 311, 313, 325, 338
ecotaks 190
eenmanszaak 78
Eerste Kamer 55
Eerste Wet van Gossen 71
effectieve prikkel 337
emissierechten 227-228
EMU 168-170, 197, 275
EMU-schuldquote 197
EMU-tekort 198
endogene factoren 122
endogene groeitheorie 214
energie-intensieve producten 265
etherfrequenties 291
euro 24-25, 37, 40, 70-71, 98, 134, 137-140, 154, 168-173, 179-180, 197, 265, 277, 291, 293-296
European Options Exchange (EOE) 163
Europese Centrale Bank (ECB) 71, 138, 141, 157, 168-169
Europese Commissie 179, 236, 259, 261, 275, 277-279
Europese Economische Gemeenschap (EEG) 276
Europese eenwording 274
Europese Gemeenschap voor Atoomenergie (Euratom) 276
Europese Hof van Justitie 278
Europese markt 83, 235
Europese mededingingsbeleid 229, 236, 259-261
Europese Monetaire Fonds (EMF) 168
Europese Monetaire Unie (EMU) 168-170, 197, 275
Europese Parlement 277-278
Europese Raad 278
Europese regelgeving 233, 259
Europese Unie (EU) 58, 94, 99, 148, 150, 168-169, 179, 197, 217, 264, 267, 272-279, 281, 283, 286, 289-290
evenwicht 30-32, 60, 62, 91, 97-98, 100, 123-124, 129, 146, 169, 185-186, 207, 209, 215, 222, 258, 268, 280, 289, 296, 302-303, 311, 315
exogene factoren 122, 214
exportdiversificatie 270-271, 286
exportsubsidies 271-272, 281, 286
externe arbeidsverdeling 75
externe effecten 89, 103, 226-227
externe groei 83
externe welvaartseffecten 232
Exxon 85

Fannie Mae 156
financiële crisis 9, 44, 68, 72, 112, 127, 152, 160, 170, 176, 179, 195, 264
financieringsbehoefte 195
financieringstekort 195-196, 198
formeel evenwicht 268
formele inhoud van het welvaartsbegrip 18, 310
Fortis Bank 157
franchising 83
Freddie Mac 156
frictiewerkloosheid 128, 205
functies van de overheid 184
functies van het geld 133, 149
fundamenteel evenwicht 268
fusie 81-84, 121, 175-176, 262, 333

Gatcombe-park 293
GATT 280-281
GATT-onderhandelingen 283
geavanceerde wiskundige methoden 311
geldgroeiregel 149-150
geldhoeveelheid 139-141, 143, 145-149, 171
geldmarkt 144, 156-157, 159, 171-173
geldscheppende banken 140, 150
geldscheppende instellingen 141
geldschepping 139-140, 143-144, 146 147, 149, 151, 155, 175, 210
geldstroom 25, 144, 146-147, 171, 199, 321, 330
geldtheorie 145, 310
geldtransactiekosten 178
gemeenschappelijke markt 127, 274-276, 289
General Motors 85
geregistreerde werkloosheid 119
geschoolde arbeid 110
gezondheidszorg 11, 36, 78
giraal 139-140, 179
giraal geld 133, 141, 143
global reserve system 265
globalisering 224, 251, 255, 290
goederenrekening 266
goederenstroom 147, 184
gouden standaard 136-137
goudkernstandaard 136-137
goudsmeden 136-137, 139
grensnut 71-72
groei van het management 333
groei van een onderneming 80, 85
groeibeleid 215-217
groeimodel van Robert Solow 214
groeitheorie 213-215, 297

Groene Hart 24, 318
groepsbelangen 57-58
groepswelvaart 26, 228
grootindustrie 297-298
grootschalige samenwerking 322
grootschaligheid 258, 333, 335
grote scholengemeenschappen 330-331, 333

handarbeid 110
handelsbalans 266-267
harde infrastructuur 216, 320-321
harde valuta 265
historische gebouwen 26, 243, 319
Hof van Justitie 277-279
homo economicus 23-24
hongersnood 322
hoofdarbeid 110
HSL 318
humaan alternatief 326
humanere samenleving 325
humanisering 17-18, 23, 28

IBM 85, 167
identificatiepostulaat 237
inactieve kassen 145-146
indexcijfers 69-70, 153, 270
indifferent evenwicht 207
indirecte belastingen 187, 190, 274
individuele belangen 31, 57-59
individuele welvaart 26, 181, 183, 228
inelastisch 99-101
infant-industry-argument 270-271
inflatie 71, 146-154, 169, 171, 173, 178, 197, 205, 289
informatica 88, 110, 130-131, 144, 324
informatiegoederen 105-108

informatiekosten 89, 227, 290
informatietechnologie 38, 51, 53, 67, 74, 86, 88, 104, 106, 121, 128, 130-131, 138, 159, 186, 213, 217, 225, 232, 256, 260, 290, 320, 323
informele economie 109, 200-201
inkomensrekening 266-267
inkomenssubsidie 101
inkomensverdeling 125, 184-185, 188, 229, 231, 248-249, 308, 314, 316
inkomensverhoudingen 188, 302
innovatie 96, 102, 121, 153, 159, 209, 213, 221, 230, 260-262, 295, 302, 322
integratie 76-77, 168, 170, 179, 319
International Development Association (IDA) 280
Internationale Monetaire Fonds (IMF) 111, 265, 279-280, 288
interne groei 80
interne markt 275
intrinsieke waarde 135-136, 139
invoerrechten 267, 271-273, 281, 286
invoerquota 281

jeugdzorg 10-11, 199, 248, 330, 336-337

Kamer van Koophandel 69
kapitaal 14, 85, 123-125, 161, 173, 190, 193, 211-214, 274-275, 277, 280, 296-300, 314
kapitaalintensieve producten 265
kapitaalmarkt 159, 195, 280
kapitaalrekening 266-268
kapitaaluitvoer 267
kapitalisme 46, 295-297, 301, 315
kasbasis 266

kennisintensieve producten 265
keynesiaanse theorie 203, 209-210
klassieke economie 31
klimaatdreiging 218, 247, 322
Koos Clinton-debat 250
kopen op afbetaling 68-69
kosten-batenanalyse
kosteninflatie 150-151, 154
kostprijsverhogende belasting 98, 100-101, 187
koud buffet 52, 61, 327
kredietcrisis 12, 133, 144, 152, 154-157, 167, 176, 178, 199, 203
kringloopeconomie 340
kunst 13, 44-46

landbouwpolitiek 276
lastenverlichting 217
leefbare samenleving 319
Lehman Brothers 156
loononderhandelingen 71, 128
lopende rekening 266, 268
Lorenz-curve 82
luchtkwaliteit 232-233
lumpsumfinanciering 330, 335
luxegoederen 64, 188, 256

maatschappelijke geldhoeveelheid 139-141, 143, 145-146
maatschappelijke welvaartsfunctie 229
macro-economie 39-40, 294-295
macro-economische productiefunctie 214
manufactuur 297-298
marketingmix 85, 94, 323
marketingstrategie 74, 107
markt 11, 21-23, 26, 28, 30-34, 36, 42, 51, 54, 62-63, 67-68, 73-76, 81-83, 85-91, 93-99, 102-104,

107-108, 114, 127, 135, 159, 167, 181, 183-184, 206, 224, 227, 232-233, 235, 243, 247, 256, 258, 274-276, 282, 285, 289, 291, 301, 306, 309, 321, 326, 328, 336-337
marktdemocratie 32-33
markteconomie 21
marktregelingen 99
matching 247, 328, 336
maximale winst 90-91, 97, 232
maximumprijs 98
mechanisatie 124, 130, 299-301
mechanism design 11, 28, 324-327, 336-340
mechanisme 21, 32-34, 36, 42, 45, 89, 98, 102-103, 129, 148, 179, 182, 206, 222, 243, 306-309, 326, 328, 336
mededingingspolitiek 211, 259, 310
Mededingingswet 84, 262
meerwaarde 296, 298
meestbegunstigingsclausule 281
menselijk 'kapitaal' (human capital) 211
meso-economie 39-40
methodologisch individualisme 305
micro-economie 39-40, 262
Microsoft 85, 105, 107-108, 167
milieu 16-19, 25-26, 51, 64, 100, 184-185, 213, 215-216, 218-219, 226, 234-235, 238, 244-246, 254, 283, 290, 317-318, 321, 324
milieubeleid 218, 244, 276, 279
milieuheffing 98, 100, 103, 226
milieueffecten 234
milieuschade 242-244
milieuvervuiling 100, 226, 240-241, 243, 322
minimumprijs 99

model 41-42, 45, 123, 297, 300-301, 312
modellen 41-43, 214, 312, 315-316
mondiale financieringscrisis 322
mondiale modellen 316
monetair beleid 150, 169, 171
monetaire deflatie 146-147
monetaire financiering 150
monetaire inflatie 146-147, 151
monetaire politiek 151, 210
monetaire stabiliteit 151
monetaire unie 168, 274-275, 278
monetaristen 148-150
monopolie 39, 91, 95-97, 102, 257
monopolistische concurrentie 91-94, 102
multilateraal kredietsysteem 279
multilaterale hulp 288
multinationals 82, 84-85

naamloze vennootschap 78-79
Nash-evenwicht 60, 62, 129, 249
Nationale Rekeningen 200
natuur 14-15, 18, 20, 22, 24-25, 28, 51, 78, 144, 158, 184, 194, 213, 215-216, 218-219, 234-235, 238-246, 254, 261, 306, 318, 320-321, 324
natuur als consumptiegoed 241
natuurgebieden 14, 25-26, 29, 67, 213, 247, 319
Nederlandsche Bank 11, 137-139, 151, 169, 172, 177, 179, 266
negatieve selectie 103
neoklassieken 206-207, 209
netwerkeconomie 88, 104-105, 115, 251, 253-254, 290, 318, 323
niet-belastingmiddelen 186-187
niet-duurzame goederen 64
niet-geregistreerde werkloosheid 119

niet-reproduceerbare goederen 26, 238-239, 249, 294, 319-321
nieuwe leren 335
nominale waarde 135, 138, 162
non-discriminatiebeginsel 281, 284
non-tarifaire barrières 271
Noord-Zuiddialoog 283
nulgroei 243-244
NZa 11

obligatie 14, 161-164, 166-167, 195, 210
OESO 280, 283-284, 287
officiële reserves 268
officieuze circuit 200-201, 230
oligopolie 91, 93-94, 102
omloopsnelheid 146-147
onderbezetting 120, 126, 207
onderwijsgevend personeel 333
ongedifferentieerde koopkracht 134
ongeschoolde arbeid 110
online winkelen 323
onstoffelijke goederen 64
ontbrekende markt 232
ontduiken van belastingen 191, 200-202
ontduiken van sociale premies 191, 200
ontwikkelingslanden 119, 199, 244, 271, 280, 282-289, 315-316, 322
onvolkomen concurrentie 89, 91, 96, 102
onzichtbare hand 31, 59
onzichtbare verkeer 266
open economie 264
open ruimte 18, 22, 51, 240, 243, 245-246, 254, 318-320, 324

oppotmiddel 133-134, 149
OPTA 84
opties 161, 163-166, 232, 286
optimale economische orde 316
organische samenstelling van het kapitaal 298, 300
oude testament 329
overdrachtsuitgaven 192-193, 195, 197
overheidsbestedingen 192-193, 196, 200, 204, 208
overheidsfinanciën 158, 169, 288-289
overheidsobligaties 163
overname 82-84
overspannen arbeidsmarkt 205
overwerk 119

parallellisatie 77
paretiaanse welvaartstheorie 113, 230-231, 233-234, 236-238, 248-250, 259-262
Pareto-optimaal 92, 97, 226, 231-232, 234, 248-250, 329
Pareto-optimale allocatie 32, 231, 234
Pareto-optimaliteit 231-232, 235-237, 248-250, 259-261, 329
Pareto-verbetering 233, 235, 250, 259-261, 320, 329
participatie 111
particuliere consumptie 181-182, 203, 208, 210, 321
particuliere investeringen 183, 210
parttimewerk 112
penetratiepolitiek 87
pensioenfondsen 139, 159, 175, 178, 196
pensioenleeftijd 127

perverse financiële criteria 333
perverse prikkel 11, 330, 333, 336-337
Philips 54, 82, 84, 163, 340
pinnen 138, 171
Plan van de Arbeid 314
Portugees-joodse begraafplaats Ouderkerk 239
potentiële productie 244
preferenties van volgende generaties 320
premieheffing 185
prijsbeleid 85-87, 322-323
prijsdiscriminatie 96
prijsindexcijfer 70, 153
prijsinflatie 147, 150-151
prijsmechanisme 21, 32, 36, 89, 98, 102-103, 148, 206, 232, 306-308
prijssubsidie 101
primaire goederen 64
primaire inkomens 26
primaire sector 78
Prinsjesdag 194
private sector 29-30, 38, 54, 232, 319
producentensurplus 262
productbeleid 85-86
productdifferentiatie 86, 91-94, 96
productiefactor 14, 20, 23, 28, 80, 88-89, 113, 117, 124, 185-186, 205, 207, 209, 211, 213-214, 240, 244, 252, 301, 305, 340
productiemethoden 81, 88, 121, 158, 211-212, 214, 219-223, 225, 269, 296
profijtbeginsel 187-188
protectie 270-271
Provinciale Staten 36, 51, 55, 57

publieke consumptie 182-183
publieke goederen 22, 30
publieke investeringen 183, 210
publieke sector 23, 27, 30, 35, 37, 55, 113, 182-183, 185, 210, 224, 235, 306, 309, 324
publieke welvaart 181
publiek-private constructies 38, 184, 320
putopties 164-165

quasicollectieve goederen 38, 185

Raad van Ministers 277-278
Rabobank 141, 171-172
rechten 34, 66, 89, 103, 188, 194, 227-228, 265, 267, 271-273, 280-281, 286
rechtsorde 34, 182, 245
reclamebeleid 85-86
refi-rente 172
regelgeving 96, 179, 201-202, 217, 230, 233, 250-251, 253, 257-259, 324-325, 338
rekeneenheid 133-134, 149
rekeningcourantkrediet 159
Rembrandt 239, 320
rentebeleid 172, 275
reproduceerbare goederen 238-239, 294, 319, 321
reproductiekosten 106, 321
retributies 187-188
Rijkswaterstaat 37
rivaliserende consumptie 37
rollenspel 48-50, 53, 128, 233
ruilmiddel 133-134, 138, 149
ruilmiddelfunctie 133
ruilvoet 270, 286
ruilvoetverslechtering 270, 286

ruime welvaartsbegrip 19, 24, 183, 309
ruimtelijke ordening 26, 318

schaarste 19, 21, 23, 26, 41, 88, 104, 182, 216, 228, 246, 311
schoolexamens 330
secundaire sector 78
seizoenswerkloosheid 128, 205
Shell 82, 84
'snoeien' van de munten 135
social engineering 327-328
sociale politiek 244, 276
sociale premies 20, 34, 109, 126, 191, 200-201, 203
sociale uitkeringen 35, 185, 193, 197
sociale welvaartsfunctie 229-230, 245, 249, 259
sociale zekerheid 34-35, 192
Sovjet-Unie 34, 281, 316
spaargeld 160, 166
spaarrekening 142, 160, 162, 174
spaartegoed 142-143, 160
Special Drawing Rights (SDR's) 265
specialisatie 75-77, 81
speculatief kapitaalverkeer 268
spel 30, 33-34, 43, 49-50, 55, 57, 59-60, 62-63, 95, 102, 149, 327, 336-337
speltheorie 9, 28, 41-44, 49, 59, 62-63, 95, 249, 339
spontane orde 32
staatsschuld 169-170, 195-197, 210
staatsschuldquote 195, 197
stabiel evenwicht 207
stabiele matching 328, 336
stabiele munt 275

stabiliseringsfunctie 184
Stabiliteitspact 169-170, 277
stagflatie 150, 152
staking 118
statistiek 200-201, 312
stoffelijke goederen 15, 17, 64, 252
structurele werkloosheid 120-121, 126-127, 186, 206, 216, 301
subjectieve en formele welvaartsbegrip 18, 307
subjectieve hennipmaniaanse welvaartsbegrip 309
subjectivist 305
subprime-hypotheken 155, 178
superheffing 101
surfen op het internet 332

tariefcontingent 272
tarifaire maatregelen 271
technische ontwikkeling 38, 121, 124-126, 153, 209, 211-214, 217, 219-225, 243, 259, 269, 295, 297, 300-301, 314, 319
technologiebeleid 216-217, 279
telemarketing 323
televisiemarketing 323
tertiaire sector 78
toetredingsbelemmeringen 91, 96
totale surplusstandaard 262
transactie 25, 28, 54, 59, 74-75, 89, 104-105, 111, 113, 138, 140, 144-148, 165, 171-172, 178, 180, 200, 227, 237-238, 245, 247, 253, 262, 265-267, 325-326, 334
transactiekassen 145
transactiekosten 25, 31, 51, 74-75, 83, 86, 89-91, 103-105, 132, 134, 139, 143-144, 164, 170, 178, 227, 230, 232-233, 254, 257, 260, 275, 329

transactiestroom 146
transformatie 140-141, 143
tweede correctie bij het eindexamen 330-331
tweede hoofdwet van de thermodynamica 241
Tweede Kamer 55-56, 194

uitbuitingstheorie 297
UMTS-licenties 290-291
Unilever 54, 82, 84, 162
United Nations Conference on Trade and Development (UNCTAD) 280, 283, 287
universitaire vakinhoudelijke lerarenopleiding 335
Uruguay-onderhandelingsronde 281-282

vakbonden 37, 53, 117-118, 128-129, 256
variabele kapitaal 296, 298-300
veilingen 79, 99, 290-292
vennootschap onder firma 78-79
verborgen werkgelegenheid 119, 201
verborgen werkloosheid 119, 201, 285
verdelingsfunctie 184
Verdrag van Amsterdam 169, 277
Verdrag van Maastricht 169, 197, 275
Verdrag van Rome 236, 259
verkeersvergelijking van Fisher 147-148
vermogen 72, 78-80, 148, 150, 155, 159, 162, 166, 174, 177-178, 184, 186, 188-190, 224, 267
vermogensmarkt 159-160
vermogensverhoudingen 302

verplichte kasreserve 173
vertrouwenskanaal 173-174
vervoersbeleid 276
verzekeringsmaatschappij(en) 78, 130, 139, 159, 175, 196, 323, 337-338
verzonken kosten 194, 291
virtuele goederen 225-226, 249, 262
voedselproductie 215
Volkenbond 314
volkomen concurrentie 89-92, 97
volksverzekeringen 35
voortgezet onderwijs 10, 115, 328, 330-331, 334-336
vorderingentekort 169, 197, 199
vraag naar arbeid 116, 122, 206, 210, 298, 301
vraagcurve 73, 98, 101, 124
vraagkant van de economie 204, 206, 210
vrijhandel 270, 273, 282
vrijhandelsassociatie 264, 273
vrijhandelsgebied 273, 281

waardeleer 297
Waddenzee 320
Wall Street 166-167
Warenwet 66
Weltwirtschaftliches Archiv 314
welvaart 13-20, 25-26, 36, 93, 132, 158, 181-184, 216, 218-219, 228-230, 234, 236-238, 240, 242, 244-245, 249, 261-262, 305-307, 309, 311, 329
welvaart in ruime zin 19, 24, 131, 183, 216, 229, 309
welvaartsbeginsel 187-188
welvaartseffecten 20, 27, 225, 229, 232, 234, 243, 260, 262

welvaartstheorie 26-28, 113, 228-231, 233-234, 236-238, 242, 248-252, 259-262, 310
welzijn 17-18, 309
Wereldbank 265, 280, 287-288
wereldhandelsakkoord 282
werkgelegenheid 14, 18, 33, 82, 84, 113, 118-119, 121-127, 131, 159, 201, 207-209, 229-230, 238, 249, 251, 258-260, 262, 270-271, 284, 295-296, 300, 308, 318, 336
werkloosheid 35, 42, 112, 114-115, 118-122, 125-128, 149-150, 152-153, 158, 170, 182, 186, 199, 201, 205-210, 216-217, 285, 295, 301, 313-314
werkloosheidsuitkering 120, 199
werknemersverzekeringen 35, 193
Westerschelde Container Terminal 318
Wet Gelijke Behandeling 118
Wet op het Consumentenkrediet 69
Wet van Say 294
wetenschap 9-10, 13, 15-16, 18-19, 21-23, 25-30, 41-46, 59, 62, 127, 213, 215, 228-229, 231, 235-236, 239, 246-247, 293-294, 304, 307-308, 311-313, 325, 331, 338
Wijkermeerpolder 320
winstuitkering 161, 187
wiskunde 41, 44, 305, 312-313, 331, 334-335
wisselkantoren 175, 178
wisselkoers 140, 161, 168-169, 171, 173, 274, 285, 289
wisselkoersbeleid 168, 275
WTO 280-282

Yahoo! 105, 167

zachte infrastructuur 216, 319
Zalm-norm 196
zelfbinding 129
zuiver collectieve goederen 37-38, 89, 232, 234
zwarte arbeid 109, 201
zwarte circuit 200, 202
zwart geld 200
zwartegeldcircuit 110